ŒUVRES COMPLÈTES

DE

SHAKSPEARE

VI

Paris.—Imprimerie Bonaventure et Ducessois, 55, quai des Augustins.

OEUVRES COMPLÈTES
DE
SHAKSPEARE
TRADUCTION
DE
M. GUIZOT

NOUVELLE ÉDITION ENTIÈREMENT REVUE

AVEC UNE ÉTUDE SUR SHAKSPEARE
DES NOTICES SUR CHAQUE PIÈCE ET DES NOTES

VI

Le marchand de Venise
Les joyeuses Bourgeoises de Windsor
Le roi Jean
La vie et la mort du roi Richard II
Henri IV (1re partie)

PARIS
A LA LIBRAIRIE ACADÉMIQUE
DIDIER ET Cᵉ, LIBRAIRES-ÉDITEURS

LE
MARCHAND DE VENISE

NOTICE

SUR LE MARCHAND DE VENISE

Le fond de l'aventure qui fait le sujet du *Marchand de Venise* se retrouve dans les chroniques ou dans la littérature de tous les pays, tantôt en entier, tantôt dépouillé de l'épisode très-piquant qu'y ajoutent les amours de Bassanio et de Portia. Un jugement pareil à celui de Portia a été attribué à Sixte V qui, plus sévère, condamna, dit-on, à l'amende les deux contractants, pour les punir de l'immoralité d'un pareil marché. En cette occasion il s'agissait d'un pari, et le juif était le perdant. Un recueil de nouvelles françaises, intitulé *Roger-Bontemps en belle humeur*, raconte la même aventure, mais à l'avantage du chrétien, et c'est le sultan Saladin qui est le juge. Dans un manuscrit persan qui rapporte le même fait, il s'agit d'un pauvre musulman de Syrie avec qui un riche juif fait ce marché pour avoir les moyens de le perdre et parvenir ainsi à posséder sa femme dont il est amoureux; le cas est décidé par un cadi d'Émèse. Mais l'aventure tout entière se trouve consignée, avec quelques différences, dans un très-ancien ouvrage écrit en latin et intitulé: *Gesta Romanorum*, et dans le *Pecorone* de ser Giovanni, recueil de nouvelles composé avant la fin du quatorzième siècle et par conséquent très-antérieur à Sixte V, ce qui rend tout à fait improbable l'anecdote rapportée sur ce pape par Grégoire Léti.

Dans la nouvelle de ser Giovanni, la dame de Belmont n'est point une jeune fille forcée de soumettre son choix aux conditions prescrites par le singulier testament de son père,

de partager le lit de la dame, s'ils savent profiter des avantages que leur offre une pareille situation, ils obtiendront avec la possession de la veuve sa main et tous ses biens. Dans le cas contraire, ils perdent leur vaisseau et son chargement, et repartent sur-le-champ avec un cheval et une somme d'argent qu'on leur fournit pour retourner chez eux. Peu effrayés d'une pareille épreuve, beaucoup ont tenté l'aventure, tous ont succombé; car, à peine dans le lit, ils s'endorment d'un profond sommeil, d'où ils ne se réveillent que pour apprendre le lendemain que la dame plus matinale a déjà fait décharger le navire, et préparer la monture qui doit reconduire chez lui le malencontreux prétendant. Aucun n'a été tenté de renouveler une entreprise si chère, et dont le mauvais succès a découragé les plus vifs aspirants. Le seul Gianetto (c'est dans la nouvelle le nom du jeune Vénitien) s'est obstiné, et après deux premières déconvenues, il veut risquer une troisième aventure : son parrain Ansaldo, sans s'inquiéter de la perte des deux premiers vaisseaux dont il ignore la cause, lui en équipe un troisième, avec lequel Gianetto lui promet de réparer leurs malheurs. Mais épuisé par les précédentes entreprises, il est obligé pour celle-là d'emprunter à un juif la somme de dix mille ducats, aux mêmes conditions que celles qu'impose Shylock à Antonio. Gianetto arrive, et, averti par une suivante de ne pas boire le vin qu'on lui présentera avant de se mettre au lit, il surprend à son tour la dame qui, fort troublée d'abord de le trouver éveillé, se résigne cependant à son sort, et s'estime heureuse de le nommer le lendemain son époux. Gianetto, enivré de son bonheur, oublie le pauvre Ansaldo jusqu'au jour fatal de l'échéance du billet. Un hasard le lui rappelle alors; il part en diligence pour Venise, et le reste de l'histoire se passe comme l'a représenté Shakspeare.

On conçoit aisément la raison et la nécessité des divers changements qu'il a fait subir à cette aventure; elle n'était cependant pas tellement impossible à représenter de son temps sur le théâtre qu'on ne puisse croire qu'il a été induit à ces changements par le besoin de donner plus de moralité à ses personnages et plus d'intérêt à son action. Aussi la situation du généreux Antonio, la peinture de son caractère si dévoué, courageux et mélancolique à la fois, ne sont-elles pas l'unique source du charme qui règne si puissamment dans tout l'ouvrage. Les lacunes que laisse cette situation sont du moins si heureusement remplies qu'on ne s'aperçoit d'aucun vide, tant l'âme est doucement occupée des sentiments qui en naissent natu-

Le discours de Portia à Bassanio, au moment où le sort vient de décider en sa faveur, et où elle se regarde déjà comme son heureuse épouse, est rempli d'un abandon si pur, d'une soumission conjugale si touchante et si noble à la fois, que son caractère en acquiert un charme inexprimable, et que Bassanio, prenant dès cet instant la situation supérieure qui lui convient, n'a plus à craindre d'être rabaissé par l'esprit et le courage de sa femme, quelque décidé que soit le parti qu'elle va prendre l'instant d'après ; on sait maintenant que, le moment de la nécessité passé, tout rentrera dans l'ordre, et que les grandes qualités qu'elle saura soumettre à son devoir de femme ne feront qu'ajouter au bonheur de son mari.

Dans une classe subordonnée, Lorenzo et Jessica nous donnent le spectacle de ce tendre badinage de deux jeunes époux si remplis de leur bonheur qu'ils le répandent sur les choses les plus étrangères à eux-mêmes et jouissent des pensées et des actions les plus indifférentes, comme d'autant de portions d'une existence que le bonheur envahit tout entière. Cet entretien de Lorenzo et de Jessica, ce jardin, ce clair de lune, cette musique qui prépare le retour de Portia, de Bassanio, et l'arrivée d'Antonio, disposent l'âme à toutes les douces impressions que fera naître l'image d'une félicité complète, dans la réunion de Portia et de Bassanio au milieu de tous les amis qui vont jouir de leurs soins et de leurs bienfaits. Shakspeare est presque le seul poëte dramatique qui n'ait pas craint de s'arrêter sur le tableau du bonheur ; il sentait qu'il avait de quoi le remplir.

L'invention des trois coffres, dont l'original se trouve aussi en plusieurs endroits, existe, à peu près telle que l'a employée Shakspeare, dans une autre aventure des *Gesta Romanorum*, si ce n'est que la personne soumise à l'épreuve est la fille d'un roi de la Pouille qui, par la sagesse de son choix, est jugée digne d'épouser le fils de l'empereur de Rome. On voit par là que ces *Gesta Romanorum* ne remontent pas précisément aux temps antiques.

Le caractère du juif Shylock est justement célèbre en Angleterre.

Cette pièce a été représentée avant 1598. C'est ce qu'on sait de plus certain sur sa date. Plusieurs pièces sur le même sujet avaient déjà été mises au théâtre; il avait été aussi le fond de plusieurs ballades.

En 1701, M. Grandville, depuis lord Lansdowne, remit au théâtre *le Marchand de Venise*, avec des changements considérables, sous le titre du *Juif de Venise*. On l'a joué longtemps sous cette nouvelle forme.

LE MARCHAND DE VENISE

PERSONNAGES

LE DUC DE VENISE,
LE PRINCE DE MAROC, } amoureux
LE PRINCE D'ARAGON, } de Portia.
ANTONIO, marchand de Venise.
BASSANIO, son ami.
SALANIO,
GRATIANO, } amis d'Antonio et de
SALARINO, } Bassanio.
LORENZO, amant de Jessica.
SHYLOCK, juif.
TUBAL, autre juif, ami de Shylock.
LANCELOT GOBBO, jeune lourdaud, domestique de Shylock.
LE VIEUX GOBBO, père de Lancelot.
LEONARDO, domestique de Bassanio.
BALTASAR,
STEPHANO, } domestiques de Portia.
UN VALET.
PORTIA, riche héritière.
NERISSA, suivante de Portia.
JESSICA, fille de Shylock.

SÉNATEURS DE VENISE, OFFICIERS DE LA COUR DE JUSTICE, UN GEOLIER, VALETS ET AUTRES PERSONNES DE SUITE.

La scène est tantôt à Venise, tantôt à Belmont, château de Portia.

ACTE PREMIER

SCÈNE I

Dans une rue de Venise.

Entrent ANTONIO, SALARINO ET SALANIO.

ANTONIO.—De bonne foi, je ne sais pourquoi je suis triste. J'en suis fatigué : vous dites que vous en êtes fatigués aussi ; mais comment j'ai pris ce chagrin, où je l'ai trouvé, rencontré, de quoi il est fait, d'où il est sorti, je suis encore à l'apprendre.—La tristesse me rend si stupide, que j'ai peine à me reconnaître moi-même.

et riches bourgeois des flots, dominent sur le peuple des petits navires marchands qui les saluent, inclinant, lorsqu'ils passent près d'eux, le tissu de leurs ailes.

SALARINO.—Croyez-moi, monsieur, si j'avais une pareille mise dehors, la plus grande partie de mes affections serait en voyage à la suite de mes espérances. Je serais toujours à arracher des brins d'herbe pour savoir de quel côté souffle le vent; à chercher sur les cartes les ports, les môles et les routes; et chaque objet qui pourrait me faire craindre un malheur pour ma cargaison ne manquerait certainement pas de me rendre triste.

SALANIO.—En soufflant sur mon bouillon pour le refroidir, mon haleine me donnerait un frisson, je songerais à tout le mal qu'un trop grand vent pourrait causer sur la mer. Je ne pourrais voir un sablier s'écouler que je ne songeasse aux bancs de sable, aux bas-fonds, où je verrais mon riche *André*[1] engravé, abaissant son grand mât plus bas que ses flancs pour baiser son tombeau. Pourrais-je aller à l'église et voir les pierres de l'édifice sacré, sans me rappeler aussitôt les rochers dangereux qui, en effleurant seulement les côtes de mon cher vaisseau, disperseraient toutes mes épices sur les flots, et habilleraient de mes soies les vagues en fureur; en un mot, sans penser que riche de tout cela en cet instant, je puis l'instant d'après n'avoir plus rien? Puis-je songer à tous ces hasards et ne pas songer en même temps qu'un pareil malheur, s'il m'arrivait, me rendrait triste? —Tenez, ne m'en dites pas davantage: je suis sûr qu'Antonio est triste, parce qu'il songe à ses marchandises.

ANTONIO.—Non, croyez-moi. J'en rends grâces au sort; toutes mes espérances ne sont pas aventurées sur une seule chance, ni réunies en un même lieu; et ma fortune entière ne dépend pas des événements de cette année. Ce ne sont donc pas mes marchandises qui m'attristent.

SALARINO.—Il faut alors que vous soyez amoureux.

ANTONIO. — Fi donc!

SALARINO. — Vous n'êtes pas amoureux non plus? En ce cas, souffrez qu'on vous dise que vous êtes triste, parce que vous n'êtes pas gai; et il vous serait tout aussi aisé de rire, de danser, et de dire que vous êtes gai, parce que vous n'êtes pas triste. Par Janus au double visage, la nature forme quelquefois d'étranges personnages; les uns ne laissant jamais qu'entrevoir leurs yeux à travers leurs paupières à demi fermées et riant comme des perroquets, à la vue d'un joueur de cornemuse; et d'autres, d'une mine si refrognée, qu'ils ne montreraient pas seulement leurs dents en façon de sourire, quand Nestor en personne jurerait que la plaisanterie est de nature à faire rire.

(Entrent Bassanio, Lorenzo, Gratiano.)

SALANIO. — Voici Bassanio, votre noble allié, avec Gratiano et Lorenzo. Adieu, nous vous laissons en meilleure compagnie.

SALARINO. — Je serais volontiers resté jusqu'à ce que je vous eusse rendu joyeux, si de plus dignes ne m'avaient prévenu.

ANTONIO. — Vous avez une grande place dans mon affection; mais je suppose que vos affaires vous appellent, et que vous saisissez l'occasion de nous quitter.

SALARINO. — Bonjour, mes bons seigneurs.

BASSANIO. — Dites-moi tous deux, mes bons seigneurs, quand rirons-nous? Répondez : quand? Vous devenez excessivement rares. Cela durera-t-il?

SALARINO. — Nous nous ferons un plaisir de prendre votre temps.

(Salanio et Salarino sortent.)

LORENZO. — Seigneur Bassanio, puisque vous voilà avec Antonio, nous allons vous laisser ensemble. Mais à l'heure du dîner, souvenez-vous, je vous prie, du lieu de notre rendez-vous.

BASSANIO. — Je n'y manquerai pas.

GRATIANO. — Vous n'avez pas bon visage, seigneur Antonio. Tenez, vous avez trop d'affaires en ce monde; c'est en perdre les avantages que de les acheter par trop

ANTONIO. — Je prends le monde pour ce qu'il est, Gratiano : un théâtre où chacun doit jouer son rôle ; le mien est d'être triste.

GRATIANO. — Le mien sera donc celui du fou. Que les rides de la vieillesse viennent au milieu de la joie et du rire, que le vin échauffe, s'il le faut, mon foie, mais que d'affaiblissants soupirs ne viennent point glacer mon cœur. Pourquoi un homme qui a du sang chaud dans les veines demeurerait-il immobile comme son grand-père taillé en albâtre ? pourquoi dormir quand on veille, et se donner la jaunisse à force de mauvaise humeur ? Je te le dirai, Antonio ; je t'aime, et c'est mon amitié qui parle ; il y a une espèce de gens dont le visage se boursoufle au dehors et s'enveloppe comme l'eau dormante d'un étang, et qui se tiennent dans une immobilité volontaire pour se parer d'une réputation de sagesse, de gravité, de profondeur d'esprit, et qui semblent vous dire : « Monsieur, je suis un oracle ; quand j'ouvre la bouche, empêchez qu'un chien n'aboie. » O mon cher Antonio, je connais de ces gens-là qui ne doivent qu'à leur silence leur réputation de sagesse, et qui, j'en suis sûr, s'ils parlaient, seraient capables de damner plus d'une oreille, car en les écoutant, bien des gens traiteraient leurs frères de fous. Je t'en dirai plus long une autre fois. Mais ne va pas te servir de l'appât de la mélancolie, pour pêcher ce goujon des sots, la réputation. — Allons, viens, cher Lorenzo. (A Antonio.) — Adieu pour un moment ; je finirai mon sermon après dîner.

LORENZO, à Antonio. — Oui, nous allons vous laisser jusqu'à l'heure du dîner. — Il faudra que je devienne un de ces sages muets, car Gratiano ne me laisse jamais le temps de parler.

GRATIANO. — C'est bon, tiens-moi encore compagnie deux ans, et tu ne connaîtras plus le son de ta voix.

ANTONIO. — Adieu, il me rendrait bavard.

GRATIANO. — Tant mieux, ma foi, car le silence ne convient qu'à une langue de bœuf fumé, et à une fille qui n'est pas de défaite.

ACTE I, SCÈNE I.

ANTONIO.—Est-ce là dire quelque chose ?

BASSANIO.—Gratiano est l'homme de Venise qui débite le plus de riens. Ce qu'il y a de bon dans tous ses discours est comme deux grains de blé cachés dans deux boisseaux de son. On les cherche un jour entier avant de les trouver, et quand on les a, ils ne valent pas la peine qu'on a prise.

ANTONIO.—Fort bien. Dites-moi : quelle est donc cette dame auprès de laquelle vous avez juré de faire un secret pèlerinage, et que vous m'avez promis de me nommer aujourd'hui ?

BASSANIO.—Vous n'ignorez pas, Antonio, dans quel délabrement j'ai mis mes affaires, en voulant faire une plus haute figure que ne pouvait me le permettre longtemps ma médiocre fortune ; je ne m'afflige pas maintenant d'être privé des moyens de soutenir ce noble état ; mais mon premier souci est de me tirer avec honneur des dettes considérables que j'ai contractées par un peu trop de prodigalité. C'est à vous, Antonio, que je dois le plus, tant en argent qu'en amitié ; et c'est de votre amitié que j'attends avec confiance les moyens d'accomplir tous mes desseins, et les plans que je forme pour payer tout ce que je dois.

ANTONIO.—Je vous prie, mon cher Bassanio, de me les faire connaître ; et, s'ils se renferment comme vous le faites vous-même dans les limites de l'honneur, soyez sûr que ma bourse, ma personne et tout ce que j'ai de ressources en ce monde sont à votre service.

BASSANIO.—Lorsque j'étais écolier, dès que j'avais perdu une de mes flèches, j'en décochais une autre dans la même direction, mettant plus d'attention à suivre son vol, afin de retrouver l'autre ; et, en risquant de perdre les deux, je les retrouvais toutes deux. Je vous cite cet exemple de mon enfance, parce que je vais vous parler le langage de la candeur. Je vous dois beaucoup : et comme il arrive à un jeune homme livré à ses fantaisies, ce que je vous dois est perdu. Mais si vous voulez risquer une autre flèche du même côté où vous avez

à observer sa chute; je ne retrouve les deux, ou du moins que je ne vous rapporte celle que vous aurez hasardée la dernière, en demeurant avec reconnaissance votre débiteur pour l'autre.

ANTONIO. —Vous me connaissez; c'est donc perdre le temps que de tourner ainsi autour de mon amitié par des circonlocutions. Vous me faites certainement plus de tort en doutant de mes sentiments, que si vous aviez dissipé tout ce que je possède. Dites-moi donc ce qu'il faut que je fasse pour vous, et tout ce que vous me croyez possible; je suis prêt à le faire : parlez donc.

BASSANIO. —Il est dans Belmont une riche héritière; elle est belle, plus belle que ce mot, et douée de rares vertus. J'ai quelquefois reçu de ses yeux de doux messages muets. Son nom est Portia. Elle n'est pas moins estimée que la fille de Caton, la Portia de Brutus. L'univers entier connaît son mérite; car les quatre vents lui amènent de toutes les côtes d'illustres adorateurs. Ses cheveux, dorés comme les rayons du soleil, tombent en boucles sur ses tempes comme une toison d'or : ce qui fait de sa demeure de Belmont un rivage de Colchos, où plus d'un Jason se rend pour la conquérir : ô mon Antonio, si j'avais seulement le moyen d'entrer en concurrence avec eux, j'ai dans mon âme de tels présages de succès, qu'il est hors de doute que je l'emporterais.

ANTONIO. —Tu sais que toute ma fortune est sur la mer, que je n'ai point d'argent, ni la possibilité de rassembler une forte somme. Va donc essayer ce que peut mon crédit dans Venise. Je l'épuiserai jusqu'au bout, pour te donner les moyens de paraître à Belmont, et d'obtenir la belle Portia. Va, informe-toi où il y a de l'argent. J'en ferai autant de mon côté, et je ne doute point que je n'en trouve par mon crédit ou par le désir qu'on aura de m'obliger.

(Ils sortent.)

SCÈNE II

A Belmont. — Un appartement de la maison de Portia.

Entrent PORTIA ET NÉRISSA.

PORTIA.—En vérité, Nérissa, mon petit individu est bien las de ce grand univers.

NÉRISSA.—Cela serait bon, ma chère madame, si vos misères étaient en aussi grand nombre que le sont vos prospérités : cependant, à ce que je vois, on est aussi malade d'indigestion que de disette. Ce n'est donc pas un médiocre bonheur que d'être placé dans la médiocrité : superflu blanchit de bonne heure, suffisance vit longtemps.

PORTIA.—Voilà de belles sentences, et très-bien débitées.

NÉRISSA.—Elles seraient encore meilleures mises en pratique.

PORTIA.—S'il était aussi aisé de faire qu'il l'est de connaître ce qui est bon à faire, les chapelles seraient des églises, et les cabanes des pauvres gens des palais de princes. C'est un bon prédicateur que celui qui se conforme à ses sermons. J'apprendrais plutôt à vingt personnes ce qu'il est à propos de faire, que je ne serais une des vingt à suivre mes instructions. Le cerveau peut imaginer des lois pour le sang, mais un tempérament ardent saute par-dessus une froide loi ; c'est un tel lièvre que la folle jeunesse pour s'élancer par-dessus les filets du bon sens! Mais cette manière de raisonner n'est pas trop de saison lorsqu'il s'agit de choisir un époux. Choisir! hélas! quel mot! Je ne puis ni choisir celui que je voudrais, ni refuser celui qui me déplairait. Et ainsi il faut que la volonté d'une fille vivante se plie aux volontés d'un père mort. N'est-il pas bien dur, Nérissa, de ne pouvoir ni choisir ni refuser personne?

NÉRISSA.—Votre père fut toujours vertueux, et les saints personnages ont à leur mort de bonnes inspirations.

Ainsi, dans cette loterie qu'il a imaginée, et au moyen de laquelle vous devez être le partage de celui qui, entre trois coffres d'or, d'argent et de plomb, choisira selon son intention, vous pouvez être sûr que le bon choix sera fait par un homme que vous pourrez aimer en bonne conscience. Mais quelle chaleur d'affection sentez-vous pour tous ces brillants adorateurs qui sont déjà arrivés ?

Portia. — Je t'en prie, dis-moi leurs noms : à mesure que tu les nommeras je ferai leur portrait, et tu devineras mes sentiments par ma description.

Nérissa. — D'abord il y a le prince de Naples.

Portia. — Eh! c'est un véritable animal[1]. Il ne sait parler que de son cheval, et se targue comme d'un mérite singulier de la science qu'il possède de le ferrer lui-même. J'ai bien peur que madame sa mère ne se soit oubliée avec un forgeron.

Nérissa. — Vient ensuite le comte Palatin.

Portia. — Il est toujours refrogné, comme s'il vous disait : *Si vous ne voulez pas de moi, décidez-vous.* Il écoute des contes plaisants sans un sourire. Je crains que dans sa vieillesse il ne devienne le philosophe larmoyant, puisque jeune encore il est d'une si maussade tristesse. J'aime mieux épouser une tête de mort la bouche garnie d'un os, qu'un de ces deux hommes-là. Dieu me préserve de tous les deux !

Nérissa. — Que dites-vous du seigneur français, monsieur le *Bon*?

Portia. — Dieu l'a fait ; ainsi je consens qu'il passe pour un homme. Je sais bien que c'est un péché de se moquer de son prochain ; mais lui ! Comment ! il a un meilleur cheval que le Napolitain ! Il possède à un plus haut degré que le comte Palatin la mauvaise habitude de froncer le sourcil. Il est tous les hommes ensemble,

---

[1] *A colt.* Colt signifie un jeune cheval qui n'est pas encore dressé, et aussi un étourdi sans éducation. On ne pouvait rendre en français le double sens de l'expression, il a fallu choisir celui qui allait le mieux au reste de la phrase.

sans en être un. Si un merle chante, il fait aussitôt la cabriole. Il va se battre contre son ombre. En l'épousant, j'épouserais en lui seul vingt maris ; s'il vient à me mépriser je lui pardonnerai : car, m'aimât-il à la folie, je ne le payerai jamais de retour.

NÉRISSA. — Que dites-vous de Fauconbridge, le jeune baron anglais ?

PORTIA. — Vous savez que je ne lui dis rien ; car nous ne nous entendons ni l'un ni l'autre ; il ne sait ni latin, ni français, ni italien : et vous pouvez bien jurer en justice que je ne sais pas pour deux sous d'anglais. C'est la peinture d'un joli homme. Mais, hélas ! qui peut s'entretenir avec un tableau muet ? Qu'il est mis singulièrement ! Je crois qu'il a acheté son pourpoint en Italie, ses hauts-de-chausses circulaires en France, son bonnet en Allemagne, et ses manières par tout pays.

NÉRISSA. — Que pensez-vous du seigneur écossais son voisin ?

PORTIA. — Qu'il est plein de charité pour son voisin ; car il a emprunté un soufflet de l'Anglais, et a juré de le lui rendre quand il pourrait. Je crois que le Français s'est rendu sa caution, et s'est engagé pour un second.

NÉRISSA. — Comment trouvez-vous le jeune Allemand, le neveu du comte de Saxe ?

PORTIA. — Fort déplaisant le matin quand il est à jeun, et bien plus déplaisant encore le soir quand il est ivre. Lorsqu'il est au mieux il est un peu plus mal qu'un homme, et quand il est le plus mal il est tant soit peu mieux qu'une bête. Et m'arrivât-il du pis qui puisse arriver, j'espère trouver le moyen de me défaire de lui.

NÉRISSA. — S'il se présentait pour choisir, et qu'il prît le bon coffre, ce serait refuser d'accomplir les volontés de votre père, que de refuser sa main.

PORTIA. — De crainte que ce malheur extrême n'arrive, mets, je te prie, sur le coffre opposé un grand verre de vin du Rhin ; car si le diable était dedans, et cette tentation au dehors, je suis sûre qu'il le choisirait. Je ferai tout au monde, Nérissa, plutôt que d'épouser une éponge.

NÉRISSA. — Vous ne devez plus craindre d'avoir aucun de ces messieurs ; ils m'ont fait part de leurs résolutions, c'est de s'en retourner chez eux, et de ne plus vous importuner de leur recherche, à moins qu'ils ne puissent vous obtenir par quelque autre moyen que celui qu'a imposé votre père, et qui dépend du choix des coffres.

PORTIA. — Dussé-je vivre aussi vieille que la Sibylle, je mourrai aussi chaste que Diane, à moins qu'on ne m'obtienne dans la forme prescrite par mon père. Je suis ravie que cette cargaison d'amoureux se montre si raisonnable ; car il n'en est pas un parmi eux qui ne me fasse soupirer après son absence et prier Dieu de lui accorder un heureux départ.

NÉRISSA. — Ne vous rappelez-vous pas, madame, que du vivant de votre père, il vint ici, à la suite du marquis de Montferrat, un Vénitien instruit et brave militaire ?

PORTIA. — Oui, oui, c'était Bassanio ; c'est ainsi, je crois, qu'on le nommait.

NÉRISSA. — Cela est vrai, madame ; et de tous les hommes sur qui se soient jamais arrêtés mes yeux peu capables d'en juger, il m'a paru le plus digne d'une belle femme.

PORTIA. — Je m'en souviens bien, et je me souviens aussi qu'il mérite tes éloges. — (*Entre un valet.*) Qu'est-ce ? Quelles nouvelles ?

LE VALET. — Les quatre étrangers vous cherchent, madame, pour prendre congé de vous, et il vient d'arriver un courrier qui en devance un cinquième, le prince de Maroc ; il dit que le prince son maître sera ici ce soir.

PORTIA. — Si je pouvais accueillir celui-ci d'aussi bon cœur que je vois partir les autres, je serais charmée de son arrivée. S'il se trouve avoir les qualités d'un saint et le teint d'un diable, je l'aimerais mieux pour confesseur que pour épouseur. Allons, Nérissa ; et toi (*au valet*), marche devant. Tandis que nous mettons un amant dehors, un autre frappe à la porte.

(Ils sortent.)

SCÈNE III

Venise.—Une place publique.

Entrent BASSANIO, SHYLOCK.

SHYLOCK.—Trois mille ducats?—Bien.
BASSANIO.—Oui, monsieur, pour trois mois.
SHYLOCK.—Pour trois mois?—Bien.
BASSANIO.—Pour lesquels, comme je vous disais, Antonio s'engagera.
SHYLOCK.—Antonio s'engagera?—Bien.
BASSANIO.—Pourrez-vous me rendre service? Me ferez-vous ce plaisir? Aurai-je votre réponse?
SHYLOCK.—Trois mille ducats, pour trois mois, et Antonio engagé.
BASSANIO.—Votre réponse à cela?
SHYLOCK.—Antonio est bon.
BASSANIO.—Auriez-vous ouï dire quelque chose de contraire?
SHYLOCK.—Oh! non, non, non, non. En disant qu'il est bon, je veux seulement vous faire comprendre qu'il est suffisamment sûr. Cependant ses ressources reposent sur des suppositions. Il a un vaisseau frété pour Tripoli, un autre dans les Indes, et en outre j'ai appris sur le Rialto qu'il en avait un troisième au Mexique, un quatrième en Angleterre, et d'autres entreprises encore de côté et d'autre. Mais les vaisseaux ne sont que des planches, les matelots que des hommes. Il y a des rats de terre et des rats d'eau, et des voleurs d'eau comme des voleurs de terre, je veux dire qu'il y a des pirates; et puis aussi les dangers de la mer, les vents, les rochers. Néanmoins l'homme est suffisant.—Trois mille ducats... je crois pouvoir prendre son obligation.
BASSANIO.—Soyez assuré que vous le pouvez.
SHYLOCK.—Je m'assurerai que je le peux; et pour m'en assurer, j'y réfléchirai. Puis-je parler à Antonio?
BASSANIO.—Si vous vouliez dîner avec nous?

SHYLOCK.—Oui, pour sentir le porc! pour manger de l'habitation dans laquelle votre prophète, le Nazaréen, a par ses conjurations fait entrer le diable! Je veux bien faire marché d'acheter avec vous, faire marché de vendre avec vous, parler avec vous, me promener avec vous, et ainsi de suite; mais je ne veux pas manger avec vous, ni boire avec vous, ni prier avec vous. Quelles nouvelles sur le Rialto?—Mais qui vient ici?

BASSANIO.—C'est le seigneur Antonio.

(Entre Antonio.)

SHYLOCK, *à part*.—Comme il a l'air d'un hypocrite publicain! je le hais parce qu'il est chrétien, mais je le hais bien davantage parce qu'il a la basse simplicité de prêter de l'argent gratis, et qu'il fait baisser à Venise le taux de l'usance[1]. Si je puis une fois prendre ma belle[2], j'assouvirai pleinement la vieille aversion que je lui porte. Il hait notre sainte nation, et dans les lieux d'assemblées des marchands, il invective contre mes marchés, mes gains bien acquis, qu'il appelle intérêts. Maudite soit ma tribu si je lui pardonne!

BASSANIO.—Shylock, entendez-vous?

SHYLOCK.—Je me consultais sur les fonds que j'ai en main pour le moment, et autant que ma mémoire peut me le rappeler, je vois que je ne saurais vous faire tout de suite la somme complète de trois mille ducats. N'importe; Tubal, un riche Hébreu de ma tribu me fournira ce qu'il faut. Mais doucement; pour combien de mois les voulez-vous? (*A Antonio.*) Maintenez-vous en joie,

---

[1] *Usance* est un terme de banque; il signifie une échéance à trente jours de date, et l'intérêt produit par ces trente jours. *Usance* et *usure* s'employaient également pour désigner le prêt à intérêt, que réprouvaient les anciennes maximes des théologiens. *Usure* est demeuré le mot odieux employé pour signifier un intérêt excessif; et le mot *usance* a été préféré par les prêteurs pour signifier ce que les emprunteurs nommaient *usure*. Le Juif se sert toujours ici du mot *usance*, pour éviter celui d'*intérêt* qu'Antonio emploie toujours dans un sens de reproche.

[2] *Catch him upon the hip.* — Le prendre sur la hanche. Expression proverbiale qui n'a pas son équivalent en français.

mon bon seigneur. C'était de Votre Seigneurie que nous nous entretenions à l'instant même.

ANTONIO.—Shylock, quoique je ne prête ni n'emprunte à intérêt, cependant, pour fournir aux besoins pressants d'un ami, je dérogerai à ma coutume. (*A Bassanio.*) Est-il instruit de la somme que vous désirez?

SHYLOCK.—Oui, oui; trois mille ducats.

ANTONIO.—Et pour trois mois.

SHYLOCK.—J'avais oublié. Pour trois mois; vous me l'aviez dit. A la bonne heure. Faites votre billet, et puis je verrai... Mais écoutez, il me semble que vous venez de dire que vous ne prêtez ni n'empruntez à intérêt.

ANTONIO.—Jamais.

SHYLOCK.—Quand Jacob faisait paître les brebis de son oncle Laban.... Ce Jacob (au moyen de ce que fit en sa faveur sa prudente mère) fut le troisième possesseur des biens de notre saint Abraham.... Oui, ce fut le troisième.

ANTONIO.—A quel propos revient-il ici? Prêtait-il à intérêt?

SHYLOCK.—Non, il ne prêtait pas à intérêt, non, si vous voulez, pas précisément à intérêt. Remarquez bien ce que Jacob faisait. Laban et lui étant convenus que tous les nouveau-nés qui seraient rayés de deux couleurs appartiendraient à Jacob pour son salaire; sur la fin de l'automne, les brebis étant en chaleur allaient chercher les béliers, et quand ces couples portant toison en étaient arrivés au moment de consommer l'œuvre de la génération, le rusé berger vous levait l'écorce de certains bâtons, et dans l'instant précis de l'acte de nature, les présentait aux brebis échauffées, qui, concevant alors, quand le temps de l'enfantement était venu, mettaient bas des agneaux bariolés, lesquels étaient pour Jacob. C'était là un moyen de gagner; et Jacob fut béni du ciel; et le gain est une bénédiction, pourvu qu'on ne le vole pas.

ANTONIO.—Jacob, monsieur, donnait là ses services pour un salaire très-incertain, pour une chose qu'il n'était pas en son pouvoir de faire arriver, mais que la seule main du ciel règle et façonne à son gré. Ceci a-t-il été écrit pour légitimer le prêt à intérêt? Votre or et votre argent sont-ils des brebis et des béliers?

SHYLOCK. — Je ne saurais vous dire; du moins je les fais engendrer aussi vite. Mais faites attention à cela, seigneur.

ANTONIO, *à Bassanio*. — Et vous, remarquez, Bassanio, que le diable peut employer à ses fins les textes de l'Écriture. Une méchante âme qui s'autorise d'un saint témoignage ressemble à un scélérat qui a le sourire sur ses lèvres, à une belle pomme dont le cœur est pourri. Oh! de quels beaux dehors se couvre la friponnerie!

SHYLOCK. — Trois mille ducats! c'est une bonne grosse somme. Trois mois sur les douze... Voyons un peu l'intérêt.

ANTONIO. — Eh bien! Shylock, vous serons-nous redevables?

SHYLOCK. — Seigneur Antonio, mainte et mainte fois vous m'avez fait des reproches au Rialto sur mes prêts et mes usances. Je n'y ai jamais répondu qu'en haussant patiemment les épaules, car la patience est le caractère distinctif de notre nation. Vous m'avez appelé mécréant, chien de coupe-gorge, et vous avez craché sur ma casaque de juif, et tout cela parce que j'use à mon gré de mon propre bien. Maintenant il paraît que vous avez besoin de mon secours, c'est bon. Vous venez à moi alors, et vous dites : « Shylock, nous voudrions de l'ar-« gent. » Voilà ce que vous me dites, vous qui avez expectoré votre rhume sur ma barbe; qui m'avez repoussé du pied, comme vous chasseriez un chien étranger venu sur le seuil de votre porte. C'est de l'argent que vous demandez! Je devrais vous répondre, dites, ne devrais-je pas vous répondre ainsi : « Un chien a-t-il de l'argent? « Est-il possible qu'un roquet prête trois mille ducats? » Ou bien irai-je vous saluer profondément, et dans l'attitude d'un esclave, vous dire d'une voix basse et timide : « Mon beau monsieur, vous avez craché sur moi mer-« credi dernier, vous m'avez donné des coups de pied « un tel jour, et une autre fois vous m'avez appelé « chien; en reconnaissance de ces bons traitements, je « vais vous prêter tant d'argent? »

ANTONIO.—Je suis tout prêt à t'appeler encore de même, à cracher encore sur toi, à te repousser encore de mon pied. Si tu nous prêtes cet argent, ne nous le prête pas comme à des amis, car l'amitié a-t-elle jamais exigé qu'un stérile métal produisît pour elle dans les mains d'un ami? mais prête plutôt ici à ton ennemi. S'il manque à son engagement, tu auras meilleure grâce à exiger sa punition.

SHYLOCK.—Eh! mais voyez donc comme vous vous emportez! Je voudrais être de vos amis, gagner votre affection, oublier les avanies que vous m'avez faites, subvenir à vos besoins présents, et ne pas exiger un denier d'usure pour mon argent, et vous ne voulez pas m'entendre! L'offre est pourtant obligeante.

ANTONIO.—Ce serait, en effet, par obligeance.

SHYLOCK.—Et je veux l'avoir cette obligeance; venez avec moi chez un notaire, me signer un simple billet, et pour nous divertir, nous stipulerons qu'en cas que vous ne me rendiez pas, à tels jour et lieu désigné, la somme ou les sommes exprimées dans l'acte, vous serez condamné à me payer une livre juste de votre belle chair, coupée sur telle partie du corps qu'il me plaira choisir.

ANTONIO.—J'y consens sur ma foi, et, en signant un pareil billet, je dirai que le Juif est rempli d'obligeance.

BASSANIO.—Vous ne ferez pas pour mon compte un billet de la sorte; j'aime mieux rester dans l'embarras.

ANTONIO.—Eh! ne craignez rien, mon cher : je n'encourrai pas la condamnation. Dans le courant de ces deux mois-ci, c'est-à-dire encore un mois avant l'échéance du billet, j'attends des retours pour neuf fois sa valeur.

SHYLOCK.—O père Abraham! ce que c'est que ces chrétiens, comme la dureté de leurs procédés les rend soupçonneux sur les intentions des autres! Dites-moi, s'il ne payait pas au terme marqué, que gagnerais-je en exigeant qu'il remplît la condition proposée? Une livre de la chair d'un homme, prise sur un homme, ne me serait pas si bonne ni si profitable que de la chair de mouton, de bœuf ou de chèvre. C'est pour m'acquérir ses bonnes grâces que je lui fais cette offre d'amitié : s'il veut l'accepter, à la bonne heure ! sinon, adieu ; et je vous prie de ne pas mal interpréter mon attachement.

ANTONIO.—Oui, Shylock, je signerai ce billet.

SHYLOCK.—En ce cas, allez m'attendre chez le notaire ; donnez-lui vos instructions sur ce billet bouffon. Je vais prendre les ducats, donner un coup d'œil à mon logis que j'ai laissé sous la garde très-peu sûre d'un négligent coquin, et je vous rejoins dans l'instant.

(Il sort.)

ANTONIO.—Dépêche-toi, aimable Juif. Cet Hébreu se fera chrétien ; il devient traitable.

BASSANIO.—Je n'aime pas de belles conditions accordées par un misérable.

ANTONIO.—Allons : il ne peut y avoir rien à craindre ; mes vaisseaux arriveront un mois avant le terme.

FIN DU PREMIER ACTE.

ACTE DEUXIÈME

SCÈNE I

A Belmont.

Fanfare de cors. Entrent LE PRINCE DE MAROC *avec sa suite,* PORTIA, NÉRISSA, *et plusieurs autres personnes de sa suite.*

LE PRINCE DE MAROC.—Ne vous choquez point de la couleur de mon teint : c'est la sombre livrée de ce soleil à la brune chevelure dont je suis voisin, et près duquel je fus nourri. Faites-moi venir le plus beau des enfants du Nord, où les feux de Phœbus dégèlent à peine les glaçons suspendus aux toits, et faisons sur nous une incision en votre honneur, pour savoir quel sang est le plus rouge du sien ou du mien. Dame, je puis te le dire, cette figure a intimidé le brave. Je jure, par mon amour, que les vierges les plus honorées de nos climats en ont été éprises. Je ne voudrais pas changer de couleur, à moins que ce ne fût pour vous dérober quelques pensées, mon aimable reine.

PORTIA.—Je ne me laisse pas conduire dans mon choix par la seule délicatesse des yeux d'une fille. D'ailleurs, la loterie à laquelle est remis mon sort ôte à ma volonté le droit d'une libre décision. Mais mon père n'eût-il pas circonscrit mon choix, et n'eût-il pas, dans sa sagesse, déterminé que je me donnerais pour femme à celui qui m'obtiendra par les moyens que je vous ai dits, vous me paraîtriez, prince renommé, tout aussi digne de mon affection qu'aucun de ceux que j'aie vus jusqu'ici se présenter.

LE PRINCE DE MAROC.—Je vous en rends grâces. Je vous prie, conduisez-moi à ces coffres, pour y essayer ma fortune. Par ce cimeterre, qui a tué le sophi et un prince de Perse, et qui a gagné trois batailles sur le sultan Soliman, je voudrais, pour t'obtenir, foudroyer de mes regards l'œil le plus farouche, vaincre en bravoure le cœur le plus intrépide de l'univers, arracher les petits ours des mamelles de leur mère; que dis-je? insulter au lion rugissant après sa proie. Mais, hélas! cependant, quand Hercule et Lichas joueront aux dés pour décider lequel vaut le mieux des deux, le plus haut point peut sortir de la main la plus faible; et voilà Hercule vaincu par son page. Et moi, conduit de même par l'aveugle fortune, je puis manquer ce qu'obtiendra un moins digne, et en mourir de douleur.

PORTIA.—Il vous en faut courir les chances, et renoncer à choisir; ou, avant de choisir, il faut jurer que si vous choisissez mal, vous ne parlerez à l'avenir de mariage à aucune femme. Ainsi, faites bien vos réflexions.

LE PRINCE DE MAROC.—Je m'y soumets : allons, conduisez-moi à la décision de mon sort.

PORTIA.—Rendons-nous d'abord au temple. Après le dîner, vous tirerez votre lot.

LE PRINCE DE MAROC.—A la fortune, donc, qui va me rendre le plus heureux ou le plus malheureux des hommes !

(Ils sortent.)

SCÈNE II

A Venise. — Une rue.

Entre LANCELOT GOBBO.

LANCELOT.—Sûrement, ma conscience me permettra de fuir la maison de ce Juif, mon maître. Le diable est à mes trousses, et me tente en me disant : *Gobbo, Lancelot Gobbo, bon Lancelot,* ou *bon Gobbo,* ou *bon Lancelot Gobbo, servez-vous de vos jambes; prenez votre élan, et décampez.*

Ma conscience me dit : *Non; prends garde, honnête Lancelot; prends garde, honnête Gobbo;* ou, comme je l'ai dit, *honnête Lancelot Gobbo, ne t'enfuis pas; rejette la pensée de te fier à tes talons.* Et là-dessus l'intrépide démon me presse de faire mon paquet : *Allons,* dit le diable; *hors d'ici,* dit le diable; *par le ciel, arme-toi de courage,* dit le diable, *et sauve-toi.* Alors ma conscience, se jetant dans les bras de mon cœur, me dit fort prudemment : *Mon honnête ami Lancelot, toi, le fils d'un honnête homme,* ou plutôt *d'une honnête femme;* car, au fait, mon père eut sur son compte quelque chose; il s'éleva à quelque chose; il avait un certain arrière-goût.... Bien, ma conscience me dit : *Lancelot, ne bouge pas; va-t'en,* dit le diable; *ne bouge pas,* dit ma conscience.—Et moi je dis : Ma conscience, votre conseil est bon; je dis : Démon, votre conseil est bon. En me laissant gouverner par ma conscience, je resterais avec le Juif mon maître, qui, Dieu me pardonne, est une espèce de diable; et en fuyant de chez le Juif, je me laisserais gouverner par le démon qui, sauf votre respect, est le diable en personne : sûrement le Juif est le diable même incarné; et, en conscience, ma conscience n'est qu'une manière de conscience brutale, de venir me conseiller de rester avec le Juif. Allons, c'est le diable qui me donne un conseil d'ami; je me sauverai, démon : mes talons sont à tes ordres; je me sauverai.

(Entre le vieux Gobbo avec un panier.)

GOBBO.—Monsieur le jeune homme, vous-même, je vous prie : quel est le chemin de la maison de monsieur le Juif?

LANCELOT, *à part.*—O ciel! c'est mon père légitime; il a la vue plus que brouillée; elle est tout à fait déguerpie¹, en sorte qu'il ne me reconnaît pas. Je veux voir ce qui en sera.

---

¹ *More than sand-blind, high gravel blind. Sand-blind* désigne une maladie de la vue, qui fait voir habituellement devant les yeux comme des grains de sable. Lancelot, dans son langage bouffon, pour exprimer que son père est presque aveugle, dit qu'il n'est

GOBBO.—Monsieur le jeune gentilhomme, je vous prie, quel est le chemin pour aller chez monsieur le Juif?

LANCELOT.—Tournez sur votre main droite, au premier détour; mais, au plus prochain détour, tournez sur votre gauche; puis ma foi, au premier détour, ne tournez ni à droite ni à gauche; mais descendez indirectement vers la maison du Juif.

GOBBO.—Fontaine de Dieu! ce sera bien difficile à trouver. Pourriez-vous me dire si un nommé Lancelot, qui demeure avec lui, y demeure ou non?

LANCELOT.—Parlez-vous du jeune monsieur Lancelot? —Faites bien attention à présent. (*A part.*)—Je vais lui faire monter l'eau aux yeux.—Parlez-vous du jeune monsieur Lancelot?

GOBBO.—Il n'est pas un monsieur; c'est le fils d'un pauvre homme. Son père, quoique ce soit moi qui le dise, est un honnête homme excessivement pauvre, et qui, Dieu merci, a encore envie de vivre.

LANCELOT.—Allons, que son père soit ce qu'il voudra; nous parlons du jeune monsieur Lancelot.

GOBBO.—De l'ami de Votre Seigneurie, et de Lancelot tout court, monsieur.

LANCELOT.—Mais, je vous prie, *ergo*, vieillard, *ergo*, je vous en conjure; parlez-vous du jeune monsieur Lancelot?

GOBBO.—De Lancelot, sous votre bon plaisir, monsieur.

LANCELOT.—*Ergo*, monsieur Lancelot; ne parlez point de monsieur Lancelot, père; car le jeune gentilhomme (en conséquence des destins et des destinées, et de toutes ces bizarres façons de parler, comme les trois sœurs, et autres branches de science) est vraiment décédé; ou, comme qui dirait tout simplement, parti pour le ciel.

GOBBO.—Que Dieu m'en préserve! Ce garçon était le bâton de ma vieillesse, mon seul soutien.

pas seulement *sand-blind* (aveugle de sable), mais *gravel blind* (aveugle de gravier) : ce qui aurait été inintelligible en français.)

LANCELOT.—Est-ce que je ressemble à un gourdin, ou à un appui de hangar, à un bâton, à une béquille? Me reconnaissez-vous, père?

GOBBO.—Hélas! non; je ne vous reconnais point, mon jeune monsieur; mais, je vous en prie, dites-moi, mon garçon, Dieu fasse paix à son âme! est-il vivant ou mort?

LANCELOT.—Ne me connaissez-vous point, père?

GOBBO.—Hélas! monsieur, j'ai la vue trouble et je ne vous connais point.

LANCELOT.—Eh bien! si vous aviez vos yeux, vous pourriez bien risquer de ne pas me reconnaître; c'est un habile père que celui qui connaît son enfant. Allons, vieillard; je vais vous donner des nouvelles de votre fils.—Donnez-moi votre bénédiction. La vérité se montrera au grand jour : un meurtre ne peut rester longtemps caché; au lieu que le fils d'un homme le peut; mais à la fin la vérité se montrera.

GOBBO.—Je vous en prie, monsieur, levez-vous; je suis certain que vous n'êtes point Lancelot, mon garçon.

LANCELOT.—Je vous en conjure, ne bavardons pas plus longtemps là-dessus. Donnez-moi votre bénédiction. Je suis Lancelot, qui était votre garçon, qui est votre fils, et qui sera votre enfant.

GOBBO.—Je ne puis croire que vous soyez mon fils.

LANCELOT.—Je ne sais qu'en penser : mais je suis Lancelot, le valet du Juif; et je suis sûr que Marguerite, votre femme, est ma mère.

GOBBO.—Oui, en effet, elle se nomme Marguerite : je jurerai que si tu es Lancelot, tu es ma chair et mon sang. Dieu soit adoré! Quelle barbe tu as acquise! Il t'est venu plus de poil au menton, qu'il n'en est venu sur la queue à Dobbin, mon limonier.

LANCELOT.—Il paraîtrait en cela que la queue de Dobbin augmente à rebours; car je suis sûr que la dernière fois que je l'ai vu, il avait plus de poil à la queue que je n'en ai sur la face.

GOBBO.—Seigneur! que tu es changé!—Comment vous accordez-vous ensemble, ton maître et toi? Je lui apporte un présent : comment êtes-vous ensemble aujourd'hui?

LANCELOT.—Fort bien, fort bien. Mais quant à moi, comme j'ai arrêté de m'enfuir de chez lui, je ne m'arrêterai plus que je n'aie fait un bout de chemin. Mon maître est un vrai Juif. Lui faire un présent! Faites-lui présent d'une hart : je meurs de faim à son service : vous pouvez compter mes doigts par le nombre de mes côtes. Mon père, je suis bien aise que vous soyez venu : donnez-moi votre présent pour un monsieur Bassanio, qui fait faire maintenant à ses gens de très-belles livrées neuves : si je ne le sers pas, je courrai tant que Dieu a de terre. O rare bonheur! Tenez, le voici lui-même; adressez-vous à lui, mon père, car je veux devenir Juif, si je sers le Juif plus longtemps.

(Entre Bassanio, suivi de Léonardo et d'autres domestiques.)

BASSANIO.—Vous pouvez l'arranger ainsi;—mais faites si bien diligence, que le souper soit prêt au plus tard pour cinq heures.—Aie soin que ces lettres soient remises. Donne les livrées à faire, et prie Gratiano de venir dans l'instant me trouver chez moi.

(Sort un domestique.)

LANCELOT.—Allez à lui, mon père.

GOBBO.—Dieu bénisse Votre Seigneurie!

BASSANIO.—Bien obligé : me veux-tu quelque chose?

GOBBO.—Voilà mon fils, monsieur, un pauvre garçon...

LANCELOT.—Non pas un pauvre garçon, monsieur; c'est le valet du riche Juif, qui voudrait, monsieur, comme mon père vous le spécifiera....

GOBBO.—Il a, monsieur, une grande rage, comme qui dirait, de servir....

LANCELOT.—Effectivement, le court et le long de la chose, est que je sers le Juif, et j'ai bien envie, comme mon père vous le spécifiera....

GOBBO.—Son maître et lui, sauf le respect dû à Votre Seigneurie, ne sont guère cousins ensemble.

LANCELOT.—Pour abréger, la vérité est que le Juif m'ayant maltraité, c'est la cause que je...., comme mon père, qui est, comme je l'espère, un vieillard, vous le détaillera.

GOBBO.—J'ai ici quelques paires de pigeons que je voudrais offrir à Votre Seigneurie, et ma prière est que....

LANCELOT.—En peu de mots, la requête est impertinente pour mon compte, à moi, comme Votre Seigneurie le saura par cet honnête vieillard; et quoique ce soit moi qui le dise, quoiqu'il soit vieux, cependant c'est un pauvre homme, et mon père.

BASSANIO.—Qu'un de vous parle pour deux.—Que voulez-vous?

LANCELOT.—Vous servir, monsieur.

GOBBO.—C'est là où le bât nous blesse, monsieur.

BASSANIO.—Je te connais très-bien : tu as obtenu ta requête. Shylock, ton maître, m'a parlé aujourd'hui même, et t'a fait réussir, supposé que ce soit réussir que de quitter le service d'un riche Juif, pour te mettre à la suite d'un si pauvre gentilhomme que moi.

LANCELOT.—Le vieux proverbe est très-bien partagé entre mon maître Shylock et vous, monsieur : vous avez la grâce de Dieu, monsieur, et lui, il a de quoi.

BASSANIO.—C'est fort bien dit : bon père, va avec ton fils.—Prends congé de ton ancien maître, et informe-toi de ma demeure, pour t'y rendre. (*A ses gens.*) Qu'on lui donne une livrée plus galonnée que celle de ses camarades. Ayez-y l'œil.

LANCELOT.—Mon père, entrons.—Je ne sais pas me procurer du service; non, je n'ai jamais eu de langue dans ma tête.—Allons (*considérant la paume de sa main*), si de tous les hommes en Italie, qui ouvrent la main pour jurer sur l'Évangile, il y en a un qui présente une plus belle table.... je dois faire fortune; tenez, voyez seulement cette ligne de vie! Pour les mariages, ce n'est qu'une bagatelle; quinze femmes, hélas! ce ne serait rien; onze veuves et neuf pucelles; ce n'est que le simple nécessaire d'un homme. Et ensuite échapper trois fois au danger de se noyer, et courir risque de la vie sur le bord d'un lit de plume.... Ce n'est pas grand'chose en effet que de se tirer de là. Allons, si la fortune est femme, c'est une bonne pâte de femme de m'avoir donné de pareils linéaments.—Venez, mon père, je vais prendre congé du Juif dans un clin d'œil.

(Lancelot et Gobbo sortent.)

BASSANIO.—Je te prie, cher Léonardo, songe à ce que je t'ai recommandé. Quand tu auras tout acheté et distribué comme je te l'ai dit, reviens promptement ; car je traite chez moi, ce soir, mes meilleurs amis. Dépêche-toi, va.

LÉONARDO.—Je ferai tout cela de mon mieux.

(Entre Gratiano.)

GRATIANO.—Où est votre maître ?

LÉONARDO.—Là-bas, monsieur, qui se promène....

(Léonardo sort.)

GRATIANO.—Seigneur Bassanio !

BASSANIO.—Ha ! Gratiano !

GRATIANO.—J'ai une demande à vous faire.

BASSANIO.—Elle vous est accordée.

GRATIANO.—Vous ne pouvez me refuser ; il faut absolument que je vous accompagne à Belmont.

BASSANIO.—Très-bien, j'y consens.—Mais écoute, Gratiano.—Tu es trop sans façon, trop brusque ; tu as un ton de voix trop tranchant.—Ce sont des qualités qui te vont assez bien, et qui à nos yeux ne semblent pas des défauts ; mais partout où tu n'es pas connu, te dirai-je ? elles annoncent quelque chose de trop libre.—Je t'en prie, prends la peine de tempérer ton esprit trop pétulant par quelques grains de retenue, de peur que l'irrégularité de tes manières ne soit interprétée à mon désavantage dans le lieu où je vais, et ne me fasse perdre mes espérances.

GRATIANO.—Seigneur Bassanio, écoutez-moi ; si je ne prends pas le maintien le plus modeste, si je ne parle pas respectueusement, ne laissant échapper que quelques jurons de temps à autre ; si je ne me présente pas de l'air plus grave, toujours des livres de prières dans ma poche ; si même, lorsqu'on dira les grâces, je ne ferme pas les yeux avec componction en tenant ainsi mon chapeau, et poussant un soupir, et disant *amen*; enfin si je n'observe pas la civilité jusqu'au scrupule, comme un homme formé à toute la gravité de maintien requise pour plaire à sa grand'mère, ne vous fiez plus jamais à moi.

BASSANIO.—Allons, nous verrons comment vous vous conduirez.

GRATIANO.—Oui, mais j'excepte la soirée d'aujourd'hui : vous ne me jugerez pas sur ce que nous ferons ce soir.

BASSANIO.—Oh! non : ce serait dommage. Je vous inviterai au contraire à déployer votre plus grande gaieté; car nous avons des amis qui se proposent de se réjouir; mais adieu, je vous laisse : j'ai quelques affaires.

GRATIANO.—Et moi, il faut que j'aille trouver Lorenzo et les autres; mais nous vous rendrons visite à l'heure du souper.

(Ils sortent.)

SCÈNE III

Toujours à Venise.— Une pièce dans la maison de Shylock.

Entrent JESSICA *et* LANCELOT.

JESSICA.—Je suis fâchée que tu quittes ainsi mon père. Notre maison est l'enfer; et toi, un démon jovial qui dissipais un peu cette atmosphère d'ennui. Mais porte-toi bien, voilà un ducat pour toi; et, Lancelot, tu verras bientôt au souper Lorenzo, qui est invité chez ton nouveau maître. Donne-lui cette lettre : fais-le secrètement; adieu. Je ne voudrais pas que mon père me trouvât causant avec toi.

LANCELOT.—Adieu; mes larmes te parlent pour moi.— Très-charmante païenne! Très-aimable Juive! Si un chrétien ne fait pas quelque tour de fripon pour te posséder, je serais bien trompé; mais, adieu : ces sottes larmes noient un peu mon courage viril. Adieu.

(Il sort.)

JESSICA.—Adieu, bon Lancelot.—Hélas! quel odieux péché! n'est-ce pas à moi de rougir d'être la fille de mon père! Mais quoique je sois sa fille par le sang, je ne le suis point par le caractère. O Lorenzo ! si tu tiens ta promesse, je mettrai fin à ces combats, je deviendrai chrétienne, et ta tendre épouse.

(Elle sort.)

SCÈNE IV

Toujours à Venise. — Une rue.

Entrent GRATIANO, LORENZO, SALARINO, SALANIO.

LORENZO.—Oui, nous nous échapperons pendant le souper : nous irons prendre nos déguisements chez moi, nous reviendrons tous en moins d'une heure.

GRATIANO.—Nous n'avons pas fait les préparatifs nécessaires.

SALARINO.—Nous n'avons pas encore parlé de nous procurer des porte-flambeaux.

SALANIO.—C'est une pauvre chose, quand cela n'est pas arrangé dans un bel ordre ; et à mon avis il vaudrait mieux, en ce cas, n'y pas songer.

LORENZO.—Il n'est encore que quatre heures : nous avons deux heures pour nous procurer tout ce qu'il faut. (*Entre Lancelot avec une lettre.*) Ami Lancelot, qu'y a-t-il de nouveau ?

LANCELOT.—S'il vous plaît d'ouvrir cette lettre, elle pourra probablement vous l'apprendre.

LORENZO.—Je connais cette main : c'est une belle main sur ma foi, et la belle main qui a écrit cette lettre est plus blanche que le papier sur lequel elle a écrit.

GRATIANO.—Une lettre d'amour, sûrement ?

LANCELOT.—Avec votre permission, monsieur....

LORENZO.—Où vas-tu ?

LANCELOT.—Vraiment, monsieur, inviter mon ancien maître le Juif à souper ce soir chez mon nouveau maître le chrétien.

LORENZO.—Attends, prends ceci.—Dis à l'aimable Jessica, que je ne lui manquerai pas de parole. Parle-lui en secret : va. (*Sort Lancelot.*)—Messieurs, voulez-vous vous préparer pour la mascarade de ce soir? Je suis pourvu d'un porte-flambeau.

SALARINO.—Oui, vraiment, j'y vais sur-le-champ.

SALANIO.—Et moi aussi.

LORENZO.—Venez nous trouver, Gratiano et moi, dans quelque temps, au logis de Gratiano.

SALARINO.—C'est bon, nous n'y manquerons pas.

(Salarino et Salanio sortent.)

GRATIANO.—Cette lettre ne venait-elle pas de la belle Jessica?

LORENZO.—Il faut que je te dise tout : elle m'instruit de la manière dont il faut que je l'enlève de la maison de son père, me détaille ce qu'elle emporte d'or et de bijoux, l'habillement de page qu'elle a tout prêt. Si jamais le Juif son père entre dans le ciel, ce ne sera que par considération pour son aimable fille; et jamais le malheur n'osera traverser les pas de cette belle, qu'en s'autorisant du prétexte qu'elle est la lignée d'un Juif sans foi. Allons, viens avec moi : parcours cette lettre tout en marchant. La belle Jessica me servira de porte-flambeau.

(Ils sortent.)

SCÈNE V

Dans la maison de Shylock.

SHYLOCK, LANCELOT.

SHYLOCK.—Allons; tu verras par tes yeux, et tu jugeras de la différence qu'il y a entre le vieux Shylock et Bassanio.—Hé! Jessica?—Tu ne seras pas toujours à faire bombance, comme tu l'as faite avec moi.... Eh! Jessica?... Et à dormir, et à ronfler, et à déchirer tes habits.—Eh bien! Jessica? Quoi donc?

LANCELOT.—Holà! Jessica?

SHYLOCK.—Qui te dit d'appeler? Je ne t'ai pas dit d'appeler.

LANCELOT.—Votre Seigneurie me reprochait souvent de ne savoir rien faire sans qu'on me le dît.

(Entre Jessica.)

JESSICA.—Vous m'appelez? Que voulez-vous?

SHYLOCK.—Je suis invité à souper dehors, Jessica; voilà mes clefs.—Mais pourquoi irais-je? Ce n'est pas par amitié que je suis invité; ils me flattent : eh bien! j'irai par haine, pour manger aux dépens du prodigue chrétien.—Jessica, ma fille, veille sur ma maison. J'ai de la répugnance à sortir : il se brasse quelque chose de contraire à mon repos ; car j'ai rêvé cette nuit de sacs d'argent.

LANCELOT.—Je vous en conjure, monsieur, allez-y. Mon jeune maître attend avec impatience votre déconvenue[1].

SHYLOCK.—Et moi la sienne.

LANCELOT.—Ils ont comploté ensemble....—Je ne dirai pas précisément que vous devez voir une mascarade : mais si vous en voyez une, alors ce n'était donc pas pour rien que mon nez a saigné le dernier lundi Noir[2], à six heures du matin ; ce qui répondait au mercredi des cendres, dans l'après-dînée, d'il y a quatre ans.

SHYLOCK.—Quoi! y aura-t-il des masques? Écoutez-moi, Jessica. Fermez bien mes portes ; et lorsque vous entendrez le tambour, et le détestable criaillement du fifre au cou tors, n'allez pas vous hisser aux fenêtres, ni montrer votre tête en public sur la rue, pour regarder des fous de chrétiens aux visages vernis : mais bouchez bien les oreilles de ma maison ; je veux dire les fenêtres : que le son de ces vaines folies n'entre pas dans ma grave

---

[1] *Your reproach* (reproche, honte); c'est probablement une balourdise de Lancelot pour *approach* (approche); *reproach* est pris ici par le Juif dans le sens de *honte*, qui n'a aucun rapport de son avec aucun mot qui puisse être dans l'intention de Lancelot. On y a substitué *déconvenue*, qu'il peut dire pour *venue*.

[2] Le lundi de Pâques. En 1360, le lundi de Pâques, 14 avril, Edouard III faisant avec son armée le siége de Paris, il survint un froid si brumeux et si violent, que plusieurs soldats moururent de froid sur leurs chevaux, et que le lundi de Pâques en conserva le nom de lundi Noir.

maison.—Par le bâton de Jacob, je jure que je ne me sens nulle envie d'aller ce soir à un festin en ville; cependant j'irai.—Vous, drôle, prenez les devants, et annoncez que je vais y aller.

LANCELOT.—Je vais vous précéder, monsieur. (*Bas à Jessica.*) Maîtresse, malgré tout ce qu'il dit, regardez à la fenêtre; vous verrez approcher un chrétien, qui mérite bien les regards d'une Juive.

(Lancelot sort.)

SHYLOCK.—Hé! que vous dit cet imbécile de la race d'Agar?

JESSICA.—Il me disait: Adieu, maîtresse; rien de plus.

SHYLOCK.—Ce Jeannot-là[1] est assez bon homme, mais gros mangeur, lent au projet comme une vraie tortue, et dormant dans le jour plus qu'un chat sauvage. Les frelons ne bâtissent pas dans ma ruche: ainsi je me sépare de lui, pour le céder à un homme que je veux qu'il aide à dépenser promptement l'argent qu'il m'a emprunté.—Allons, Jessica, rentrez. Peut-être reviendrai-je sur-le-champ. Faites ce que je vous recommande: fermez les portes sur vous. Bien attaché, bien retrouvé: c'est un proverbe qui ne vieillit point pour un esprit économe.

(Il sort.)

JESSICA.—Adieu.—Et, si la fortune ne m'est pas contraire, j'ai perdu un père, et vous une fille.

(Elle sort.)

SCÈNE VI

Toujours au même lieu.

GRATIANO et SALARINO *masqués.*

GRATIANO.—Voici le hangar sous lequel Lorenzo nous a dit de l'attendre.

---

[1] *The Patch.* Patch était, à ce qu'il paraît, le fou du cardinal Wolsey, dont le nom était devenu proverbial comme l'est parmi nous celui de Jeannot ou de Jocrisse.

SALARINO.—L'heure qu'il nous avait donnée est presque passée.

GRATIANO.—Et il est bien étonnant qu'il tarde autant; car les amoureux devancent toujours l'horloge.

SALARINO.—Oh! les pigeons de Vénus volent dix fois plus vite pour sceller de nouveaux liens d'amour, qu'ils n'ont coutume de faire pour rester fidèles à leurs anciens engagements.

GRATIANO.—Cela sera toujours vrai : quel convive se lève d'une table avec cet appétit aigu qu'il sentait en s'y asseyant? Où est le cheval qui revienne sur les ennuyeuses traces de la route qu'il a parcourue, avec le feu qu'il avait en partant? Pour tous les biens de ce monde, il y a plus d'ardeur dans la poursuite que dans la jouissance. Voyez comme, semblable au jeune homme ou à l'enfant prodigue, le navire sort pavoisé de son port natal, embrassé et caressé par la brise libertine; et voyez comme il revient, également semblable à l'enfant prodigue, les côtes creusées par les injures de l'air, les voiles en lambeaux, desséché, délabré et appauvri par le libertinage de la brise.

(Entre Lorenzo.)

SALARINO.—Ah! voici Lorenzo!—Nous continuerons dans un autre moment.

LORENZO.—Chers amis, pardon d'avoir tardé si longtemps. Ce n'est pas moi, ce sont mes affaires qui vous ont fait attendre. Quand il vous prendra fantaisie de voler des épouses, je vous promets de faire le guet aussi longtemps pour vous.—Approchez; c'est ici la demeure de mon beau-père le Juif.—Holà, holà, quelqu'un!

(Jessica paraît à la fenêtre déguisée en page.)

JESSICA.—Qui êtes-vous? Nommez-vous, pour plus de certitude; quoique je puisse jurer de vous connaître à votre voix.

LORENZO.—Lorenzo, ton bien-aimé.

JESSICA.—C'est Lorenzo, bien sûr; et mon bien-aimé, bien vrai; car quel autre aimé-je autant? et quel autre que vous, Lorenzo, sait si je suis votre amante?

LORENZO.—Le ciel et ton cœur sont témoins que tu l'es.

JESSICA.—Tenez, prenez cette cassette ; elle en vaut la peine. Je suis bien aise qu'il soit nuit, et que vous ne me voyiez point ; car je suis honteuse de mon déguisement : mais l'Amour est aveugle, et les amants ne peuvent voir les charmantes folies qu'ils font eux-mêmes : s'ils les pouvaient apercevoir, Cupidon lui-même rougirait de me voir ainsi transformée en garçon.

LORENZO.—Descendez, car il faut que vous me serviez de porte-flambeau.

JESSICA.—Quoi ! faut-il que je porte la lumière sur ma propre honte ! Oh ! elle ne m'est, je le jure, que trop claire à moi-même. Vous me donnez là, cher amour, un emploi d'éclaireur, et j'ai besoin de l'obscurité.

LORENZO.—Et vous êtes obscurcie, ma douce amie, même sous cet aimable vêtement de page. Mais venez sans différer ; car la nuit, déjà close, commence à s'écouler, et nous sommes attendus à la fête de Bassanio.

JESSICA.—Je vais fermer les portes et me dorer encore de quelques ducats de plus, et je suis à vous dans le moment.

(Elle quitte la fenêtre.)

GRATIANO.—Par mon chaperon, c'est une Gentille, et non pas une Juive.

LORENZO.—Malheur à moi, si je ne l'aime pas de toute mon âme ! Car elle est sage, autant que j'en puis juger ; elle est belle, si mes yeux ne me trompent point ; elle est sincère, car je l'ai éprouvée telle ; et en conséquence, comme fille sage, belle et sincère, elle occupera pour toujours mon âme constante. (*Jessica reparaît à la porte.*) Ah ! te voilà ?—Allons, messieurs, partons. Les masques de notre compagnie nous attendent.

(Il sort avec Jessica et Salarino.)

(Entre Antonio.)

ANTONIO.—Qui est là ?

GRATIANO.—C'est vous, seigneur Antonio ?

ANTONIO.—Fi, fi, Gratiano : où sont tous les autres ? Il est neuf heures. Tous nos amis vous attendent.—Point de mascarade ce soir. Le vent s'élève, et Bassanio va s'embarquer tout à l'heure. J'ai envoyé vingt personnes vous chercher.

GRATIANO.—J'en suis fort aise ; je ne désire pas de plus grand plaisir que de mettre à la voile, et de partir cette nuit.

(Ils sortent.)

SCÈNE VII

A Belmont.— Un appartement dans la maison de Portia.

Fanfare de cors. Entrent PORTIA, LE PRINCE DE MAROC *et leurs suites.*

PORTIA.—Allons, tirez les rideaux, et découvrez les coffres à ce noble prince. Maintenant choisissez.

LE PRINCE DE MAROC.—Le premier est d'or, et porte cette inscription :

Qui me choisira gagnera ce que beaucoup d'hommes désirent.

Le second est d'argent, et porte cette promesse :

Qui me choisira aura tout ce qu'il mérite.

Le troisième est de plomb, avec une inscription aussi peu remarquable que le métal :

Qui me choisira doit donner et risquer tout ce qu'il a.

Comment saurai-je si je choisis bien ?

PORTIA.—Prince, l'un des trois renferme mon portrait : si vous le choisissez, je vous appartiens avec lui.

LE PRINCE DE MAROC. — Puissé quelque dieu diriger mon jugement et ma main ! Voyons un peu. Je veux encore jeter les yeux sur les inscriptions. Que dit le coffre de plomb ?

Qui me choisira doit donner et risquer tout ce qu'il a.

Doit donner ! Pourquoi ? Pour du plomb ! Risquer pour du plomb ? Ce coffre présente une menace. On ne hasarde tout que dans l'espoir de grands avantages. Un cœur d'or ne se laisse pas prendre à l'amorce d'un métal de rebut. Je ne veux ni donner, ni risquer rien pour du plomb.—Que dit l'argent avec sa couleur virginale?

Qui me choisira recevra tout ce qu'il mérite.

Tout ce qu'il mérite? Arrête là, prince de Maroc, et pèse ce que tu vaux d'une main impartiale. Si tu juges de ton prix par l'opinion que tu as de toi, ton mérite est assez grand; mais assez ne s'étend pas suffisamment loin pour atteindre cette dame.—Et pourtant, douter de ce que je vaux, ce serait lâchement m'exclure.—Tout ce que je mérite!.... Mais vraiment : c'est d'obtenir la dame. Je la mérite par ma naissance, par mon rang, par mes grâces, par les qualités que j'ai reçues de l'éducation; mais plus que tout cela, je la mérite par mon amour. Si je ne m'égarais pas plus loin, et que je fixasse ici mon choix.... Voyons encore une fois ce qui est gravé sur le coffre d'or :

Qui me choisira gagnera ce que beaucoup d'hommes désirent.

Mais c'est cette dame. Le monde entier la désire, et l'on vient des quatre coins de la terre pour baiser cette châsse, cette sainte mortelle et vivante. Les déserts de l'Hyrcanie et les sauvages solitudes de la vaste Arabie sont devenus le grand chemin que traversent les princes pour venir contempler la belle Portia; le liquide royaume, dont la tête ambitieuse vomit à la face des cieux n'est pas une barrière capable d'arrêter ces courages lointains : ils arrivent comme sur un ruisseau, pour voir la belle Portia. Un de ces trois coffres contient son divin portrait : est-il probable qu'elle soit contenue dans du plomb? Former une si basse pensée mériterait la damnation; ce métal serait trop grossier pour assujettir même le linceul destiné à l'embaumer dans la nuit du tombeau. Croirai-je qu'elle est cachée dans l'argent, et rabaissée ainsi dix fois au-dessous de l'or pur? Idée criminelle ! Jamais brillant si précieux ne fut enchâssé dans un métal au-dessous de l'or. Les Anglais ont une monnaie d'or frappée de la figure d'un ange : mais il n'est qu'empreint dessus ; c'est un ange couché dans un lit d'or. Donnez-moi la clef. Je choisis celui-ci, arrive que pourra.

PORTIA.—La voilà, prince, et si c'est ma figure que vous y trouvez, je vous appartiens.

(Elle ouvre le coffre d'or.)

LE PRINCE DE MAROC.—O enfer ! que vois-je là ? Un squelette ; et dans le creux de son œil un rouleau de papier ! lisons cet écrit.

> Tout ce qui reluit n'est pas or,
> Vous l'avez souvent ouï dire.
> Bien des hommes ont vendu leur vie,
> Pour ne faire que voir ce que j'offre extérieurement.
> Les tombes dorées renferment des vers.
> Si vous eussiez été aussi sage que hardi,
> Et jeune par la force, vieux par le jugement,
> Votre réponse n'eût pas été dans ce rouleau
> Adieu : votre requête est à néant.

A néant, en effet, et ma peine perdue ! Adieu donc, ardeur. Glace, je t'accueille. (*A Portia.*)—Adieu, Portia, mon cœur est trop accablé pour se répandre en pénibles adieux. Ainsi s'éloignent les malheureux qui ont tout perdu.

(Il sort avec sa suite.)

PORTIA.—Nous en voilà délivrés tout doucement. Fermez les rideaux. Allons.... puissent tous ceux de sa couleur choisir de même !

(Ils sortent.)

SCÈNE VIII

A Venise. — Une rue.

Entrent SALANIO, SALARINO.

SALARINO.—Eh ! vraiment oui, j'ai vu Bassanio mettre à la voile. Gratiano est parti avec lui, et Lorenzo n'est point dans leur vaisseau ; j'en suis sûr.

SALANIO.—Ce coquin de Juif a éveillé par ses cris le duc, qui est venu avec lui faire la recherche du vaisseau de Bassanio.

SALARINO.—Il est venu trop tard. L'ancre était levée; mais on a donné à entendre au duc, qu'on avait vu dans une gondole Lorenzo et sa tendre Jessica. D'ailleurs Antonio a certifié au duc qu'ils n'étaient pas dans le même vaisseau que Bassanio.

SALANIO.—Jamais je n'ai entendu d'exclamations de colère si confuses, si bizarres, si violentes et changeant si continuellement d'objet, que celles que ce chien de Juif proférait dans les rues : « Ma fille ! ô mes ducats ! ô « ma fille ! Un chrétien les emporte. O mes chrétiens « de ducats ! Justice ! la loi ! Mes ducats et ma fille ! Un « sac cacheté, deux sacs cachetés de ducats, de doubles « ducats, que ma fille m'a volés ! Et des bijoux ! deux « pierres, deux pierres rares et précieuses, que ma fille « m'a volées ! Justice ! Qu'on trouve ma fille ; elle a sur « elle les pierres et les ducats. »

SALARINO.—Tous les petits garçons de Venise courent après lui, criant : ses pierres, sa fille et ses ducats !

SALANIO.—Que le bon Antonio prenne garde à ne pas manquer au jour fixé, ou ce sera lui qui payera cela.

SALARINO.—Vraiment, vous avez raison d'y songer. J'ai parlé hier à un Français qui m'a dit que sur le détroit qui sépare la France de l'Angleterre, il avait péri un vaisseau de notre pays, richement chargé. Quand il m'a dit cette nouvelle, j'ai pensé à Antonio, et j'ai silencieusement souhaité que ce ne fût pas un des siens.

SALANIO.—Vous ferez mieux d'avertir Antonio de ce que vous savez ; mais ne le faites pas trop brusquement, de peur de l'affliger.

SALARINO.—Il n'est pas de plus excellent homme sur la terre. J'ai vu Bassanio et Antonio se séparer. Bassanio lui disait qu'il hâterait son retour le plus qu'il pourrait; Antonio lui répondait : « N'en faites rien, Bassanio ; « n'allez pas, pour l'amour de moi, gâter vos affaires « par trop de précipitation : laissez mûrir les choses « autant qu'il conviendra. Quant au billet que le Juif a « de moi, n'en laissez pas occuper votre esprit amou- « reux ; tenez-vous en joie : que votre première pensée « soit de trouver les moyens de plaire, et de faire écla-

« ter votre amour par les témoignages les plus propres
« à réussir. » A ces mots, les yeux gros de larmes et détournant le visage, il a tendu sa main en arrière, et il a serré celle de Bassanio avec une affection singulièrement tendre ; et c'est ainsi qu'ils se sont séparés.

SALANIO.—Je crois qu'il n'aime la vie que pour lui : je t'en prie, allons le trouver, et tâchons d'alléger par quelque divertissement la tristesse à laquelle il se livre.

SALARINO.—Oui, allons.

(Ils sortent.)

SCÈNE IX

A Belmont.— Une pièce de la maison de Portia.

Entre NÉRISSA *avec* UN VALET.

NÉRISSA, *au valet*.—Vite et vite, je t'en prie, tire vite le rideau. Le prince d'Aragon a prêté le serment, et il s'avance pour choisir.

(Fanfare de cors. Entrent le prince d'Aragon, Portia et leur suite.)

PORTIA.—Voyez, noble prince ; voici les coffres : si vous prenez celui qui contient mon portrait, notre hymen sera célébré sur-le-champ. Mais si vous vous trompez, il faudra, seigneur, sans plus de discours, quitter immédiatement ces lieux.

LE PRINCE.—Je suis obligé, par mon serment, d'observer trois choses : la première, de ne jamais révéler à personne quel est le coffre que j'aurai choisi ; ensuite, si je manque le véritable coffre, de ne jamais faire de proposition de mariage à aucune jeune fille : enfin, si je n'ai pas le bonheur de bien choisir, de vous quitter et de partir sur-le-champ.

PORTIA.—Ce sont les conditions que jurent d'observer ceux qui viennent pour moi s'exposer à des hasards, quelque peu digne que j'en sois.

LE PRINCE.—Je me suis soumis à ces conditions en vous adressant mes vœux. Fortune, maintenant favorise

ACTE II, SCÈNE IX.

l'espoir de mon cœur. De l'or, de l'argent et du vil plomb !

    Qui me choisit doit donner et risquer tout ce qu'il a.

    Vous aurez une plus belle apparence, avant que je donne ou risque quelque chose. Que dit le coffre d'or ? Ah ! voyons.

Qui me choisit recevra ce que beaucoup d'hommes désirent.

    Beaucoup d'hommes désirent beaucoup.... Cela peut s'entendre de la sotte multitude qui détermine son choix sur l'apparence, n'apercevant rien au delà de ce que son œil charmé lui présente ; qui ne perce pas jusque dans l'intérieur, mais comme le martinet, qui construit son nid sur les murs extérieurs, exposé aux injures de l'air, à la portée et dans le chemin même des accidents. Je ne choisirai point ce que tant de gens désirent ; je ne veux pas marcher avec les esprits vulgaires et me ranger parmi la foule ignorante. Je viens à toi, riche sanctuaire d'argent. Répète-moi encore l'inscription que tu portes.

    Qui me choisit recevra tout ce qu'il mérite.

    C'est bien dit ; car qui peut chercher à duper la fortune et s'élever honorablement sans l'empreinte du mérite ? Que personne ne prétende se revêtir d'honneurs dont il est indigne.... Oh ! plût au ciel que les biens, les charges, les dignités, ne se détournassent jamais dans des voies injustes, et que le pur honneur ne pût jamais s'acquérir que par le mérite de celui qui en est revêtu. Que de gens qui sont nus seraient couverts ! que d'autres qui commandent seraient commandés ! que de grains de bassesse à séparer de la vraie semence de l'honneur ! que l'on retrouverait d'honneur caché sous le chaume et sous les ruines du temps, et auquel on devrait rendre son premier éclat ! Mais choisissons.

    Qui me choisit recevra tout ce qu'il mérite.

    Je prendrai ce que je mérite. Donnez-moi la clef de celui-ci, et découvrez mon sort sur-le-champ.

PORTIA.—Vous y avez mis trop de temps pour ce que vous trouverez ici.

LE PRINCE.—Qu'est-ce? la figure d'un idiot, qui cligne de l'œil et me présente un papier? Je veux le lire. Que tu es différent de Portia! Que tu es différent de ce que j'espérais, et de ce que je méritais!

Qui me prend recevra tout ce qu'il mérite.

N'ai-je donc mérité rien de mieux que la tête d'un sot? Est-ce là ce que je vaux? Est-ce là tout ce que je mérite?

PORTIA.—Offenser et juger sont deux emplois différents et de nature opposée.

LE PRINCE.—Lisons :

> Le feu a éprouvé sept fois ce métal;
> Sept fois éprouvé est le jugement
> Qui n'a jamais mal choisi.
> Il est des gens qui n'embrassent que des ombres;
> Ceux-là n'ont que l'ombre du bonheur!
> Je sais qu'il y a des sots sur la terre,
> Vêtus d'argent, comme je le suis;
> Épousez quelle femme vous voudrez,
> Votre tête sera toujours la mienne.
> Ainsi partez, seigneur, vous êtes congédié.

Plus je tarderai dans ces lieux, plus j'y ferai la figure d'un sot. Je suis venu apporter mes vœux avec une tête de sot, et je m'en retourne avec deux. Adieu donc, dame, je remplirai mon serment de supporter patiemment mon malheur.

(Sortent le prince d'Aragon et sa suite.)

PORTIA.—Le moucheron s'est brûlé à la lumière. Oh! ces sots réfléchis! Quand ils choisissent, ils sont tout juste assez sages pour se perdre à force de raisonnements.

NÉRISSA.—Le vieux proverbe n'a pas tort : la potence et le choix d'une femme sont une affaire de hasard.

PORTIA.—Allons, ferme le rideau, Nérissa.

(Entre un valet.)

LE VALET.—Où est madame?

ACTE II, SCÈNE IX.

PORTIA.—La voici : que lui veut monsieur ?

LE VALET.—Madame, il vient de descendre à votre porte un jeune Vénitien, qui marche devant son maître pour annoncer son arrivée, et vous présenter de sa part des hommages très-substantiels, je veux dire, outre les compliments et les paroles courtoises, des présents d'un haut prix. Je n'ai jamais vu de messager d'amour si avenant. Jamais un jour d'avril n'annonça les richesses de l'été qui s'avance, sous un aspect aussi gracieux que ce courrier lorsqu'il annonce son maître.

PORTIA.—Arrête, je te prie ; je crains presque que tu ne me dises tout à l'heure qu'il est de tes parents, en te voyant dépenser ainsi, pour le louer, tout ton esprit des dimanches. Allons, allons, Nérissa, je brûle de voir cet agile courrier d'amour, qui se présente de si bonne grâce.

NÉRISSA.—Que ce soit Bassanio, seigneur Amour, si telle est ta volonté !

Ils sortent.)

FIN DU DEUXIÈME ACTE.

ACTE TROISIÈME

SCÈNE I

A Venise. — Une rue.

SALANIO, SALARINO

SALANIO. — Eh bien! quelles nouvelles sur le Rialto?

SALARINO. — Le bruit y continue toujours, sans que personne le contredise, qu'Antonio a perdu dans le détroit un vaisseau richement chargé à l'endroit qu'ils nomment, je crois, les Good-wins; un bas-fond dangereux et fatal, où sont ensevelis, dit-on, les carcasses d'une foule de gros vaisseaux; si du moins ma commère d'histoire se trouve être femme de parole.

SALANIO. — Je voudrais qu'elle fût la plus menteuse commère qui ait jamais mangé pain d'épice, ou qui ait voulu faire accroire à ses voisines qu'elle pleurait la mort de son troisième mari. — Mais il n'est que trop vrai, sans perdre le temps en paroles, et pour dire tout bonnement les choses sans détour, que le bon Antonio, l'honnête Antonio.... Oh! de quelle épithète assez digne pourrai-je accompagner son nom?

SALARINO. — Eh bien! enfin?

SALANIO. — Eh! que dis-tu? La fin de tout cela, c'est qu'il a perdu un navire.

SALARINO. — Je voudrais du moins que ce fût là la fin de ses pertes.

SALANIO. — Que je te réponde à temps, *Amen!* de peur que le diable ne vienne empêcher l'effet de ta prière, car c'est lui que je vois s'avancer sous la figure d'un

Juif. (*Entre Shylock.*) Eh bien! Shylock, quelles nouvelles parmi les marchands?

SHYLOCK.—Vous avez su, et personne ne le sait, personne ne le sait si bien que vous, comment ma fille a pris la fuite.

SALARINO.—Cela est sûr. Pour ma part, je connais le tailleur qui a fait les ailes avec lesquelles elle s'est envolée.

SALANIO.—Et Shylock, pour sa part, sait que l'oiseau avait toutes ses plumes, et qu'il est alors dans la nature des oiseaux de quitter leur nid.

SHYLOCK.—Elle sera damnée pour cela.

SALARINO.—Oh! sans doute; si c'est le diable qui la juge.

SHYLOCK.—Ma chair et mon sang se révolter!

SALANIO.—Fi donc, vieux cadavre! comment, ils se révoltent à ton âge?

SHYLOCK.—Je dis que ma fille est ma chair et mon sang.

SALARINO.—Il y a plus de différence entre ta chair et la sienne, qu'entre le jais et l'ivoire; plus entre ton sang et le sien, qu'entre du vin rouge et du vin du Rhin. Mais, dites-nous, avez-vous ouï dire qu'Antonio ait fait quelques pertes sur mer?

SHYLOCK.— J'ai encore là une mauvaise affaire, un banqueroutier, un prodigue, qui ose à peine se montrer sur le Rialto; un mendiant, qui vous venait faire l'agréable sur la place. Qu'il prenne garde à son billet. Il avait coutume de m'appeler usurier..... Qu'il prenne garde à son billet. Il avait coutume de prêter de l'argent par charité chrétienne..... Qu'il prenne garde à son billet.

SALARINO.—Mais je suis bien sûr que, s'il manquait à ses engagements, tu ne prendrais pas sa chair; à quoi te servirait-elle?

SHYLOCK.—A amorcer des poissons. Elle nourrira ma vengeance, si elle ne nourrit rien de mieux. Il m'a humilié; il m'a fait tort d'un demi-million; il a ri de mes pertes; il s'est moqué de mon gain; il a insulté ma nation; il a fait manquer mes marchés; il a refroidi mes amis, échauffé mes ennemis, et pour quelle raison?

Parce que je suis un Juif. Un Juif n'a-t-il pas des yeux? un Juif n'a-t-il pas des mains, des organes, des proportions, des sens, des affections, des passions? ne se nourrit-il pas des mêmes aliments? n'est-il pas blessé des mêmes armes, sujet aux mêmes maladies, guéri par les mêmes remèdes, réchauffé par le même été et glacé par le même hiver qu'un chrétien? si vous nous piquez, ne saignons-nous pas? si vous nous chatouillez, ne rions-nous pas? si vous nous empoisonnez, ne mourons-nous pas? et si vous nous outragez, ne nous vengerons-nous pas? si nous sommes semblables à vous dans tout le reste, nous vous ressemblerons aussi en ce point. Si un Juif outrage un chrétien, quelle est la modération de celui-ci? La vengeance. Si un chrétien outrage un Juif, comment doit-il le supporter, d'après l'exemple du chrétien? En se vengeant. Je mettrai en pratique les scélératesses que vous m'apprenez ; et il y aura malheur si je ne surpasse pas mes maîtres.

(Entre un valet.)

LE VALET d'*Antonio*.—Messieurs, mon maître Antonio est chez lui, et désire vous parler à tous deux.

SALARINO.—Nous l'avons cherché de tous côtés.

SALANIO.—En voici un autre de la tribu. On n'en trouverait pas un troisième de la même secte, à moins que le diable en personne ne se fît Juif.

(Salanio et Salarino sortent.)

(Entre Tubal.)

SHYLOCK.—Eh bien! Tubal, quelles nouvelles de Gênes? As-tu trouvé ma fille?

TUBAL.—J'ai, en beaucoup d'endroits, entendu parler d'elle; mais je n'ai pu la trouver.

SHYLOCK.—Quoi! quoi!—Voyez, voyez, voyez un diamant qui m'a coûté deux mille ducats à Francfort, que voilà parti. Jamais notre nation ne fut maudite comme à présent..... Je ne l'ai jamais éprouvé, comme je l'éprouve aujourd'hui. Deux mille ducats, dans cette affaire, et d'autres précieux bijoux!.... Je voudrais voir ma fille morte à mes pieds et les diamants à ses oreilles. Que n'est-elle ensevelie à mes pieds, et les ducats dans sa bière!

Point de nouvelles! et de plus je ne sais combien d'argent dépensé pour la faire chercher! Quoi! perte sur perte! Tant d'emporté par le voleur! et tant de dépensé pour chercher le voleur! et point de satisfaction, point de vengeance! Il n'arrive point de malheur qu'il ne me tombe sur le dos : il n'est point d'autres soupirs que ceux que je pousse, d'autres larmes que celles que je verse.

TUBAL.—D'autres que vous ont aussi du malheur. Antonio, à ce que j'ai appris à Gênes....

SHYLOCK.—Quoi, quoi, quoi? Un malheur, un malheur?

TUBAL.—A perdu un de ses vaisseaux venant de Tripoli.

SHYLOCK.—Dieu soit loué! Dieu soit loué! Est-il bien vrai? est-il bien vrai?

TUBAL.—J'ai parlé à des matelots échappés du naufrage.

SHYLOCK.—Je te remercie, cher Tubal. Bonne nouvelle! bonne nouvelle! Ha! ha!—Où cela? à Gênes?

TUBAL.—On m'a dit un soir à Gênes que votre fille y avait dépensé quatre-vingts ducats.

SHYLOCK.—Tu m'enfonces un poignard! je ne reverrai jamais mon or. Quatre-vingts ducats dans un seul endroit! quatre-vingts ducats!

TUBAL.—Je suis arrivé à Venise avec différents créanciers d'Antonio, lesquels affirment qu'il n'y a d'autre parti pour lui que de faire banqueroute.

SHYLOCK.—J'en suis ravi. Je le ferai souffrir. Je le torturerai. J'en suis ravi.

TUBAL.—L'un d'eux m'a montré une bague qu'il avait eue de votre fille pour un singe.

SHYLOCK.—La malheureuse! Tu me mets à la torture, Tubal; c'était ma turquoise. Je l'eus de Léah, étant encore garçon. Je ne l'aurais pas donnée pour un désert plein de singes.

TUBAL.—Mais Antonio est certainement ruiné.

SHYLOCK.—Oh! oui, cela est sûr; cela est sûr, va voir le commissaire: préviens-le quinze jours d'avance. S'il manque, j'aurai son cœur. S'il était une fois hors de Venise, je ferais tel négoce que je voudrais. Cours, cours,

Tubal, et viens me rejoindre à notre synagogue. Va, bon Tubal... A notre synagogue, Tubal.

(Ils sortent.)

SCÈNE II

A Belmont.— Une pièce dans la maison de Portia.

Entrent PORTIA, BASSANIO, GRATIANO, NÉRISSA, *et plusieurs personnages de leur suite ; les coffres sont découverts.*

PORTIA.—Tardez un peu, je vous prie. Attendez un jour ou deux, avant de vous hasarder ; car si vous choisissez mal, je suis privée de votre compagnie ; ainsi attendez donc quelque temps. Quelque chose (mais ce n'est pas de l'amour) me dit que je ne voudrais pas vous perdre ; et vous savez que ce ne sont pas là les conseils de la haine. Mais, de peur que vous ne pénétriez pas bien ma pensée (et cependant une fille n'a d'autre langue que la pensée), je voudrais vous retenir ici pendant un ou deux mois avant de vous voir risquer le choix d'où je dépends.—Je pourrais vous apprendre les moyens de bien choisir. Mais alors je serais parjure, et je ne le serai jamais ; alors vous pouvez vous tromper... et cependant, si cela arrive, vous me ferez souhaiter un péché: je regretterai de n'avoir pas été parjure. Malheur à vos yeux ! ils se sont emparés de moi et m'ont partagée en deux : une moitié de moi-même est à vous ; l'autre moitié est à vous... à moi voulais-je dire. Mais si elle est à moi, elle est à vous. Ainsi je suis à vous tout entière ; oh ! siècle pervers qui met des obstacles entre les propriétaires et leurs possessions, en sorte que, bien qu'à vous, je ne suis pas à vous ! Qu'il en soit donc ainsi et que la fortune aille en enfer pour ce fait, et non pas moi ! Je parle trop, mais c'est pour peser sur le temps, le filer, le traîner en longueur, et retarder l'instant de votre choix.

BASSANIO.—Laissez-moi choisir ; car vivre en l'état où je suis c'est être à la torture.

PORTIA.—A la torture, Bassanio? Avouez donc quelle trahison est mêlée à votre amour?

BASSANIO.—Aucune, si ce n'est l'horrible trahison de la défiance qui me fait redouter l'instant de jouir de mon amour. La neige et le feu pourraient plutôt s'unir et vivre ensemble que la trahison et mon amour.

PORTIA.—Oui; mais je crains que vous ne parliez comme un homme à la torture, dont la violence lui fait dire toutes sortes de choses.

BASSANIO.—Promettez-moi la vie, et je confesse la vérité.

PORTIA.—Eh bien! confessez et vivez.

BASSANIO.—Confesser et aimer eût renfermé tout mon aveu. Heureux tourments, lorsque celui qui fait mon supplice me suggère des réponses pour ma délivrance! Mais laissez-moi essayer ma fortune et les coffres.

PORTIA.—Allez donc. Je suis enfermée dans l'un d'eux; si vous m'aimez, vous me trouverez. Nérissa, et vous tous, faites place.—Que la musique joue tandis qu'il fera son choix.—Alors, s'il choisit mal, il finira comme le cygne qui s'évanouit au milieu des chants. Et afin que la comparaison soit plus parfaite, mes yeux formeront le ruisseau, et un lit de mort liquide pour lui. Il se peut que son choix soit heureux; et alors, à quoi servira la musique? A quoi? Elle sera comme la fanfare qui se fait entendre, tandis que des sujets fidèles rendent hommage à leur monarque nouvellement couronné.—Elle sera, comme ces doux sons qui, aux premiers rayons du matin, s'insinuent dans l'oreille du fiancé encore enseveli dans les songes, et l'appellent à l'hyménée.—Le voilà qui s'avance avec autant de dignité, mais avec bien plus d'amour que le jeune Alcide, lorsqu'il venait affranchir Troie gémissante du tribut d'une vierge payé au monstre de la mer. Je suis là, prête à subir le sacrifice; toutes les autres sont les épouses troyennes, qui, les yeux troublés par les larmes, s'avancent hors des murs pour voir l'issue de l'entreprise. Va, Hercule; si tu vis, je vis. Je vois le combat avec bien plus de terreur que toi, qui portes les coups.

(Air chanté, tandis que Bassanio examine les coffres, et semble se livrer à ses réflexions.)

Dis-moi, où siége l'illusion.
Est-ce dans le cœur, ou dans la tête?
Comment naît-elle? comment se nourrit-elle?
Réponds, réponds.

L'illusion s'engendre dans les yeux,
Elle se nourrit de regards, et l'illusion meurt
Dans le berceau qu'elle habite.
Sonnons, sonnons tous la cloche de mort de l'illusion.
Je vais commencer. Ding dong, vole.

TOUS.

Ding dong, ding dong, vole [1].

BASSANIO.—C'est ainsi que ce qui paraît le plus en dehors répond le moins à l'apparence. Le monde est sans cesse déçu par l'ornement. En justice est-il un argument si souillé, si pervers, qu'une voix gracieuse ne puisse l'envelopper de façon à cacher le mal qui s'y trouve renfermé? En religion, est-il une erreur damnable, qu'un front sévère ne sanctifie et ne fasse passer au moyen d'un texte qui en cachera la grossièreté sous une séduisante parure? Il n'est pas de vice si ingénu qui n'emprunte à l'extérieur quelques caractères de la vertu. Que de poltrons, au cœur aussi peu sûr qu'un escalier de sable, portent cependant sur leur menton les barbes d'Hercule et du terrible Mars! Pénétrez dans leur intérieur, vous ne trouverez que des foies blancs comme du lait : ils ne prennent du courage que ce qu'il jette en dehors, pour se rendre redoutables. Regardez la beauté, et vous verrez qu'elle s'achète au poids de ce métal qui opère en ceci un miracle dans la nature, rendant plus

---

[1] *Ding dong bell*. Ce refrain est destiné à imiter le son de la cloche qui ne se pourrait rendre en français en traduisant *bell* par *cloche*, qui est le mot correspondant. On y a substitué *vole*, qui exprime une des manières de sonner la cloche, et produit à peu près le même effet imitatif.

facile la route de celui qui en porte le plus¹. Ainsi ces tresses d'or, ondoyantes comme un serpent, qui gambadent si follement, au souffle du vent, sur une beauté supposée, ne sont bien souvent qu'un héritage passé sur une seconde tête, tandis que le crâne qui les a nourris est dans le tombeau. L'ornement n'est donc que le rivage perfide d'une mer dangereuse, la brillante écharpe qui voile une beauté indienne ; en un mot, un dehors de vérité dont ce siècle artificieux se revêt pour faire tomber les plus sages dans le piége. Ainsi donc, or brillant, aliment que Midas a trouvé trop dur, je ne veux point de toi ; ni de toi, pâle et vulgaire agent entre l'homme et l'homme. Mais toi, toi, pauvre plomb, qui menaces plus que tu ne promets, ta pâle simplicité me touche plus que l'éloquence. Je fixe ici mon choix. Puisse le bonheur en être le fruit !

PORTIA.—Comme toutes les autres passions se dissipent dans les airs, les pensées inquiètes, le désespoir imprudent, la crainte frissonnante, la jalousie à l'œil verdâtre ! Amour, modère-toi, tempère ton extase, verse tes douceurs avec mesure, diminues-en l'excès. Je ressens trop tes félicités ; affaiblis-les, de peur que je n'y succombe.

BASSANIO, *ouvrant le coffre de plomb.*—Que vois-je ? l'image de la belle Portia ! Quel demi-dieu a si fort approché de la création ? Ces yeux se meuvent-ils ? ou serait-ce que, se balançant sur mes prunelles mobiles, ils me paraissent en mouvement ? Ici sont des lèvres entr'ouvertes qu'a séparées une haleine de miel : une aussi douce barrière devait séparer d'aussi douces amies. Là, dans ses cheveux, le peintre, imitant l'araignée, a tissu un réseau d'or où les cœurs des hommes seront plutôt pris que ne le sont les mouches dans la toile de l'insecte.

---

¹ *Making them lightest that wear more of it.*
Light est ici employé dans son double sens de brillant, et de léger. L'or, en rendant plus brillants (*lightest*) ceux qui en portent le plus, rend plus légers (*lightest*) ceux, etc., etc. Le jeu de mots était intraduisible.

Mais ses yeux... comment a-t-il pu voir pour les faire ! Un seul achevé suffisait, je crois, pour le priver des deux siens, et lui faire laisser l'ouvrage imparfait. Mais voyez, autant la réalité de mon imagination fait tort à cette ombre par des éloges trop au-dessous d'elle, autant cette ombre se traîne avec peine loin de la réalité. Voici le rouleau qui contient le sommaire de ma destinée.

(Il lit.)

Vous qui ne choisissez point sur l'apparence,
Vous avez bonne chance et bon choix.
Puisque ce bonheur vous arrive,
Soyez content, n'en cherchez pas d'autre.
Si celui-ci vous satisfait,
Et que vous regardiez votre sort comme votre bonheur,
Tournez-vous vers votre dame,
Et prenez-en possession par un baiser amoureux.

Charmant écrit ! Belle dame, avec votre permission. *(Il l'embrasse.)* Je me présente le billet à la main pour donner et pour recevoir : semblable à celui de deux concurrents se disputant le prix, qui pense avoir satisfait le public, mais qui, lorsqu'il entend les applaudissements, et les acclamations universelles, troublé, s'arrête et regarde avec incertitude, ne sachant pas bien si c'est à lui que s'adresse cette bordée de louanges. Ainsi, trois fois belle Portia, je demeure en doute de ce que je vois jusqu'à ce que vous l'ayez confirmé, signé et ratifié.

PORTIA. — Seigneur Bassanio, vous me voyez où je suis, et telle que je suis ! Pour moi seule, je n'aurais pas l'ambition de vouloir beaucoup mieux. Mais pour l'amour de vous, je voudrais pouvoir tripler vingt fois mes mérites, être mille fois plus belle, dix mille fois plus riche. Je voudrais, seulement pour être placée plus haut dans votre estime, surpasser en vertus, en beauté, en biens, en amis, tout ce qui se peut compter. Mais ce que je suis au total se réduit, pour vous le dire en gros, à ceci, à une fille simple, peu instruite, sans expérience, heureuse en ce qu'elle n'est pas hors de l'âge d'apprendre, plus heureuse en ce qu'elle n'est pas née si peu intelligente qu'elle ne puisse apprendre encore, mais heureuse par-dessus tout de soumettre son esprit docile à votre direction, comme à son seigneur, son maître et son roi; moi-même et tout ce qui m'appartient est maintenant à vous, est devenu votre bien. Tout à l'heure j'étais la maîtresse de cette belle maison, de mes domestiques, et reine de moi-même. Maintenant cette maison, ces domestiques et moi-même, nous sommes à vous, à vous, mon seigneur. Je vous les donne avec cette bague. Lorsque vous vous en séparerez ou que vous la perdrez, ou que vous la donnerez, ce sera le présage de la ruine de votre amour. Il ne me restera plus que le droit de me plaindre de vous.

BASSANIO.—Madame, vous m'avez ôté le pouvoir de vous répondre. Mon sang seul vous parle dans mes veines : et toutes les puissances de mon être s'agitent confusément comme, après un discours noblement prononcé par un prince chéri, se confondent dans le murmure de la multitude charmée tous ces sons qui, mêlés ensemble, produisent un chaos où rien ne se distingue plus que la joie qui s'exprime sans s'exprimer. Quand cette bague sera séparée de ce doigt, que la vie se sépare de ce cœur! Vous pourrez dire alors sans crainte de vous tromper : Bassanio est mort.

NÉRISSA.—Mon seigneur et madame, c'est à présent notre tour à nous, qui sommes demeurés spectateurs et qui avons vu s'accomplir nos désirs, de crier : Bonheur parfait, bonheur parfait, mon seigneur et madame!

GRATIANO.—Seigneur Bassanio, et vous, belle dame, je vous souhaite tout le bonheur que vous pouvez désirer; car je suis sûr que vous n'en souhaitez aucun aux dépens du mien. Mais lorsque Vos Seigneuries solenniseront le traité qui doit les engager, permettez-moi, je vous prie, de me marier aussi.

BASSANIO.—De tout mon cœur. Tu peux chercher une femme.

GRATIANO.—Je remercie Votre Seigneurie ; vous m'en avez donné une. Mes yeux, seigneur, sont aussi prompts que les vôtres. Vous avez vu la maîtresse, moi j'ai vu la suivante. Vous avez aimé, j'ai aimé, car je ne suis pas plus disposé que vous, seigneur, à traîner les choses en longueur. Votre sort était dans ces coffres, le mien s'y trouve attaché par l'événement ; car à force de faire ma cour jusqu'à me mettre en nage, de protester de mon amour jusqu'à m'en être desséché le gosier, je suis parvenu à tenir enfin, si une promesse peut se tenir, la parole de cette belle, qu'elle m'accorderait son amour si vous aviez le bonheur de conquérir sa maîtresse.

PORTIA.—Est-il vrai, Nérissa ?

NÉRISSA.—Oui, madame, si c'est votre bon plaisir.

BASSANIO.—Et vous, Gratiano, êtes-vous de bonne foi ?

GRATIANO.—Oui, seigneur, je le jure.

BASSANIO.—Nos noces seront fort embellies par les vôtres.

GRATIANO.—Parions avec vous dix mille ducats à qui fera le premier garçon.

NÉRISSA.—Quoi ! et vous mettez bas l'enjeu ?

GRATIANO.—Non ; on ne gagne pas à ce jeu-là quand on met bas l'enjeu.—Mais qui vient ici ? Lorenzo et son infidèle ? Quoi ! et le Vénitien Salanio, mon vieil ami ?

(Entrent Lorenzo, Jessica et Salanio.)

BASSANIO.—Lorenzo et Salanio, soyez ici les bienvenus : si toutefois une possession aussi nouvelle que la mienne me donne le droit de vous y recevoir. Avec votre permission, ma chère Portia, je dis à mes amis, à mes compatriotes qu'ils sont les bienvenus.

PORTIA.—Et je le dis aussi, seigneur ; ils sont les très-bienvenus.

LORENZO.—J'en remercie Votre Seigneurie. Pour moi, seigneur, mon dessein n'était pas de venir vous voir ici ; mais j'ai rencontré Salanio en chemin ; il m'a tant prié de l'accompagner, que je n'ai pu dire non.

SALANIO.—Cela est vrai, seigneur, et j'avais mes raisons. (*Il donne une lettre à Bassanio.*) Le seigneur Antonio se recommande à votre souvenir.

BASSANIO.—Avant que j'ouvre cette lettre, dites-moi comment se porte mon cher ami.

SALANIO.—Point malade, seigneur, si ce n'est dans l'âme ; point en santé, si ce n'est celle de l'âme. Sa lettre vous apprendra sa situation.

GRATIANO.—Nérissa, faites un bon accueil à cette étrangère ; traitez-la bien. Votre main, Salanio. Quelles nouvelles de Venise ? Comment se porte ce *marchand roi*[1], le bon Antonio ? Je suis sûr qu'il se réjouira de nos succès. Nous sommes des Jasons, nous avons conquis la Toison.

SALANIO.—Plût à Dieu que vous eussiez trouvé la toison qu'il a perdue ?

PORTIA.—Il y a dans cette lettre quelques nouvelles sinistres qui font disparaître la couleur des joues de Bassanio. La mort de quelque ami chéri. Nul autre malheur dans le monde ne peut changer à ce point la constitution d'un homme de courage !... Quoi ! de pis en pis ?... Permettez, Bassanio. Je suis une moitié de vous-même, et je dois partager sans réserve avec vous tout ce que contient cette lettre.

BASSANIO.—O ma douce Portia ! ici sont renfermés un petit nombre de mots les plus tristes qui jamais aient noirci le papier. Aimable dame, la première fois que je vous déclarai mon amour, je vous dis avec franchise que tout le bien que je possédais coulait dans mes veines, que j'étais gentilhomme, et je vous disais vrai. Cependant, chère madame, lorsque je m'évaluais à néant, voyez quel imposteur j'étais ; au lieu de vous dire que mon bien n'était rien, j'aurais dû vous dire qu'il était au-dessous de rien ; car, dans la vérité, je me suis engagé avec un tendre ami, et j'ai engagé cet ami avec le plus

---

[1] *That royal merchant.* Lors de la prise de Constantinople par les croisés, la république permit à ses sujets de faire, pour leur propre compte, dans les îles de l'Archipel, des conquêtes dont il fut stipulé qu'ils jouiraient en toute souveraineté, sous la condition d'en faire hommage à la république. Plusieurs des grandes familles de la république créèrent des établissements de ce genre qui leur valurent le titre *de marchands rois*.

cruel de ses ennemis, pour me procurer des ressources. Voilà une lettre, madame, dont le papier me semble le corps de mon ami; et chaque mot une large blessure qui verse son sang vital. Mais est-il bien vrai, Salanio? Tous ses vaisseaux ont-ils manqué? quoi! il n'en est arrivé aucun? de Tripoli, du Mexique? de l'Angleterrre, de Lisbonne, de la Barbarie, de l'Inde? Pas un seul bâtiment n'a pu éviter la terrible rencontre des rochers, ruine des marchands?

SALANIO.—Pas un seul, seigneur. D'ailleurs, il paraît qu'eût-il à présent l'argent du billet, le Juif ne voudrait pas le prendre. Je n'ai jamais vu de créature portant figure d'homme, aussi âpre, aussi acharnée à détruire un homme. Il assiège jour et nuit le duc, en appelle aux libertés de l'État du refus de lui rendre justice. Vingt marchands, le duc lui-même et les magnifiques[1] du grand port, ont tenté de le persuader ; mais sa haine ne veut pas sortir de là ; une peine encourue, la justice, son billet.

JESSICA.—Quand j'étais avec lui, je l'ai entendu jurer à Tubal et à Chus, ses compatriotes, qu'il aimerait mieux avoir la chair d'Antonio, que vingt fois la somme qu'il lui avait prêtée; et j'ai la certitude, seigneur, que si les lois et l'autorité, et toute la force du pouvoir ne s'y opposent, la chose ira bien mal pour le pauvre Antonio.

PORTIA.—C'est votre ami qui se trouve dans ces angoisses?

BASSANIO.—Le plus cher de mes amis, le meilleur des hommes; l'âme la mieux faite et la plus infatigable à rendre service ; enfin, l'homme qui nous retrace l'ancienne vertu romaine, plus qu'aucun autre qui respire l'air d'Italie.

PORTIA.—Combien doit-il au Juif?

BASSANIO.—Il doit pour moi trois mille ducats.

PORTIA. — Quoi ! pas davantage? Donnez-lui-en six mille; et annulez le billet. Doublez les six mille; triplez-

---

[1] On sait que c'était le titre des grands de Venise, les magnifiques seigneurs.

les, plutôt qu'un ami de cette sorte perde un cheveu par la faute de Bassanio. Venez d'abord à l'église, nommez-moi votre épouse, et partez pour aller à Venise trouver votre ami ; car vous ne reposerez point aux côtés de Portia avec une âme inquiète. Je vous donnerai assez d'or pour payer vingt fois cette petite dette. Quand elle sera acquittée, amenez avec vous votre fidèle ami. Cependant, Nérissa ma suivante et moi, nous vivrons comme des filles et des veuves. Allons, venez ; car vous allez partir le jour même de vos noces. Traitez bien vos amis, montrez-leur une mine joyeuse : puisque je vous ai acheté cher, je vous aimerai chèrement.—Mais voyons la lettre de votre ami.

BASSANIO *lit.*—« Mon cher Bassanio, tous mes vais-
« seaux se sont perdus : mes créanciers deviennent
« cruels ; ma fortune est réduite à bien peu de chose.
« J'ai encouru la peine portée dans l'obligation faite au
« Juif : et puisque en remplissant cette clause il est im-
« possible que je vive, toutes vos dettes envers moi se-
« ront acquittées si je puis vous voir avant ma mort.
« Cependant faites ce que vous voudrez : si ce n'est pas
« votre amitié qui vous engage à venir, que ce ne soit
« pas ma lettre. »

PORTIA.—O mon amour, terminez promptement toute affaire ; partez.

BASSANIO.—Puisque vous me donnez la permission de m'éloigner, je vais me hâter. Mais jusqu'à mon retour aucun lit n'aura à se reprocher de me retenir, aucun repos ne viendra se placer entre vous et moi.

(Ils sortent.)

SCÈNE III

A Venise. — Une rue.

Entrent SHYLOCK, ANTONIO, SALARINO, UN GEOLIER.

SHYLOCK.—Geôlier, veillez sur lui. Ne me parlez pas de pitié. Le voilà cet imbécile qui prêtait de l'argent gratis.—Geôlier, veillez sur lui.

ANTONIO.—Encore un mot, Shylock.

SHYLOCK.—Je veux qu'on satisfasse à mon billet; ne me parle pas contre mon billet. J'ai juré que mon billet serait acquitté.—Tu m'as appelé chien sans en avoir aucun sujet; mais puisque je suis un chien, prends garde à mes crocs. Le duc me fera justice.—Je m'étonne, coquin de geôlier, que tu aies la faiblesse de sortir avec lui à sa sollicitation.

ANTONIO.—Je te prie, laisse-moi te parler.

SHYLOCK.—J'aurai mon billet : je ne veux point t'entendre; j'aurai mon billet. Ne me parle pas davantage : on ne fera pas de moi un imbécile au cœur tendre, aux yeux piteux, capable de secouer la tête, de se relâcher et de céder en soupirant aux instances des chrétiens. Ne me suis pas: je ne veux point t'entendre; je veux l'acquit de mon billet.

(Il sort.)

SALARINO.—C'est le mâtin le plus inflexible qui ait jamais vécu parmi les hommes.

ANTONIO.—Laissons-le; je ne le poursuivrai plus de prières inutiles : il veut avoir ma vie; j'en sais bien la raison. J'ai souvent arraché à ses poursuites plusieurs de ses débiteurs insolvables qui sont venus implorer mon secours; voilà pourquoi il me hait.

SALARINO.—Non, j'en suis sûr, le duc ne souffrira jamais qu'un pareil engagement ait son effet.

ANTONIO.—Le duc ne peut refuser de suivre la loi : retrancher aux étrangers les sûretés dont ils jouissent à Venise serait une injustice contre l'État; car la richesse de son commerce est fondée sur l'abord de toutes les nations. Ainsi donc, allons; mes chagrins et mes pertes m'ont tellement abattu, qu'à peine pourrai-je conserver jusqu'à demain une livre de chair pour mon sanguinaire créancier. A la bonne heure; venez, geôlier. —Je prie Dieu que Bassanio vienne me voir acquitter sa dette, et je suis content.

(Ils sortent.)

SCÈNE IV

A Belmont. — Une pièce dans la maison de Portia.

Entrent PORTIA, NÉRISSA, LORENZO, JESSICA, BALTHAZAR.

LORENZO.—Permettez-moi, madame, de le dire en votre présence, vous vous êtes formé une noble et juste idée de la divine amitié. Elle se montre puissamment dans la manière dont vous supportez l'absence de votre époux; mais si vous connaissiez celui à qui vous témoignez ces égards, à quel véritablement galant homme vous envoyez secours, combien il aime votre mari, je suis sûr que vous seriez plus fière de votre ouvrage, qu'un bienfait ordinaire ne saurait vous forcer de l'être.

PORTIA.—Je ne me suis jamais repentie d'avoir fait ce qui était bien, et je ne m'en repentirai pas aujourd'hui. Entre deux compagnons qui vivent et passent leurs jours ensemble, dont les âmes portent également le joug de l'affliction, il faut nécessairement qu'il se trouve un rapport parfait de caractères, de mœurs et de sentiments. C'est ce qui me fait penser que cet Antonio, étant l'ami de cœur de mon époux, doit ressembler à mon époux. S'il est ainsi, il m'en coûte bien peu de chose pour arracher l'image de mon âme à l'état où l'a réduite une cruauté infernale. Mais ceci en reviendrait trop à me louer moi-même; ainsi n'en parlons plus. Écoutez autre chose. Lorenzo, je remets en vos mains le soin et la conduite de ma maison jusqu'au retour de mon époux. Quant à moi, j'ai fait secrètement vœu au ciel de vivre dans la prière et la contemplation, accompagnée de la seule Nérissa, jusqu'au retour de son mari et de mon seigneur. Il y a un monastère à deux milles d'ici; c'est là que nous passerons le temps de leur absence. Je vous prie de ne pas refuser la charge que mon amitié et la nécessité vous imposent.

LORENZO. — Madame, je la reçois de bon cœur. J'obéirai toujours à vos honorables commandements.

PORTIA. — Mes gens connaissent déjà ma volonté ; ils vous obéiront à vous et à Jessica, comme au seigneur Bassanio et à moi-même. Adieu, portez-vous bien, jusqu'au moment qui nous réunira.

LORENZO. — Puissiez-vous n'avoir que des pensées agréables et des moments heureux !

JESSICA. — Je vous souhaite, madame, toute satisfaction du cœur.

PORTIA. — Je vous remercie de vos vœux, et c'est avec plaisir que j'en fais de pareils pour vous. Adieu, Jessica. (*Lorenzo et Jessica sortent.*) Balthasar, je t'ai toujours trouvé honnête et fidèle ; que je te retrouve toujours de même. Prends cette lettre, et fais tous tes efforts pour arriver à Padoue le plus tôt possible : remets-la en main propre au docteur Bellario, mon cousin ; et fais bien attention, prends les habillements et les papiers qu'il te donnera, et porte-les, je t'en prie, avec toute la célérité imaginable, au lieu où l'on passe la barque pour aller à Venise. Ne perds point de temps en discours ; pars, je m'y trouverai avant toi.

BALTHASAR. — Madame, je ferai toute la diligence possible.

PORTIA. — Écoute, Nérissa : j'ai des projets que tu ne connais pas encore. Nous reverrons nos maris plus tôt qu'ils ne s'y attendent.

NÉRISSA. — Nous verront-ils ?

PORTIA. — Oui, Nérissa ; mais sous des habits qui leur feront penser que nous sommes pourvues de ce qui nous manque. Je gage tout ce que tu voudras que, quand nous serons toutes deux équipées en jeunes gens, je suis le plus joli garçon des deux, et que ce sera moi qui porterai ma dague de meilleure grâce, qui saurai le mieux prendre cette voix flûtée qui marque le passage de l'enfance à l'âge d'homme, et changer de petits pas mignards en une démarche virile, et parler batailles comme un jeune fanfaron, et dire maints jolis mensonges, et comme quoi j'ai été requis d'amour par des femmes d'un rang distingué, que mes refus ont rendues malades et fait mourir de douleur. Je ne pouvais pas satisfaire à toutes. Puis je m'en repentirai, et je regretterai d'avoir causé leur trépas.—J'aurai ainsi une vingtaine de petits mensonges, à faire jurer que je suis sorti des écoles depuis plus d'un an.—J'ai dans l'esprit un millier des jeunes gentillesses de ces petits fanfarons, dont je veux faire usage.

NÉRISSA.—Quoi, deviendrons-nous donc des hommes ?

PORTIA.—Fi donc ! Quelle question, si tu la faisais à quelqu'un capable de l'interpréter dans un mauvais sens ! Mais viens, je te dirai tout mon projet quand nous serons dans ma voiture, qui nous attend à la porte du parc. Dépêchons-nous, car il faut que nous fassions vingt milles aujourd'hui.

(Elles sortent.)

SCÈNE V

Toujours à Belmont.

Entrent LANCELOT ET JESSICA.

LANCELOT.—Oui, en vérité, car, voyez-vous, les péchés du père retombent sur les enfants : aussi, je vous assure que j'ai peur pour vous. J'ai toujours été tout bonnement avec vous ; ainsi je vous dis comme cela toutes les pensées qui me viennent là-dessus : ainsi tenez-vous en joie ; car, pour parler vrai, je crois que vous êtes damnée. Il ne reste qu'une seule espérance, qui peut encore vous sauver ; mais, pas moins, ce n'est qu'une espèce d'espérance bâtarde.

JESSICA.—Et quelle sorte d'espérance, je te prie ?

LANCELOT.—Eh ! vraiment, vous pourriez espérer un peu que ce n'est pas votre père qui vous a engendrée, que vous n'êtes pas la fille du Juif.

JESSICA.—C'est là, en effet, une sorte d'espérance bâtarde ; mais alors ce seraient les péchés de ma mère qui retomberaient sur moi.

LANCELOT.—Alors, ma foi, j'ai grand'peur que vous ne soyez damnée de père et de mère ; ainsi en voulant éviter Scylla votre père, je tombe en Charybde votre mère. Allons, vous êtes perdue des deux côtés.

JESSICA.—Je serai sauvée par mon mari, qui m'a faite chrétienne.

LANCELOT.—Vraiment, il n'en est que plus blâmable ; nous étions déjà bien assez de chrétiens ; tout autant qu'il en fallait pour pouvoir bien vivre les uns avec les autres. Cette fureur de faire des chrétiens haussera le prix des porcs ; si nous nous mettons tous à manger du porc, nous ne pourrons bientôt plus avoir une grillade sur les charbons pour notre argent.

(Entre Lorenzo.)

JESSICA.—Lancelot, je vais conter à mon mari ce que vous me dites ; le voilà qui vient.

LORENZO.—Savez-vous, Lancelot, que je deviendrai bientôt jaloux de vous, si vous attirez ainsi ma femme dans des coins ?

JESSICA.—Oh ! vous n'avez pas lieu de vous alarmer, Lorenzo. Lancelot et moi nous ne sommes pas bien ensemble. Il me dit tout net qu'il n'y a point de merci pour moi dans le ciel, parce que je suis la fille d'un Juif ; et il dit aussi que vous n'êtes pas un bon membre de la communauté, car, en convertissant les Juifs en chrétiens, vous faites augmenter le prix du porc.

LORENZO.—Je me justifierai mieux de cela envers la communauté que vous ne pourrez vous justifier, vous, d'avoir grossi le ventre de la négresse : la Mauresse est enceinte de vos œuvres, Lancelot.

LANCELOT.—C'est beaucoup que la Mauresse soit plus grosse que de raison, mais si elle est moins qu'une honnête femme, en vérité, elle est plus encore que je ne le croyais[1].

LORENZO.—Comme il est aisé à tous les sots de jouer sur les mots ! Je crois, d'honneur, que bientôt le rôle

---

[1] *It is much, that the moor should be more than reason : but if she be less than an honest woman, she is indeed more than I took her for.*

qui siéra le mieux à l'esprit sera le silence, et que la parole ne sera plus qu'aux perroquets. Allons, rentrez, et dites-leur de se préparer pour le dîner.

LANCELOT.—Cela est fait, monsieur; ils ont tous des estomacs.

LORENZO.—Bon Dieu! quel moulin à quolibets vous êtes! Allons, dites-leur de préparer le dîner.

LANCELOT.—Cela est fait aussi, monsieur, mais seulement couvrir est le mot[1].

LORENZO.—Eh bien! voulez-vous couvrir?

LANCELOT.—Non pas, monsieur; je connais mon devoir.

LORENZO.—Encore la guerre aux mots! Veux-tu donc montrer toute la richesse de ton esprit en un instant? Je t'en prie, entends tout uniment un homme qui parle tout uniment. Va trouver tes camarades : dis-leur de couvrir la table, de servir les plats, et nous allons entrer pour dîner.

LANCELOT.—Pour la table, monsieur, elle sera servie; pour les plats, monsieur, ils seront couverts; quant à votre entrée pour venir dîner, qu'elle soit selon votre idée et votre fantaisie.

(Il sort.)

LORENZO.—Béni soit le jugement! comme ses mots s'accordent! Le sot a entassé dans sa mémoire une armée de bons termes; et j'en connais bien d'autres d'une condition plus relevée qui sont farcis de mots comme lui, et à qui il ne faut qu'une expression plaisante pour rompre un entretien.—Eh bien! Jessica, comment va la joie? Et dis-moi, ma chère, dis-moi ton opinion : comment goûtes-tu l'épouse de Bassanio?

JESSICA.—Au delà de toute expression. Il est bien convenable que le seigneur Bassanio mène une vie régulière; car, ayant le bonheur de posséder une pareille épouse, il goûte ici-bas les félicités du ciel; et s'il n'était pas capable de les sentir ici sur la terre, il serait bien juste qu'il n'allât jamais dans le ciel. Oui, si deux divi-

---

[1] *Cover*, couvrir la table, et ensuite *cover*, se couvrir.

T. VI.

nités faisaient quelque gageure céleste, et que pour enjeu ils missent deux femmes de ce monde, et que Portia en fût une, il faudrait absolument ajouter quelque chose à l'autre : car ce pauvre et grossier univers n'a pas sa pareille.

LORENZO.—Eh bien ! tu as en moi un époux pareil à ce qu'elle est comme épouse.

JESSICA.—Oui ! demande-moi donc aussi mon sentiment sur ce point.

LORENZO.—C'est ce que je ferai incessamment : mais d'abord allons dîner.

JESSICA.—Pas du tout, laissez-moi faire votre panégyrique, tandis que je suis en appétit.

LORENZO.—Non, je t'en prie ; réserve-le pour propos de table : une fois là, quoi que tu puisses dire, je le digérerai avec le reste.

JESSICA.—C'est bien, je vais vous en servir.

(Ils sortent.)

FIN DU TROISIÈME ACTE.

ACTE QUATRIÈME

SCÈNE I

A Venise. — Un tribunal.

Entrent LE DUC, LES MAGNIFIQUES, ANTONIO, BASSANIO, GRATIANO, SALARINO, SALANIO *et autres personnages.*

LE DUC.—Antonio est-il ici ?

ANTONIO.—Prêt à paraître, dès qu'il plaira à Votre Altesse.

LE DUC.—J'en suis fâché pour toi. Tu as affaire à un adversaire dur comme la pierre, à un misérable tout à fait inhumain et incapable de pitié, et dont le cœur n'a pas un grain de sensibilité.

ANTONIO.—Je sais que Votre Grâce a pris beaucoup de peine pour tâcher de modérer la rigueur de ses poursuites. Mais puisqu'il reste inexorable, et qu'il n'est aucun moyen légal de me soustraire à sa haine, j'oppose ma patience à sa fureur. Je suis armé de courage pour souffrir avec une âme tranquille la cruauté et la rage de la sienne.

LE DUC.—Allez et faites entrer le Juif dans la chambre.

SALANIO.—Il est à la porte, seigneur ; il entre.

(Entre Shylock.)

LE DUC.—Faites place : qu'il paraisse devant nous.—Shylock, tout le monde pense, et je le pense aussi, que tu ne feras que conduire cette invention de ta méchanceté jusqu'à son dernier période, et qu'alors, c'est ainsi du moins qu'on en jugé, tu voudras déployer une clémence et une pitié plus extraordinaires encore que l'extraordinaire cruauté que tu sembles montrer; qu'au lieu d'exiger la condition du billet (qui est une livre de chair de ce pauvre marchand), tu ne te contenteras pas seulement de te désister de tes prétentions à cet égard; mais encore que, touché de sentiments de douceur et d'humanité, tu lui remettras la moitié de sa dette, et que tu jetteras un œil de pitié sur les pertes accumulées qui sont venues fondre sur lui en assez grand nombre pour écraser un marchand roi, et pour attendrir sur son sort des cœurs d'airain et les sauvages âmes de pierre des Turcs inflexibles et des Tartares, qui ne connurent jamais les devoirs de la douce courtoisie. Nous attendons de toi une réponse favorable, Juif.

shylock.—J'ai communiqué mes résolutions à Votre Grâce : j'ai juré, par le saint jour du sabbat, d'exiger mon dû et l'accomplissement de l'obligation. Si vous me refusez, puissent les suites de cette infraction retomber sur votre constitution et les libertés de votre ville ! Vous me demanderez pourquoi j'aime mieux prendre une livre de chair morte que de recevoir trois mille ducats ? A cela je n'ai point d'autre réponse, sinon que c'est mon idée. N'est-ce pas là répondre ? Eh bien ! si un rat fait du dégât dans ma maison, ne suis-je pas le maître de donner dix mille ducats pour le faire empoisonner? Vous ne trouvez pas encore cette réponse suffisante ?. Il y a des gens qui n'aiment pas à voir sur cette table un cochon de lait la gueule béante; quelques-uns, qui deviennent furieux quand ils y voient un chat; et d'autres, au nasillement de la cornemuse, ne peuvent retenir leur urine : car notre disposition, maîtresse de nos passions, influe souverainement sur les goûts et les dégoûts de l'homme. J'en viens à ma réponse. De même qu'il n'y a point de raison pourquoi l'un ne saurait supporter la vue d'un cochon la gueule béante, l'autre celle d'un chat, animal innocent et nécessaire, et l'autre le son de la cornemuse ; mais qu'ils sont tous forcés de céder à cette faiblesse inévitable, d'offenser quand ils sont offensés : de même je ne peux ni ne veux donner d'autre raison de la poursuite d'un procès si préjudiciable pour moi, qu'une haine intime, une certaine aversion que je sens contre Antonio. Êtes-vous content de ma réponse?

BASSANIO.—Ce n'est pas là une réponse, homme insensible, qui soit capable d'excuser l'obstination de ta cruauté.

SHYLOCK.—Je ne me suis pas engagé à te donner une réponse qui te plût.

BASSANIO.—Tous les hommes cherchent-ils à tuer ce qu'ils n'aiment pas?

SHYLOCK.—Un homme hait-il ce qu'il n'a pas envie de tuer?

BASSANIO.—Toute offense n'engendre pas d'abord la haine.

SHYLOCK.—Comment! voudrais-tu qu'un serpent te piquât deux fois?

ANTONIO.—Faites attention, je vous prie, à ce que c'est que de raisonner avec ce Juif. Vous pourriez aussi bien vous tenir sur le rivage à prier la mer d'abaisser la hauteur de ses marées ordinaires; vous pourriez aussi bien demander au loup pourquoi il a fait bêler la brebis après son agneau; vous pourriez aussi bien demander aux pins des montagnes de ne pas secouer leurs cimes avec bruit, quand ils sont battus par la tempête du ciel. Vous viendriez aussi facilement à bout des plus rudes entreprises, que d'amollir (car qu'y a-t-il de plus rude?) son cœur de Juif. Cessez de lui faire des offres, je vous en conjure; ne tentez plus aucun moyen; mais laissez-moi promptement et simplement, comme il convient, recevoir mon jugement, et le Juif ce qu'il désire.

BASSANIO.—Au lieu de trois mille ducats en voilà six mille.

SHYLOCK.—Chacun de ces six mille ducats fût-il divisé en six parties, et chaque partie fût-elle un ducat, je ne les prendrais pas; je veux qu'on accomplisse les termes du billet.

LE DUC.—Comment espéreras-tu miséricorde, si tu ne fais pas miséricorde?

SHYLOCK.—Quel jugement ai-je à redouter, puisque je ne fais point de mal? Vous avez chez vous un grand nombre d'esclaves, que comme vos ânes, vos chiens et vos mulets, vous employez aux travaux les plus abjects et les plus vils, parce que vous les avez achetés. Irai-je vous dire : rendez-leur la liberté, faites, faites-leur épouser vos héritières ? Pourquoi suent-ils sous des fardeaux ? Donnez-leur des lits aussi doux que les vôtres. Que leur palais soit flatté par les mêmes mets que le vôtre. Vous me répondez : ces esclaves sont à nous. Je vous réponds de même : la livre de chair que j'exige de lui m'appartient : je l'ai chèrement payée, et je la veux. Si vous me refusez, honte à vos lois ! Il n'y a plus aucune force dans les décrets du sénat de Venise.—J'attends que vous me rendiez justice. Parlez : l'aurai-je ?

LE DUC.—Mon pouvoir m'autorise à renvoyer l'assemblée, jusqu'à ce que Bellario, savant jurisconsulte, que j'ai mandé ici aujourd'hui pour résoudre cette question, soit arrivé.

SALANIO.—Seigneur, il y a là à la porte un exprès nouvellement arrivé de Padoue, avec des lettres du docteur Bellario.

LE DUC.—Apportez-nous ces lettres ; faites entrer le messager.

BASSANIO. — Espère, Antonio. Allons, reprends courage ; le Juif aura ma chair, mon sang et mes os, et tout, avant que tu perdes pour moi une seule goutte de ton sang.

ANTONIO.—Je suis le bouc émissaire du troupeau, le plus propre à mourir. Le fruit le plus faible tombe le premier : laissez-moi tomber de même.—Vous n'avez rien de mieux à faire, Bassanio, que de vivre et de composer mon épitaphe.

(Entre Nérissa déguisée en clerc d'avocat.)

LE DUC.—Venez-vous de Padoue, et de la part de Bellario ?

NÉRISSA.—Vous l'avez dit, seigneur : Bellario salue Votre Seigneurie.

(Elle lui présente une lettre.)

BASSANIO.—Pourquoi aiguiser ton couteau avec tant d'application ?

SHYLOCK.—Pour couper ce qui me revient de ce banqueroutier.

GRATIANO.—O dur Juif, ce n'est pas sur le cuir de ton soulier; c'est bien plutôt sur ton cœur que tu en affiles le tranchant; il n'est point de métal, pas même la hache du bourreau, qui ait à moitié l'âpreté de ta jalouse haine. N'est-il pas une prière capable de te toucher?

SHYLOCK.—Non, pas une seule que tu puisses avoir assez d'esprit pour imaginer.

GRATIANO.—Puisses-tu être damné dans les enfers, chien inexorable! Puisse-t-on faire un crime à la justice de te laisser la vie! Tu m'as presque fait chanceler dans ma foi : j'ai été tenté d'embrasser l'opinion de Pythagore et de croire avec lui que les âmes des animaux passent dans des corps humains. Ton âme canine animait un loup pendu pour meurtre d'homme; et son odieux esprit échappé du gibet, lorsque tu étais dans le ventre de ta profane mère, entra dans ton corps. Tes désirs sont ceux d'un loup sanguinaire, affamé et furieux.

SHYLOCK.—Tant que tu n'effaceras pas la signature de ce billet, tu n'offenseras que tes poumons à parler si haut. Remets ton esprit dans son assiette, jeune homme, où tu vas le perdre sans ressources. J'attends ici justice.

LE DUC.—La lettre de Bellario recommande à la cour un jeune et savant docteur. Où est-il?

NÉRISSA.—Ici près, qui attend votre réponse, pour savoir si vous voulez le recevoir.

LE DUC.—De tout mon cœur. Allez le chercher, trois ou quatre d'entre vous, pour le conduire ici avec civilité. Je vais en attendant faire part à la cour de la lettre de Bellario. (*Il lit.*) « Votre Altesse saura qu'à la réception
« de sa lettre je me suis trouvé très-malade. Mais au
« même moment que votre exprès est arrivé, un jeune
« docteur de Rome, nommé Balthasar, m'était venu rendre
« une visite d'amitié. Je l'ai informé des particula-
« rités du procès pendant entre le Juif et le marchand
« Antonio. Nous avons feuilleté ensemble beaucoup de
« livres. Il est muni de mon avis qu'il vous apporte per-
« fectionné par son savoir, dont je ne saurais trop louer

« l'étendue, pour satisfaire à ma place, comme je l'en
« ai pressé, à la demande de Votre Grâce. Que les an-
« nées qui lui manquent ne le privent pas, je vous
« prie, de la haute estime qui lui est due; car je ne vis
« jamais un corps si jeune avec une tête si mûre. Je le
« recommande à votre gracieux accueil. C'est à l'essai
« que se fera le mieux connaître son mérite. » Vous entendez ce que m'écrit Bellario. Mais voici, je crois, le docteur. (*Entre Portia vêtue en homme de loi.*) Donnez-moi votre main. Venez-vous de la part du vieux Bellario ?

PORTIA.—Oui, seigneur.

LE DUC.—Soyez le bienvenu. Prenez votre place. Êtes-vous instruit de la question qui occupe aujourd'hui la cour ?

PORTIA.—Je connais la cause de point en point. Quel est ici le marchand, et quel est le Juif ?

LE DUC.—Antonio et le vieux Shylock. Approchez tous deux.

PORTIA.—Vous nommez-vous Shylock ?

SHYLOCK.—Je me nomme Shylock.

PORTIA.—Le procès que vous avez intenté est d'étrange nature. Cependant vous êtes tellement en règle que les lois de Venise ne peuvent vous empêcher de le suivre. (*A Antonio.*) Vous courez risque d'être sa victime; n'est-il pas vrai ?

ANTONIO.—Oui, il le dit.

PORTIA.—Reconnaissez-vous le billet ?

ANTONIO.—Je le reconnais.

PORTIA.—Il faut donc que le Juif se montre miséricordieux.

SHYLOCK.—Qui pourrait m'y forcer, dites-moi ?

PORTIA.—Le caractère de la clémence est de n'être point forcée. Elle tombe comme la douce pluie du ciel sur le lieu placé au-dessous d'elle. Deux fois bénie, elle est bonne à celui qui donne et à celui qui reçoit. C'est la plus haute puissance du plus puissant. Elle sied au monarque sur le trône mieux que sa couronne. Son sceptre montre la force de son autorité temporelle; c'est l'attribut du pouvoir qu'on révère et de la majesté ; mais la clémence est au-dessus de la domination du sceptre ; elle a son trône dans le cœur des rois. C'est un des attributs de Dieu lui-même, et les puissances de la terre se rapprochent d'autant plus de Dieu, qu'elles savent mieux mêler la clémence à la justice. Ainsi, Juif, quoique la justice soit l'argument que tu fais valoir, fais cette réflexion, qu'en ne suivant que la justice, nul de nous ne pourrait espérer de salut : nous prions pour obtenir miséricorde ; et cette prière nous enseigne à tous en même temps à pratiquer la miséricorde. Je me suis étendu sur ce sujet, dans le dessein de tempérer la rigueur de tes poursuites, qui, si tu les continues, forceront le tribunal de Venise à rendre d'après la loi un arrêt contre ce marchand.

SHYLOCK.—Que mes actions retombent sur ma tête ! Je réclame la loi. Je veux qu'on remplisse les clauses de mon billet.

PORTIA.—N'est-il pas en état de te rendre cet argent ?

BASSANIO.—Oui ; je le lui offre ici, aux yeux de la cour, et même le double de la somme. Si ce n'est pas assez, je m'oblige à lui payer dix fois la somme, sous peine de perdre mes mains, ma tête et mon cœur. Si cela ne peut le satisfaire, il sera manifeste que c'est la méchanceté qui opprime l'innocence. Je vous en conjure donc, faites une fois plier la loi sous votre autorité. Permettez-vous une légère injustice pour faire une grande justice et forcer la volonté de ce cruel démon.

PORTIA.—Cela ne doit pas être ; il n'est point d'autorité à Venise qui puisse changer un décret établi. Cela deviendrait un précédent, et on se prévaudrait de cet exemple pour introduire mille abus dans l'État. Cela ne se peut pas.

SHYLOCK.—C'est un Daniel venu pour nous juger ! Oui, un Daniel ! O jeune et sage juge, combien je t'honore !

PORTIA.—Laissez-moi voir le billet, je vous prie.

SHYLOCK. — Le voilà, révérendissime docteur ; le voilà.

PORTIA.—Shylock, on t'offre le triple de la somme.

SHYLOCK.—Un serment, un serment! J'ai un serment dans le ciel; me mettrai-je un parjure sur la conscience? Non; pas pour tout Venise.

PORTIA.—Le délai fatal est expiré, et le Juif est en droit d'exiger une livre de chair coupée tout près du cœur du marchand. Sois miséricordieux, prends le triple de la somme, et dis-moi de déchirer le billet.

SHYLOCK.—Quand il sera payé suivant sa teneur. Il paraît que vous êtes un digne juge : vous connaissez la loi, vous avez très-judicieusement exposé le cas; je vous somme, au nom de cette loi, dont vous êtes une des estimables colonnes, de procéder au jugement. Je jure sur mon âme que langue d'homme ne parviendra jamais à me faire changer. Je m'en tiens à mon billet.

ANTONIO.—Je supplie instamment la cour de rendre son jugement.

PORTIA.—Eh bien! puisqu'il en est ainsi, il faut préparer votre sein à recevoir son couteau.

SHYLOCK.—O noble juge! l'excellent jeune homme!

PORTIA.—L'intention et l'objet de la loi sont complétement d'accord avec la clause pénale qui, d'après le billet, doit être accomplie.

SHYLOCK.—Cela est juste. Oh! le bon et sage juge! Que tu es bien plus vieux que tu ne le parais!

PORTIA, *à Antonio*.—Ainsi, découvrez votre sein.

SHYLOCK.—Oui, son sein : le billet le dit. N'est-il pas vrai, noble juge? tout près de son cœur; ce sont les propres mots.

PORTIA.—Oui. Avez-vous ici des balances pour peser la chair?

SHYLOCK.—J'en ai de toutes prêtes.

PORTIA.—Shylock, il faut avoir auprès de lui quelque chirurgien à vos frais pour bander sa plaie, de peur qu'il ne perde son sang jusqu'à mourir.

SHYLOCK.—Cela est-il spécifié dans le billet?

PORTIA.—Non, cela n'y est pas exprimé; mais qu'importe? il serait bien que vous le fissiez par charité.

SHYLOCK.—Je ne le pense pas ainsi. Cela n'est pas dans le billet.

PORTIA. — Approchez, marchand, avez-vous quelque chose à dire ?

ANTONIO. — Peu de chose. — Je suis armé de courage et bien préparé. Donnez-moi votre main, Bassanio. Adieu, ne vous affligez point du malheur où je suis tombé pour vous ; car en ceci la fortune se montre plus indulgente qu'à son ordinaire. Elle a toujours coutume de laisser les malheureux survivre à leurs biens, et contempler avec des yeux caves, et un front chargé de rides, une vieillesse accablée sous la pauvreté. Elle me délivre des pénibles langueurs d'une pareille misère. — Parlez de moi à votre noble épouse ; racontez-lui comment est arrivée la mort d'Antonio ; dites-lui combien je vous aimais ; parlez bien de ma mort, et, votre récit fini, qu'elle juge si Bassanio fut aimé. Ne vous repentez point de la cause qui vous fait perdre votre ami ; comme il ne se repent point de satisfaire à votre dette ; car si le Juif enfonce son couteau autant que je le désire, je vais la payer de tout mon cœur.

BASSANIO. — Antonio, j'ai épousé une femme qui m'est aussi chère que la vie : mais ma vie, ma femme et l'univers entier ne me sont pas plus précieux que vos jours. Je consentirais à tout perdre, oui, à tout sacrifier à ce démon pour vous délivrer.

PORTIA. — Si votre femme était là pour vous entendre, elle vous remercierait assez peu de cette offre.

GRATIANO. — J'aime une femme que j'aime, je vous le proteste. Je voudrais qu'elle fût dans le ciel si elle y pouvait obtenir les moyens de changer le cœur de ce mâtin de Juif !

NÉRISSA. — Vous faites bien de dire cela en arrière d'elle, sans quoi votre vœu pourrait troubler la paix du ménage.

SHYLOCK, *à part*. — Voilà nos époux chrétiens. J'ai une fille ; j'aurais mieux aimé qu'elle prît pour mari un rejeton de la race de Barrabas, qu'un chrétien. (*Haut.*) Nous perdons le temps en bagatelles. Je te prie, fais exécuter la sentence.

PORTIA. — Une livre de chair de ce marchand t'appartient : la cour te l'adjuge et la loi te la donne.

SHYLOCK.—O juge équitable!

PORTIA.—Et vous devez couper cette chair sur son sein : la loi le permet et la cour vous l'accorde.

SHYLOCK.—Le savant juge! Voilà une sentence!—Allons, préparez-vous.

PORTIA.—Arrête un instant. Ce n'est pas tout. Le billet ne t'accorde pas une goutte de sang : les termes sont exprès; une livre de chair. Prends ce qui t'est dû; prends ta livre de chair. Mais si, en la coupant, tu verses une seule goutte de sang chrétien, les lois de Venise ordonnent la confiscation de tes terres et de tes biens au profit de la république.

GRATIANO.—O le juge équitable! Vois, Juif, le savant juge!

SHYLOCK.—Est-ce là la loi?

PORTIA.—Tu en verras le texte; et, puisque tu veux absolument qu'on te fasse justice, sois certain qu'on te la fera plus que tu ne voudras.

GRATIANO.—O le savant juge! Regarde donc, Juif! le savant juge!

SHYLOCK.—En ce cas-là, j'accepte son offre. Qu'on me compte trois fois le montant de l'obligation, et qu'on relâche le chrétien.

BASSANIO.—Voici ton argent.

PORTIA.—Doucement : on rendra pleine justice au Juif. Doucement : ne vous pressez pas; il n'aura pas autre chose que ce que porte le billet.

GRATIANO.—O Juif! Un juge équitable, un savant juge!

PORTIA.—Ainsi prépare-toi à couper la chair. Ne verse point de sang; ne coupe ni plus ni moins, mais tout juste une livre de chair. Si tu coupes plus ou moins d'une livre précise, quand ce ne serait que la vingtième partie d'un misérable grain; bien plus, si la balance penche de la valeur d'un cheveu, tu es mort, et tous tes biens sont confisqués.

GRATIANO.—Un second Daniel, un Daniel, Juif. Infidèle, te voilà pris maintenant.

PORTIA.—Pourquoi le Juif balance-t-il? Prends ce qui te revient.

SHYLOCK.—Donnez-moi mon principal, et laissez-moi aller.

BASSANIO.—Le voici tout prêt : tiens.

PORTIA.—Il l'a refusé en présence de la cour ; il n'obtiendra que simple justice et ce que porte son billet.

GRATIANO.—Un Daniel, te dis-je, un second Daniel ! Je te remercie, Juif, de m'avoir appris ce mot.

SHYLOCK.—N'aurai-je pas mon principal pur et simple ?

PORTIA.—Tu n'auras rien que ce que porte l'obligation, Juif ; tu peux le prendre à tes risques et périls.

SHYLOCK.—Eh bien ! que le diable lui en donne l'acquit, je ne resterai pas plus longtemps ici à disputer.

PORTIA.—Arrêtez, Juif, la justice a d'autres droits sur vous. Il est porté dans les lois de Venise, que lorsqu'il sera prouvé qu'un étranger aura attenté, par des voies directes ou indirectes, à la vie d'un citoyen, la moitié de ses biens sera saisie au profit de celui contre qui il aura tramé quelque entreprise, que l'autre moitié entrera dans les coffres particuliers de l'État ; enfin, que le duc seul peut lui faire grâce de la mort à laquelle tous les autres juges devront le condamner : je déclare que tu te trouves dans le cas. Il est notoire que tu as travaillé indirectement et même directement à faire périr le défendeur. Ainsi tu as encouru les peines que je viens de mentionner : à genoux donc, et implore la clémence du duc.

GRATIANO.—Demande qu'il te soit permis de te pendre toi-même. Cependant, comme tes biens appartiennent à la république, tu n'as pas de quoi t'acheter une corde ; il faut que tu sois pendu aux frais de l'État.

LE DUC.—Afin que tu voies la différence de l'esprit qui nous anime, je te fais grâce de la vie sans que tu me la demandes. Quant à la moitié de tes biens, elle appartient à Antonio, l'autre moitié revient à l'État. Mais tu peux, en te soumettant humblement, obtenir qu'on se restreigne à une amende.

PORTIA.—Oui, pour l'État et non pour Antonio.

SHYLOCK.—Eh bien ! prenez ma vie et tout, ne me faites grâce de rien. Vous m'ôtez ma famille quand vous m'ôtez les moyens de soutenir ma famille, vous m'ôtez ma vie quand vous m'ôtez les ressources avec quoi je vis.

PORTIA. — Que doit-il attendre de votre pitié, Antonio ?

GRATIANO. — Une corde gratis. Rien de plus, au nom de Dieu !

ANTONIO. — Je demanderai à monseigneur le duc et à la cour, qu'on lui laisse la moitié de ses biens sans exiger d'amende. Je serai satisfait s'il me laisse disposer de l'autre moitié, pour la rendre, à sa mort, au gentilhomme qui a enlevé sa fille. Et cela sous deux conditions : la première, c'est qu'en faveur de ce qu'on lui accorde il se fera chrétien sur-le-champ ; l'autre, qu'il fera une donation en présence de la cour, par laquelle tout ce qui lui appartient passera, après sa mort, à son gendre Lorenzo et à sa fille.

LE DUC. — Il y souscrira, sinon je révoque le pardon que j'ai accordé.

PORTIA. — Es-tu content, Juif, que réponds-tu ?

SHYLOCK. — Je suis content.

PORTIA. — Clerc, dressez un acte de donation.

SHYLOCK. — Je vous en conjure, laissez-moi sortir d'ici. Je ne me sens pas bien. Envoyez l'acte chez moi : je signerai.

LE DUC. — Va-t'en, mais signe.

GRATIANO. — Tu auras deux parrains à ton baptême. Si j'avais été juge, tu en aurais eu dix de plus pour te conduire à la potence, et non pas aux fonts baptismaux.

(Shylock sort.)

LE DUC, à Portia. — Monsieur, je vous invite à venir dîner chez moi.

PORTIA. — Je supplie humblement Votre Grâce de m'excuser. Il faut que je me rende ce soir à Padoue, et que je parte sur-le-champ.

LE DUC. — Je suis fâché que vous ne soyez pas de loisir. — Antonio, reconnaissez les peines de monsieur ; vous lui avez, à mon gré, de grandes obligations.

(Sortent le duc, les magnifiques et la suite.)

BASSANIO. — Très-digne gentilhomme ! vous avez arraché aujourd'hui mon ami et moi-même à des peines cruelles. C'est de grand cœur que nous payons vos obligeants services, avec les trois mille ducats qui étaient dus au Juif.

ANTONIO.— Et que de plus nous reconnaîtrons vous devoir à jamais notre attachement et nos services.

PORTIA.— On est payé, quand on est satisfait; je le suis d'avoir réussi à vous délivrer; ainsi donc, je me regarde comme très-bien payé. Mon âme n'a jamais été plus mercenaire que cela. Je vous prie de me reconnaître, quand il nous arrivera de nous rencontrer. Je vous souhaite toute sorte de bonheur et prends congé de vous.

BASSANIO.— Mon cher monsieur, je ne puis m'empêcher de faire encore mes efforts pour que vous acceptiez de nous quelque souvenir à titre de tribut et non de salaire. Accordez-moi deux choses, je vous prie, de ne me pas refuser; et de m'excuser.

PORTIA.— Vous me faites tant d'instances, que j'y cède. Donnez-moi vos gants, je les porterai en mémoire de vous : et, pour marque de votre amitié, je prendrai cette bague.... Ne retirez donc pas votre main, je ne veux rien de plus! Votre amitié ne me la refusera pas.

BASSANIO.— Cette bague, mon bon monsieur! eh! c'est une bagatelle; je rougirais de vous faire un pareil présent.

PORTIA.— Je ne veux rien de plus que cette bague, et maintenant je me sens une grande envie de l'avoir.

BASSANIO.— Elle est pour moi d'une importance bien au-dessus de sa valeur. Je ferai chercher à son de trompe la plus belle bague de Venise, et je vous l'offrirai : pour celle-ci, je ne le puis, excusez-moi, de grâce.

PORTIA.— Je vois, monsieur, que vous êtes libéral en offre. Vous m'avez d'abord appris à demander, et maintenant, à ce qu'il me semble, vous m'apprenez comment on doit répondre à celui qui demande.

BASSANIO.— Mon bon monsieur, je tiens cette bague de ma femme; lorsqu'elle la mit à mon doigt, elle me fit jurer de ne jamais la vendre, ni la donner, ni la perdre.

PORTIA.— Cette excuse sauve aux hommes bien des présents. A moins que votre femme ne soit folle, lorsqu'elle saura combien j'ai mérité cette bague, elle ne se brouillera pas avec vous à tout jamais, pour me l'avoir donnée. C'est bien ; la paix soit avec vous !

(Sortent Portia et Nérissa.)

ANTONIO.—Seigneur Bassanio, donnez-lui cette bague. Que ses services et mon amitié l'emportent sur l'ordre de votre femme.

BASSANIO.—Allons. Va, Gratiano, tâche de le joindre. Donne-lui la bague, et, s'il se peut, engage-le à venir chez Antonio. Cours, dépêche-toi. (*Gratiano sort.*) Rendons-nous-y de ce pas. Demain de grand matin nous volerons à Belmont. Venez, Antonio.

(Ils sortent.)

SCÈNE II

Toujours à Venise.—Une rue.

Entrent PORTIA ET NÉRISSA.

PORTIA.—Demande où est la maison du Juif ; donne-lui cet acte à signer. Nous partirons ce soir, et nous arriverons un jour avant nos maris.—Cet acte sera fort bien reçu de Lorenzo.

(Entre Gratiano.)

GRATIANO. — Mon beau monsieur, soyez le bien retrouvé. Le seigneur Bassanio, après de plus amples réflexions, vous envoie cette bague et vous invite à dîner.

PORTIA.—Je ne le puis. J'accepte sa bague ; dites-le-lui ainsi de ma part, je vous prie.—Enseignez, de plus, je vous prie, encore à ce jeune homme la demeure du vieux Shylock.

GRATIANO.—Je vais vous l'indiquer.

NÉRISSA. — Monsieur, je voudrais vous dire un mot. (*A Portia.*) Je veux essayer si je pourrai ravoir de mon mari la bague que je lui ai fait jurer de conserver toujours.

PORTIA.—Tu y parviendras, je t'en réponds.—Ils vont

nous faire des serments de l'autre monde, qu'ils ont donné leurs bagues à des hommes ; mais nous leur tiendrons tête, et leur en donnerons le démenti. Allons, dépêche-toi ; tu sais où je t'attends.

NÉRISSA, *à Gratiano.*—Venez, mon bon monsieur. Voulez-vous me montrer cette maison ?

(Ils sortent.)

FIN DU QUATRIÈME ACTE.

ACTE CINQUIÈME

SCÈNE I

A Belmont. — Avenue de la maison de Portia.

Entrent LORENZO ET JESSICA.

LORENZO.—Que la lune est brillante!—Ce fut dans une nuit semblable, tandis qu'un doux zéphyr caressait légèrement les feuillages sans y exciter le moindre frémissement, que Troïle, si je m'en souviens, escalada les murs de Troie, et adressa les soupirs de son âme vers les tentes des Grecs, où reposait Cressida.

JESSICA.—Ce fut dans une pareille nuit que Thisbé, craintive et foulant d'un pied léger la rosée du gazon, aperçut l'ombre d'un lion avant de le voir lui-même, et s'enfuit éperdue de frayeur.

LORENZO.—Ce fut dans une nuit semblable que Didon, seule sur le rivage d'une mer en furie, une branche de saule à la main, rappela du geste son amant vers Carthage.

JESSICA.—Ce fut dans une semblable nuit que Médée cueillit les plantes enchantées qui rajeunirent le vieux Æson.

LORENZO.—C'est dans une nuit pareille que Jessica s'est évadée de la maison du riche Juif, et, des pas emportés de l'amour, a couru depuis Venise jusqu'à Belmont.

JESSICA.—Et c'est dans une pareille nuit que le jeune Lorenzo lui a juré qu'il l'aimait tendrement, et qu'il a dérobé son cœur par mille serments d'amour, dont aucun n'est sincère.

LORENZO.—Et c'est dans une pareille nuit que la jolie

Jessica, comme une petite mauvaise qu'elle est, calomnia son amant qui lui pardonna.

JESSICA.—Je voudrais vous faire passer la nuit en ce lieu, si personne ne devait venir.—Mais écoutez.... j'entends les pas d'un homme.

(Entre un domestique.)

LORENZO.—Qui s'avance là d'un pas si précipité dans le silence de la nuit ?

LE DOMESTIQUE.—Ami.

LORENZO.—Un ami ? Quel ami ?. Votre nom, je vous prie, l'ami ?

LE DOMESTIQUE.—Stephano est mon nom. Et je viens annoncer que ma maîtresse sera de retour à Belmont avant le point du jour. Elle erre dans les environs, s'agenouillant au pied de toutes les croix sacrées où elle prie Dieu de lui accorder d'heureux jours dans son mariage.

LORENZO.—Qui vient avec elle ?

LE DOMESTIQUE.—Personne, qu'un saint ermite, et sa suivante. Dites-moi, je vous prie, mon maître est-il de retour ?

LORENZO.—Pas encore ; et nous n'en avons pas eu de nouvelles.—Mais entrons, Jessica, je t'en prie, et faisons quelques préparatifs pour recevoir honorablement la maîtresse du logis.

(Entre Lancelot.)

LANCELOT *chantant*.—Sol, la, sol la, ho, ha, sol la, hola, sol la.

LORENZO.—Qui appelle ?

LANCELOT.—Sol la. Avez-vous vu M. Lorenzo et madame Lorenzo ?

LORENZO.—Cesse tes holà. Par ici.

LANCELOT.—Sol la.—Où ? où ?

LORENZO.—Ici.

LANCELOT.—Dis-lui qu'il vient d'arriver un courrier de la part de mon maître, son cornet plein de bonnes nouvelles. Mon maître sera ici avant le matin.

(Il sort.)

LORENZO.—Entrons, ma chère âme, et attendons leur

arrivée; et cependant ce n'est pas la peine.... Pourquoi entrerions-nous? — Ami Stephano, annoncez, je vous prie, dans le château, que votre maîtresse est près d'arriver, et amenez ici les musiciens en plein air. (*Le domestique sort.*) Que la clarté de la lune dort doucement sur ce banc de gazon! Nous nous y assiérons et les sons de la musique se glisseront dans notre oreille. Ce doux silence et cette nuit si belle conviennent aux accords d'une gracieuse harmonie. Assieds-toi, Jessica; vois comme la voûte des cieux est incrustée de disques brillants. Parmi tous ces globes que tu vois, il n'y a pas jusqu'au plus petit, dont les mouvements ne produisent une musique angélique en accord avec les concerts des chérubins, à l'œil plein de jeunesse. Telle est l'harmonie qui se révèle aux âmes immortelles : mais tant que notre âme est enclose dans cette grossière enveloppe d'une argile périssable, nous sommes incapables de l'entendre. (*Entrent les musiciens.*) — Allons, éveillez Diane par un hymne; pénétrez des sons les plus mélodieux l'oreille de votre maîtresse, et entraînez-la vers sa demeure par le charme de la musique.

JESSICA. — Jamais je ne suis gaie quand j'entends une musique agréable.

LORENZO. — La raison en est que vos esprits sont attentifs; car voyez un sauvage et folâtre troupeau, une bande de jeunes étalons qui n'ont point encore senti la main de l'homme, bondissant avec folie, et faisant retentir leurs voix par de bruyants hennissements, effet de l'ardeur de leur sang; si par hasard ils viennent à entendre le son d'une trompette, ou que leurs oreilles soient frappées de quelque mélodie, vous les verrez aussitôt s'arrêter tout court, et leurs yeux farouches prendre un regard adouci, par la douce puissance de la musique. Voilà pourquoi les poëtes ont prétendu qu'Orphée attirait les arbres, les rochers et les fleuves, parce qu'il n'est rien dans la nature de si insensible, de si dur, de si furieux, dont la musique ne change pour quelques instants le caractère; l'homme qui n'a en lui-même aucune musique, et qui n'est pas ému par le doux accord des sons, est propre aux trahisons, aux perfidies, aux rapines ; les mouvements de son âme sont mornes comme la nuit ; et ses penchants ténébreux comme l'Érèbe ; ne vous fiez point à un tel homme.—Écoutons la musique.

(Entrent Portia, Nérissa, à quelque distance.)

PORTIA.—Cette lumière que nous voyons, brûle dans ma salle. Que ce petit flambeau jette loin ses rayons ! C'est ainsi qu'une belle action reluit dans un monde corrompu.

NÉRISSA.—Quand la lune brillait, nous n'apercevions pas ce flambeau.

PORTIA.—Ainsi une petite gloire est obscurcie par une plus grande. Le délégué du pouvoir jette autant d'éclat qu'un roi jusqu'à ce que le roi paraisse. Alors sa pompe va se perdre comme un ruisseau dans l'immensité des mers.—De la musique ? Écoutons.

NÉRISSA.—Ce sont vos musiciens, madame ; cela vient de la maison.

PORTIA.—Je le vois ; il n'y a rien de bon que par certains rapprochements. Cette musique me semble beaucoup plus douce que pendant le jour.

NÉRISSA.—Madame, c'est le silence qui lui prête ce charme.

PORTIA.—Le corbeau a d'aussi doux sons que l'alouette, pour qui ne fait pas attention à leur voix ; et je crois que si le rossignol chantait pendant le jour au milieu des cris aigus des canards, il ne passerait pas pour meilleur musicien que le roitelet. Combien de choses doivent à l'à-propos les justes éloges qu'elles obtiennent et leur véritable perfection ! Silence, paix ! la lune dort avec Endymion, et ne voudrait pas être réveillée.

(La musique cesse.)

LORENZO.—C'est la voix de Portia, ou je suis bien trompé.

PORTIA.—Il m'a reconnue, comme l'aveugle reconnaît le coucou, à sa mauvaise voix.

LORENZO.—Ma chère dame, soyez la bienvenue chez vous.

PORTIA.—Nous avons employé le temps à prier Dieu pour nos époux. Nous espérons que c'est avec succès et que nos paroles leur auront été de quelque avantage. Sont-ils de retour ?

LORENZO.—Pas encore, madame ; mais il vient d'arriver un messager pour les annoncer.

PORTIA.—Entrez, Nérissa ; recommandez à mes domestiques de ne point parler du tout de l'absence que nous avons faite. N'en parlez pas non plus, Lorenzo, ni vous, Jessica.

(On entend une fanfare.)

LORENZO.—Votre mari n'est pas loin, j'entends sa trompette.—Nous ne sommes pas des rapporteurs, madame ; ne craignez rien.

PORTIA.—Cette nuit ressemble au jour, mais au jour malade ; elle est un peu plus pâle que lui. C'est le jour tel qu'il est lorsque le soleil se cache.

(Entrent Bassanio, Antonio, Gratiano et leur suite.)

BASSANIO, *à Portia*.—Nous aurions le jour en même temps que les antipodes, si vous vous promeniez en l'absence du soleil.

PORTIA.—Si j'éclaire, que ce ne soit pas comme l'inconstant éclair[1], car une femme légère rend pesant le pouvoir d'un mari, et puisse n'être jamais ainsi pour moi celui de Bassanio ! mais Dieu dispose de tout. Soyez le bienvenu chez vous, seigneur.

BASSANIO.—Je vous rends grâces, madame. Faites bon accueil à mon ami : c'est Antonio, c'est l'homme à qui j'ai tant d'obligations.

PORTIA.—Vous lui avez dans tous les sens, en effet, de grandes obligations, car, à ce que j'apprends, il en avait contracté pour vous de bien considérables.

ANTONIO.—Aucune qu'il n'ait bien acquittée.

PORTIA.—Seigneur, vous êtes le très-bienvenu dans

---

[1] *Let me give light, but let me not be light :*
« Que je donne de la lumière (*light*), mais que je ne sois point légère (*light*). » Jeu de mots familier à Shakspeare et aux auteurs de son temps, et qu'il a fallu remplacer par un équivalent pour donner un sens à ce qui suit.

notre maison. Je veux vous le prouver autrement que par des paroles ; c'est pourquoi j'abrége les discours de politesse.

GRATIANO, à *Nérissa, qui lui parlait à part*.—Par cette lune, je vous proteste que vous me faites injure. En honneur, je l'ai donnée au clerc du juge. Quant à moi, mon amour, puisque vous prenez la chose si fort à cœur, je voudrais que celui qui l'a fût eunuque.

PORTIA.—Une querelle ! Comment ? déjà ? De quoi s'agit-il ?

GRATIANO.—D'un anneau d'or, d'une méchante bague qu'elle m'a donnée, avec une devise, de par l'univers, de la force de celles que les couteliers mettent sur les couteaux : « Aimez-moi, et ne m'abandonnez pas. »

NÉRISSA.—Que parlez-vous de sa devise ou de sa valeur ? Vous m'avez juré, lorsque je vous la donnai, de la garder jusqu'à votre dernière heure, et de l'emporter avec vous dans le tombeau. Quand ce n'eût pas été en ma considération, au moins par respect pour vos ardentes protestations, vous auriez dû la conserver. Il l'a donnée au clerc de l'avocat ! Mais je sais bien, moi, que ce clerc qui l'a reçue n'aura jamais de poil au menton.

GRATIANO.—Il en aura, s'il vit, pour devenir homme.

NÉRISSA.—Dites, si une femme vit assez longtemps pour devenir homme.

GRATIANO.—Par cette main, je te jure que je l'ai donnée à un jeune homme, une espèce d'enfant, un chétif petit garçon pas plus grand que toi, le clerc du juge, un petit jaseur, qui me l'a demandée pour ses peines. En conscience, je ne pouvais pas la refuser.

PORTIA.—Je vous le dirai franchement, vous êtes blâmable de vous être défait aussi légèrement du premier présent de votre femme. Un don attaché sur votre doigt par des serments, et scellé sur votre chair par la foi conjugale ! J'ai donné une bague à mon bien-aimé, et je lui ai fait jurer de ne s'en jamais séparer. Le voilà ; j'oserais bien répondre pour lui qu'il ne s'en défera jamais, qu'il ne l'ôterait pas de son doigt pour tous les trésors que possède le monde. En vérité, Gratiano, vous donnez à votre femme un trop cruel sujet de chagrin. Si pareille chose m'arrivait, j'en perdrais la raison.

BASSANIO, *à part*.—D'honneur, il vaudrait mieux me couper la main gauche, et dire que j'ai perdu l'anneau à mon corps défendant.

GRATIANO.—Le seigneur Bassanio a donné sa bague à l'avocat qui la lui demandait, et qui, en vérité, la méritait bien. Et alors le petit jeune homme, son clerc, qui avait eu la peine de faire quelques écritures, m'a demandé la mienne; et ni le maître ni le clerc n'ont rien voulu accepter que nos deux bagues.

PORTIA.—Quelle bague avez-vous donnée, seigneur? J'espère que ce n'est pas celle que vous tenez de moi.

BASSANIO.—Si j'étais capable d'ajouter un mensonge à une faute, je nierais le fait. Mais, vous le voyez, mon doigt ne porte plus la bague; je ne l'ai plus.

PORTIA.—Et votre cœur perfide est également dépourvu de foi. Je jure devant le ciel que je n'entrerai pas dans votre lit que je ne revoie ma bague.

NÉRISSA.—Ni moi dans le vôtre que je ne revoie la mienne.

BASSANIO.—Chère Portia, si vous saviez à qui j'ai donné la bague, si vous saviez pour qui j'ai donné la bague, si vous pouviez concevoir pour quel service j'ai donné la bague, et avec quelle répugnance j'ai abandonné la bague, lorsqu'on ne voulait recevoir autre chose que la bague, vous calmeriez la vivacité de votre indignation.

PORTIA.—Si vous eussiez connu la valeur de la bague, ou la moitié du prix de celle qui vous a donné la bague, ou combien votre honneur était intéressé à conserver la bague, vous ne vous seriez jamais défait de la bague. Quel homme assez déraisonnable, s'il vous avait plu de la défendre avec quelque zèle, eût eu assez peu d'honnêteté pour exiger une chose qu'on conservait avec un respect religieux? Nérissa m'apprend ce que je dois penser. J'en mourrai; c'est quelque femme qui a ma bague.

BASSANIO.—Non, madame, sur mon honneur, sur ma

vie, ce n'est point une femme ; c'est un honnête docteur qui n'a pas voulu recevoir de moi trois mille ducats, et qui m'a demandé la bague. Je la lui ai refusée. J'ai eu la constance de le voir se retirer mécontent, lui qui avait défendu la vie de mon plus cher ami. Que vous dirai-je, ma douce amie? Je me suis cru obligé d'envoyer sur ses pas : j'étais assiégé par les remords et la courtoisie ; je ne voulais pas laisser sur mon honneur la tache d'une si noire ingratitude. Pardonnez-moi, chère épouse ; j'en prends à témoin ces sacrés flambeaux de la nuit ; je suis convaincu que, si vous vous y fussiez trouvée, vous m'auriez demandé la bague pour la donner au docteur.

PORTIA.—Ne laissez pas ce docteur approcher de ma maison : puisqu'il possède le bijou que je chérissais, et que vous aviez juré de garder pour l'amour de moi, je deviendrai aussi libérale que vous. Je ne lui refuserai rien de ce qui est en ma puissance ; non, ni ma personne, ni le lit de mon époux. Je saurai le reconnaître, j'en suis sûre ; ne vous absentez pas une seule nuit ; veillez sur moi comme un Argus ; si vous y manquez, si vous me laissez seule, par mon honneur qui m'appartient encore, ce docteur sera mon compagnon de lit !

NÉRISSA.—Et son clerc le mien ; ainsi prenez bien garde de m'abandonner à moi-même.

GRATIANO.—Fort bien ; faites ce que vous voudrez, mais que je ne l'y trouve pas, car je gâterais la plume du jeune clerc.

ANTONIO.—Je suis le malheureux sujet de ces querelles.

PORTIA.—Ne vous en chagrinez pas, seigneur ; vous n'en êtes pas moins le bienvenu.

BASSANIO.—Portia, pardonne-moi ce tort inévitable, et en présence de tous mes amis, je te jure par tes beaux yeux, où je me vois moi-même...

PORTIA.—Entendez-vous? il se voit double dans mes deux yeux ; un Bassanio dans chacun.—Allons, jurez sur la foi d'un homme double ; ce sera un serment bien propre à inspirer la confiance.

BASSANIO.—Non, mais écoute-moi. Pardonne-moi cette faute, et je jure sur mon âme de ne jamais violer aucun des serments que je t'aurai faits.

ANTONIO, *à Portia*.—J'ai une fois engagé mon corps pour la fortune de mon ami ; j'étais perdu sans le secours de celui qui a la bague : j'ose m'engager encore une fois, et répondre sur mon âme que votre époux ne violera jamais volontairement sa foi.

PORTIA.—Servez-lui donc de caution ! donnez-lui cette autre bague, et recommandez-lui de la garder mieux que la première.

ANTONIO.—Tenez, seigneur Bassanio, jurez de garder cette bague.

BASSANIO.—Par le ciel ! c'est celle que j'ai donnée au docteur.

PORTIA. — Je la tiens de lui. Pardonnez-moi, Bassanio ; pour cette bague, le docteur a passé la nuit avec moi.

NÉRISSA.—Excusez-moi aussi, mon aimable Gratiano ; ce chétif petit garçon, le clerc du docteur, en retour de cet anneau, a couché avec moi la nuit dernière.

GRATIANO.—Vraiment, c'est comme si l'on raccommodait les grands chemins en été, où ils n'en ont pas besoin. Quoi ! serions-nous déjà cocus avant de mériter de l'être ?

PORTIA.—Allons, pas de grossièretés.—Vous êtes tous confondus. Prenez cette lettre ; lisez-la à votre loisir : elle vient de Padoue, de Bellario ; vous y apprendrez que Portia était le docteur, et Nérissa son clerc. Lorenzo vous attestera que je suis partie d'ici presque aussitôt que vous. Je ne suis même pas encore rentrée chez moi.— Antonio, vous êtes le bienvenu. J'ai en réserve pour vous de meilleures nouvelles que vous n'en attendez. Ouvrez promptement cette lettre ; vous y verrez que trois de vos vaisseaux, richement chargés, viennent d'arriver à bon port. Vous ne saurez pas par quel étrange événement cette lettre m'est tombée dans les mains.

(Elle lui donne la lettre.)

ANTONIO.—Je demeure muet

ACTE V, SCÈNE I.

BASSANIO. — Vous étiez le docteur, et je ne vous ai pas reconnue?

GRATIANO. — Vous étiez donc le clerc qui doit me faire cocu ?

NÉRISSA. — Oui, mais le clerc qui ne le voudra jamais, à moins qu'il ne vive assez longtemps pour devenir homme.

BASSANIO. — Aimable docteur, vous serez mon camarade de lit. En mon absence, couchez avec ma femme.

ANTONIO. — Aimable dame, vous m'avez rendu la vie et de quoi vivre ; car j'apprends ici avec certitude que mes vaisseaux sont arrivés à bon port.

PORTIA. — Lorenzo, mon clerc a aussi quelque chose de consolant pour vous.

NÉRISSA. — Oui, et je vous le donnerai sans demander de salaire. Je vous remets à vous et à Jessica un acte en bonne forme, par lequel le riche Juif vous fait donation de tout ce qu'il se trouvera posséder à sa mort.

LORENZO. — Mes belles dames, vous répandez la manne sur le chemin des gens affamés.

PORTIA. — Il est bientôt jour, et cependant je suis sûre que vous n'êtes pas encore pleinement satisfaits sur ces événements. Entrons ; attaquez-nous de questions, et nous répondrons fidèlement à toute chose.

GRATIANO. — Volontiers : la première que je demanderai sous serment à ma chère Nérissa, c'est de me dire si elle aime mieux rester sur pied jusqu'à ce soir, ou s'aller coucher à présent, qu'il est deux heures du matin. Si le jour était venu, je désirerais qu'il s'obscurcît pour me mettre au lit avec le clerc de l'avocat. Oui, tant que je vivrai, je ne m'inquiéterai de rien aussi vivement que de conserver en sûreté l'anneau de Nérissa.

FIN DU CINQUIÈME ET DERNIER ACTE.

LES
JOYEUSES BOURGEOISES
DE WINDSOR
COMÉDIE

NOTICE

SUR

LES JOYEUSES BOURGEOISES

DE WINDSOR

Selon une tradition généralement reçue, la comédie des *Joyeuses Bourgeoises de Windsor* fut composée par l'ordre d'Élisabeth, qui, charmée du personnage de Falstaff, voulut le revoir encore une fois. Shakspeare avait promis de faire mourir Falstaff dans Henri V[1] mais sans doute, après l'y avoir fait reparaître encore, embarrassé par la difficulté d'établir les nouveaux rapports de Falstaff avec Henri devenu roi, il se contenta d'annoncer au commencement de la pièce la maladie et la mort de Falstaff, sans la présenter de nouveau aux yeux du public. Élisabeth trouva que ce n'était pas là tenir parole, et exigea un nouvel acte de la vie du gros chevalier. Aussi paraît-il que *les Joyeuses Bourgeoises* ont été composées après Henri V, quoique dans l'ordre historique il faille nécessairement les placer avant. Quelques commentateurs ont même cru, contre l'opinion de Johnson, que cette pièce devait se placer entre les deux parties de Henri IV; mais il y a, ce semble, en faveur de l'opinion de Johnson qui la range entre Henri IV et Henri V, une raison déterminante, c'est que dans l'autre supposition l'unité, sinon de caractère, du moins d'impression et d'effet, serait entièrement rompue.

[1] *Voyez* l'épilogue de la deuxième partie d'Henri IV.

Les deux parties de Henri IV ont été faites d'un seul jet, ou du moins sans s'écarter d'un même cours d'idées; non-seulement le Falstaff de la seconde partie est bien le même homme que le Falstaff de la première, mais il est présenté sous le même aspect; si dans cette seconde partie, Falstaff n'est pas tout à fait aussi amusant parce qu'il a fait fortune, parce que son esprit n'est plus employé à le tirer sans cesse des embarras ridicules où le jettent ses prétentions si peu d'accord avec ses goûts et ses habitudes, c'est cependant avec le même genre de goûts et de prétentions qu'il est ramené sur la scène; c'est son crédit sur l'esprit de Henri qu'il fait valoir auprès du juge Shallow, comme il se targuait, au milieu de de ses affiliés, de la liberté dont il usait avec le prince; et l'affront public qui lui sert de punition à la fin de la seconde partie de Henri IV n'est que la suite et le complément des affronts particuliers que Henri V, encore prince de Galles, s'est amusé à lui faire subir durant le cours des deux pièces. En un mot, l'action commencée entre Falstaff et le prince dans la première partie, est suivie sans interruption jusqu'à la fin de la seconde, et terminée alors comme elle devait nécessairement finir, comme il avait été annoncé qu'elle finirait.

Les Joyeuses Bourgeoises de Windsor offrent une action toute différente, présentent Falstaff dans une autre situation, sous un autre point de vue. C'est bien le même homme, il serait impossible de le méconnaître; mais encore vieilli, encore plus enfoncé dans ses goûts matériels, uniquement occupé de satisfaire aux besoins de sa gloutonnerie. Doll Tear-Sheet abusait encore au moins son imagination, avec elle il se croyait libertin; ici il n'y songe même plus; c'est à se procurer de l'argent qu'il veut faire servir l'insolence de sa galanterie; c'est sur les moyens d'obtenir cette argent que le trompe encore sa vanité. Élisabeth avait demandé à Shakspeare, dit-on, un Falstaff amoureux; mais Shakspeare, qui connaissait mieux qu'Élisabeth les personnages dont il avait conçu l'idée, sentit qu'un pareil genre de ridicule ne convenait pas à un pareil caractère, et qu'il fallait punir Falstaff par des endroits plus sensibles. La vanité même n'y suffirait pas; Falstaff sait prendre son parti de toutes les hontes; au point où il en est arrivé, il ne cherche même plus à les dissimuler. La vivacité avec laquelle il décrit à M. Brook ses souffrances dans le panier au linge sale n'est plus celle de Falstaff racontant ses exploits contre les voleurs de Gadshill, et se tirant ensuite si plaisamment d'affaire lorsqu'il est pris en mensonge. Le besoin de se vanter n'est plus un de ses premiers besoins; il lui faut de l'argent, avant tout de l'argent, et il ne sera convenablement châtié que par des inconvénients aussi réels que les avantages qu'il se promet. Ainsi le panier de linge sale, les coups de bâton de M. Ford, sont parfaitement adaptés au genre de prétentions qui attirent à Falstaff une correction pareille; mais bien qu'une telle aventure puisse, sans aucune difficulté, s'adapter au Falstaff des deux *Henri IV*, elle l'a pris dans une autre portion de sa vie et de son caractère; et si on l'introduisait entre les deux parties de l'action qui se continue dans les deux *Henri IV*, elle refroidirait l'imagination du spectateur, au point de détruire entièrement l'effet de la seconde.

Bien que cette raison paraisse suffisante, on en pourrait trouver plusieurs autres pour justifier l'opinion de Johnson. Ce n'est cependant pas dans la chronologie qu'il faudrait les chercher. Ce serait une œuvre impraticable que de prétendre accorder ensemble les diverses données chronologiques que, souvent dans la même pièce, il plaît à Shakspeare d'établir; et il est aussi impossible de trouver chronologiquement la place des *Joyeuses Bourgeoises de Windsor* entre *Henri IV* et *Henri V*, qu'entre les deux parties de *Henri IV*. Mais, dans cette dernière supposition, l'entrevue entre Shallow et Falstaff dans la seconde partie de *Henri IV*, le plaisir qu'éprouve Shallow à revoir Falstaff après une si longue séparation, la considération qu'il professe pour lui, et qui va jusqu'à lui prêter mille livres sterling, deviennent des invraisemblances choquantes : ce n'est pas après la comédie des *Joyeuses Bourgeoises de Windsor*, que Shallow peut être attrapé par Falstaff. Nym, qu'on retrouve dans *Henri V*, n'est point compté dans la seconde partie de *Henri IV*, au nombre des gens de Falstaff. Il serait assez difficile, dans les deux suppositions, de se rendre compte du personnage de Quickly, si l'on ne supposait que c'est une autre Quickly, un nom que Shakspeare a trouvé bon de rendre commun à toutes les entremetteuses. Celle de *Henri IV* est mariée; son nom n'est donc point un nom de fille; la Quickly des *Joyeuses Bourgeoises* ne l'est pas.

Au reste, il serait superflu de chercher à établir d'une manière bien solide l'ordre historique de ces trois pièces; Shakspeare lui-même n'y a pas songé. On peut croire cependant que, dans l'incertitude qu'il a laissée à cet égard, il a voulu du moins qu'il ne fût pas tout à fait impossible de faire de ses *Joyeuses Bourgeoises de Windsor* la suite des *Henri IV*. Pressé à ce qu'il paraît par les ordres d'Élisabeth, il n'avait d'abord donné de cette comédie qu'une espèce d'ébauche qui fut cependant représentée pendant assez longtemps, telle qu'on la trouve dans les premières éditions de ses œuvres, et qu'il n'a remise que plusieurs années après sous la forme où nous la voyons maintenant. Dans cette première pièce, Falstaff, au moment où il est dans la forêt, effrayé des bruits qui se font entendre de tous côtés, se demande si ce n'est pas *ce libertin de prince de Galles qui vole les daims de son père*. Cette supposition a été supprimée dans la comédie mise sous la seconde forme, lorsque le poëte voulut tâcher apparemment d'indiquer un ordre de faits un peu plus vraisemblable. Dans cette même pièce comme nous l'avons à présent, Page reproche à Fenton *d'avoir été* de la société du prince de Galles et de Poins. Du moins n'en est-il plus, et l'on peut supposer que le nom de *Wild-Prince* demeure encore pour désigner ce qu'a été le prince de Galles et ce que n'est plus Henri V. Quoi qu'il en soit, si la comédie des *Joyeuses Bourgeoises* offre un genre de comique moins relevé que la première partie de *Henri IV*, elle n'en est pas moins une des productions les plus divertissantes de cette gaieté d'esprit dont Shakspeare a fait preuve dans plusieurs de ses comédies.

Plusieurs nouvelles peuvent se disputer l'honneur d'avoir fourni à Shakspeare le fond de l'aventure sur laquelle repose l'intrigue des *Joyeuses Bourgeoises de Windsor*. C'est probablement aux mêmes sources que Molière aura emprunté celle de son *École des Femmes*; ce qui appartient à Shakspeare, c'est d'avoir fait servir la même intrigue à punir à la fois le mari jaloux et l'amoureux insolent. Il a ainsi donné à sa pièce, sauf la liberté de quelques expressions, une couleur beaucoup plus morale que celle des récits où il a pu puiser, et où le mari finit toujours par être dupe, et l'amant heureux.

Cette comédie paraît avoir été composée en 1601.

LES JOYEUSES BOURGEOISES DE WINDSOR

COMÉDIE

PERSONNAGES

SIR JOHN FALSTAFF.
FENTON.
SHALLOW, juge de paix de campagne.
SLENDER, cousin de Shallow.
M. FORD. } deux propriétaires, habitants de Windsor.
M. PAGE.
WILLIAM PAGE, jeune garçon, fils de M. Page.
SIR HUGH EVANS, curé gallois [1].
LE DOCTEUR CAIUS, médecin français.
L'HOTE DE LA JARRETIÈRE.
BARDOLPH,
PISTOL, } suivants de Falstaff.
NYM.
ROBIN, page de Falstaff.
SIMPLE, domestique de Slender.
RUGBY, domestique du docteur Caius.
MISTRISS FORD.
MISTRISS PAGE.
MISTRISS ANNE PAGE, sa fille, amoureuse de Fenton.
MISTRISS QUICKLY, servante du docteur Caius.
DOMESTIQUES DE PAGE, DE FORD, etc.

La scène est à Windsor et dans les environs.

ACTE PREMIER

SCÈNE I

A Windsor, devant la maison de Page.

Entrent LE JUGE SHALLOW, SLENDER ET *sir* HUGH EVANS.

SHALLOW.—Tenez, sir Hugh, ne cherchez pas à m'en dissuader. Je veux porter cela à la chambre étoilée. Fût-il vingt fois sir John Falstaff, il ne se jouera pas de Robert Shallow, écuyer.

[1] Il paraît que le titre de *sir* fut longtemps donné aux membres du clergé inférieur.

SLENDER. — Écuyer du comté de Glocester, juge de paix et *coram*.

SHALLOW. — Oui, cousin Slender, et aussi *Cust-alorum* [1].

SLENDER. — Oui, des *ratolorum !* gentilhomme de naissance, monsieur le curé, qui signe *armigero* dans tous les actes, billets, quittances, citations, obligations : *armigero* partout.

SHALLOW. — Oui, c'est ainsi que nous signons et avons toujours signé sans interruption ces trois cents dernières années.

SLENDER. — Tous ses successeurs l'ont fait avant lui et tous ses ancêtres le peuvent faire après lui, ils peuvent vous montrer, sur leur casaque, la douzaine de loups de mer [2] blancs.

SHALLOW. — C'est une vieille casaque.

EVANS. — Il peut très-bien se trouver sur une vieille casaque une douzaine de *lous-lous* blancs [3]. Cela va parfaitement ensemble, c'est un animal familier à l'homme, un emblème d'affection.

SHALLOW. — Le loup de mer est un poisson frais [4] ; ce qui fait le sel de la chose, c'est que la casaque est vieille.

SLENDER. — Je puis écarteler, cousin ?

---

[1] *Cust-alorum*, abréviation de *custos rotulorum*, garde des registres.

[2] *White luce* (brochets). Il a fallu changer le brochet en loup de mer, pour conserver quelque chose du jeu de mots que fait ensuite Évans entre *luce* (brochet), et *louse* (pou). Loulou est un mot populaire et enfantin pour désigner cette espèce de vermine.

[3] Le Gallois Évans parle un jargon qu'il nous a paru difficile de rendre en français. Ce genre de plaisanterie, souvent fatigant dans l'original, est à peu près impossible à faire passer dans une autre langue.

[4] *The luce is fresh fish; the salt fish is an old coat*. Les commentateurs n'ont pu rendre raison du sens de cette phrase, en effet difficile à expliquer. Il paraît probable que poisson frais (*fresh fish*) était une expression vulgaire pour désigner une noblesse nouvelle, et que Shallow veut dire que ce qui indique l'ancienneté de sa maison, et ce qui en fait un poisson salé (*salt fish*), c'est l'ancienneté de la casaque.

SHALLOW.—Vous le pouvez sans doute en vous mariant.

EVANS.—Il gâtera tout[1], s'il écartèle.

SHALLOW.—Pas du tout.

EVANS.—Par Notre-Dame, s'il écartèle votre casaque il la mettra en pièces; vous n'en aurez plus que les morceaux. Mais cela ne fait rien: passons; ce n'est pas là le point dont il s'agit. — Si le chevalier Falstaff a commis quelque malhonnêteté envers vous, je suis un membre de l'Église : et je m'emploierai de grand cœur à faire entre vous quelques raccommodements et arrangements.

SHALLOW.—Non, le conseil en entendra parler: il y a rébellion.

EVANS.—Il n'est pas nécessaire que le conseil entende parler d'une rébellion : il n'y a pas de crainte de Dieu dans une rébellion. Le conseil, voyez-vous, aimera mieux entendre parler de la crainte de Dieu, que d'une rébellion. Comprenez-vous? Prenez avis de cela.

SHALLOW.—Ah! sur ma vie, si j'étais encore jeune, ceci se terminerait à la pointe de l'épée.

EVANS.—Il vaut mieux que vos amis soient l'épée et terminent l'affaire, et puis j'ai aussi dans ma cervelle un projet qui pourrait être d'une bonne prudence. — Il y a une certaine Anne Page qui est la fille de M. George Page, et qui est une assez jolie fleur de virginité.

SLENDER.—Mistriss Anne Page? Elle a les cheveux bruns et parle doucement comme une femme.

EVANS.—C'est cela précisément; c'est tout ce que vous pouvez désirer de mieux; et son grand-père (Dieu veuille

---

[1] *It is marring indeed, if he quarter it.* Shallow lui a dit qu'il pouvait écarteler en se mariant *(marrying)*. Evans lui répond qu'en effet écarteler *(quarter)* est le moyen de tout gâter *(marring)*. Ce jeu de mots était impossible à rendre; il a même été nécessaire de changer la réplique d'Evans. *If he has a quarter of your coat, there is but three skirts for yourself.* « S'il a un quart de votre casaque, vous n'en aurez que trois quarts. »

Quarter signifie également quart, quartier et écarteler.

l'appeler à la résurrection bienheureuse !) lui a donné, à son lit de mort, sept cents bonnes livres en or et argent, pour en jouir sitôt qu'elle aura pris ses dix-sept ans. Ce serait un bon mouvement si vous laissiez là vos bisbilles pour demander un mariage entre M. Abraham et mistriss Anne Page.

SLENDER. — Son grand-père lui a laissé sept cents livres ?

EVANS. — Oui, et son père est bon pour lui donner une meilleure somme.

SHALLOW. — Je connais la jeune demoiselle ; elle a d'heureux dons de la nature.

EVANS. — Sept cents livres avec les espérances, ce sont d'heureux dons que cela.

SHALLOW. — Eh bien ! voyons de ce pas l'honnête M. Page. — Falstaff est-il dans la maison ?

EVANS. — Vous dirai-je un mensonge ? Je méprise un menteur comme je méprise un homme faux, ou comme je méprise un homme qui n'est pas vrai. Le chevalier, sir John, est dans la maison, et, je vous prie, laissez-vous conduire par ceux qui vous veulent du bien. Je vais frapper à la porte pour demander M. Page. (*Il frappe.*) Holà ! holà ! que Dieu bénisse votre logis !

(Entre Page.)

PAGE. — Qui est là ?

EVANS. — Une bénédiction de Dieu, et votre ami, et le juge Shallow, et voici le jeune monsieur Slender qui pourra, par hasard, vous conter une autre histoire, si la chose était de votre goût.

PAGE. — Je suis fort aise de voir Vos Seigneuries en bonne santé. Monsieur Shallow, je vous remercie de votre gibier.

SHALLOW. — Monsieur Page, je suis bien aise de vous voir. Grand bien vous fasse. J'aurais voulu que le gibier fût meilleur. Il avait été tué contre le droit. — Comment se porte la bonne mistriss Page ? et je vous aime toujours de tout mon cœur, là, de tout mon cœur.

PAGE. — Monsieur, je vous remercie.

SHALLOW.—Monsieur, je vous remercie : que vous le veuilliez ou non, je vous remercie.

PAGE.—Je suis bien aise de vous voir, mon bon monsieur Slender.

SLENDER.—Comment se porte votre lévrier fauve, monsieur ? J'entends dire qu'il a été dépassé à Cotsale.

PAGE.—On n'a pas pu décider la chose, monsieur.

SLENDER.—Vous n'en conviendrez pas, vous n'en conviendrez pas.

SHALLOW.—Non, il n'en conviendra pas.—C'est votre faute, c'est votre faute.—C'est un beau chien.

PAGE.—Non, monsieur, c'est un roquet.

SHALLOW.—Monsieur, c'est un bon chien et un beau chien ; on ne peut pas dire plus, il est bon et beau. Sir John Falstaff est-il ici ?

PAGE.—Oui, monsieur, il est à la maison, et je souhaiterais pouvoir interposer mes bons offices entre vous.

EVANS.—C'est parler comme un chrétien doit parler

SHALLOW.—Il m'a offensé, monsieur Page.

PAGE.—Monsieur, il en convient en quelque sorte.

SHALLOW.—Pour être avouée, la chose n'est pas réparée ; cela n'est-il pas vrai, monsieur Page ? il m'a offensé ; oui offensé, sur ma foi : en un mot, il m'a fait une offense.—Croyez-moi : Robert Shallow, écuyer, dit qu'il est offensé.

(Entrent sir John Falstaff, Bardolph Nym, Pistol.)

PAGE.—Voilà sir John.

FALSTAFF.—Eh bien ! monsieur Shallow, vous voulez donc porter plainte au roi contre moi ?

SHALLOW.—Chevalier, vous avez battu mes gens, tué mon daim et enfoncé la porte de ma réserve.

FALSTAFF.—Mais je n'ai pas baisé la fille de votre garde.

SHALLOW.—Ce n'est pas de cela qu'il s'agit.—Vous aurez à en répondre.

FALSTAFF.—Je vais répondre sur-le-champ : j'ai fait tout cela. Voilà ma réponse.

SHALLOW.—Le conseil connaîtra de l'affaire.

FALSTAFF.—Il vaudrait mieux pour vous que personne[1] n'en connût rien; on se moquera de vous.

EVANS.—*Pauca verba*, sir John, et de bonnes choses.

FALSTAFF.—De bonnes chausses? de bons bas[2]?— Slender, je vous ai fracassé la tête: quelle affaire avez-vous avec moi?

SLENDER.—Vraiment je l'ai dans ma tête, mon affaire contre vous, et contre vos coquins de filous, Bardolph, Nym et Pistol. Ils m'ont conduit à la taverne, m'ont enivré, et puis m'ont pris tout ce que j'avais dans mes poches.

BARDOLPH.—Comment! fromage de Banbury?

SLENDER.—Bien, bien il ne s'agit pas de cela.

PISTOL.—Comment, Méphistophélès[3]?

SLENDER.—A la bonne heure, mais il ne s'agit pas de cela.

NYM.—Une balafre. Je dis: *pauca, pauca*. Une balafre, voilà la chose[4].

SLENDER.—Oh! où est Simple, mon valet? Le savez-vous, mon cousin?

EVANS.—Paix, je vous prie.—A présent, entendons-nous: il y a, comme je l'entends, les trois arbitres dans cette affaire, il y a M. Page, *videlicet* M. Page; et il y a moi, *videlicet* moi; finalement et dernièrement enfin, le troisième est l'hôte de la *Jarretière*.

[1] *'T were better for you, if it were known in counsel.* « Il vaudrait mieux pour vous que cela ne fût connu qu'en secret (*counsel*). » Falstaff joue ici sur le mot de *council* (conseil), dont s'est servi Shallow.

[2] Evans a dit, avec sa mauvaise prononciation: *Good worts* pour *good words* (de bonnes paroles). Falstaff répond: *Good worts, good cabbage*. *Cabbage* signifie chou, et *worts* est un vieux mot ayant la même signification. On a cherché à rendre ce jeu de mots par un équivalent.

[3] Nom d'un diable au service de Faust.

[4] *That is my humour*. Il paraît que le mot *humour* était une expression à la mode dont on faisait un grand abus du temps de Shakspeare. Il le met à tout propos, et hors de propos, dans la bouche de Nym. On n'a vu que le mot *chose* qui pût le remplacer convenablement dans toutes les occasions.

PAGE.—Nous trois, pour connaître de l'affaire, et rédiger l'accommodement entre eux.

EVANS.—Parfaitement, j'écrirai un précis de l'affaire sur mes tablettes. Et nous travaillerons ensuite sur la chose avec une aussi grande prudence que nous le pourrons.

FALSTAFF.—Pistol?

PISTOL.—Il écoute de ses oreilles.

EVANS.—Par le diable et sa grand'mère, quelle phrase est-ce là? *Il écoute de son oreille!* C'est là de l'affectation.

FALSTAFF.—Pistol, avez-vous pris la bourse de monsieur Slender?

SLENDER.—Oui, par ces gants, il l'a prise, ou bien que je ne rentre jamais dans ma grande chambre! Et il m'a pris sept groats en pièces de six pence, et six carolus de laiton, et deux petits palets du roi Édouard, que j'avais achetés deux schellings et deux pence chaque, de Jacob le meunier. Oui, par ces gants.

FALSTAFF.—Pistol, cela est-il vrai?

EVANS.—Non, c'est faux, si c'est une bourse filoutée.

PISTOL, *à Evans.*—Sauvage de montagnard que tu es! (*A Falstaff.*)—Sir John, mon maître, je demande le combat contre cette lame de fer-blanc. Je dis que tu en as menti ici par la bouche; je dis que tu en as menti, figure de neige et d'écume, tu en as menti.

SLENDER.—Par ces gants, alors, c'est donc cet autre.
(Montrant Nym.)

NYM.—Prenez garde, monsieur, finissez vos plaisanteries. Je ne tomberai pas tout seul dans le fossé, si vous vous accrochez à moi! Voilà tout ce que j'ai à vous dire.

SLENDER.—Par ce chapeau, c'est donc celui-là, avec sa figure rouge. Quoique je ne puisse pas me souvenir de ce que j'ai fait, quand une fois vous m'avez eu enivré, je ne suis pourtant pas tout à fait un âne, voyez-vous.

FALSTAFF, *à Bardolph.*—Que répondez-vous, Jean et l'Écarlate[1]?

---

[1] *Scarlet and John.* Noms de deux des compagnons de Robin Hood.

BARDOLPH.—Qui, moi, monsieur? Je dis que ce galant homme s'est enivré jusqu'à perdre ses cinq sentiments de nature.

EVANS.—Il faut dire les cinq sens. Ah! par Dieu, ce que c'est que l'ignorance!

BARDOLPH.—Et qu'étant ivre, monsieur, il aura été, comme on dit, mis dedans; et qu'ainsi, fin finale, il aura passé le pas.

SLENDER.—Oui, vous parliez aussi latin ce soir-là. Mais c'est égal, après ce qui m'est arrivé, je ne veux plus m'enivrer jamais de ma vie, si ce n'est en honnête, civile et sainte compagnie. Si je m'enivre, ce sera avec ceux qui ont la crainte de Dieu, et non pas avec des coquins d'ivrognes.

EVANS.—Comme Dieu me jugera, c'est là une intention vertueuse!

FALSTAFF.—Vous avez entendu, messieurs, qu'on a tout nié. Vous l'avez entendu.

(Mistriss Anne Page entre dans la salle, apportant du vin. Mistriss Page et mistriss Ford la suivent.)

PAGE.—Non, ma fille: remportez ce vin, nous boirons là dedans.

(Anne Page sort.)

SLENDER.—O ciel! c'est mistriss Anne Page!

PAGE.—Ha! vous voilà, mistriss Ford.

FALSTAFF.—Par ma foi, mistriss Ford, vous êtes la très-bien arrivée. Permettez, chère madame...

(Il l'embrasse.)

PAGE.—Ma femme, souhaitez la bienvenue à ces messieurs. Venez, messieurs, vous mangerez votre part d'un pâté chaud de gibier. Allons, j'espère que nous noierons toutes vos querelles dans le verre.

(Tous sortent excepté Shallow, Evans et Slender.)

SLENDER.—Je donnerais quarante schellings pour avoir ici mon livre de sonnets et de chansons. (*Entre Simple.*) Comment, Simple? D'où venez-vous? Il faut donc que je me serve moi-même, n'est-ce pas?—Vous n'aurez pas non plus le livre d'énigmes sur vous? L'avez-vous?

SIMPLE.—Le livre d'énigmes! Comment, ne l'avez-vous

pas prêté à Alix Short cake, à la fête de la Toussaint dernière, quinze jours avant la Saint-Michel?

SHALLOW.—Venez, mon cousin; avancez, mon cousin. Nous vous attendons. J'ai à vous dire ceci, mon cousin. Il y a, comme qui dirait une proposition, une sorte de proposition faite d'une manière éloignée par sir Hugh, que voilà. Me comprenez-vous?

SLENDER.—Oui, oui; vous me trouverez raisonnable : si la chose l'est, je ferai ce que demande la raison.

SHALLOW.—Oui, mais songez à me comprendre.

SLENDER.—C'est ce que je fais, monsieur.

EVANS.—Prêtez l'oreille à ses avertissements, monsieur Slender. Je vous expliquerai la chose, si vous êtes capable de cela.

SLENDER.—Non, je veux agir comme mon cousin Shallow me le dira. Je vous prie, excusez-moi : il est juge de paix du canton, quoique je ne sois qu'un simple particulier.

EVANS.—Mais ce n'est pas là la question : la question est concernant votre mariage.

SHALLOW.—Oui, c'est là le point, mon cher.

EVANS.—Vous marier [1], c'est là le point, et avec mistriss Anne Page.

SLENDER.—Eh bien! s'il en est ainsi, je veux bien l'épouser, sous toutes conditions raisonnables.

EVANS.—Mais pouvez-vous aimer cette femme? Apprenez-nous cela de votre bouche ou de vos lèvres; car divers philosophes soutiennent que les lèvres sont une portion de la bouche : en conséquence, parlez clair et net. Êtes-vous porté de bonne volonté pour cette fille?

SHALLOW.—Cousin Abraham Slender, pourrez-vous l'aimer?

SLENDER.—Je l'espère, monsieur; j'agirai comme il convient à un homme qui veut agir par raison.

EVANS.—Eh! non. Par les bienheureuses âmes d'en

1 *Marry is it*. Evans joue ici sur le mot *marry*, qui signifie marier et vraiment.

haut, vous devez répondre de ce qui est possible. Pouvez-vous tourner vos désirs vers elle.

SHALLOW.—C'est ce qu'il faut nous dire : si elle a une bonne dot, voulez-vous l'épouser?

SLENDER.—Je ferais bien plus encore à votre recommandation, mon cousin, toute raison gardée.

SHALLOW.—Eh! non. Concevez-moi donc, comprenez-moi, cher cousin; ce que je fais, c'est pour vous faire plaisir : vous sentez-vous capable d'aimer cette jeune fille?

SLENDER.—Je l'épouserai, monsieur, à votre recommandation. Si l'amour n'est pas grand au commencement, le ciel pourra bien le faire décroître sur une plus longue connaissance, quand nous serons mariés et que nous aurons plus d'occasions de nous connaître l'un l'autre. J'espère que la familiarité engendrera le mépris. Mais, si vous me dites, épousez-la, je l'épouserai; c'est à quoi je suis très-dissolu, et très-dissolument.

EVANS.—C'est répondre très-sagement, excepté la faute qui est dans le mot *dissolu*; dans notre sens, c'est *résolu* qu'il veut dire. Son intention est bonne.

SHALLOW.—Oui, je crois que mon neveu avait bonne intention.

SLENDER.—Oui, ou je veux bien être pendu, là!

(Rentre Anne Page.)

SHALLOW.—Voici la belle mistriss Anne. Je voudrais rajeunir pour l'amour de vous, mistriss Anne.

ANNE.—Le dîner est sur la table; mon père désire l'honneur de votre compagnie.

SHALLOW.—Je suis à lui, belle mistriss Anne.

EVANS.—La volonté de Dieu soit bénie! Je ne veux pas être absent au bénédicité.

(Sortent Shallow et Evans.)

ANNE.—Vous plaît-il d'entrer, monsieur?

SLENDER.—Non, je vous remercie, en vérité, de bon cœur : je suis fort bien.

ANNE.—Le dîner vous attend, monsieur.

SLENDER.—Je ne suis point un affamé : en vérité je vous remercie. (*A Simple*.) Allez, mon ami; car, après

ACTE I, SCÈNE I.

tout, vous êtes mon domestique ; allez servir mon cousin Shallow. (*Simple sort.*) Un juge de paix peut avoir quelquefois besoin du valet de son ami, voyez-vous. Je n'ai encore que trois valets et un petit garçon, jusqu'à ce que ma mère soit morte : mais qu'est-ce que ça fait ? en attendant je vis encore comme un pauvre gentilhomme.

ANNE.—Je ne rentrerai point sans vous, monsieur ; on ne s'assiéra point à table que vous ne soyez venu.

SLENDER.—Sur mon honneur, je ne mangerai pas. Je vous remercie tout autant que si je mangeais.

ANNE.—Je vous prie, monsieur, entrez.

SLENDER.—J'aimerais mieux me promener par ici. Je vous remercie.—J'ai eu le menton meurtri l'autre jour en tirant des armes avec un maître d'escrime. Nous avons fait trois passades pour un plat de pruneaux cuits : depuis ce temps je ne puis supporter l'odeur de la viande chaude.—Pourquoi vos chiens aboient-ils ainsi ? Avez-vous des ours dans la ville ?

ANNE.—Je pense qu'il y en a, monsieur ; je l'ai entendu dire.

SLENDER.—J'aime fort ce divertissement, voyez-vous ; mais je suis aussi prompt à me fâcher que qui que ce soit en Angleterre.—Vous avez peur quand vous voyez un ours en liberté, n'est-ce pas ?

ANNE.—Oui, en vérité, monsieur.

SLENDER.—Oh ! actuellement c'est pour moi boire et manger. J'ai vu *Sackerson* en liberté vingt fois, et je l'ai pris par sa chaîne. Mais, je vous réponds, les femmes criaient et glapissaient que cela ne peut pas s'imaginer : mais les femmes, à la vérité, ne peuvent pas les souffrir ; ce sont de grosses vilaines bêtes.

(Rentre Page.)

PAGE.—Venez, cher monsieur Slender, venez ; nous vous attendons.

SLENDER.—Je ne veux rien manger : je vous rends grâces, monsieur.

PAGE.—De par tous les saints, vous ne ferez pas votre volonté : allons, venez, venez.

(Le poussant pour le faire avancer.)

SLENDER.—Non, je vous prie; montrez-moi le chemin.
PAGE.—Passez donc, monsieur.
SLENDER.—C'est vous, mistriss Anne, qui passerez la première.
ANNE.—Non pas, monsieur; je vous prie, passez.
SLENDER.—Vraiment, je ne passerai pas le premier; non, vraiment, là, je ne vous ferai pas cette impolitesse.
ANNE.—Je vous en prie, monsieur.
SLENDER.—J'aime mieux être incivil qu'importun. C'est vous-même qui vous faites impolitesse, là, vraiment.

(Ils sortent.)

SCÈNE II

Au même endroit.

Entrent sir HUGH EVANS ET SIMPLE.

EVANS.—Allez droit devant vous, et enquérez-vous du chemin qui mène au logis du docteur Caius. Il y a là une dame Quickly qui est chez lui comme une manière de nourrice, ou de bonne, ou de cuisinière, ou de blanchisseuse, ou de laveuse et de repasseuse.
SIMPLE.—C'est bon, monsieur.
EVANS.—Non pas; il y a encore quelque chose de mieux. Donnez-lui cette lettre; c'est une femme qui est fort de la connaissance de mistriss Anne Page. Cette lettre est pour lui demander et la prier de solliciter la demande de votre maître auprès de mistriss Anne. Allez tout de suite, je vous prie. Je vais achever de dîner; on va apporter du fromage et des pommes.

(Ils sortent.)

SCÈNE III

Une chambre dans l'hôtellerie de la *Jarretière*.

Entrent FALSTAFF, L'HOTE, BARDOLPH, NYM, PISTOL ET ROBIN.

FALSTAFF.—Mon hôte de la *Jarretière*?
L'HÔTE.—Que dit mon gros gaillard? Parle savamment et sagement.

FALSTAFF.—Franchement, mon hôte, il faut que je réforme quelques-uns de mes gens.

L'HÔTE.—Congédie, mon gros Hercule : chasse-les-allons, qu'ils détalent. Tirez, tirez.

FALSTAFF.—Je vis céans, à raison de dix livres par semaine.

L'HÔTE.—Tu es un empereur, un César, un Kaiser, un casseur[1]; comme tu voudras. Je prendrai Bardolph à mes gages : il percera mes tonneaux, il tirera le vin. Dis-je bien, mon gros Hector?

FALSTAFF.—Faites cela, mon cher hôte.

L'HÔTE.—J'ai dit : il peut me suivre. (A Bardolph.) Je veux te voir travailler la bière, et frelater le vin. Je n'ai qu'une parole : suis-moi.

(L'hôte sort.)

FALSTAFF.—Bardolph, suis-le. C'est un excellent métier que celui de garçon de cave. Un vieux manteau fait un justaucorps neuf; un domestique usé fait un garçon de cave tout frais. Va; adieu.

BARDOLPH.—C'est la vie que j'ai toujours désirée. Je ferai fortune.

PISTOL.—O vil individu de Bohémien, tu vas donc tourner le robinet?

NYM.—Son père était ivre quand il l'a fait. La chose n'est-elle pas bien imaginée?—Il n'a point l'humeur héroïque. Voilà la chose.

FALSTAFF.—Je me réjouis d'être ainsi défait de ce briquet : ses larcins étaient trop clairs : il volait comme on chante quand on ne sait pas la musique, sans garder aucune mesure.

NYM.—La chose est de savoir profiter, pour voler, du plus petit repos.

PISTOL.—Les gens sensés disent, subtiliser. Fi donc, voler! la peste soit du mot.

---

1 *Cæsar, Keisar, Pheezar. Keisar* est la prononciation allemande pour César, et *Pheezar* peut venir de *pheeze* (peigner, étriller); mais il fallait un mot qui présentât quelque sorte de consonnance avec *Keisar*.

FALSTAFF.—C'est bien, mes enfants ; mais je suis tout à fait percé par les talons.

PISTOL.—En ce cas, gare les engelures.

FALSTAFF.—Il n'y a pas de remède. Il faut que j'accroche de côté ou d'autre, que je ruse.

PISTOL.—Les petits des corbeaux doivent avoir leur pâture.

FALSTAFF.—Qui de vous connaît Ford, de cette ville ?

PISTOL.—Je connais l'individu ; il est bien calé.

FALSTAFF.—Mes bons garçons, il faut que je vous apprenne où j'en suis.

PISTOL.—A deux aunes de tour et plus.

FALSTAFF.—Trêve de plaisanterie pour le moment, Pistol. Je suis gros, si vous voulez, de deux aunes de tour ; mais je n'ai pas gros [1] à dépenser : je m'occupe de faire ressource. En deux mots, j'ai le projet de faire l'amour à la femme de Ford. J'entrevois des dispositions de sa part : elle discourt, elle découpe à table, elle décoche des œillades engageantes. Je puis traduire le sens de son style familier : et toute l'expression de sa conduite, rendue en bon anglais, est, *je suis à sir John Falstaff*.

PISTOL.—Il l'a bien étudiée ; il traduit le langage de sa pudeur en bon anglais.

NYM.—L'ancre est jetée bien avant. Me passerez-vous la chose ?

FALSTAFF.—Le bruit du pays, c'est qu'elle tient les cordons de la bourse de son mari : elle a une légion de séraphins.

PISTOL.—Et autant de diables à ses trousses. Allons, je dis : *garçon, cours sus*.

NYM.—La chose devient engageante. Cela est très-bon : faites-moi la chose des séraphins.

---

[1] *Indeed I am in the waist two yards about; but I am now about no waste.* On voit dans la seconde partie de *Henri IV* le même jeu de mots entre *waist* (taille) et *waste* (dépense).

FALSTAFF.—Voici une lettre que je lui ai bel et bien écrite ; et puis, une autre pour la femme de Page, qui vient aussi tout à l'heure de me faire les yeux doux, et de me parcourir de l'air d'une femme qui s'y entend. Les rayons de ses yeux venaient reluire, tantôt sur ma jambe, et tantôt sur mon ventre majestueux.

PISTOL.—Comme le soleil brille sur le fumier.

NYM.—La chose est bonne.

FALSTAFF.—Oh ! elle a fait la revue de mes dons extérieurs avec une telle expression d'avidité, que l'ardeur de ses regards me grillait comme un miroir brûlant. Voici de même une lettre pour elle. Elle tient aussi la bourse : c'est une vraie Guyane, toute or et libéralité. Je veux être à toutes deux leur receveur ; et elles seront toutes deux mes payeuses[1] : elles seront mes Indes orientales et occidentales, et j'entretiendrai commerce dans les deux pays. Toi, va, remets cette lettre à madame Page ; et toi, celle-ci à madame Ford. Nous prospérerons, enfants, nous prospérerons.

PISTOL.—Deviendrai-je un Mercure, un Pandarus de Troie, moi qui porte une épée à mon côté ? Quand cela sera, que Lucifer emporte tout !

NYM.—Je ne veux point de la bassesse de la chose, reprenez votre chose de lettre. Je veux tenir une conduite de réputation.

FALSTAFF, *à Robin.*—Tenez, mon garçon, portez promptement ces lettres ; cinglez, comme ma chaloupe, vers ces rivage dorés. (*Aux deux autres.*) Vous, coquins, hors d'ici ; courez, disparaissez comme des flocons de neige. Allez, travaillez hors d'ici, tournez-moi vos talons. Cherchez un gîte, et faites-moi vos paquets. Falstaff veut prendre l'humeur du siècle, faire fortune comme un Français : coquins que vous êtes ! moi, moi seul avec mon page galonné.

(Sortent Falstaff et Robin.)

PISTOL.—Puissent les vautours te serrer les boyaux !

---

[1] *I will be cheater to them both, and they shall be exchequers to me.* Jeu de mots entre *cheater* (trompeur) et *escheator* (officier de l'Echiquier).

Avec une bouteille et des dés pipés, j'attraperai de tous côtés le riche et le pauvre. Je veux avoir des testons en poche, tandis que toi, tu manqueras de tout, vil Turc phrygien.

NYM.—J'ai dans ma tête des opérations qui feront la chose d'une vengeance.

PISTOL.—Veux-tu te venger?

NYM.—Oui, par le firmament et son étoile!

PISTOL.—Avec la langue ou le fer?

NYM.—Moi! avec les deux choses.—Je veux découvrir à Page la chose de cet amour-là.

PISTOL.—Et moi pareillement, je prétends aussi raconter à Ford comment Falstaff, ce vil garnement, veut tâter de sa colombe, saisir son or, et souiller sa couche chérie.

NYM.—Je ne laisserai point refroidir ma chose. J'exciterai la colère de Page à employer le poison. Je lui donnerai la jaunisse; ce changement de couleur a des effets dangereux. Voilà la vraie chose.

PISTOL.—Tu es le Mars des mécontents : je te seconde; marche en avant.

(Ils sortent.)

SCÈNE IV

Une pièce de la maison du docteur Caius.

Entrent mistriss QUIKLY, SIMPLE ET RUGBY.

QUICKLY.—M'entends-tu, Jean Rugby? Jean Rugby! Je te prie, monte au grenier, et regarde si tu ne vois pas revenir mon maître, M. le docteur Caius. S'il rentre et qu'il rencontre quelqu'un au logis, nous allons entendre, comme à l'ordinaire, insulter à la patience de Dieu et à l'anglais du roi.

RUGBY.—Je vais guetter.

(Rugby sort.)

QUICKLY.—Va, et je te promets que, pour la peine, nous mangerons ce soir une bonne petite collation à la dernière lueur du charbon de terre. C'est un brave garçon, serviable, complaisant autant que le puisse être un domestique dans une maison ; et qui, je vous en réponds, ne fait point de rapports, n'engendre point de querelle. Son plus grand défaut est d'être adonné à la prière : de ce côté-là il est un peu entêté ; mais chacun a son défaut. Laissons cela.—Pierre Simple est votre nom, dites-vous ?

SIMPLE.—Oui, faute d'un meilleur.

QUICKLY.—Et monsieur Slender est le nom de votre maître ?

SIMPLE.—Oui vraiment.

QUICKLY.—Ne porte-t-il pas une grande barbe, ronde comme le couteau d'un gantier ?

SIMPLE.—Non vraiment : il a un tout petit visage, avec une petite barbe jaune, une barbe de la couleur de Caïn.

QUICKLY. — Un homme qui va tout doux, n'est-ce pas ?

SIMPLE.—Oui vraiment ; mais qui sait se démener de ses mains aussi bien que qui que ce soit que vous puissiez rencontrer d'ici où il est. Il s'est battu avec un garde-chasse.

QUICKLY.—Que dites-vous ? Oh ! je le connais bien : ne porte-t-il pas la tête en l'air comme cela, et ne se tient-il pas tout roide en marchant ?

SIMPLE.—Oui vraiment, il est tout comme cela.

QUICKLY.—Allons, allons, que Dieu n'envoie pas de plus mauvais lot à Anne Page. Dites à M. le curé Evans que je ferai de mon mieux pour votre maître. Anne est une bonne fille, et je souhaite....

(Rentre Rugby.)

RUGBY.—Sauvez-vous : hélas ! voilà mon maître qui vient !

QUICKLY.—Nous serons tous exterminés. Courez à cette porte, bon jeune homme ; entrez dans le cabinet. (*Elle enferme Simple dans le cabinet.*) Il ne s'arrêtera pas longtemps.—Hé ! Jean Rugby ! holà ! Jean ! où es-tu donc, Jean ? Viens ; viens. Va, Jean ; informe-toi de notre maître : je crains qu'il ne soit malade puisqu'il ne rentre point. (*Elle chante.*) La, re, la, la rela, etc.

(Le docteur Caius rentre.)

CAIUS.—Qu'est-ce que vous chantez là[1] ? Je n'aime point les bagatelles. Allez, je vous prie, chercher dans mon cabinet une boîte verte, un coffre vert, vert.

QUICKLY.—J'entends bien ; vous allez l'avoir.—Heureusement qu'il n'est pas entré pour la chercher lui-même. S'il avait trouvé le jeune homme ! Les cornes lui seraient venues à la tête.

CAIUS.—Ouf ! ouf ! ma foi il fait fort chaud. Je m'en vais à la cour.—La grande affaire.

QUICKLY.—Est-ce ceci, monsieur ?

CAIUS.—Oui, mettez-le dans ma poche, dépêchez vitement. Où est le coquin Rugby ?

QUICKLY.—Eh ! Jean Rugby, Jean ?

RUGBY.—Me voilà, monsieur.

CAIUS.—Vous êtes Jean Rugby ; c'est pour vous dire que vous êtes un Jean, Rugby. Allons, prenez votre rapière, et venez derrière mes talons à la cour.

RUGBY.—C'est tout prêt, monsieur, là contre la porte.

CAIUS.—Sur ma foi, je tarde trop longtemps. Qu'ai-je oublié ? Ah ! ce sont quelques simples dans mon cabinet, je ne voudrais pas les avoir laissés pour un royaume.

QUICKLY.—Ah ! merci de moi ! il va trouver le jeune homme, et devenir furieux.

CAIUS.—O diable ! diable ! qu'est-ce qu'il y a dans mon cabinet. Trahison ! larron !—Rugby, ma grande épée.

(Poussant dehors Simple.)

QUICKLY.—Mon bon maître, soyez tranquille ?

CAIUS.—Et pourquoi serai-je tranquille !

QUICKLY.—Le jeune garçon est un honnête homme.

CAIUS.—Que fait-il, cet honnête homme, dans mon

---

[1] De même que dans le rôle d'Evans, on a supprimé dans celui du docteur Caius, le jargon que lui avait attribué Shakspeare, et qui était celui d'un Français estropiant l'anglais. Du reste, cela ne se trouve guère ainsi que dans la première scène. Shakspeare se préoccupait peu de l'uniformité des détails.

cabinet? Je ne veux point d'honnête homme dans mon cabinet.

QUICKLY.—Je vous conjure, ne soyez pas si flegmatique, écoutez l'affaire telle qu'elle est. Il m'est venu en commission de la part du pasteur Evans.

CAIUS.—Bon.

SIMPLE.—Oui, en conscience, pour la prier de...

QUICKLY, à Simple.—Paix, je vous en prie.

CAIUS, à Quickly.—Tenez votre langue, vous. (A Simple.) Vous, dites-moi la chose.

SIMPLE.—Pour prier cette honnête dame, votre servante, de dire quelques bonnes paroles à mistriss Anne Page en faveur de mon maître, qui la recherche en vue de mariage.

QUICKLY.—Voilà tout cependant : en vérité voilà tout ; mais je n'ai pas besoin moi d'aller mettre mes doigts au feu.

CAIUS.—Sir Hugh Evans vous a envoyé? Baillez-moi une feuille de papier, Rugby. (A Simple.) Vous, attendez un moment. (Il écrit.)

QUICKLY, bas à Simple.—C'est un grand bonheur qu'il soit si calme. Si ceci l'avait jeté dans ses grandes furies, vous auriez vu un train et une mélancolie!—Mais malgré tout cela, mon garçon, je ferai tout ce que je pourrai pour votre maître, car le fin mot de tout cela, c'est que le docteur français, mon maître... je peux bien l'appeler mon maître, voyez-vous, car je garde sa maison, je lave tout le linge, je brasse la bière, je fais le pain, je récure, je prépare le manger et le boire, enfin je fais tout moi-même.

SIMPLE.—C'est une forte charge que d'avoir comme cela quelqu'un sur les bras.

QUICKLY.—Qu'en pensez-vous? Ah! je crois bien, vraiment, que c'est une charge! Et se lever matin, et se coucher tard! — Néanmoins je vous le dirai à l'oreille; mais ne soufflez pas un mot de ceci, mon maître est lui-même amoureux de mistriss Anne; mais, nonobstant cela, je connais le cœur d'Anne. Il n'est ni chez vous ni chez nous.

CAIUS, *à Simple*.—Vous, faquin, remettez ce billet à sir Hugh : palsambleu ! c'est un cartel ; je lui couperai la gorge dans le parc, et j'apprendrai à ce faquin de prêtre de se mêler des choses. Vous ferez bien de vous en aller : il n'est pas bon que vous restiez. Palsambleu ! je lui couperai toutes ses deux oreilles[1]. Palsambleu ! je ne lui laisserai pas un os qu'il puisse jeter à son chien.

(Simple sort.)

QUICKLY.—Hélas ! il ne parle que pour son ami.

CAIUS.—Peu m'importe pour qui.—Ne m'avez-vous pas promis que j'aurais Anne Page pour moi ? Palsambleu ! je tuerai ce Jean de prêtre, et j'ai choisi notre hôte de la *Jarretière* pour mesurer nos épées. Palsambleu ! je veux avoir Anne Page pour moi.

QUICKLY.—Monsieur, la jeune fille vous aime, et tout ira bien. Il faut laisser jaser le monde. Eh ! vraiment...

CAIUS.—Rugby, venez à la cour avec moi. Palsambleu, si je n'ai pas Anne Page, je vous mettrai à la porte.—Marchez sur mes talons, Rugby.

(Caius sort avec Rugby.)

QUICKLY.—Ce que vous aurez, c'est la tête d'un fou. Non ; je connais la pensée d'Anne sur ceci. Il n'y a pas une femme à Windsor qui connaisse mieux la pensée d'Anne que moi, et qui ait plus d'empire sur son esprit que moi. Dieu merci.

FENTON, *derrière le théâtre*.—Y a-t-il quelqu'un ici ? Holà ?

QUICKLY.—Qui peut venir ici, je me demande ? Approchez de la maison, je vous prie.

(Entre Fenton.)

FENTON.—Eh bien ! ma bonne femme, qu'y a-t-il ? Comment te portes-tu ?

QUICKLY.—Très-bien quand Votre Seigneurie a la bonté de me le demander.

FENTON.—Quelles nouvelles ? Comment se porte la jolie mistriss Anne ?

QUICKLY.—Oui, par ma foi, monsieur, elle est jolie, et

---

[1] *All his two stones.*

honnête, et douce, et de vos amies; je puis bien vous le dire, Dieu merci!

FENTON.—Penses-tu que je puisse réussir? Ne perdrai-je pas mes peines?

QUICKLY.—Véritablement, monsieur, tout est dans les mains d'en-haut : mais pourtant, monsieur Fenton, je jurerais sur l'Évangile qu'elle vous aime. Votre Seigneurie n'a-t-elle pas une petite verrue au-dessus de l'œil?

FENTON.—Oui, vraiment, j'en ai une; mais que s'ensuit-il?

QUICKLY.—Ah! c'est un bon conte, monsieur Fenton... Anne est une si drôle de fille!—Mais, je le proteste, la plus honnête fille qui jamais ait mangé pain. Nous avons jasé hier une heure entière sur cette verrue.—Je ne rirai jamais que dans la société de cette jeune fille. Mais, à vous dire vrai, elle est trop portée à la mélancolie, à la rêverie; rien que pour vous au moins, suffit, poursuivez.

FENTON.—Fort bien.—Je la verrai aujourd'hui. Tiens, voilà de l'argent pour toi. Parle pour moi; et si tu la vois avant moi, fais-lui mes compliments.

QUICKLY.—Si je le ferai? Oui, par ma foi, nous lui parlerons; et au premier moment où nous reprendrons notre confidence, j'en dirai davantage à Votre Seigneurie sur la verrue, et aussi sur les autres amoureux.

FENTON.—Bon, adieu; je suis pressé en ce moment.

QUICKLY.—Ma révérence à Votre Seigneurie. (*Fenton sort.*) C'est, sans mentir, un honnête gentilhomme; mais Anne ne l'aime point. Je sais les sentiments d'Anne mieux que personne.—Allons, rentrons.—Qu'est-ce que j'ai oublié?

(Elle sort.)

FIN DU PREMIER ACTE.

ACTE DEUXIÈME

SCÈNE I

Devant la maison de Page.

Entre mistriss PAGE *tenant une lettre.*

MISTRISS PAGE. — Quoi! dans les jours brillants de ma beauté, j'aurais échappé aux lettres d'amour, et aujourd'hui je m'y trouverais exposée. Voyons. (*Elle lit.*) « Ne
« me demandez point raison de l'amour que je sens
« pour vous; car, quoique l'amour puisse appeler la rai-
« son pour son directeur, il ne la prend jamais pour son
« conseil. Vous n'êtes pas jeune, je ne le suis pas non
« plus. Voilà que la sympathie commence. Vous êtes
« gaie, je le suis aussi. Ha! ha! nouveau degré de sym-
« pathie entre nous. Vous aimez le vin d'Espagne, j'en
« fais autant. Pourriez-vous souhaiter plus de sympa-
« thie? Qu'il te suffise, mistriss Page, du moins si l'a-
« mour d'un soldat peut te suffire, que je t'aime. Je ne
« dirai point : *Aie pitié de moi*, ce n'est pas le style d'un
« soldat; mais je dis : *Aime-moi.* — *Signé,*

« Ton dévoué chevalier
« Tout prêt pour toi à guerroyer
« De tout son pouvoir;
« Le jour, la nuit,
« Ou à quelque lumière que ce soit,

« JOHN FALSTAFF. »

Quel vilain juif, Hérode! O monde, monde pervers!
Un homme presque tout brisé de vieillesse, vouloir se

donner encore pour un jeune galant! Quel diantre d'imprudence cet ivrogne de Flamand a-t-il donc pu saisir dans ma conduite, pour oser ainsi s'attaquer à moi? Quoi! il ne s'est pas trouvé trois fois en ma compagnie. Qu'ai-je donc pu lui dire?—J'eus soin de contenir ma gaieté, Dieu me pardonne.—En vérité, je veux présenter un bill au prochain parlement, pour la répression des hommes.—Comment me vengerai-je de lui? car je prétends me venger, aussi vrai que son ventre est fait tout entier de puddings.

(Entre mistriss Ford.)

MISTRISS FORD.—Mistriss Page, vous pouvez m'en croire, j'allais chez vous.

MISTRISS PAGE.—Et, ma parole, je venais aussi chez vous.—Vous avez bien mauvais visage.

MISTRISS FORD.—Oh! c'est ce que je ne croirai jamais. Je puis montrer la preuve du contraire.

MISTRISS PAGE.—A la bonne heure; mais moi du moins je vous vois ainsi.

MISTRISS FORD.—Soit, je le veux bien. Je vous dis pourtant qu'on pourrait vous montrer la preuve du contraire. O mistriss Page, conseillez-moi.

MISTRISS PAGE.—De quoi s'agit-il, voisine?

MISTRISS FORD.—O voisine, sans une petite bagatelle de scrupule, je pourrais parvenir à un poste d'honneur.

MISTRISS PAGE.—Envoyez pendre la bagatelle, voisine, et prenez l'honneur. Qu'est-ce que c'est?—Moquez-vous des bagatelles. Que voulez-vous dire?

MISTRISS FORD.—Si je voulais aller en enfer seulement pour une toute petite éternité, ou quelque chose de pareil, je pourrais tout à l'heure avoir l'ordre de la chevalerie.

MISTRISS PAGE.—Toi! tu badines.—Sir Alice Ford! tu serais un chevalier bâtard, ma chère, tu ne tiendrais pas de place, je t'en réponds, sur le livre de la chevalerie.

MISTRISS FORD.—Nous brûlons le jour!—Lisez ceci, lisez. Voyez comment je pourrais être titrée.—Me voilà décidée à mal parler des gros hommes, tant que j'aurai des yeux capables de distinguer les hommes sur l'apparence : et cependant celui-ci ne jurait point ; il louait la modestie dans les femmes ; il s'élevait si sagement et de si bon goût contre ce qui n'était pas convenable, que j'aurais juré que ses sentiments s'accordaient avec ses discours ; mais ils n'ont aucun rapport et ne vont pas du tout ensemble ; c'est comme le centième psaume sur l'air *des jupons verts*. Quelle tempête, je vous en prie, a jeté sur notre terre de Windsor cette baleine, le ventre plein de tant de tonnes d'huile ? Comment en tirerai-je vengeance ? Je pense que le meilleur parti serait de l'amuser d'espérances, jusqu'à ce que le feu maudit de la luxure l'ait fondu dans sa graisse.—Avez-vous jamais rien entendu de semblable ?

MISTRISS PAGE.—Lettre pour lettre, si ce n'est que le nom de Page diffère du nom de Ford. Pour te consoler pleinement de cet injurieux mystère, voici la sœur jumelle de ta lettre ; mais la tienne peut prendre l'héritage, car je proteste que la mienne n'y prétend rien.—Je répondrais qu'il a un millier de ces lettres tout écrites, avec un blanc pour les noms. Et quant aux noms, cela va assurément à plus de mille, et nous n'avons que la seconde édition. Il les fera imprimer sans doute, car il est fort indifférent sur le choix, puisqu'il veut nous mettre toutes les deux sous presse. J'aimerais mieux être une Titane, et avoir sur le corps le mont Pélion.... Allez, je vous trouverai vingt tourterelles libertines avant de trouver un homme chaste.

MISTRISS FORD.—En effet, c'est en tout la même lettre ; la même main, les mêmes mots. Que pense-t-il donc de nous ?

MISTRISS PAGE.—Je n'en sais rien. Ceci me donne presque envie de chercher querelle à ma vertu. Voilà que je vais en agir avec moi comme avec une nouvelle connaissance. Sûrement, s'il n'avait reconnu en moi quelque faible que je n'y connais pas, il ne serait jamais venu à l'abordage avec cette insolence.

MISTRISS FORD.—A l'abordage, dites-vous ? oh ! je réponds bien qu'il ne passera pas le pont.

MISTRISS PAGE.—Et moi de même. S'il arrive jusqu'aux écoutilles, je renonce à tenir la mer. Vengeons-nous de lui, assignons-lui chacune un rendez-vous; feignons d'encourager sa poursuite; promenons-le finement d'amorces en amorces, jusqu'à ce que ses chevaux restent en gage chez notre hôte de la *Jarretière*.

MISTRISS FORD.—Oh! je suis de moitié avec vous dans toutes les méchancetés qui ne compromettront pas la délicatesse de notre honneur. Oh! si mon mari voyait cette lettre, elle fournirait un aliment éternel à sa jalousie.

MISTRISS PAGE.—Regardez, le voilà qui vient, et mon bon mari avec lui. Celui-ci est aussi loin de la jalousie, que je suis loin de lui en donner sujet : et, je l'espère, la distance est immense.

MISTRISS FORD.—Vous êtes la plus heureuse des deux.

MISTRISS PAGE. — Allons comploter ensemble contre notre gras chevalier.—Retirons-nous de côté.

(Elles se retirent de côté.)
(Entrent Ford, Pistol, Page, Nym.)

FORD.—Non, j'espère qu'il n'en est rien.

PISTOL.—L'espoir, dans certaines affaires, n'est autre chose qu'un chien écourté[1]. Sir John convoite ta femme.

FORD.—Eh! mon cher monsieur, ma femme n'est plus jeune.

PISTOL.—Il attaque de côté et d'autre, riche et pauvre, et la jeune et la vieille, l'une en même temps que l'autre, il veut manger à ton écuelle. Ford, sois sur tes gardes.

FORD.—Il aimerait ma femme?

PISTOL.—Du foie le plus chaud.—Previens-le, ou tu vas te trouver fait comme sir Actéon aux pieds de corne. Oh! l'odieux nom!

FORD.—Quel nom, monsieur?

PISTOL.—Le nom de corne. Adieu, prends garde, tiens

---

[1] *Curtail dog.* On croyait que couper la queue à un chien était le moyen de lui ôter le courage. Ainsi, les paysans n'ayant pas droit de chasse étaient obligés de couper la queue à leurs chiens.

l'œil ouvert ; car les voleurs cheminent de nuit : prends tes précautions avant que l'été arrive ; car alors les coucous commenceront à chanter.—Venez, sir caporal Nym.—Croyez-le, Page, il vous parle raison.

(Pistol sort.)

FORD.—J'aurai de la patience. J'approfondirai ceci.

NYM.—Et c'est la vérité. Je n'ai pas la chose de mentir. Il m'a offensé dans des choses. Il voulait que je portasse sa chose de lettre, mais j'ai une épée, et elle me coupera des vivres dans ma nécessité. — Il aime votre femme : c'est le court et le long de la chose. Je me nomme le caporal Nym ; je parle et je soutiens ce que j'avance : ceci est la vérité ; je me nomme Nym, et Falstaff aime votre femme. Adieu ; je n'ai pas la chose de vivre de pain et de fromage, voilà la chose. Adieu.

(Nym sort.)

PAGE.—Voilà la chose, dit-il. Ce gaillard-là a un grand talent pour mettre les choses à rebours du bon sens.

FORD.—Je prétends trouver Falstaff.

PAGE.—Je n'ai jamais vu un drôle si compassé et si affecté.

FORD.—Si je découvre quelque chose, nous verrons.

PAGE.—Je ne croirais pas un tel hâbleur[1], quand le curé de la ville me serait caution de sa sincérité.

FORD.—Celui-ci m'a tout l'air d'un honnête homme et d'un homme de sens. Nous verrons.

PAGE, *à sa femme*.—Ah ! te voilà, Meg[2] ?

MISTRISS PAGE.—Où allez-vous, George ?—Écoutez.

MISTRISS FORD, *à son mari*. — Qu'est-ce, mon cher Frank ? Pourquoi êtes-vous mélancolique ?

FORD.—Moi mélancolique ! Je ne suis point mélancolique.—Retournez au logis ; allez.

MISTRISS FORD.—Oh ! sûrement, vous avez en ce moment quelques lubies en tête. — Venez-vous, mistriss Page ?

MISTRISS PAGE.—Je vous suis.—Vous reviendrez dîner,

---

[1] *Cataian*, voyageur revenant du Cataï. C'était le nom qu'on donnait aux menteurs.

[2] Diminutif de Marguerite.

George? (*Bas à mistriss Ford.*) Tenez, voyez-vous cette femme qui vient là? ce sera notre messagère auprès de ce misérable chevalier.
(Entre mistriss Quickly.)

MISTRISS FORD, *à mistriss Page*.—Sur ma parole, j'y songeais; elle est toute propre à cela.

MISTRISS PAGE.—Vous allez voir ma fille Anne?

QUICKLY.—Oui ma foi; et comment se porte, je vous prie, la chère mistriss Anne?

MISTRISS PAGE.—Entrez avec nous, vous la verrez. Nous avons à causer avec vous.
(Mistriss Page, mistriss Ford et Quickly sortent.)

PAGE.—Qu'est-ce qu'il y a, monsieur Ford?

FORD.—Vous avez entendu ce que m'a dit cet homme? Ne l'avez-vous pas entendu?

PAGE.—Et vous, vous avez entendu ce que m'a dit son compagnon?

FORD.—Les croyez-vous sincères?

PAGE.—Qu'ils aillent se faire pendre, ces gredins-là. Je ne pense pas que le chevalier ait aucune idée de ce genre : c'est une paire de valets qu'il a chassés et qui viennent l'accuser d'un dessein sur nos femmes. Ce n'est pas autre chose que des coureurs de grands chemins, maintenant qu'ils manquent de service.

FORD.—Ils étaient à ses gages?

PAGE.—Eh! sans doute.

FORD.—Je n'en aime pas mieux l'avis qu'ils nous donnent. Sir John loge à la *Jarretière*?

PAGE.—Oui, il y loge. S'il est vrai qu'il en veuille à ma femme, je la lâche sur lui de tout mon cœur, et s'il en obtient autre chose que de mauvais compliments, je le prends sur mon front.

FORD.—Je ne doute point de la vertu de ma femme; cependant, je ne les laisserais pas volontiers tous les deux ensemble. On peut être trop confiant : je ne veux rien prendre sur mon front; je ne me tranquillise pas si aisément.

PAGE.—Tenez, voilà notre hôte de la *Jarretière* qui vient en parlant bien haut : il faut qu'il ait du vin dans la tête, où de l'argent dans la bourse, pour porter une face si joyeuse.—Bonjour, notre hôte.

(Entrent l'hôte et Shallow.)

L'HÔTE.—Eh! qu'est-ce que c'est donc, mon gros? Un gentilhomme comme toi? un justicier?

SHALLOW.—Je vous suis, mon hôte, je vous suis.— Vingt fois bonsoir, cher monsieur Page. Monsieur Page, voulez-vous venir avec nous? Nous allons bien nous divertir.

L'HÔTE.—Dis-lui ce que c'est, cavalier de justice, dis-le-lui, mon gros.

SHALLOW.—Un combat à mort, monsieur, un duel entre sir Hugh, le prêtre gallois, et Caius, le médecin français.

FORD.—Notre cher hôte de la *Jarretière*, j'ai un mot à vous dire.

L'HÔTE.—Que me veux-tu, mon gros?

(Ils se mettent à l'écart.)

SHALLOW, *à Page*.—Voulez-vous venir avec nous voir cela? Mon joyeux hôte a été chargé de mesurer leurs épées; et il a, je crois, assigné pour rendez-vous, des lieux tout opposés : car on dit, je vous en réponds, que le prêtre ne plaisante pas. Écoutez-moi, je vais vous conter toute l'attrape.

L'HÔTE, *à Ford*.—N'as-tu pas quelque prise de corps contre mon chevalier, mon hôte du bel air.

FORD.—Non, en vérité : mais je vous donnerai un pot de vin d'Espagne brûlé, si vous m'introduisez auprès de lui, en lui disant que je m'appelle Brook. Il s'agit d'une plaisanterie.

L'HÔTE.—La main, mon gros. Tu auras tes entrées et tes sorties : dis-je bien? et ton nom sera Brook.—C'est un joyeux chevalier. — Venez-vous? Allons, chers cœurs.

SHALLOW.—Je viens avec vous, mon hôte.

PAGE.—J'ai ouï dire que le Français maniait bien l'épée.

SHALLOW.—Bon, bon, nous savons quelque chose de mieux que cela, monsieur. Aujourd'hui vous faites grand bruit de vos intervalles, de vos passes, de vos estocades, et je ne sais quoi. Le cœur, monsieur Page, le cœur, tout est là. J'ai vu le temps où, avec ma longue épée, vous quatre, grands gaillards que vous êtes, je vous aurais tous fait filer comme des rats.

L'HOTE.—Venez, enfants, venez. Partons-nous ?

PAGE.—Nous sommes à vous.—J'aimerais mieux les entendre se chamailler que les voir se battre.

(Page, Shallow et l'hôte sortent.)

FORD.—Si Page veut se confier comme un imbécile, et se repose si tranquillement sur sa fragile moitié, je ne sais pas, moi, me mettre si facilement l'esprit en repos. Elle l'a vu hier chez Page ; et ce qu'ils y ont fait, je n'en sais rien. Allons, je veux pénétrer au fond de tout ceci ; mon déguisement me servira à sonder Falstaff. Si je la trouve fidèle, je n'aurai pas perdu ma peine : si elle ne l'est pas, ce sera encore de la peine bien employée.

(Il sort.)

SCÈNE II

L'hôtellerie de la *Jarretière*.

Entrent FALSTAFF ET PISTOL.

FALSTAFF.—Je ne te prêterai pas un penny.

PISTOL.—Eh bien ! je ferai donc de la terre une huître que j'ouvrirai avec mon épée.—Je vous rembourserais par mon service.

FALSTAFF.—Pas un penny. J'ai trouvé bon, monsieur, de vous prêter mon crédit pour emprunter sur gages. J'ai tourmenté mes bons amis, afin d'obtenir trois répits pour vous et votre camarade Nym, sans quoi vous eussiez tous deux regardé à travers une grille, comme une paire de singes. Je suis damné en enfer pour avoir juré à des gentilshommes de mes amis que vous étiez de bons soldats et des gens de cœur ; et lorsque mistriss

Bridget perdit le manche de son éventail [1], je protestai sur mon honneur que tu ne l'avais pas.

PISTOL.—N'as-tu pas partagé avec moi ? N'as-tu pas eu quinze pence ?

FALSTAFF.—Es-tu fou, coquin, es-tu fou de penser que je veuille exposer mon âme gratis? En un mot, cesse de te pendre après moi ; je ne suis pas fait pour être ta potence.—Va, il ne te faut rien autre chose qu'un couteau court, et un peu de foule : va vivre dans ton domaine de Pickt-hatch [1] : va.—Vous ne voulez-pas porter une lettre pour moi, faquin?—Vous, vous tenez à votre honneur ! vous, abîme de bassesse ! Quoi ! c'est tout ce que je puis faire que de conserver l'exacte délicatesse de mon honneur, moi, moi, moi-même : quelquefois laissant de côté la crainte du ciel, et mettant mon honneur à couvert sous la nécessité, je suis tenté de ruser, de friponner, de filouter ; et vous, coquin, vous prétendrez retrancher vos haillons, votre œil de chat de montagne, vos propos de taverne et vos impudents jurements, sous l'abri de votre honneur ! Vous ne voulez pas faire ce que je vous dis, vous ?

PISTOL.—Je me radoucis. Que peut-on demander de plus à un homme ?

(Entre Robin.)

ROBIN.—Monsieur, il y a là une femme qui voudrait vous parler.

FALSTAFF.—Qu'elle approche.

(Entre Quickly.)

QUICKLY.—Je donne le bonjour à Votre Seigneurie.

FALSTAFF.—Bonjour, ma bonne femme.

QUICKLY.—Plaise à Votre Seigneurie, ce nom ne m'appartient pas.

FALSTAFF.—Ma bonne fille, donc.

---

[1] Les éventails d'alors étaient un paquet de plumes qu'on faisait tenir dans un manche d'or, d'argent ou d'ivoire travaillé.

[2] *Pickt-hatch* paraît être le nom donné en argot à quelque quartier connu pour les vols et la quantité de mauvais lieux qu'il renfermait.

QUICKLY.—J'en puis jurer, comme l'était ma mère quand je suis venue au monde.

FALSTAFF.—J'en crois ton serment. Que me veux-tu?

QUICKLY.—Pourrai-je accorder à Votre Seigneurie un mot ou deux?

FALSTAFF.—Deux mille, ma belle, et je t'accorderai audience.

QUICKLY.—Il y a, monsieur, une mistriss Ford.—Je vous prie, venez un peu plus de ce côté.—Moi, je demeure avec le docteur Caius.

FALSTAFF.—Bon, poursuis; mistriss Ford, dites-vous?

QUICKLY.—Votre Seigneurie dit la vérité. Je prie Votre Seigneurie, un peu plus de ce côté.

FALSTAFF.—Je te réponds que personne n'entend.—Ce sont là mes gens, ce sont là mes gens.

QUICKLY.—Sont-ce vos gens? Que Dieu les bénisse et en fasse ses serviteurs!

FALSTAFF.—Bon: mistriss Ford!—Quelles nouvelles de sa part?

QUICKLY.—Vraiment, monsieur, c'est une bonne créature! Jésus! Jésus! Votre Seigneurie est un peu folâtre: c'est bien; je prie Dieu qu'il vous pardonne, et à nous tous!

FALSTAFF.—Mistriss Ford...—Eh bien! Mistriss Ford...

QUICKLY.—Tenez, voici le court et le long de l'affaire. Vous l'avez mise en train de telle sorte, que c'est une chose surprenante. Le plus huppé de tous les courtisans qu'il y a quand la cour est à Windsor n'aurait jamais pu la mettre en train comme cela; et cependant nous avons eu céans des chevaliers et des lords, et des gentilshommes avec leurs carrosses. Oui, je vous le garantis, carrosses après carrosses, lettrés sur lettres, présents sur présents, et qui sentaient si bon! c'était tout musc, et, je vous en réponds, tout frétillants d'or et de soie, et avec des termes si élégants et des vins sucrés des meilleurs et des plus fins: il y avait, je vous assure, de quoi gagner le cœur de quelque femme que ce fût. Eh bien, je vous réponds qu'ils n'obtinrent pas d'elle un seul coup d'œil. Moi-même on m'a donné, ce matin, vingt angelots;

mais je défie tous les angelots, et de toutes les couleurs, comme on dit, de réussir autrement que par les voies honnêtes.—Et je vous assure que le plus fier d'eux tous n'en a pas pu obtenir seulement de goûter au même verre. Pourtant il y avait des comtes; bien plus, des gardes du roi [1]. Eh bien, je vous réponds que pour elle c'est tout un.

FALSTAFF.—Mais que me dit-elle, à moi? Abrégez. Au fait, mon cher Mercure femelle.

QUICKLY.—Vraiment elle a reçu votre lettre, dont elle vous remercie mille fois, et elle vous donne notification que son mari sera absent entre dix et onze.

FALSTAFF.—Dix et onze?

QUICKLY.—Oui, d'honneur: alors vous pourrez venir, et voir, dit-elle, le portrait que vous savez.—Monsieur Ford, son mari, sera dehors. Hélas! cette douce femme passe bien mal son temps avec lui: cet homme est une vraie jalousie. La pauvre créature, elle mène une triste vie avec lui!

FALSTAFF.—Dix et onze! Femme, dites-lui bien des choses de ma part. Je n'y manquerai pas.

QUICKLY.—Bon, c'est bien dit. Mais j'ai encore une autre commission pour Votre Seigneurie. Madame Page vous fait bien ses compliments de tout son cœur; et je vous le dirai à l'oreille, c'est une femme modeste et très-vertueuse; une dame, voyez-vous, qui ne vous manquera pas plus à sa prière du soir et du matin qu'aucune autre de Windsor, sans dire de mal des autres. Elle m'a chargé de dire à Votre Seigneurie que son mari s'absente rarement du logis; mais elle espère qu'elle pourra trouver un moment. Jamais je n'ai vu femme raffoler d'un homme à ce point. Sûrement vous avez un charme. Avouez, là, de bonne foi.

FALSTAFF.—Non, je t'assure. Sauf l'attraction de mes avantages personnels, je n'ai point d'autres charmes.

QUICKLY.—Votre cœur en soit béni!

---

[1] *Pensioners*. Les pensionnaires étaient des jeunes gens des premières familles d'Angleterre, qui formaient au roi une espèce de garde.

FALSTAFF.—Mais dis-moi une chose, je t'en prie. La femme de Ford et la femme de Page se sont-elles fait confidence de leur amour pour moi?

QUICKLY.—Ce serait vraiment une belle plaisanterie! Elles n'ont pas si peu de bon sens, j'espère : le beau tour, ma foi! Mais madame Page souhaiterait que vous lui cédassiez à quelque prix que ce soit votre petit page. Son mari est singulièrement entiché du petit page ; et, pour dire vrai, monsieur Page est un honnête mari : il n'y a pas une femme à Windsor qui mène une vie plus heureuse que madame Page! Elle fait ce qu'elle veut, dit ce qu'elle veut, reçoit tout, paye tout, se couche quand il lui plaît; tout se fait comme elle veut : mais elle le mérite vraiment; car, s'il y a une aimable femme à Windsor, c'est bien elle. Il faut que vous lui envoyiez votre page ; je n'y sais point de remède.

FALSTAFF.—Eh bien, je le lui enverrai.

QUICKLY.—Faites donc. Vous voyez bien qu'il pourra aller et venir entre vous deux ; et, à tout événement, donnez-vous un mot d'ordre, afin de pouvoir connaître les sentiments l'un de l'autre, sans que le jeune garçon ait besoin d'y rien comprendre ; car il n'est pas bon que des enfants aient le mal devant les yeux. Les vieilles gens, comme on dit, ont de la discrétion ; ils connaissent le monde.

FALSTAFF.—Adieu; fais mes compliments à toutes deux. Voici ma bourse, et je reste encore ton débiteur.— Petit, va avec cette femme.—Ces nouvelles me tournent la tête.

(Sortent Quickly et Robin.)

PISTOL.—Cette coquine-là est une messagère de Cupidon : forçons de voiles, donnons-lui la chasse; préparez-vous au combat; feu! J'en fais ma prise, ou que l'Océan les engloutisse tous.

(Pistol sort.)

FALSTAFF.—Tu fais donc de ces tours, vieux Falstaff? Suis ton chemin.—Je tirerai parti de ton vieux corps, plus que je n'ai encore fait. Ainsi elles courent après toi; et après avoir dépensé tant d'argent, tu vas en gagner.

Je te remercie, bon vieux corps. Laissons dire à l'envie qu'il est construit grossièrement ; s'il l'est agréablement, qu'importe ?

(Entre Bardolph.)

BARDOLPH.—Sir John, il y a là en bas un monsieur Brook qui désire vous parler et faire connaissance avec vous, et il a envoyé à Votre Seigneurie du vin d'Espagne pour le coup du matin.

FALSTAFF.—Brook est son nom ?

BARDOLPH.—Oui, chevalier.

FALSTAFF.—Qu'il monte. De pareils brocs sont bien venus chez moi, lorsqu'il en coule une pareille liqueur. —Ah ! ah ! mistriss Ford et mistriss Page, je vous tiens toutes deux. Allons. *Via !*

(Bardolph sort.)
(Rentrent Bardolph avec Ford déguisé.)

FORD.—Dieu vous garde, monsieur.

FALSTAFF.—Et vous aussi, monsieur. Souhaitez-vous me parler ?

FORD.—Excusez, si j'ose m'introduire ainsi chez vous sans cérémonie.

FALSTAFF.—Vous êtes le bienvenu. Que désirez-vous ? Laisse-nous, garçon.

(Bardolph sort.)

FORD.—Monsieur, vous voyez un homme qui a dépensé beaucoup d'argent. Je m'appelle Brook.

FALSTAFF.—Cher monsieur Brook, je désire faire avec vous plus ample connaissance.

FORD.—Mon bon sir John, je recherche la vôtre : non que mon dessein soit de vous être à charge ; car vous saurez que je me crois plus que vous en situation de prêter de l'argent : c'est ce qui m'a en quelque sorte encouragé à m'introduire d'une manière si peu convenable ; car on dit que, quand l'argent va devant, toutes les portes s'ouvrent.

FALSTAFF.—L'argent est un bon soldat, il pousse en avant.

FORD.—Vraiment oui, j'ai ici un sac d'argent qui me gêne. Si vous voulez m'aider à le porter, sir John, prenez le tout ou la moitié pour me soulager du fardeau.

FALSTAFF.—Je ne sais pas, monsieur, à quel titre je puis mériter d'être votre porteur.

FORD.—Je vous le dirai, monsieur, si vous avez la bonté de m'écouter.

FALSTAFF.—Parlez, cher monsieur Brook; je serai enchanté de vous rendre service.

FORD.—J'entends dire que vous êtes un homme lettré, monsieur.—Je serai court, et vous m'êtes connu depuis longtemps, quoique malgré mon désir je n'aie jamais trouvé l'occasion de me faire connaître de vous. Ce que je vais vous découvrir m'oblige d'exposer au jour mes propres imperfections : mais, mon bon sir John, en jetant un œil sur mes faiblesses quand vous m'entendrez les découvrir, tournez l'autre sur le registre des vôtres ; alors j'échapperai peut-être plus facilement au reproche, car personne ne sait mieux que vous combien il est naturel de pécher comme je le fais.

FALSTAFF.—Très-bien. Poursuivez.

FORD.—Il y a dans cette ville une dame dont le mari se nomme Ford.

FALSTAFF.—Bien, monsieur.

FORD.—Je l'aime depuis longtemps, et j'ai, je vous le jure, beaucoup dépensé pour elle. Je la suivais avec toute l'assiduité de l'amour, saisissant tous les moyens de la rencontrer, ménageant avec soin la plus petite occasion seulement de l'apercevoir. Non content des présents que j'achetais sans cesse pour elle, j'ai donné beaucoup autour d'elle pour savoir quels seraient les dons qui lui plairaient. Bref, je l'ai poursuivie comme l'amour me poursuivait, c'est-à-dire d'une aile vigilante. Mais quelque récompense que j'aie pu mériter, soit par mes intentions, soit par mes efforts, je n'en ai reçu assurément aucune, à moins que l'expérience ne soit un trésor; celui-là je l'ai acquis à grands frais, ce qui m'a instruit à dire que :

L'amour, comme notre ombre, fuit
L'amour réel qui le poursuit;

Poursuivant toujours qui le fuit,
Et fuyant qui le poursuit.

FALSTAFF.—N'avez-vous jamais tiré d'elle de promesse de vous satisfaire?

FORD.—Jamais.

FALSTAFF.—L'avez-vous sollicitée à cet effet?

FORD.—Jamais.

FALSTAFF.—De quelle nature était donc votre amour?

FORD.—Il ressemblait à une belle maison bâtie sur le terrain d'un autre. Ainsi, pour m'être trompé de place, j'ai perdu mon édifice.

FALSTAFF.—Mais à quel propos me faites-vous cette confidence?

FORD.—Quand je vous l'aurai appris, vous saurez tout, sir John. On dit que, bien qu'elle paraisse si sévère envers moi, en quelques autres occasions elle pousse si loin la gaieté, qu'on en tire des conséquences fâcheuses pour elle. Voici donc, sir John, le fond de mon projet. Vous êtes un homme de qualité, parlant admirablement bien, admis dans les grandes sociétés, recommandable par votre place et par votre personne, généralement cité pour vos exploits guerriers, vos manières de cour et vos profondes connaissances.

FALSTAFF.—Ah! monsieur....

FORD.—Vous pouvez m'en croire, et d'ailleurs vous le savez bien. Voilà de l'argent; dépensez, dépensez-le; dépensez plus, dépensez tout ce que je possède; et prêtez-moi seulement, en échange, autant de votre temps qu'il en faut pour faire jouer les batteries de l'amour contre la vertu de la femme de ce Ford: employez toutes vos ruses de galanterie; forcez-la de se rendre à vous. Si quelqu'un peut la vaincre, c'est vous plus que tout autre.

FALSTAFF.—Conviendrait-il à l'ardeur de votre passion que je gagnasse ce que vous voudriez posséder? Il me semble que vous choisissez des remèdes bien étranges.

FORD.—Oh! concevez mon but. Elle s'appuie avec tant d'assurance sur la solidité de sa vertu, que la folie de mon cœur n'ose se découvrir à elle. Elle me paraît trop brillante pour que je puisse lever les yeux sur elle. Mais si j'arrivais devant elle avec quelques preuves de fait en main, mes désirs auraient un exemple alors, et un titre pour se faire valoir : je pourrais alors la forcer dans ses retranchements d'honneur, de réputation, de foi conjugale, et mille autres défenses, qui me présentent maintenant une résistance beaucoup trop imposante. Que dites-vous de ceci, sir John?

FALSTAFF.—Monsieur Brook, je commence d'abord par user sans façon de votre argent; ensuite mettez votre main dans la mienne : enfin, comme je suis gentilhomme, vous aurez, si cela vous plaît, la femme de Ford.

FORD.—Oh, mon cher monsieur!

FALSTAFF.—Monsieur Brook, vous l'aurez, vous dis-je.

FORD.—Ne vous faites pas faute d'argent, sir John, vous n'en manquerez pas.

FALSTAFF.—Ne vous faites pas faute de mistriss Ford, monsieur Brook, vous ne la manquerez pas. Je puis vous le confier : j'ai un rendez-vous avec elle, qu'elle-même a provoqué. Son assistante ou son entremetteuse sortait justement quand vous êtes entré; je vous dis que je serai chez elle entre dix et onze. C'est à cette heure-là que son maudit jaloux, son mari, doit être absent. Revenez me trouver ce soir, vous verrez comme j'avance les affaires.

FORD.—Je suis bien heureux d'avoir fait votre connaissance! Avez-vous jamais vu Ford, monsieur?

FALSTAFF.—Qu'il aille se faire pendre, ce pauvre faquin de cocu! Je ne le connais pas : pourtant je lui fais tort en l'appelant pauvre. On dit que ce jaloux de bec cornu a des monceaux d'or; c'est ce qui fait pour moi la beauté de sa femme. Je veux l'avoir comme une clef du coffre de ce coquin de cornard. Ce sera ma ferme.

FORD.—Je voudrais, monsieur, que le mari vous fût connu, pour que vous puissiez au besoin éviter sa rencontre.

FALSTAFF.—Qu'il aille se faire pendre, ce manant de

mangeur de croûtes[1]. Je veux lui faire une peur à ne savoir où donner de la tête. Je vous le tiendrai en respect avec ma canne suspendue comme un météore sur les cornes du cocu. Tu verras, maître Brook, comme je gouvernerai le paysan; et pour toi, tu auras soin de sa femme.—Reviens me trouver de bonne heure ce soir. Ford est un gredin, et j'y ajouterai quelque chose de plus; je te le donne, maître Brook, pour un gredin et un cocu. Reviens me trouver ce soir.

(Falstaff sort.)

FORD.— Damné pendard de débauché! le cœur me crève de colère. Qu'on vienne me dire encore que cette jalousie est absurde!—Ma femme lui a envoyé un message; l'heure est fixée; l'accord est fait. Qui l'aurait pu penser? Voyez si ce n'est pas l'enfer que d'avoir une femme perfide! Mon lit sera déshonoré, mes coffres mis au pillage, mon honneur en pièces; et ce n'est pas le tout que de subir ces infâmes outrages, il me faut accepter d'abominables noms, et cela de la part de celui qui me fait l'affront! Quels titres! quels noms! Appelez-moi Amaimon; cela peut se soutenir; Lucifer, c'est bien; Barbason, à la bonne heure; et pourtant ce sont les qualifications du diable, des noms de démons : mais cocu! cocu complaisant! Le diable même n'a pas un nom semblable.—Page est un âne, un âne fieffé : il veut se fier à sa femme, il ne veut pas être jaloux! J'aimerais mieux confier mon beurre à un Flamand, mon fromage au prêtre gallois Hugh, mon flacon d'eau-de-vie à un Irlandais, ma haquenée à un filou pour s'aller promener, que ma femme à sa propre garde. Tantôt elle complote, tantôt elle projette, tantôt elle manigance; et ce qu'elles ont mis dans leur tête, il faut qu'elles l'exécutent; elles crèveront plutôt que de ne pas l'exécuter. Le ciel soit loué de m'avoir fait jaloux!—C'est à onze heures.—Je le préviendrai; je surprendrai ma femme; je me vengerai de Falstaff, et me rirai de Page.—Allons, allons, plutôt

---

[1] *Salt butter*, beurre salé, expression de mépris dont on se sert pour désigner ceux qui manquent des commodités de la vie.

trois heures trop tôt qu'une minute trop tard.—Cocu!
cocu! oh! fi, fi, fi!

(Il sort.)

SCÈNE III

Dans le parc de Windsor.

Entrent CAIUS ET RUGBY.

CAIUS.—Jack Rugby!

RUGBY.—Monsieur?

CAIUS.—Quelle heure est-il, Jack?

RUGBY.—Il est plus que l'heure, monsieur, à laquelle sir Hugh avait promis de venir.

CAIUS.—Palsambleu! il a sauvé son âme en ne venant pas. Il a bien prié dans sa Bible puisqu'il ne vient pas. Palsambleu! Jack Rugby, il est mort s'il vient.

RUGBY.—Il est prudent, monsieur; il savait que Votre Seigneurie le tuerait, s'il venait.

CAIUS.—Palsambleu! un hareng n'est pas si bien mort qu'il le sera, quand je l'aurai tué. Rugby, prenez votre rapière : je veux vous dire comment je le tuerai.

RUGBY.—Hélas! je ne sais pas tirer des armes, monsieur.

CAIUS.—Faquin! prenez votre rapière.

RUGBY.—Restez coi : voici du monde.

(Entrent l'hôte, Shallow, Slender et Page.)

L'HÔTE.—Dieu te soit en aide, gros docteur!

SHALLOW.—Dieu vous garde, monsieur le docteur Caius!

PAGE.—Vous voilà, mon bon monsieur le docteur!

SLENDER.—Je vous donne le bonjour, monsieur.

CAIUS.—Pour quelle raison êtes-vous venus ici un, deux, trois, quatre?

L'HÔTE.—Pour te voir te battre, te voir parer, riposter, te voir ici, te voir là, te voir pousser tes bottes d'estoc, de taille, puis ta seconde, ta flanconnade. Est-il mort, mon Éthiopien? est-il mort, mon Francisco? Que dit mon Esculape, mon Galien, mon cœur de sureau? Est-il mort, gros flairant? Est-il mort?

CAIUS.—Palsambleu! c'est un poltron que ce prêtre, s'il en est un dans le monde ; il n'ose pas montrer son nez.

L'HÔTE.—Tu es un roi castillan, mon urinal, un Hector de Grèce, mon garçon!

CAIUS.—Je vous prie, soyez tous témoins que je l'ai attendu seul, cinq ou six, deux, trois heures, et qu'il ne vient pas.

SHALLOW.—C'est qu'il se montre le plus sage, messire docteur. Il est le médecin des âmes, et vous le médecin des corps : si vous alliez combattre tous deux, vous agiriez contre l'esprit de vos professions. N'est-il pas vrai, monsieur Page?

PAGE.—Monsieur Shallow, vous avez été vous-même un fameux bretteur, quoique vous soyez maintenant un homme de paix.

SHALLOW.—Mille-z-yeux, monsieur Page, tout vieux que je suis aujourd'hui, et officier de paix, je ne puis voir une épée nue que les doigts ne me démangent. Nous avons beau devenir juges et docteurs, et ecclésiastiques, monsieur Page, il nous reste toujours quelque arrière-goût de notre jeunesse. Nous sommes les enfants des femmes, monsieur Page.

PAGE.—C'est une vérité, monsieur Shallow.

SHALLOW.—Cela se retrouve toujours, monsieur Page. Monsieur le docteur Caius, je viens pour vous ramener chez vous : je suis juge de paix. Vous vous êtes montré un sage médecin ; et monsieur Evans s'est montré un sage et paisible ecclésiastique. Il faut que je vous ramène, et que vous m'accompagniez, monsieur le docteur.

L'HÔTE, *s'avançant gravement.*—Sous le bon plaisir de la justice.... Un mot d'avis, monsieur de *Papier-mâché*[1].

CAIUS.—Papier mâché! Que veut dire ce mot?

L'HÔTE.—Papier mâché, dans notre langue, veut dire, bravoure, mon gros.

CAIUS.—Palsambleu! j'ai plus de papier mâché dans

---

[1] *Muck water.* On n'est pas bien d'accord sur le sens de cette expression ; mais il est clair, par la suite du dialogue, que c'est un terme de mépris. On a cru pouvoir rendre en français par *papier mâché.*

ACTE II, SCÈNE III.

ma personne que l'Anglais. Ce diable de mâtin de prêtre, je lui couperai ses oreilles!

L'HÔTE. —Il te chantera pouille solidement, mon gros.

CAIUS. —Chante pouille! Qu'est-ce que cela veut dire?

L'HÔTE. —Cela veut dire qu'il te demandera pardon.

CAIUS. — Palsambleu! voyez-vous, il me chantera pouille. Je veux, moi, qu'il en soit ainsi.

L'HÔTE. —Je l'y obligerai, ou qu'il s'aille promener.

CAIUS. —Je vous remercie bien de cela.

L'HÔTE. —Et de plus, mon gros.... mais, un moment. (*A part aux autres.*) Vous, monsieur mon convive, et monsieur Page, et vous aussi, cavalier Slender, allez tous à Frogmore, en passant par la ville.

PAGE. —Sir Hugh y est, n'est-ce pas?

L'HÔTE. —Il est là. Voyez de quelle humeur il sera; et moi je viens à travers champs, et vous amène ce docteur. Est-ce bien comme cela?

SHALLOW. —Nous y allons. (*Tous à Caius.*) Adieu, mon bon monsieur le docteur.

(Page, Shallow et Slender sortent.)

CAIUS. —Palsambleu! je veux tuer le prêtre; car il veut parler à Anne Page, le faquin.

L'HÔTE. —Qu'il meure : mais d'abord rengaine ton impatience. Jette de l'eau froide sur ta colère, et viens à Frogmore par le chemin des champs. Je te mènerai à une ferme où mistriss Anne est invitée à un repas, et là, tu lui feras la cour. Dis-je bien, mon galant?

CAIUS. —Palsambleu! je vous remercie de cela. Palsambleu! je vous aime. Je vous procurerai les bonnes pratiques, tous les comtes, les chevaliers, les lords, les gentilshommes mes patients.

L'HÔTE. —Comme de ma part je serai ton antagoniste auprès de miss Anne. Dis-je bien?

CAIUS. —Palsambleu! c'est bien dit : fort bien.

L'HÔTE. —Venez donc.

CAIUS. —Marchez sur mes talons, Jack Rugby.

(Ils sortent.)

FIN DU DEUXIÈME ACTE.

ACTE TROISIÈME

SCÈNE I

Dans la campagne, près de Frogmore.

Entrent SIR HUGH EVANS et SIMPLE.

EVANS. — Bon serviteur de monsieur Slender, de votre nom, ami Simple, dites-moi, je vous prie, dans quels endroits avez-vous cherché le sieur Caius, qui se qualifie docteur en médecine?

SIMPLE.— Vraiment, monsieur, du côté de Londres, du côté du parc, de tous côtés; du côté du vieux Windsor, partout, en vérité, excepté du côté de la ville.

EVANS.— Je vous prie ardemment de regarder aussi de ce côté-là.

SIMPLE.— J'y vais, monsieur.

(Simple sort.)

EVANS.— Bénédiction sur mon âme! Je suis plein de colère et tout mon esprit est tremblant. Je serai bien content s'il m'a attrapé. Comme j'ai de la mélancolie! Je lui briserais la tête avec sa fiole d'urines, si je trouvais une bonne occasion pour la chose.— Bénédiction sur mon âme.

(Il chante.)

Au bord des profondes rivières dont la chute
Est accompagnée des mélodieux madrigaux
Que chantent les oiseaux,
Nous ferons des lits de roses
Et mille siéges odoriférants,

Au bord des...

ACTE III, SCÈNE I.

Miséricorde! J'ai bien plus envie de pleurer.

(Il chante.)

Les oiseaux chantaient leurs mélodieux madrigaux,
Tandis que j'étais assis près de Babylone,
Et qu'un millier de siéges odoriférants,
Au bord des...

SIMPLE.—Le voici, sir Hugh; il vient par ici.
EVANS.—Il est le bienvenu.

(Il chante.)

Au bord des rivières dont la chute...

Dieu fasse prospérer le bon droit! Quelles armes porte-t-il?

SIMPLE.—Il n'a pas d'armes, monsieur; voilà aussi mon maître et monsieur Shallow qui viennent du côté de Frogmore avec un autre monsieur. Ils sont sur la descente par ici.

EVANS.—Je vous prie, donnez-moi ma robe, ou plutôt gardez-la entre vos bras.

(Page, Shallow et Slender entrant, et feignant d'être surpris de trouver Evans dans ce costume, dont ils prétendent ignorer les raisons).

SHALLOW.—Eh! qui vous savait ici, monsieur le curé? Bien le bonjour, sir Hugh. Surprenez un joueur sans ses dés, et un docteur sans ses livres, vous crierez miracle.

SLENDER.—Ah! douce Anne Page!

PAGE.—Le ciel vous tienne en santé, cher sir Hugh!

EVANS.—Que Dieu dans sa miséricorde vous donne à tous sa bénédiction.

SHALLOW.—Quoi! la science et l'épée? Les étudiez-vous toutes deux, monsieur le curé?

PAGE.—Et toujours jeune, sir Hugh? Comment, en simple pourpoint, dans ce jour humide et nébuleux?

EVANS.—Il y a des causes et des raisons pour cela.

PAGE.—Nous sommes venus vous chercher, monsieur le curé, pour faire une bonne œuvre.

EVANS.—Fort bien : quelle bonne œuvre ?

PAGE.—Nous avons laissé là-bas un très-respectable personnage qui, ayant reçu sans doute une insulte de quelqu'un, oublie toute patience et toute gravité à un point que vous ne sauriez imaginer.

SHALLOW.—J'ai vécu quatre-vingts ans [1] et plus, mais je n'ai jamais vu un homme de son état, de sa gravité et de sa science, oublier ainsi tout ce qu'il se doit à lui-même.

EVANS.—Quel est-il ?

PAGE.—Je crois que vous le connaissez : c'est monsieur le docteur Caius, notre célèbre médecin français.

EVANS.—Par la volonté de Dieu et la colère de mon âme, j'aimerais mieux vous entendre parler d'un plat de potage.

PAGE.—Pourquoi ?

EVANS.—Il n'en sait pas plus sur Hippocrate ou Galien... et de plus c'est un crétin. Je vous le donne pour le crétin le plus poltron que vous puissiez désirer de connaître.

PAGE.—Je parie que c'est lui qui devait se battre avec le docteur.

SLENDER.—Ah ! douce Anne Page !
(Entrent Caius, l'hôte et Rugby.)

SHALLOW.—En effet, ses armes l'indiquent. Retenez-les tous deux.—Voilà le docteur Caius.

PAGE.—Allons, mon bon monsieur le curé, rengainez votre épée.

SHALLOW.—Et vous la vôtre, mon bon monsieur le docteur.

L'HOTE.—Désarmons-les, puis laissons-les disputer ensemble. Qu'ils conservent leurs membres, et estropient notre anglais !

---

[1] *Four score.* L'action de la pièce est, selon toute apparence, placée dans le printemps de 1414. Shallow, étant à Saint-Clément, a été maltraité par Jean de Gaunt, comme nous l'apprend Falstaff dans la seconde partie de *Henri IV.* Jean de Gaunt était né en 1339. On peut supposer à Shallow cinq ans de plus que lui, ce qui le fait naître en 1334, et lui donne quatre-vingts ans en 1414.

CAIUS, *bas à son ennemi*.—Je vous prie, laissez-moi vous dire un mot à l'oreille. Pourquoi n'êtes-vous pas venu me trouver?

EVANS, *bas*.—Je vous prie, ayez patience. (*Haut.*) Nous prendrons notre temps.

CAIUS.—Palsambleu! vous êtes un poltron de Jean le chien, un Jean le singe.

EVANS, *bas*.—Je vous prie, ne donnons pas ici de quoi rire à ces messieurs. (*Haut.*) Je vous fendrai votre tête de poltron avec votre urinal, pour vous apprendre à manquer au rendez-vous que vous donnez.

CAIUS.—Comment, diable, Jack Rugby, mon hôte de la *Jarretière*, ne l'ai-je pas attendu pour le tuer, ne l'ai-je pas attendu sur la place que j'ai indiquée?

EVANS.—Comme j'ai une âme chrétienne, voici incontestablement la place indiquée. J'en prends pour jugement mon hôte de la *Jarretière*.

L'HOTE.—Paix, tous deux, Gallois et Gaulois, docteur des Gaules, et prêtre de Galles, médecin de l'âme et médecin du corps.

CAIUS.—Ah! voilà qui est très-vraiment bon! excellent!

L'HOTE.—Paix, vous dis-je; écoutez votre hôte de la *Jarretière*. Suis-je politique? Suis-je subtil? Suis-je un Machiavel? Perdrai-je mon docteur? Non, il me donne des potions et des consultations. Perdrai-je mon curé, mon prêtre, mon sir Hugh? non, il me donne la parole et les paraboles. Donne-moi ta main, docteur terrestre; bon.—Donne-moi ta main docteur céleste; bon. —Enfants de l'art, je vous ai trompés tous deux : je vous ai adressés à deux places différentes. Vos cœurs sont fiers, votre peau est sauve : qu'une bouteille de vin des Canaries soit la fin de tout ceci; venez, mettez leurs épées en gage : suivez-moi, enfant de paix; venez, venez, venez.

SLENDER.—O douce Anne Page!
(Shallow, Slender, Page et l'hôte sortent.)

CAIUS.—Ah! je vois ce que c'est. Vous faites des sots de nous deux. Ah! ah!

EVANS.—C'est bon, il a fait de nous deux ses joujoux.

Je désire que nous soyons bons amis, et que nous mettions un peu ensemble nos deux cervelles pour une vengeance de ce teigneux, de ce calleux de craqueur, l'hôte de la *Jarretière.*

CAIUS.—Palsambleu! de tout mon cœur. Il m'a promis de me mener là où est Anne Page. Palsambleu, il s'est trop moqué de moi.

EVANS.—Je lui fendrai sa caboche. Venez, je vous prie.

(Ils sortent.)

SCÈNE II

La grande rue de Windsor.

Entrent MISTRIS PAGE ET ROBIN.

MISTRISS PAGE.—Allons, marchez devant, mon petit gaillard : vous aviez le poste de suivant, mais vous voilà devenu guide. Qu'aimez-vous mieux de me montrer le chemin, ou de regarder les talons de votre maître?

ROBIN.—J'aime mieux, ma foi, vous servir comme un homme, que de le suivre comme un nain.

MISTRISS PAGE.—Oh! vous êtes un petit flatteur : je le vois, vous ferez un courtisan.

(Entre Ford.)

FORD.—Heureuse rencontre, mistriss Page! Où allez-vous?

MISTRISS PAGE.—Eh! vraiment, monsieur, chez votre femme. Est-elle au logis?

FORD.—Oui, et si désœuvrée qu'elle pourrait vous servir de pendant pour le besoin de société.—Je pense que si vos maris étaient morts, vous vous marieriez toutes les deux.

MISTRISS PAGE.—Soyez-en sûr, à deux autres maris.

FORD.—Où avez-vous fait l'emplette de ce joli poulet?

MISTRISS PAGE.—Je ne peux pas me rappeler le maudit nom de celui qui l'a donné à mon mari. Comment s'appelle votre chevalier, petit?

ROBIN.—Sir John Falstaff.

FORD.—Sir John Falstaff!

MISTRISS PAGE.—Lui-même, lui-même; je ne puis jamais retrouver son nom. Mon bon mari et lui se sont épris d'une telle amitié... Ainsi, votre femme est chez elle?

FORD.—Oui, je vous le dis, elle y est.

MISTRISS PAGE.—Excusez, monsieur, je suis malade quand je ne la vois pas.

(Mistriss Page et Robin sortent.)
(Ford s'avance sous la halle.)

FORD.—Page a-t-il bien sa tête? A-t-il ses yeux? A-t-il ombre de bon sens? Sûrement tout cela dort, rien de tout cela ne lui sert plus. Quoi! ce petit garçon porterait une lettre à vingt milles, aussi facilement qu'un canon donne dans le but à deux cents pas. Il vous fait les arrangements de sa femme, fournit à sa folie des tentations et des occasions.—La voilà qui va chez la mienne, et le valet de Falstaff avec elle. Il n'est pas difficile de deviner l'approche d'un pareil orage.—Le valet de Falstaff avec elle!—O les bons complots!—Tout est arrangé: et voilà nos femmes révoltées qui se damnent de compagnie.—C'est bien, je te surprendrai! Je donne ensuite la torture à ma femme; je déchire le voile modeste de l'hypocrite mistriss Page; j'affiche Page lui-même pour un Actéon tranquille et volontaire; et, témoins des effets de ma colère, tous mes voisins crieront: C'est bien fait! (*L'horloge sonne.*) L'horloge me donne le signal, et l'assurance du fait justifie mes perquisitions. Quand j'aurai trouvé Falstaff, on m'en louera plus qu'on ne m'en raillera; et aussi sûr que la terre est solide, Falstaff est chez moi.—Allons.

(Entrent Page, Shallow, Slender, l'hôte, sir Hugh Evans, Caius et Rugby.)

SHALLOW.—Bien charmés de vous rencontrer, monsieur Ford.

FORD.—Fort bien; bonne compagnie, sur ma foi. J'ai bonne chère au logis, et, je vous prie, venez tous dîner avec moi.

SHALLOW.—Quant à moi, il faut que vous m'en dispensiez, monsieur Ford.

SLENDER. — Il faut bien que vous m'excusiez aussi. Nous sommes convenus de dîner avec mistriss Anne, et je n'y manquerais pas pour plus d'argent que je ne le puis dire.

SHALLOW. — Nous sollicitons un mariage entre mistriss Anne Page et mon cousin Slender, et nous devons avoir réponse aujourd'hui.

SLENDER. — J'espère que vous êtes pour moi, père Page.

PAGE. — Tout à fait, monsieur Slender ; je me déclare en votre faveur. — Mais ma femme, monsieur le docteur Caïus, est entièrement pour vous.

CAÏUS. — Oui, palsambleu! et la jeune fille m'aime : ma gouvernante Quickly m'a dit tout cela.

L'HÔTE. — Hé! que dites-vous du jeune M. Fenton ; il danse, il pirouette, il est tout brillant de jeunesse, fait des vers, parle en beaux termes, est parfumé de toutes les odeurs d'avril et de mai. Allez, c'est lui qui l'aura ; ses boutons ont fleuri[1]. C'est lui qui l'aura.

PAGE. — Jamais de mon aveu, je vous le promets. Ce jeune homme n'a rien : il a été de la société de notre libertin prince et de Poins : il est d'une sphère trop élevée, il en sait trop. Non, il ne se servira pas de mes doigts pour remettre ensemble les débris de sa fortune. S'il prend ma fille, qu'il la prenne sans dot. Mon argent attend mon consentement, et mon consentement n'est pas pour lui.

FORD. — Que du moins quelques-uns de vous viennent dîner avec moi. Sans compter la bonne chère, vous vous amuserez. Je veux vous faire voir un monstre : vous serez des nôtres, monsieur Page ; vous en serez, cher docteur ; et vous aussi, sir Hugh.

SHALLOW. — Adieu donc ; bien du plaisir. — Nous en ferons notre cour plus à notre aise chez monsieur Page.

(Shallow et Slender sortent.)

1 C'était la coutume parmi les jeunes paysans, lorsqu'ils étaient amoureux, de porter dans leur poche des boutons d'une certaine plante appelée, en raison de cet usage, *boutons des jeunes gens (batchelor's buttons)*. Selon que les boutons s'ouvraient ou se flétrissaient, ils jugeaient du succès de leur amour.

caius.—Jean Rugby, retournez au logis ; je reviendrai bientôt.
(Rugby sort.)

l'hote.—Adieu, chers cœurs ; je vais trouver mon honnête chevalier Falstaff, et boire avec lui du vin de Canarie.
(L'hôte sort.)

ford, *à part*.—Je crois que je vais d'abord là-dedans lui servir d'une bouteille qui le fera danser.—Venez-vous, mes chers messieurs ?

evans.—Nous venons avec vous voir le monstre.
(Ils sortent.)

SCÈNE III

Une pièce dans la maison de Ford.

Entrent MISTRISS FORD et MISTRIS PAGE.

mistriss ford.—Ici, Jean ; ici, Robert.
mistriss page.—Vite, vite, et le panier de lessive ?
mistriss ford.—Je vous en réponds. Robin ! allons donc.
(Entrent des domestiques avec un panier.)
mistriss page.—Venez, venez, venez donc.
mistriss ford.—Posez-le là.
mistriss page.—Donnez vos ordres à vos gens : le temps nous presse.
mistriss ford.—Rappelez-vous bien ce que je vous ai prescrit, Jean, et vous, Robert. Tenez-vous prêts là, à la porte dans la brasserie ; et, quand vous m'entendrez vous appeler précipitamment, venez sur-le-champ : vous chargerez sans hésiter, sans délai, ce panier sur vos épaules : cela fait, portez-le en toute hâte au lavoir, là, dans le pré de Datchet, portez-le et videz-le dans le fossé boueux près du bord de la Tamise.
mistriss page.—Vous exécuterez ceci de point en point ?
mistriss ford.—Je le leur ai dit e redit ; ils savent

leur leçon par cœur.—Sortez, pour revenir dès que vous m'entendrez vous appeler.

(Les domestiques sortent.)

MISTRISS PAGE.—Ah! voilà le petit Robin.

(Robin entre.)

MISTRISS PAGE.—Eh bien! mon petit espion, quelles nouvelles en poche?

ROBIN.—Sir John, mon maître, est à la porte de derrière. Mistriss Ford, il désire votre compagnie.

MISTRISS PAGE.—Regardez-moi, petit patelin : nous avez-vous été fidèle?

ROBIN.—Oui, je le jure : mon maître ignore que vous soyez ici. Il m'a menacé même d'une éternelle liberté, si je vous contais les nouvelles; car, m'a-t-il dit, il me chasserait pour toujours.

MISTRISS PAGE.—Tu es un bon enfant. Ta discrétion t'habillera : cela te vaudra des chausses et un pourpoint; mais je vais me cacher.

MISTRISS FORD.—Allez.—Toi, va dire à ton maître que je suis seule. Mistriss Page, souvenez-vous de votre rôle.

(Robin sort.)

MISTRISS PAGE.—Je te le promets. Si j'y manque, sifflez-moi.

(Mistriss Page sort.)

MISTRISS FORD.—Allez, allez.—Nous corrigerons ces humeurs malsaines, cette grosse citrouille mouillée.— Il faut lui apprendre à distinguer les tourterelles des geais.

(Falstaff entre.)

FALSTAFF.—T'ai-je obtenu, mon céleste bijou[1]? Je mourrais maintenant sans regret. N'ai-je pas assez vécu? C'est ici le terme de mon ambition. O bienheureux moment!

MISTRISS FORD.—O mon cher sir John!

FALSTAFF.—Mistriss Ford, je ne sais point mentir, je ne sais point flatter. O mistriss Ford! je vais pécher par un souhait qui m'échappe : je voudrais que votre mari

---

[1] Citation d'*Astrophel et Stella* de Sidney.

fût mort! Je te le dis devant le seigneur des seigneurs, je te ferais milady.

MISTRISS FORD.—Moi votre lady, sir John! Hélas! je serais une pauvre lady.

FALSTAFF.—Que la cour de France m'en présente une égale à toi! Je vois d'ici ton œil égaler l'éclat du diamant : tu as deux sourcils arqués précisément de la forme qu'il faut pour soutenir la coiffure en portrait, la coiffure à voiles, toute espèce de coiffure en point de Venise.

MISTRISS FORD.—Un simple mouchoir, sir John : c'est la seule coiffure qui aille à mon visage et pas trop bien encore.

FALSTAFF.—Tu es une traîtresse de parler ainsi. Tu ferais une femme de cour accomplie, et tu poses le pied avec une fermeté qui te donnerait une démarche parfaite dans un panier à demi-cercles! Je vois bien ce que tu serais, sans la fortune ennemie. La nature est ton amie; allons, il faut bien que tu en conviennes.

MISTRISS FORD.—Croyez-moi, il n'y a en moi rien de ce que vous dites.

FALSTAFF.—Et qu'est-ce donc qui m'a forcé à t'aimer? laisse-moi te persuader qu'il y a en toi quelque chose d'extraordinaire. Tiens, je ne sais pas mentir ni dire que tu es ceci, comme ces chrysalides sucrées qui vous viennent semblables à des femmes, sous un habit d'homme, sentant comme la boutique d'un droguiste dans le temps des herbes fraîches. Non, je ne le puis pas : mais je t'aime, je n'aime que toi, et tu le mérites.

MISTRISS FORD.—Ah! ne me trahissez pas, sir John! Je crains que vous n'aimiez mistriss Page.

FALSTAFF.—Vous pourriez tout aussi bien dire, que j'aime à me promener devant la porte d'un créancier, qui m'est plus odieuse que la gueule d'un four à chaux.

MISTRISS FORD.—En ce cas, le ciel sait combien je vous aime; et vous l'éprouverez un jour.

FALSTAFF.—Persévère dans ces bons sentiments, je les mériterai.

MISTRISS FORD.—Et moi, je vous dis, vous les méritez, sans quoi je ne les aurais pas.

ROBIN, *derrière le théâtre.*—Mistriss Ford! mistriss Ford! —voilà mistriss Page, toute rouge, toute essoufflée, les yeux tout troublés, qui voudrait vous parler à l'instant.

FALSTAFF.—Il ne faut pas qu'elle me voie : je vais me cacher derrière la tapisserie.

MISTRISS FORD.—Oui, de grâce : cette femme est la médisance même. (*Falstaff se cache. Entrent mistriss Page et Robin.*) De quoi s'agit-il? qu'est-ce que c'est?

MISTRISS PAGE.—O mistriss Ford, qu'avez-vous fait? Vous êtes déshonorée, vous êtes perdue, perdue pour amais !

MISTRISS FORD.—De quoi s'agit-il, chère mistriss Page?

MISTRISS PAGE.—O ciel, est-il possible, mistriss Ford!... ayant un si honnête homme de mari, lui donner un pareil sujet de soupçon !

MISTRISS FORD.—Quel sujet de soupçon ?

MISTRISS PAGE.—Quel sujet de soupçon!—Rentrez en vous-même.—Que vous m'avez trompée !

MISTRISS FORD.—Comment? Hélas! de quoi s'agit-il?

MISTRISS PAGE.—Votre mari va paraître, femme, avec toute la justice de Windsor, pour chercher un gentilhomme, qui est, dit-il, en ce moment chez lui, de votre consentement, pour profiter criminellement de son absence. Vous êtes perdue !

MISTRISS FORD, *à part.*—Parlez plus haut.—(*Haut.*) J'espère que cela n'est pas.

MISTRISS PAGE.—Plaise au ciel qu'il ne soit pas vrai que vous ayez un homme ici! Du moins est-il certain que votre mari arrive suivi de la moitié de la ville pour le chercher. Je suis venue devant pour vous avertir : si vous vous sentez innocente, oh ! j'en suis charmée. Mais si vous avez en effet un ami chez vous, qu'il sorte, qu'il sorte au plus tôt.—Ne restez point interdite; rappelez vos sens, défendez votre réputation, ou dites adieu pour la vie à toute espèce de bonheur.

MISTRISS FORD.—Que ferai-je? ma chère amie; il y a un gentilhomme dans la maison, et je crains bien moins ma honte que le danger qui le menace. Je donnerais mille livres pour qu'il fût hors de la maison.

MISTRISS PAGE.—Eh! par mon honneur, laissez là vos *je donnerais, je donnerais*; voilà votre mari qui arrive.—Savez-vous quelque moyen de le faire évader?—Vous ne pouvez le cacher dans la maison.—Comme vous m'avez trompée!—Mais j'aperçois un panier.—S'il est d'une taille raisonnable, il peut s'y fourrer. Nous pouvons le couvrir de linge sale, comme si c'était pour l'envoyer blanchir. C'est précisément le moment de la lessive, envoyez-le par vos gens au pré Datchet.

MISTRISS FORD.—Il est trop gros pour y entrer. Que deviendrai-je?

(Falstaff rentre.)

FALSTAFF.—Laissez-moi voir; laissez-moi voir : oh! laissez-moi voir.—J'y tiendrai, j'y tiendrai.—Suivez le conseil de votre amie.—J'y tiendrai.

MISTRISS PAGE.—Et quoi? sir John Falstaff! chevalier, est-ce là votre lettre?

FALSTAFF.—Je t'aime, je n'aime que toi, aide-moi à sortir d'ici, laisse-moi me fourrer là dedans.... Jamais...

(Il entre, s'entasse dans le panier qu'on achève de couvrir de linge sale.)

MISTRISS PAGE.—Robin, aidez-nous à couvrir votre maître. Appelez vos gens, mistriss Ford.—Ah! perfide chevalier!

MISTRISS FORD.—Eh! Jean! Robert, Jean! (*Robin sort. Les deux domestiques entrent.*) Tenez, emportez ces hardes : passez une perche dans les deux anses; mon Dieu, que vous êtes lents! Portez-les à la blanchisseuse dans le pré Datchet : vite, allez.

(Entrent Ford, Page, Caius, sir Hugh Evans.)

FORD.—Approchez, je vous prie. Si j'ai soupçonné sans cause, vous aurez droit de vous moquer de moi : ne m'épargnez pas dans ce cas les plaisanteries; je les mérite. Arrêtez; où portez-vous ceci?

ROBERT.—Vraiment, à la rivière.

MISTRISS FORD.—Eh! qu'avez-vous besoin de savoir où ils le portent? Sont-ce là vos affaires? Il vaudrait mieux que vous vinssiez vous mêler de la lessive!

FORD. — C'est pour laver. Si je pouvais me laver aussi de cette corne de cerf[1]. Cerf, cerf, cerf, je vous le dis, véritable cerf, je vous en réponds, et cerf de la saison encore. (*Les valets sortent emportant le panier.*) Messieurs, j'ai rêvé cette nuit ; je vous dirai mon rêve. Commençons par chercher mes clefs ; les voilà. Montez, parcourez, visitez mes chambres, furetez partout ; notre renard est pris, j'en suis garant : laissez-moi fermer d'abord cette issue, et maintenant fouillez le terrier.

PAGE. — Cher monsieur Ford, calmez-vous ; c'est trop vous faire injure à vous-même.

FORD. — Soit, monsieur Page, soit. Montons, messieurs ; vous allez avoir du plaisir. Suivez-moi, messieurs.

EVANS. — Ce sont là des visions, et des jalousies bien fantastiques.

CAIUS. — Palsambleu ! ce n'est pas la mode en France : on ne voit point de jaloux en France.

PAGE. — Suivons-le, messieurs, puisqu'il le veut : voyons le résultat de ses recherches.

(*Evans, Page et Caius sortent.*)

MISTRISS PAGE. — L'aventure n'est-elle pas doublement réjouissante ?

MISTRISS FORD. — Je ne sais pas de mon mari ou de sir John, lequel des deux je suis le plus contente d'avoir attrapé.

MISTRISS PAGE. — Dans quelles transes il devait être, quand monsieur Ford a demandé ce qu'il y avait dans le panier ?

MISTRISS FORD. — J'ai peur qu'il n'ait besoin d'être lavé aussi. Nous lui aurons rendu service en l'envoyant au bain.

MISTRISS PAGE. — Qu'il s'aille faire pendre ce débauché coquin ; je voudrais voir tous ceux de son espèce dans des angoisses pareilles.

MISTRISS FORD. — Il faut que mon mari ait eu quelque

---

[1] *Buck! I wish I could wash myself of the Buck!* Ford joue sur le mot *buck* qui signifie également lessive, lessiver et daim. Le jeu de mots a été impossible à rendre littéralement.

raison particulière de soupçonner que sir John était ici. Je ne l'ai jamais vu si brutal dans sa jalousie.

MISTRISS PAGE.—Je trouverai moyen de le savoir; mais il faut nous divertir encore aux dépens de Falstaff. Sa fièvre de libertinage ne cédera pas à cette seule médecine.

MISTRISS FORD.—Nous lui enverrons cette sotte carogne de mistriss Quickly, pour nous excuser de ce qu'on l'aura jeté à l'eau, et lui donner une nouvelle espérance qui lui attirera une nouvelle correction.

MISTRISS PAGE.—C'est bien pensé. Donnons-lui rendez-vous demain à huit heures pour venir recevoir un dédommagement.

(Rentrent Ford, Page, Caius et sir Hugh Evans.)

FORD.—Il est introuvable.—Peut-être le fat s'est-il vanté de choses qui passaient son pouvoir.

MISTRISS PAGE.—Entendez-vous?

MISTRISS FORD.—Oui, oui, paix. Vous en usez bien avec moi, monsieur Ford, n'est-il pas vrai?

FORD.—Oui, oui, madame.

MISTRISS FORD.—Que le ciel rende vos actions meilleures que vos pensées!

FORD.—Amen.

MISTRISS PAGE.—Monsieur Ford, vous vous faites un grand tort.

FORD.—Bien, bien, c'est à moi à supporter cela.

EVANS.—S'il y a quelqu'un dans la maison, dans les chambres, dans les coffres et dans les armoires, que le ciel me pardonne mes péchés au jour du grand jugement.

CAIUS.—Palsambleu! je dis de même, il n'y a pas une âme ici.

PAGE.—Eh! fi! monsieur Ford, n'avez-vous pas de honte! Quel esprit, quel démon vous a suggéré ces idées? Je ne voudrais pas avoir une pareille maladie pour tous les trésors du château de Windsor.

FORD.—C'est ma faute, monsieur Page; j'en subis la peine.

EVANS.—Vous souffrez d'une mauvaise conscience.

Votre femme est une aussi honnête femme qu'on la puisse choisir entre cinq mille, et je dis encore entre cinq cents.

CAIUS. — Palsambleu! je vois bien que c'est une honnête femme.

FORD. — A la bonne heure. Messieurs, je vous ai promis à dîner. Venez, en attendant, vous promener dans le parc; je vous en prie, pardonnez-moi. Je vous conterai pourquoi j'ai fait tout cela. — Allons, ma femme, allons, mistriss Page, pardonnez-moi, je vous en prie. Je vous en prie du fond du cœur, pardonnez-moi.

PAGE. — Allons, messieurs, entrons. Mais, par ma foi, nous le ferons enrager; et moi, je vous invite à venir déjeuner demain matin chez moi, et après cela à la chasse à l'oiseau. J'ai un faucon admirable pour le bois. Est-ce chose dite?

FORD. — Tout à fait.

EVANS. — S'il y en a un, je serai le second de la compagnie.

CAIUS. — S'il y en a un ou deux, je serai le troisième[1].

FORD. — Monsieur Page, venez, je vous en prie.

(Ils sortent. Evans et Caius demeurent seuls.)

EVANS. — Et vous, je vous prie, souvenez-vous demain de ce pouilleux de coquin d'hôte.

CAIUS. — C'est bon, oui de tout mon cœur.

EVANS. — Ce pouilleux de coquin avec ses tours et ses moqueries.

(Ils sortent.)

SCÈNE IV

Une pièce dans la maison de Page.

Entrent FENTON ET MISTRISS ANNE PAGE.

FENTON. — Je vois que je ne puis pas gagner l'amitié de ton père. Cesse donc de me renvoyer à lui, chère Nan.

ANNE. — Hélas! comment donc faire?

---

[1] *Turd* (excrément) pour *third* (troisième).

FENTON.—Aie le courage d'agir par toi-même. Il m'objecte ma trop grande naissance; il prétend que je cherche seulement à réparer au moyen de ses richesses le désordre mis dans ma fortune. Il me cherche encore d'autres querelles. Il me reproche les sociétés désordonnées où j'ai vécu; il me soutient qu'il est impossible que je t'aime autrement que comme un héritage.

ANNE.—Peut-être qu'il dit vrai.

FENTON.—Non; j'en jure devant le ciel sur tout mon bonheur à venir. Il est vrai, je l'avouerai, la fortune de ton père fut le premier motif qui m'engagea à t'offrir mes soins; mais, en cherchant à te plaire, je te trouvai d'un bien plus grand prix que l'or monnoyé, ou les sommes pressées dans des sacs; et ce n'est plus qu'à la fortune de te posséder que j'aspire maintenant.

ANNE.—Mon cher monsieur Fenton, ne vous lassez pas pourtant de rechercher la bienveillance de mon père : monsieur Fenton, recherchez-la toujours. Si l'empressement et les plus humbles prières ne peuvent rien, eh bien, alors, écoutez un mot....

(Ils se retirent pour causer à l'écart.)
(Entrent Shallow, Slender et Quickly.)

SHALLOW.—Dame Quickly, rompez leur colloque : mon parent désire parler pour son compte.

SLENDER.—Allons, il faut que je fasse ici mon coup. En avant, il ne s'agit que d'oser.

SHALLOW.—Ne vous effrayez pas, neveu.

SLENDER.—Oh! elle ne m'effraye pas; je ne m'inquiète pas de cela, si ce n'est que j'ai peur.

QUICKLY.—Ecoutez donc, monsieur Slender voudrait vous dire deux mots.

ANNE.—Je suis à lui dans l'instant. C'est celui que choisit mon père. (A part.) Quelle foule de défauts disgracieux et ridicules sont embellis par trois cents livres de rente!

QUICKLY.—Et comment se porte le cher monsieur Fenton? Un mot, je vous prie.

SHALLOW.—Elle vient. Ferme, cousin. O mon garçon! tu avais un père....

SLENDER.—J'avais un père, mistriss Anne. Mon oncle peut vous dire de bons tours de lui.—Mon cher oncle, je vous conjure, racontez à mistriss Anne l'histoire des deux oies que mon père vola dans une basse-cour.

SHALLOW.—Mistriss Anne, mon neveu vous aime.

SLENDER.—Oui, je vous aime autant que j'aime aucune autre femme du comté de Glocester.

SHALLOW.—Il vous entretiendra conformément à votre qualité.

SLENDER.—Je vous en réponds. Robe longue ou robe courte[1], personne, dans le rang d'écuyer, ne m'en revaudra.

SHALLOW.—Il vous donnera cent cinquante livres de douaire.

ANNE.—Mon bon monsieur Shallow, laissez-le faire sa cour lui-même.

SHALLOW.—Vraiment, je vous en remercie; je vous remercie de cet encouragement. Cousin, elle vous appelle : je vous laisse.

ANNE.—Eh bien ! monsieur Slender?

SLENDER.—Eh bien ! mistriss Anne?

ANNE.—Expliquez vos volontés.

SLENDER.—Mes volontés, c'est là un vilain discours à entendre, vraiment : la plaisanterie est bonne. Grâce au ciel, je n'ai pas encore songé à les mettre par écrit, mes volontés ; je ne suis pas si malade, grâce au ciel.

ANNE.—Je demande seulement, monsieur Slender, ce que vous me voulez?

SLENDER.—Quant à moi, en mon particulier, je ne vous veux rien, ou peu de chose. Votre père et mon oncle ont fait quelques arrangements ; si cela réussit, à la bonne heure, sinon, au chanceux la chance. Ils peuvent vous dire mieux que moi comment les choses vont. Tenez, demandez à votre père : le voilà qui vient.

(Entrent Page et mistriss Page.)

---

[1] *Come curt and long tail*, viennent courte et longue queue. C'est-à-dire, viennent des gens obligés de couper la queue à leur chien, et de ceux qui ont le droit de la lui laisser longue : ce qui était une des marques distinctives des différentes classes.

PAGE.—Eh bien! cher Slender! Aime-le, ma fille Anne.
—Comment, qu'est-ce que c'est? Que fait ici M. Fenton? C'est m'offenser, monsieur, que d'obséder ainsi ma maison. Je vous ai dit, ce me semble, que j'avais disposé de de ma fille.

FENTON.—Monsieur Page, ne vous fâchez pas.

MISTRISS PAGE.—Mon bon monsieur Fenton, cessez d'importuner ma fille.

PAGE.—Elle n'est point faite pour vous.

FENTON.—Monsieur, voudrez-vous m'écouter?

PAGE.—Non, mon cher monsieur Fenton.—Entrons, monsieur Shallow; mon fils Slender, entrons.—Instruit comme vous l'êtes de mes vues, vous me manquez, monsieur Fenton.

(Page, Shallow et Slender sortent.)

QUICKLY, à Fenton.—Parlez à mistriss Page.

FENTON.—Chère mistriss Page, aimant votre fille d'une façon aussi honorable que je le fais, je crois devoir soutenir mes prétentions sans reculer, malgré les obstacles, les rebuts et les procédés désobligeants. Accordez-moi votre appui.

ANNE.—Ma bonne mère, ne me mariez pas à cet imbécile.

MISTRISS PAGE.—Ce n'est pas mon intention : je vous cherche un meilleur époux.

QUICKLY.—C'est le docteur, mon maître.

ANNE.—Hélas! j'aimerais mieux être enterrée vivante, ou assommée à coups de navets [1].

MISTRISS PAGE.—Allons, ne vous chagrinez pas. Monsieur Fenton, je ne serai ni votre amie, ni votre ennemie. Je saurai de ma fille si elle vous aime, et ce que j'apprendrai à cet égard déterminera mes sentiments. Jusque-là, adieu, monsieur : il faut que Nancy rentre; son père se fâcherait.

(Mistriss Page et Anne sortent.)

FENTON.—Adieu, ma chère madame; adieu, Nan.

QUICKLY.—C'est mon ouvrage.— *Comment, ai-je dit, voudriez-vous sacrifier votre enfant à un imbécile ou à un*

---

[1] *Bow'd to death with turnips.*

médecin? Voyez-vous, monsieur Fenton? — C'est mon ouvrage.

FENTON. — Je te remercie, et je te prie, ce soir, de trouver le moment de donner cette bague à ma chère Nan : voilà pour ta peine.

(Il sort.)

QUICKLY. — Va, que le ciel t'envoie le bonheur ! Quel bon cœur il a ! Une femme passerait à travers l'eau et le feu pour servir un si bon cœur. Mais pourtant je voudrais que mon maître obtînt mistriss Anne, ou je voudrais que M. Slender l'obtînt ; ou, en vérité, je voudrais que ce fût M. Fenton. Je ferai mon possible pour tous les trois ; car je l'ai promis, et je tiendrai ma parole ; mais spécieusement[1] à M. Fenton. — Mais nos dames m'ont donné une autre commission pour le chevalier sir John Falstaff. Quelle bête je suis de m'amuser ici.

(Elle sort.)

SCÈNE V

Une chambre dans l'hôtellerie de la *Jarretière*.

Entrent FALSTAFF ET BARDOLPH.

FALSTAFF. — Bardolph, holà !

BARDOLPH. — Me voilà, monsieur.

FALSTAFF. — Va me chercher une pinte de vin d'Espagne, et mets une rôtie dedans. (*Bardolph sort.*) Ai-je vécu si longtemps pour être emporté dans un panier comme un tas de viande de rebut, et pour être jeté dans la Tamise ? Bien, bien, si jamais je m'expose à pareil tour, je veux bien qu'on prenne ma cervelle pour la fricasser au beurre, et la donner au premier chien pour ses étrennes. Les coquins m'ont renversé dans le canal avec aussi peu de remords que s'ils avaient noyé une portée de quinze petits chiens encore aveugles ; et on peut juger à ma taille que je plonge avec quelque vélocité. Le fond touchât-t-il aux enfers, j'y arriverais. Heureusement que la rivière se

[1] Elle veut dire spécialement.

trouvait basse et remplie de sable en cet endroit: j'aurais été noyé : une mort que j'abhorre, car l'eau fait enfler un homme ; et voyez quelle figure j'aurais quand je serais enflé, une vraie montagne de chair morte.

(Rentre Bardolph avec le vin.)

BARDOLPH.—Mistriss Quickly est là, monsieur, qui veut vous parler.

FALSTAFF.—Allons, mettons d'abord un peu de vin d'Espagne dans l'eau de la Tamise. Mon ventre est aussi glacé que si j'avais avalé des pelotes de neige en guise de pilules pour me rafraîchir les reins. Appelle-la.

BARDOLPH.—Entrez, la femme.

(Entre Quickly.)

QUICKLY.—Avec votre permission.—Je vous demande pardon. Je donne le bonjour à Votre Seigneurie.

FALSTAFF.—Ote-moi tous ces calices ; prépare-moi un pot de vin d'Espagne avec du sucre.

BARDOLPH.—Et des œufs, monsieur?

FALSTAFF.—Non, simple, naturel. Je ne veux point de germe de poulet dans mon breuvage.—(*Bardolph sort.*) Eh bien !

QUICKLY.—Vraiment, monsieur, je viens trouver Votre Seigneurie de la part de mistriss Ford.

FALSTAFF.—Mistriss Ford ! J'en ai assez de l'eau de son coquemar[1] : on m'a mis dedans ; j'en ai le ventre plein.

QUICKLY.—Hélas, mon Dieu ! La pauvre femme, ce n'est pas sa faute ; il faut s'en prendre à ses gens : ils se sont mépris sur ses ordres.

FALSTAFF.—Moi aussi, je me suis mépris quand je me suis fié à la folle promesse d'une femme.

QUICKLY.—Ah ! monsieur, elle s'en désole, que le cœur vous en saignerait si vous la voyiez.—Son mari va ce matin chasser à l'oiseau ; elle vous conjure de venir une

---

[1] *I have ford enough.* Falstaff joue ici sur le mot *ford*, qui signifie un cours d'eau peu profond. Il a fallu rendre cette plaisanterie par une autre.

seconde fois chez elle entre huit et neuf. Elle m'a chargé de vous le faire savoir promptement; elle vous dédommagera de votre aventure, je vous en réponds.

FALSTAFF.—Eh bien! je consens à l'aller visiter. Dites-lui de réfléchir sur ce que vaut un homme. Qu'elle considère sa propre fragilité, et qu'elle apprécie mon mérite.

QUICKLY.—C'est ce que je lui dirai.

FALSTAFF.—N'y manquez pas. Entre huit et neuf, dites-vous?

QUICKLY.—Huit et neuf, monsieur.

FALSTAFF.—Bon, retournez: elle peut compter sur moi.

QUICKLY.—Que la paix soit avec vous, monsieur.

(Elle sort.)

FALSTAFF.—Je m'étonne de ne point voir paraître monsieur Brook; il m'avait fait prier de l'attendre chez moi; j'aime fort son argent. Ah! le voici.

(Entre Ford.)

FORD.—Dieu vous garde, monsieur.

FALSTAFF.—Eh bien! monsieur Brook, vous venez sans doute pour savoir ce qui s'est passé entre moi et la femme de Ford.

FORD.—C'est en effet l'objet qui m'amène, sir John.

FALSTAFF.—Monsieur Brook, je ne veux pas vous tromper; je me suis rendu chez elle à l'heure marquée.

FORD.—Eh bien! monsieur, comment avez-vous été traité?

FALSTAFF.—Très-désagréablement, monsieur Brook.

FORD.—Comment donc? Aurait-elle changé de sentiment?

FALSTAFF.—Non, monsieur Brook, mais son pauvre cornu de mari, monsieur Brook, que la jalousie tient dans de continuelles alarmes, nous est arrivé pendant l'entrevue, au moment où finissaient les embrassades, baisers, protestations, c'est-à-dire le prologue de notre comédie. Il amenait après lui une bande de ses amis que, dans son mal, il avait ameutés et excités à venir faire dans la maison la recherche de l'amant de sa femme.

FORD.—Quoi ! tandis que vous étiez là ?

FALSTAFF.—Tandis que j'étais là.

FORD.—Et Ford vous a cherché sans pouvoir vous trouver ?

FALSTAFF.—Écoutez donc. Par une bonne fortune, arrive à point nommé une mistriss Page : celle-ci nous donne avis de l'approche de Ford : la femme de Ford ayant la tête perdue, elles m'ont fait sortir dans un panier de lessive.

FORD.—Dans un panier de lessive ?

FALSTAFF.—Oui, pardieu, dans un panier de lessive ; elle m'ont pressé, à m'étouffer, sous un tas de chemises, de jupes sales, de chaussons, de bas sales, de serviettes grasses : ce qui faisait bien, monsieur Brook, le plus puant composé d'infâmes odeurs qui ait jamais affligé l'odorat.

FORD.—Mais restâtes-vous longtemps dans cette situation ?

FALSTAFF.—Vous allez entendre, monsieur Brook, tout ce que j'ai souffert, pour mettre cette femme à mal en votre considération ! Quand je fus ainsi empilé dans le panier, deux coquins de valets de Ford arrivèrent ; sur l'ordre que leur donna leur maîtresse de me porter au pré de Datchet, en qualité de linge sale, ils me prirent sur leurs épaules, et rencontrèrent à la porte leur coquin de jaloux de maître qui leur demanda une ou deux fois ce qu'ils avaient dans leur panier. Je frissonnais de peur que cet enragé de lunatique ne voulût y regarder ; mais le destin qui a décrété qu'il serait cocu retint sa main : c'est bien ; il entra pour faire sa recherche, et moi je sortis paquet de linge. Mais observez la suite, monsieur Brook : je souffris les angoisses de trois morts différentes ; d'abord la frayeur inconcevable de me voir découvert par ce vilain jaloux de bélier à deux jambes ; ensuite, d'être plié, comme le serait une bonne lame d'Espagne, dans la circonférence d'un baril, la pointe contre la garde, les talons contre la tête ; enfin, d'être renfermé, comme un corps en dissolution, dans des linges puants qui fermentaient dans leur propre graisse. Pensez à cela, un homme de mon acabit; pensez à cela, moi qui crains le chaud comme beurre, un homme continuellement fondant et en eau; c'est un miracle que je n'aie pas étouffé. Puis au plus haut degré de ce bain, quand j'étais à moitié cuit dans la graisse, comme un ragoût hollandais, être jeté dans la Tamise, et refroidi dans le courant comme un fer à cheval rougi au feu! Pensez à cela, être jeté là tout brûlant! pensez à cela, monsieur Brook.

FORD.—En bonne vérité, monsieur, je suis désolé que vous ayez souffert tout cela pour l'amour de moi. Voilà mes espérances perdues; vous ne ferez plus aucune tentative auprès d'elle.

FALSTAFF.—Monsieur Brook, plutôt que d'y renoncer ainsi, je consens d'être jeté dans l'Etna comme je l'ai été dans la Tamise. Le mari va ce matin chasser à l'oiseau; et elle m'a fait donner un second rendez-vous. On m'attend de huit à neuf, monsieur Brook.

FORD.—Il est déjà huit heures passées, monsieur.

FALSTAFF.—En vérité? Je pars donc pour mon rendez-vous. Revenez tantôt à votre loisir; vous apprendrez comment je mène les choses, et pour couronner l'œuvre, elle sera à vous. Adieu, adieu, vous l'aurez, monsieur Brook. Monsieur Brook, vous ferez Ford cocu.

(Il sort.)

FORD.—Hé! comment? est-ce une vision? est-ce un songe? Éveillez-vous, monsieur Ford, éveillez-vous; éveillez-vous, monsieur Ford: voilà un trou de fait dans votre plus bel habit, monsieur Ford. Voilà ce que c'est que le mariage : voilà ce que c'est que d'avoir du linge et des paniers de lessive. Bien; j'afficherai ce que je suis; je prendrai le débauché: il est dans ma maison; il ne peut m'échapper, et c'est, je crois, impossible qu'il le puisse. Il ne peut couler dans une bourse, ou se glisser dans la boîte au poivre; mais, de peur que le diable qui le conduit ne lui prête son secours, je veux fouiller les endroits où il est impossible qu'il se trouve. Puisque je ne puis éviter d'être ce que je suis, la certitude d'être ce que je ne voudrais pas ne me rendra pas résigné. Si j'ai des cornes assez pour en enrager, eh bien ! à la bonne heure, je me montrerai enragé[1].

(Il sort.)

[1] *If I have horns to make one mad, I will be hornmad.* Le sens d'*hornmad* n'est pas bien déterminé. On ne sait si c'est fou de jalousie, ou fou par l'influence de la lune. *Horns*, croissant.: le jeu de mots ne pouvait se rendre en français.

FIN DU TROISIÈME ACTE.

ACTE QUATRIÈME

SCÈNE I

La rue.

Entrent MISTRISS PAGE, MISTRISS QUICKLY
ET WILLIAM.

MISTRISS PAGE.—Le crois-tu déjà chez mistriss Ford?

QUICKLY.—Sûrement, il y est déjà, ou tout près d'arriver : mais ma foi, il est fièrement en colère de ce qu'on l'a jeté dans l'eau. Mistriss Ford vous prie de venir sur-le-champ.

MISTRISS PAGE.—Je serai chez elle dans un moment : je ne veux que conduire mon petit bonhomme à l'école. Voici son maître.—Je vois que c'est aujourd'hui jour de congé. (*Evans entre.*) Comment, sir Hugh, est-ce que vous n'avez pas de classe aujourd'hui?

EVANS.—Non ; monsieur Slender veut qu'on laisse les enfants jouer.

QUICKLY.—Que son cœur en soit béni !

MISTRISS PAGE.—Sir Hugh, mon mari dit que mon fils ne profite pas du tout dans ses études. Je vous en prie, faites-lui quelques questions sur son rudiment.

EVANS.—Ici, William ; levez la tête, allons.

MISTRISS PAGE.—Venez ici, mon enfant ; levez la tête, répondez à votre maître. N'ayez pas peur.

EVANS.—William, combien de nombres dans les noms?

WILLIAM.—Deux.

QUICKLY.—Vraiment, j'aurais cru que les noms étaient impairs, car on dit : pair ou non[1].

EVANS.—Finissez votre babil. Qu'est-ce que c'est blanc[2], William?

WILLIAM.—*Albus.*

QUICKLY.—Arbuste? Qui est-ce qui a jamais vu un arbuste blanc?

EVANS.—Vous êtes la femme la plus simple ; taisez-vous, je vous prie. Qu'est-ce que c'est *lapis*, William?

WILLIAM.—Une pierre.

EVANS.—Et qu'est-ce que c'est une pierre, William?

WILLIAM.—Un caillou.

EVANS.—Non, c'est *lapis.* Je vous prie, mettez cela dans votre cervelle.

WILLIAM.—*Lapis.*

EVANS.—C'est bon, William. William, qui prête les articles ?

WILLIAM.—Les articles sont empruntés du pronom, et on les décline ainsi: *Singulariter, nominativo: Hic, hæc, hoc.*

EVANS.—*Nominativo, hic, hæc, hoc.* Je vous en prie, faites attention. *Genitivo, hujus.* Bien ! qu'est-ce que c'est que l'accusatif ?

WILLIAM.—*Accusativo, hunc.*

EVANS.—Je vous en prie, rappelez-vous, enfant. *Accusativo, hunc, hanc, hoc.*

QUICKLY.—Hein, quand, coq. C'est du latin pour la basse-cour, sur ma parole[3].

EVANS.—Cessez vos bavardages, la femme. Qu'est-ce que c'est que le cas vocatif, William?

---

[1] *Od's nouns.* Les méprises de Quickly provenant ou des défauts de prononciation d'Evans, ou de certaines consonnances entre les mots latins et quelques mots anglais d'un sens différent, ne peuvent se rendre littéralement.

[2] *Albus.* C'est sur le mot *pulcher* qu'Evans interroge William. Quickly entend *polcats* (putois) et s'écrie qu'il y a des choses plus belles que les putois.

[3] «Hein, quand, coq.» Evans, dans le texte, au lieu de *hunc, hanc, hoc,* prononce *hing, hang, hog,* et Quickly dit que *hang hog* (pendez le cochon) est en latin pour *faire du lard (latin for bacon).*

WILLIAM. — *O! Vocativo, O!*

EVANS. — Souvenez-vous bien, William, le vocatif est *caret*[1].

QUICKLY. — Au moins est-ce quelque chose de bon qu'une carotte.

EVANS. — Finissez donc, la femme.

MISTRISS PAGE. — Paix donc.

EVANS. — Qu'est-ce que c'est que le cas génitif au pluriel, William?

WILLIAM. — Le cas génitif?

EVANS. — Oui.

WILLIAM. — Génitif, *horum, harum, horum.*

QUICKLY. — Qu'allez-vous lui parler du cas où se trouve Jenny[2] la coquine? enfant, ne parlez jamais de cette créature-là.

EVANS. — N'avez-vous pas de honte, la femme?

QUICKLY. — Non. Vous avez tort d'apprendre ces choses-là à cet enfant. A quoi bon lui aller dire que c'est là le *hic*, lui parler de tous les *cancans*, et puis lui raconter des histoires de coquines ; tenez, cela est vilain à vous.

EVANS. — As-tu la cervelle dérangée, la femme? N'as-tu donc pas l'intelligence des cas, des nombres, des genres? Tu es une aussi bête créature de chrétienne que je le puisse désirer.

MISTRISS PAGE. — Je t'en prie, tais-toi.

EVANS. — A présent, William, dites-moi quelques déclinaisons de vos pronoms.

WILLIAM. — Ma foi, je les ai oubliées.

EVANS. — *Ki, ke, cod.* Si vous oubliez vos *kies*, vos *koes*, vos *cods*, vous aurez le fouet. A présent, vous pouvez aller jouer. Allez.

MISTRISS PAGE. — Il est plus avancé que je ne croyais.

EVANS. — Il a la mémoire prompte. Adieu, mistriss Page.

---

[1] Evans prend pour le vocatif lui-même, le mot *caret*, mis à quelques mots, afin d'avertir que le vocatif manque.

[2] La colère de Quickly porte ici sur le mot *horum* qu'elle confond avec *whore*, et sur les mots *hic* et *hoc* qu'elle prend pour les verbes anglais *to hick* et *to hock*. Il a fallu, pour être intelligible, avoir recours à d'autres consonnances.

MISTRISS PAGE.—Adieu, mon bon sir Hugh. (*Sir Hugh sort.*) Allez à la maison, petit garçon ; nous, nous n'avons pas de temps à perdre.

(Ils sortent.)

SCÈNE II

Une pièce dans la maison de Ford.

Entrent MISTRISS FORD ET FALSTAFF.

FALSTAFF.—Mistriss Ford, votre chagrin a fait évanouir le mien. Je vois que votre amour pour moi connait les égards qui me sont dus, et je promets de m'acquitter envers vous avec scrupule ; non-seulement, mistriss Ford, en ce qui concerne le simple devoir de l'amour, mais dans tous ses alentours, circonstances et dépendances. Mais êtes-vous tranquille sur votre mari aujourd'hui ?

MISTRISS FORD.—Il est à la chasse à l'oiseau, tendre sir John.

(Mistriss Page derrière le théâtre.)

MISTRISS PAGE.—Holà, commère Ford, holà !

MISTRISS FORD.—Passez dans la chambre, sir John.

(Entre mistriss Page.)

MISTRISS PAGE.—Bonjour, ma belle. Dites-moi, qui avez-vous au logis ?

MISTRISS FORD.—Quoi ? personne que mes gens.

MISTRISS PAGE.—Bien sûr ?

MISTRISS FORD.—Non en vérité. (*Bas.*) Parlez plus haut.

MISTRISS PAGE.—Vraiment ; allons, je suis bien contente que vous n'ayez personne ici.

MISTRISS FORD.—Pourquoi ?

MISTRISS PAGE.—Pourquoi, voisine ! Votre mari est retombé dans ses premières folies. Il faut l'entendre là-bas, avec mon mari, comme il prend la chose à cœur, comme il déclame contre tous les gens mariés, comme il maudit toutes les filles d'Ève, de quelque couleur qu'elles puissent être : il faut le voir se frapper le front en criant :

Percez, paraissez; en telle sorte que je n'ai jamais vu de frénésie au monde que je ne sois tentée de prendre pour de la douceur, de la modération, de la patience, auprès de la maladie qui le travaille maintenant. Je vous félicite bien de n'avoir pas au logis le gros chevalier.

MISTRISS FORD.—Comment? Parle-t-il de lui?

MISTRISS PAGE.—Il ne parle que de lui, et déclare avec serment que, tandis qu'il le cherchait hier, on l'emportait dans un panier : il proteste à mon mari qu'il est encore ici aujourd'hui : il lui a fait quitter la chasse, ainsi qu'au reste de la société, pour essayer encore une fois de leur prouver la justice de ses soupçons. Mais je suis bien aise que le chevalier ne soit pas ici, il verra sa sottise.

MISTRISS FORD.—Est-il encore loin, mistriss Page?

MISTRISS PAGE.—Tout près, au bout de la rue : il va arriver dans l'instant.

MISTRISS FORD.—Je suis perdue, le chevalier est ici.

MISTRISS PAGE.—Eh bien! vous êtes perdue sans ressource, et pour le chevalier, c'est un homme mort. Quelle femme êtes-vous donc? Faites-le sortir, faites-le sortir. Un peu de honte vaut encore mieux qu'un meurtre.

MISTRISS FORD.—Et par où sortira-t-il? Où pourrons-nous le cacher. Le mettrons-nous encore dans le panier?

(Rentre Falstaff.)

FALSTAFF.—Non, je ne veux plus me mettre dans le panier; ne puis-je m'évader avant qu'il arrive?

MISTRISS PAGE.—Hélas! trois frères de monsieur Ford, armés de pistolets, gardent la porte, afin que rien ne sorte : sans cela, vous auriez pu vous échapper, avant qu'il vînt.—Mais que faites-vous là?

FALSTAFF.—Que ferai-je?—Je vais me fourrer dans la cheminée.

MISTRISS FORD.—C'est là qu'ils viennent tous en rentrant décharger leurs fusils de chasse. Descendez dans le four.

FALSTAFF.—Où est-il?

MISTRISS FORD.—Il vous y chercherait encore, sur ma

vie. La maison n'a pas une armoire, un coffre, une cassette, un trou, un puits, une voûte dont il ne tienne un état par écrit pour s'en souvenir dans l'occasion ; et il fait la revue d'après sa note. Il n'y a pas moyen de vous cacher dans la maison.

FALSTAFF.—Il faut donc en sortir ?

MISTRISS PAGE.—Si vous sortez sous votre propre figure, vous êtes mort.—A moins que vous ne sortiez déguisé...

MISTRISS FORD.—Comment pourrons-nous le déguiser ?

MISTRISS PAGE.—Hélas ! en vérité, je n'en sais rien. Il n'y a pas de robe de femme assez large pour lui, sans quoi avec un chapeau de femme, un masque et une coiffe, il pourrait n'être pas reconnu.

FALSTAFF.—Mes chères amies, imaginez quelque chose, tout ce qu'il vous plaira plutôt que de laisser arriver un malheur.

MISTRISS FORD.—La tante de ma servante, la grosse femme de Brentford, a laissé une robe là-haut.

MISTRISS PAGE.—Sur ma parole, c'est là notre affaire. Elle est aussi grosse que lui. Vous avez aussi son chapeau de frise et son masque.—Montez vite là-haut, sir John.

MISTRISS FORD.—Allez, allez, cher sir John, tandis que madame Page et moi vous chercherons quelque coiffe à votre tête.

MISTRISS PAGE.—Vite, vite, je vous aurai bientôt accommodé. Passez toujours la robe.

(Falstaff sort.)

MISTRISS FORD.—Je voudrais bien que mon mari le rencontrât sous cette mascarade. Il ne peut souffrir la vieille femme de Brentford, il prétend qu'elle est sorcière, il lui a défendu la maison, et l'a menacée de la battre.

MISTRISS PAGE.—Que le ciel puisse le conduire sous la canne de ton mari, et qu'ensuite le diable conduise la canne !

MISTRISS FORD.—Mais mon mari vient-il sérieusement ?

MISTRISS PAGE.—Oui, très-sérieusement. Il parle même

du panier. Il faut, je ne sais comment, qu'il en ait appris quelque chose.

MISTRISS FORD.—C'est ce que nous allons savoir. Je vais faire emporter de nouveau le panier par mes gens, de manière qu'il le rencontre à la porte comme la dernière fois.

MISTRISS PAGE.—C'est bon, mais il va être ici dans l'instant. Songeons à la toilette de la sorcière de Brentford.

MISTRISS FORD.—Laissez-moi d'abord donner mes ordres à mes gens pour le panier. Montez; je vais vous porter une coiffe.

MISTRISS PAGE.—Puisse-t-il être pendu, le vilain débauché! nous ne saurions le maltraiter assez. Nous laisserons dans ce que nous allons faire une preuve que les femmes peuvent en même temps être joyeuses et vertueuses. Nous n'agissons pas, nous autres qu'on voit toujours rire et plaisanter. Le vieux proverbe a dit vrai : *C'est le cochon paisible qui mange tout ce qu'il trouve* [1].

(Elle sort.)

(Entrent les domestiques.)

MISTRISS FORD.—Allez, vous autres, reprendre le panier sur vos épaules ; votre maître est presque à la porte: s'il vous ordonne de le mettre à terre, obéissez-lui.—Allons, dépêchez.

(Elle sort.)

PREMIER DOMESTIQUE.—Viens, toi, soulevons notre charge.

SECOND DOMESTIQUE.—Prions Dieu qu'il ne soit pas rempli encore d'un chevalier !

PREMIER DOMESTIQUE.—J'espère que non. J'aimerais autant porter le même volume en plomb.

(Entrent Ford, Page, Shallow, Caius et Evans.)

FORD.—D'accord, monsieur Page. Mais si la chose est prouvée, avez-vous quelque secret pour faire que je ne sois pas un sot?—A bas le panier, marauds!—Qu'on appelle ma femme !—Allons, jeune galant du panier, sortez.—O suppôts d'infamie que vous êtes !—Il y a une

---

[1] *Still swine eat all the draff.*

fédération, une ligue, une cabale, une conspiration contre moi ; mais le diable en aura la honte. Holà ! ma femme, sortez, paraissez, paraissez ; paraissez donc quand je vous appelle ; venez nous montrer quelles honnêtes hardes vous envoyez au blanchissage.

PAGE.—Eh ! mais vraiment, ceci passe les bornes, monsieur Ford : on ne peut pas vous laisser en liberté plus longtemps, il faudra vous enfermer.

EVANS.—C'est de la folie ; il est aussi fou qu'un chien enragé. *(Entre mistriss Ford.)*

SHALLOW.—Cela n'est pas bien, monsieur Ford ; en vérité, cela n'est pas bien.

FORD.—C'est précisément ce que je dis, monsieur. Avancez ici, mistriss Ford, mistriss Ford, l'honnête femme, l'honnête femme, l'épouse modeste, la vertueuse créature qui a un sot jaloux de mari, avancez. Je vous soupçonne à tort, mistriss, n'est-il pas vrai ?

MISTRISS FORD.—Le ciel me soit témoin que vous êtes injuste, si vous me soupçonnez de rien de malhonnête.

FORD.—Très-bien dit, front d'airain : soutenez ce ton. Allons, drôle, sortez.
(Il jette les hardes hors du panier.)

PAGE.—Cela est trop fort.

MISTRISS FORD.—N'avez-vous pas de honte ? Laissez là ces hardes.

FORD.—Je vous démasquerai.

EVANS.—Cela est déraisonnable. Quoi vous voulez chercher querelle au linge de votre femme ! Allons, laissez, laissez.

FORD.—Videz le panier, vous dis-je.

MISTRISS FORD.—Comment, monsieur, comment ?

FORD.—Monsieur Page, comme il fait jour, un homme a été emporté hier de ma maison dans ce panier. Pourquoi ne peut-il pas s'y trouver encore aujourd'hui ? j'ai la certitude qu'il est dans la maison. Mes avis sont sûrs, ma jalousie est fondée en raison. Ôtez-moi tout ce linge.

MISTRISS FORD.—Si vous trouvez là un homme à tuer il faut qu'il soit de l'espèce des mouches.

PAGE.—Il n'y a point là d'homme.

SHALLOW.—Par ma fidélité, cela n'est pas bien, monsieur Ford, vous vous faites tort.

EVANS.—Monsieur Ford, mettez-vous en prière, et ne suivez pas les inclinations de votre cœur. C'est jalousie que tout cela.

FORD.—A la bonne heure. Celui que je cherche n'est pas là.

PAGE.—Ni ailleurs que dans votre cervelle.

FORD.—Aidez-moi à fouiller partout cette seule fois. Si je ne trouve rien, vous êtes dispensés d'excuser ma folie : faites de moi le sujet de vos plaisanteries de table, qu'on dise de moi : jaloux comme Ford qui cherchait le galant de sa femme dans une coquille de noix.. Mais veuillez me satisfaire encore une fois ; une dernière fois cherchez avec moi.

MISTRISS FORD.—Eh! madame Page, descendez, ainsi que la vieille femme : mon mari veut monter dans la chambre.

FORD.—La vieille femme? Quelle vieille femme?

MISTRISS FORD.—La vieille de Brentford, la tante de ma servante.

FORD.—Qui, cette sorcière, cette malheureuse, cette impudente coquine? Ne lui ai-je pas interdit ma maison? C'est-à-dire, qu'elle vient ici rendre quelque message. Nous autres simples mortels, nous ne pouvons pas savoir tout ce qui passe par la main d'une diseuse de bonne aventure. Elle se sert de charmes, de caractères, de figures et autres menteries de cette espèce. Cela est hors de notre portée ; nous n'y connaissons rien. Descendez, sorcière que vous êtes, vieille bohémienne; descendez, quand je vous le dis.

MISTRISS FORD.—Non, mon bon cher mari. Mes bons messieurs, empêchez-le de frapper la vieille femme.

(Entre Falstaff habillé en femme, conduit par mistriss Page.)

MISTRISS PAGE.—Venez, mère Babil[1], venez; donnez-moi la main.

---

[1] *Mother prat. To prate* signifie babiller; il a fallu traduire le nom pour donner quelque sens à la réplique de Ford.

FORD. —Ah! je lui en donnerai du *babil*. Hors de chez moi, sorcière. (*Il le bat.*) Vieux graillon, coquine, drôlesse, salope que vous êtes. Ah! je vous conjurerai, moi, je je vous dirai la bonne aventure.

(Falstaff sort.)

MISTRISS PAGE. —N'avez-vous pas de honte? Je crois, en vérité que vous avez tué cette pauvre femme.

MISTRISS FORD. —Vraiment, cela pourrait bien être.— Cela vous fera honneur.

FORD. —Je voudrais qu'elle fût pendue, la sorcière.

EVANS. —A vrai dire, je crois bien que la femme est une sorcière. Je n'aime pas qu'une femme ait une grande barbe, et j'ai vu une grande barbe sous son masque.

FORD. —Messieurs, voulez-vous me suivre? Je vous en conjure; suivez-moi; vous serez témoins du résultat de mes soupçons. Si je ne fais pas lever une pièce, ne me croyez plus quand j'aboierai.

PAGE. —Allons, prêtons-nous encore à sa fantaisie. Venez, messieurs.

(Page, Ford, Shallow et Evans sortent.)

MISTRISS PAGE. —Je vous réponds qu'il a été pitoyablement arrangé.

MISTRISS FORD. —Dites donc impitoyablement.

MISTRISS PAGE. —J'opine pour que le bâton soit béni et suspendu sur l'autel: il a servi à une action méritoire.

MISTRISS FORD. —Pensez-vous qu'autorisées comme nous le sommes par notre dignité de femmes et le témoignage d'une bonne conscience, nous puissions pousser plus loin notre vengeance?

MISTRISS PAGE. —Je crois bien que l'esprit de libertinage doit avoir reçu son compte, et qu'à moins de s'être engagé au diable par dits et dédits[1], il ne songera plus à attenter à notre honneur.

MISTRISS FORD. —Dirons-nous à nos maris les tours que nous lui avons joués?

MISTRISS PAGE. —Certainement, ne fût-ce que pour ôter de l'esprit du vôtre les fantaisies qu'il y a mises. S'ils

---

[1] *In fee simple, with fine and recovery.*

jugent dans leur sagesse que ce pauvre gros mauvais sujet de chevalier ne soit pas encore assez puni, nous continuerons d'être les ministres de la vengeance.

MISTRISS FORD.—Je vous garantis qu'ils voudront lui en faire publiquement la honte. Quant à moi, je pense que la raillerie ne serait pas complète si on ne la terminait par un affront public.

MISTRISS PAGE.—Allons donc tout de suite mettre les fers au feu, et ne laissons rien refroidir.

(Elles sortent.)

SCÈNE III

Une pièce dans l'hôtellerie de la Jarretière.

Entrent L'HOTE ET BARDOLPH.

BARDOLPH.—Monsieur, les Allemands vous demandent trois chevaux. Leur duc, en personne, arrive demain à la cour, et ils vont au-devant de lui.

L'HÔTE.—Qu'est-ce? Quel est ce duc qui voyage si secrètement? Je n'ai pas entendu dire qu'il vint à la cour. Fais-moi parler avec ces étrangers. Ils parlent anglais?

BARDOLPH.—Oui, monsieur, je vais vous les envoyer.

L'HÔTE.—Ils auront mes chevaux, mais ils les payeront; je les épicerai. Ils disposent de ma maison depuis huit jours, et j'ai délogé pour eux mes autres hôtes. Il faut qu'ils payent, je les arrangerai. Allons, viens.

(Ils sortent.)

SCÈNE IV

Une pièce dans la maison de Ford.

Entrent PAGE, FORD, MISTRISS PAGE, MISTRISS FORD ET SIR HUGH EVANS.

EVANS.—C'est bien là la plus belle invention féminine que j'aie jamais rencontrée.

PAGE.—Et il vous a fait remettre ces deux lettres en même temps?

MISTRISS PAGE.—Dans le même quart d'heure.

FORD.—Pardonne-moi, ma femme. Désormais fais ce que tu voudras; je soupçonnerai plutôt le soleil d'être froid, que toi d'être légère. Tu as fait rentrer dans une âme hérétique une inébranlable foi en ta vertu.

PAGE.—C'est bien, c'est bien, en voilà assez. Ne soyez pas aussi extrême dans la réparation que vous l'avez été dans l'offense; mais occupons-nous de notre projet. Il faut donc, pour en avoir publiquement le plaisir, que nos femmes donnent encore un rendez-vous à ce gros vieux coquin, et là nous le surprendrons et l'accablerons de ridicule.

FORD.—Je ne vois point pour cela de meilleure idée que la leur.

PAGE.—Quoi! de lui faire dire qu'elles l'attendent à minuit dans le parc? Allons donc, il ne s'y fiera jamais.

EVANS.—Vous dites qu'il a été jeté dans la rivière, et qu'il a été rudement battu sous la robe de la vieille femme? Il doit, ce me semble, avoir des terreurs qui l'empêcheront de venir. Sa chair, je pense, est mortifiée: il n'aura plus de désirs.

PAGE.—Je le pense de même.

MISTRISS FORD.—Imaginez seulement ce qu'on peut faire de lui quand il y sera, et nous nous chargeons d'imaginer à nous deux les moyens de l'y amener.

MISTRISS PAGE.—Il y a un vieux conte sur Herne le chasseur, autrefois garde de la forêt de Windsor, et qui, tant que dure l'hiver, revient toutes les nuits à minuit précis tourner autour d'un chêne avec un grand bois de cerf sur la tête. Dans son passage, il flétrit l'arbre, ensorcelle le bétail, change en sang le lait des vaches, et porte une chaîne qu'il secoue avec un bruit effroyable. Vous avez entendu parler de cet esprit, et vous savez que nos crédules et superstitieux ancêtres y ajoutaient foi, et qu'ils ont transmis à notre âge, comme une vérité, le conte de Herne le chasseur.

PAGE.—Comment, nous ne manquons point de gens encore qui n'oseraient, dans la nuit, passer auprès du chêne de Herne. Mais qu'en voulez-vous faire?

MISTRISS FORD.—Eh! vraiment, c'est la base de notre projet. Il faut que Falstaff vienne nous trouver au pied du chêne, déguisé sous la figure de Herne, avec de grandes cornes énormes sur la tête.

PAGE.—Soit : admettons qu'il y vienne. Et sous ce déguisement, qu'en ferez-vous? Quel est votre plan?

MISTRISS PAGE.—Nous y avons songé, et le voici. Nous déguiserons Nan Page, ma fille, et mon petit garçon, ainsi que trois ou quatre enfants de leur taille, en farfadets, en fées, en lutins, avec des habillements blancs et verts, des couronnes de bougies allumées sur leurs têtes, et des sonnettes dans leurs mains. On les cacherait dans quelque fossé des environs, et au moment où nous aborderions Falstaff elle et moi, ils en sortiraient tout à coup en faisant entendre des chants bizarres. A leur vue, nous fuirions toutes deux remplies de frayeur; ils l'entoureraient, et, selon l'usage des fées, se mettraient à pincer l'impur chevalier, lui demandant comment, à l'heure de leurs ébats magiques, il ose, sous cette figure profane, pénétrer dans leurs asiles sacrés.

MISTRISS FORD.—Et jusqu'à ce qu'il ait avoué la vérité, nos génies supposés le pinceraient d'importance, et le brûleraient avec leurs bougies.

MISTRISS PAGE.—Quand il aura tout avoué, nous paraîtrons tous; nous désencornerons l'esprit, et le ramènerons à Windsor en nous moquant de lui.

FORD.—Si nos jeunes gens ne sont pas très-bien instruits, ils ne joueront jamais leur rôle.

EVANS.—J'enseignerai aux enfants à se conduire, et je veux aussi, comme un de ces babouins, brûler le chevalier avec mon flambeau.

FORD.—Cela sera excellent. Je me charge d'acheter les masques.

MISTRISS PAGE.—Ma Nan sera la reine des fées. Je la déguiserai joliment avec une robe blanche.

PAGE.—Je vais aller acheter l'étoffe (*à part*), et dire en secret à Slender d'enlever ma Nan, pour l'aller épouser à Eton. (*Haut.*) Allons, envoyez à l'instant chez Falstaff.

FORD.—Et moi j'y retournerai sous mon nom de Brook,

afin qu'il me dise ses projets. Je suis persuadé qu'il viendra.

MISTRISS PAGE.—Sans nul doute. Allez vous occuper de nous fournir tout le déguisement de nos lutins avec les accessoires.

EVANS.—Dépêchons-nous, ce sera un plaisir admirable, et une très-vertueuse fourberie.

(Ford, Page et Evans sortent.)

MISTRISS PAGE.—Mistriss Ford, chargez-vous d'envoyer Quickly à sir John, pour savoir ce qu'il pense. (*Mistriss Ford sort.*) Pour moi, je vais chez le docteur ; il a mon agrément. Je ne consentirai pas à ce qu'un autre que lui devienne le mari de Nan Page. Slender a de bons biens, mais c'est un idiot. Mon mari le préfère à tous, mais le docteur a des écus et de bons amis à la cour. Il aura ma fille ; c'est lui qui l'aura, dussent mille autres meilleurs que lui venir la demander.

(Elle sort.)

SCÈNE V

Une pièce dans l'hôtellerie de la *Jarretière*.

Entrent L'HOTE ET SIMPLE.

L'HOTE.—Que cherches-tu ici, butor, lourde caboche ? Qu'est-ce ? Dis, parle, réponds, vite, prompt, preste et leste.

SIMPLE.—Vraiment, monsieur l'hôte, je souhaiterais parler à sir John Falstaff, de la part de M. Slender.

L'HOTE.—Voilà sa chambre, sa maison, son château, son lit de maître et son lit volant[1]. Sur la muraille est peinte tout fraîchement et tout nouvellement l'histoire de l'Enfant prodigue. Allez, frappez, appelez ; il vous

---

[1] *Running bed.* Il y avait alors dans toutes les chambres à coucher un lit fixe (*standing bed*), où couchait le maître, et une espèce de coffre ou lit placé sous le premier, qu'on tirait le soir (*running bed*) et où couchait le domestique.

parlera comme un anthropophaginien[1]. Frappez, vous dit-on.

SIMPLE.—Une vieille femme, une grosse femme est montée dans sa chambre. Je prendrai la liberté, monsieur, de demeurer jusqu'à ce qu'elle descende : pour dire le vrai, c'est à elle que je viens parler.

L'HOTE.—Ah! une grosse femme! Elle pourrait voler le chevalier. Je vais l'appeler.—Eh! mon gros chevalier, gros sir John, parle-nous du creux de tes poumons militaires. Es-tu là? C'est ton hôte, ton Éphésien qui t'appelle.

FALSTAFF, *d'en haut*.—Qu'est-ce que c'est, mon hôte?

L'HOTE.—Voilà un Tartare bohémien qui attend que ta grosse femme descende : laisse-la descendre, mon gros, laisse-la descendre. Mes appartements sont honnêtes. Fi! des tête-à-tête! fi!

(Entre Falstaff.)

FALSTAFF.—Mon hôte, j'avais tout à l'heure chez moi une grosse vieille femme ; mais elle est partie.

SIMPLE.—Je vous en prie, monsieur, n'était-ce pas la devineresse de Brentford?

FALSTAFF.—Eh! oui, coquille de moule, c'était elle. Que lui voulez-vous?

SIMPLE.—Mon maître, monsieur, mon maître Slender, m'a envoyé après elle quand il l'a vue passer dans la rue, pour savoir si un certain monsieur Nym, qui lui a volé une chaîne, a la chaîne ou non.

FALSTAFF.—J'ai parlé de cela à la vieille femme.

SIMPLE.—Et que dit-elle, monsieur, je vous prie?

FALSTAFF.—Ma foi, elle dit que l'homme qui a volé la chaîne de M. Slender est précisément celui-là même qui la lui a dérobée.

---

[1] *Anthropophaginian*. L'hôte s'amuse presque toujours à embarrasser ceux de ses interlocuteurs qui n'ont pas une grande intelligence de la langue, par des mots bizarres ou employés à contre-sens.

[2] *Ephesian*. Cette expression est employée dans la première partie de *Henri IV*: « des Éphésiens de la vieille Église. » Elle doit signifier *fidèle, loyal*.

SIMPLE.—J'aurais voulu pouvoir parler à la femme en personne. J'avais d'autres choses à lui demander encore de sa part.

FALSTAFF.—Quelles choses? Dites-les-nous.

L'HOTE.—Oui, allons, sur-le-champ.

SIMPLE.—Je ne peux pas les dissimuler.

FALSTAFF.—Dissimule-les, ou tu es mort.

SIMPLE.—Eh bien, monsieur, ce n'est pas autre chose que concernant mistriss Anne Page, pour savoir si c'est là destinée de mon maître de l'avoir ou non..

FALSTAFF.—Oui, oui, c'est sa destinée.

SIMPLE.—Quoi, monsieur?

FALSTAFF.—De l'avoir ou non. Allez, rapportez-lui que la vieille femme me l'a dit ainsi.

SIMPLE.—Puis-je prendre la liberté de le lui dire ainsi, monsieur?

FALSTAFF.—Oui, mon garçon[1]; prenez cette grande liberté.

SIMPLE.—Je remercie Votre Seigneurie. Je réjouirai mon maître par ces bonnes nouvelles.

(Simple sort.)

L'HOTE.—Tu es un savant, tu es un savant, sir John. Avais-tu réellement une devineresse chez toi?

FALSTAFF.—Oui, j'en avais une, mon hôte, une qui m'a appris plus de choses que je n'en avais su dans toute ma vie, et je n'ai rien payé pour cela : c'est moi qu'on a payé pour apprendre.

(Entre Bardolph.)

BARDOLPH.—Hélas! merci de nous, monsieur; nous sommes volés, volés, en conscience.

L'HOTE.—Où sont mes chevaux? Rends-moi bon compte de mes chevaux, coquin.

BARDOLPH.—Partis avec les filous. Aussitôt que nous avons dépassé Eton, j'étais en croupe derrière l'un d'eux; ils me prennent et me jettent dans un fossé plein de boue : tous trois piquent, et les voilà partis comme trois diables allemands, trois docteurs Faust.

[1] *Master tike.* Maître tique. Il est impossible de rendre et même de comprendre le sens de ce sobriquet.

L'HOTE.—Ils ont été à la rencontre de leur duc, coquin; ne dis point qu'ils ont pris la fuite : les Allemands sont d'honnêtes gens.

(Entre sir Hugh Evans.)

EVANS.—Où est notre hôte?

L'HOTE.—De quoi s'agit-il, monsieur?

EVANS.—Tenez l'œil à vos écots. Un de mes amis qui vient de se rendre à la ville, m'a dit qu'il y avait trois Allemands[1] qui ont volé à tous les hôtes de Readings, de Maidenhead et de Colebrook, leurs chevaux et leur argent. Je vous en informe par bonne volonté, voyez-vous. Vous êtes prudent, vous êtes rempli de sarcasmes et de plaisanteries pour rire : il ne convient pas que vous soyez dupé. Adieu.

(Il sort.)

(Entre Caius.)

CAIUS.—Où est mon hôte de la *Jarretière*?

L'HOTE.—Le voici, monsieur le docteur, dans la perplexité, et dans un dilemme fort obscur.

CAIUS.—Je ne sais pas ce que c'est; mais on me dit que vous faites de grands préparatifs pour un duc de Germanie. Sur ma foi, on ne sait pas à la cour qu'il vienne un duc comme cela. Je vous dis ceci par bonne volonté. Adieu.

(Il sort.)

L'HOTE.— Au secours! haro! Cours, traître!—Assistez-moi, chevalier. Je suis ruiné. Cours vite. Crie haro, crie. Traître, je suis ruiné.

(L'hôte et Bardolph sortent.)

FALSTAFF, *seul*.—Je voudrais que le monde entier fût dupé, puisque je l'ai été, moi, et de plus battu. Si l'on venait à savoir à la cour comment j'ai été métamorphosé, et comment dans cette métamorphose j'ai été baigné et bâtonné, ils me feraient fondre ma graisse goutte à goutte pour en huiler les bottes des pêcheurs. Je réponds qu'ils m'assommeraient de leurs bons mots,

---

[1] *Couzin germans, hathave cozened.* Jeu de mots intraduisible sur *cosen* (filouter), *cosener germans* (filous allemands) et l'expression française de cousins germains.

jusqu'à ce que je fusse aplati comme une poire tapée. Je n'ai jamais prospéré depuis le jour où je trichai à la prime.—Oui, si j'avais l'haleine assez longue pour dire mes prières, je ferais pénitence.

(Entre Quickly.)

FALSTAFF.—Ah! vous voilà? De quelle part venez-vous?

QUICKLY.—De la part de toutes deux, ma foi.

FALSTAFF.—Que le diable prenne l'une, et sa femme l'autre : elles seront toutes deux bien pourvues. J'ai plus souffert pour l'amour d'elles, que la malheureuse inconstance du cœur de l'homme ne me permet de supporter.

QUICKLY.—Et n'ont-elles rien souffert? Si fait, je vous en réponds. L'une d'elles surtout, mistriss Ford, la bonne âme, est bleue et noire de coups, à ce qu'on ne lui voie pas une place blanche sur tout le corps.

FALSTAFF.—Que me parles-tu de bleu et de noir? J'en ai, moi, de toutes les couleurs de l'arc-en-ciel à force d'avoir été battu. J'ai risqué même d'être appréhendé au corps pour la sorcière de Brentford. Sans l'adresse admirable avec laquelle j'ai su prendre tout à fait les manières d'une simple vieille, ce gredin de constable me faisait mettre aux ceps comme sorcière, aux ceps de la canaille.

QUICKLY.—Permettez, sir John, que je vous parle dans votre chambre ; vous apprendrez comment vont les affaires, et je vous réponds que vous n'en serez pas mécontent : voici une lettre qui vous en dira quelque chose. Pauvres gens, que de peines pour vous ménager une rencontre! Sûrement l'un de vous ne sert pas bien le ciel, puisque vous êtes si traversés.

FALSTAFF.—Montez dans ma chambre.

(Ils sortent.)

SCÈNE VI

Une autre pièce dans l'hôtellerie de la *Jarretière.*

Entrent FENTON ET L'HOTE.

L'HOTE.—Ne me parlez point, monsieur Fenton : j'ai trop de chagrin ; je veux tout laisser là.

FENTON. — Écoute-moi seulement ; seconde mon dessein : foi de gentilhomme, je te donnerai cent livres en or au delà de ce que tu as perdu.

L'HOTE. — Je vous écoute, monsieur Fenton, et du moins je vous promets le secret.

FENTON. — Je vous ai parlé plusieurs fois de mon tendre amour pour la belle Anne Page, qui a répondu à mon affection, en ce qui dépend d'elle, autant que je le puis désirer. J'ai là une lettre d'elle dont le contenu vous étonnera. Les détails de la plaisanterie dont elle me fait part s'y trouvent tellement mêlés avec ce qui me concerne, que je ne puis vous montrer chaque chose séparément et sans vous mettre au fait de tout. Le gros Falstaff doit y jouer un grand rôle. Vous verrez là (*lui montrant la lettre*) tout le plan de la scène ; écoutez-moi donc bien, mon cher hôte. — Ma douce Nan doit se rendre vers minuit au chêne de Herne, pour y représenter la reine des fées. Pour quel objet, vous le verrez ici. Son père lui a recommandé, tandis que chacun serait vivement occupé de son rôle, de s'esquiver sous son déguisement avec Slender, et de se rendre avec lui à Éton, pour l'y épouser immédiatement ; elle a feint de consentir. — En même temps sa mère, toujours opposée à ce mariage, et fidèle à son protégé Caius, a de même donné le mot au docteur pour l'enlever tandis que chacun songerait à son affaire, et la conduire au doyenné, où un prêtre l'attend pour la marier sur l'heure ; et Anne, soumise en apparence aux projets de sa mère, a aussi donné sa promesse au docteur. Maintenant, écoutez le reste : le père compte que sa fille sera habillée tout en blanc ; et que Slender, dans le moment favorable, la reconnaissant à ce vêtement, la prendra par la main, la priera de le suivre, et qu'elle s'en ira avec lui ; la mère de son côté, pour la mieux désigner au docteur, car ils seront tous déguisés et masqués, compte la vêtir d'une manière singulière, avec une robe verte flottante, des rubans pendants et des ornements brillants autour de sa tête. Quand le docteur verra l'occasion propice, il doit lui pincer la main, et à ce signal la jeune fille a promis qu'elle le suivrait.

L'HOTE.—Et qui compte-t-elle tromper, son père ou sa mère ?

FENTON.—Tous les deux, bon hôte, pour venir avec moi. Ce que je vous demande, c'est d'engager le vicaire à m'attendre dans l'église entre minuit et une heure pour unir nos cœurs dans le lien d'un légitime mariage.

L'HOTE.—C'est bien ; arrangez votre affaire ; je vais trouver le vicaire ; amenez la jeune fille, vous ne manquerez pas de prêtre.

FENTON.—Je t'en aurai une éternelle obligation, sans compter la récompense que tu recevras sur-le-champ.

(Ils sortent.)

FIN DU QUATRIÈME ACTE.

ACTE CINQUIÈME

SCÈNE I

Une pièce dans l'hôtellerie de la *Jarretière*.

Entrent FALSTAFF ET MISTRISS QUICKLY.

FALSTAFF.—Trêve de bavardage, je t'en prie. Adieu; je m'y rendrai. Voici la troisième tentative; le nombre impair me portera bonheur, j'espère. Allons, va-t'en. On dit qu'il y a dans les nombres impairs une vertu divine, soit qu'ils s'appliquent à la naissance, à la fortune ou à la mort. Adieu.

QUICKLY.—Je vous aurai une chaîne, et je vais faire de mon mieux pour vous procurer une paire de cornes.

FALSTAFF.—Adieu, vous dis-je : le temps se perd, allez, levez la tête, et rengorgez-vous. (*Sort mistriss Quickly. Entre Ford.*) Ah! vous voilà, monsieur Brook; monsieur Brook, les choses s'éclairciront ce soir, ou jamais. Trouvez-vous vers minuit dans le parc, auprès du chêne de Herne; vous y verrez des merveilles.

FORD.—Mais n'êtes-vous pas allé hier, monsieur, au rendez-vous qu'on vous avait donné?

FALSTAFF.—J'y allai comme vous me voyez, monsieur Brook, en pauvre vieil homme, mais j'en revins en pauvre vieille femme; son mari, le coquin de Ford, a dans le corps le plus fameux enragé démon de jalousie, monsieur Brook, qui se soit jamais avisé de gouverner un fou de son espèce. Je vous dirai qu'il m'a cruellement battu sous ma figure de vieille femme; sous ma figure d'homme je ne craindrais pas Goliath, une aune de tisserand en main : je sais comme un autre que la vie n'est qu'une navette¹. Je suis pressé, venez avec moi; je vous conterai tout cela, monsieur Brook. Depuis le temps où je plumais la poule, négligeais mes leçons et fouettais le sabot, je n'avais pas su ce que c'est que d'être battu jusqu'aujourd'hui. Suivez-moi, je vous dirai d'étranges choses de ce coquin de Ford. J'en serai vengé cette nuit et je vous livrerai sa femme. Votre expédition est réglée ; j'ai la Ford dans mes mains. Venez, d'étranges affaires se préparent, monsieur Brook, venez.

(Ils sortent.)

SCÈNE II

Le parc de Windsor.

Entrent PAGE, SHALLOW ET SLENDER.

PAGE.—Venez, venez. Il faut nous tapir dans ces fossés du château, jusqu'à ce que les flambeaux de nos lutins nous donnent le signal. Mon fils Slender, songez à ma fille.

SLENDER.—Oui vraiment, j'ai parlé avec elle, et nous sommes convenus d'un mot du guet pour nous reconnaître l'un l'autre. J'irai à elle; elle sera en blanc ; je dirai *chut*, elle répondra *budget* ; et, voyez-vous, par là nous nous reconnaîtrons l'un l'autre.

SHALLOW.—Voilà qui est bien ; mais qu'avez-vous besoin de votre *chut*, ou de son *budget*? Le blanc l'annoncera et la désignera de reste. Dix heures ont sonné.

PAGE.—La nuit est noire. Des follets, des lumières y figureront au mieux. Que le ciel protége notre divertissement! Personne ici ne songe à mal que le diable, et nous le reconnaîtrons à ses cornes.—Allons, suivez-moi.

(Ils sortent.)

¹ *Life is a shuttle.* Allusion à des paroles de l'Écriture.

SCÈNE III

La grande rue de Windsor.

Entrent MISTRISS PAGE, FORD ET *le* DOCTEUR CAÏUS.

MISTRISS PAGE.—Monsieur le docteur, ma fille est en vert. Dès que vous trouverez votre moment, prenez son bras, menez-la au doyenné, et hâtez la cérémonie. Entrez toujours dans le parc : il faut que nous deux nous nous y rendions ensemble.

CAÏUS.—Je sais ce que je dois faire. Adieu.

MISTRISS PAGE.—Bon succès, docteur. (*Il sort.*) Mon mari se réjouira moins du tour qu'on prépare à Falstaff, qu'il ne se fâchera du mariage de Nancy avec le docteur. Mais n'importe. Mieux vaut une petite gronderie qu'un grand crève-cœur.

MISTRISS FORD.—Où est Jean avec sa troupe de lutins? et Hugh, notre diable gallois?

MISTRISS PAGE.—Ils sont tous accroupis dans une ravine voisine du chêne de Herne, avec des lumières cachées. Au moment où Falstaff viendra nous joindre, il les feront tous à la fois briller au milieu de la nuit.

MISTRISS FORD. — Il est impossible qu'il ne soit pas effrayé.

MISTRISS PAGE.—S'il n'est pas effrayé, au moins sera-t-il honni; et s'il s'effraye, il sera mieux honni encore.

MISTRISS FORD.—Nous le conduisons joliment dans le piége.

MISTRISS PAGE.—Pour punir de tels libertins et leurs vilains désirs, un piége n'est pas une trahison.

MISTRISS FORD. — L'heure approche. Au chêne, au chêne.

(*Elles sortent.*)

SCÈNE IV

Le parc de Windsor.

Entrent EVANS ET *des* FÉES.

EVANS.—Trottez, trottez, petites fées : venez, et souvenez-vous bien de vos rôles. De la hardiesse, je vous prie. Suivez-moi dans le ravin ; et quand je vous dirai le mot du guet, faites ce que je vous ai dit. Allons, allons, trottez, trottez.

(Ils sortent.)

SCÈNE V

Une autre partie du parc.

Entre FALSTAFF *déguisé avec un bois de cerf sur la tête.*

FALSTAFF.—L'horloge de Windsor a sonné minuit ; l'heure s'avance.—Dieux au sang amoureux, assistez-moi maintenant. Souviens-toi, Jupiter, que tu devins taureau pour ton Europe : l'amour s'assit entre tes cornes. O puissance de l'amour qui, dans quelques occasions, fait d'une bête un homme, et dans quelques autres fait de l'homme une bête ! tu devins cygne aussi, Jupiter, pour l'amour de Léda. Oh ! tout-puissant amour ! combien le dieu alors se rapprochait de la nature d'une oie ! Le premier péché te changea en bétail ; péché de bête ! oh ! Jupiter ! et le second te transforme en volaille, penses-y, Jupiter ; péché de volage [1].—Quand les dieux sont si lascifs, que feront les pauvres humains ? Quant à moi, je suis cerf de Windsor, et, je puis le dire, le plus gras de la forêt ! Jupin, rafraîchis et calme mon au-

---

[1] *A foul fault*, dit Falstaff, jouant sur le mot *fowl* (oiseau) et le mot *foul* (coupable, odieux). Il a fallu chercher quelque espèce d'équivalent à cette plaisanterie.

tomne, ou ne trouve pas mauvais que je dépense l'excès de mon embonpoint[1]. Qui vient ici? Est-ce ma biche?

(Entrent mistriss Ford et mistriss Page.)

MISTRISS FORD. — Sir John, est-ce vous, mon cerf, mon vigoureux cerf[2]?

FALSTAFF. — Oui, ma biche aux poils noirs[3]. Que maintenant le ciel fasse pleuvoir des patates[4], fasse résonner sa foudre sur l'air des *Vertes manches*, m'envoie une grêle d'épices, une neige de panicots, qu'une tempête de stimulants vienne m'assaillir! Voilà mon asile.

(Il l'embrasse.

MISTRISS FORD. — Mistriss Page est venue avec moi, mon cher cœur.

FALSTAFF. — Partagez-moi comme un chevreuil offert à deux juges; prenez chacune un quartier. Je garde pour moi mes côtes; mes épaules seront pour le garde du bois[5]. Quant à mes cornes, je les lègue à vos maris. Ha! ha! suis-je l'homme du bois? Sais-je imiter Herne le chasseur? —Allons, Cupidon se montre enfin garçon de conscience; il fait restitution.—Comme il est vrai que je suis un esprit loyal, soyez les bienvenues.

(Bruit derrière le théâtre.)

MISTRISS PAGE. — Hélas! quel bruit est-ce là?

MISTRISS FORD. — Le ciel nous pardonne nos péchés!

FALSTAFF. — Qu'est-ce que cela peut-être?

MISTRISS FORD ET MISTRISS PAGE. — Fuyons, fuyons.

(Elles se sauvent en courant.)

[1] *Send me a cool rut-time, Jove, or who can blame me to piss my tallow?*

[2] *My male deer.* Le jeu de mots sur *deer* (daim) et *dear* (cher) s'est déjà rencontré plusieurs fois : il a été impossible de le rendre ici même par un équivalent.

[3] *Black scut.*

[4] *Potatoes.* Les patates, lorsqu'on les introduisit en Angleterre, y passaient pour un stimulant. Probablement l'air des *Vertes manches* rappelait à Falstaff quelque idée gaillarde, et, au lieu d'épices, il demande une grêle de *kissing comfits*; ce qu'il a fallu rendre autrement pour être intelligible en français. Pour les *kissing comfits*, voyez les notes de *Roméo et Juliette*.

[5] *The fellow of this walk.* Dans les règles de la vénerie, les épaules de la bête revenaient de droit au garde du bois.

FALSTAFF.—Je pense que le diable ne veut pas me voir damné, de peur que l'huile contenue dans ma personne ne mette le feu à l'enfer; autrement il ne me traverserait pas ainsi.

(Entrent sir Hugh Evans en satyre, mistriss Quickly et Pistol. Anne Page en reine des fées, accompagnée de son frère et de plusieurs autres jeunes garçons déguisés en fées avec des bougies allumées sur la tête.)

QUICKLY.—Esprits noirs, gris, verts et blancs qui vous réjouissez au clair de la lune et sous les ombres de la nuit ; enfants sans père [1], entre les mains de qui repose l'immuable destinée, rendez-vous à votre devoir et remplissez vos fonctions. Lutin crieur, faites l'appel des fées.

PISTOL.—Esprits, écoutez vos noms; silence, atomes aériens. *Cri cri,* élance-toi aux cheminées de Windsor, et là où le feu ne sera pas couvert, le foyer point balayé, pince les servantes jusqu'à les rendre violettes comme des mûres. Notre rayonnante reine hait les malpropres et la malpropreté.

FALSTAFF, *bas, tremblant.*—Ce sont des lutins! quiconque leur parle est mort. Je vais fermer les yeux et me coucher à terre; leurs œuvres sont interdites à l'œil de l'homme.

---

[1] *You orphan-heirs of fixed destiny.* Les commentateurs sont demeurés dans l'embarras sur le sens de ce passage qui ne paraît cependant pas très-difficile à saisir. Dans les superstitions relatives aux fées, lutins et esprits follets, etc, on attribue à ces êtres mystérieux tous les effets de ce que nous appelons hasard, tout événement qui n'est pas le résultat d'une prédétermination connue. Ainsi, confondant poétiquement l'agent avec son action, Shakspeare a pu prendre les fées, les lutins, etc., pour les hasards eux-mêmes, et, dans ce sens, les appeler *orphans,* orphelins, enfants sans père. Ensuite *heir,* dans la langue de Shakspeare, signifie pour le moins aussi souvent possesseur qu'héritier. Il n'est pas douteux que le double sens du mot, joint surtout à celui d'*orphans* (héritiers orphelins), n'ait ici séduit Shakspeare qui ne résiste jamais à ce genre de séduction; mais il paraît également clair que, par *heirs of fixed destiny,* il a entendu ceux entre les mains de qui réside, est déposée l'immuable destinée ; et, peut-être ici, le vague de l'expression convient-il assez bien au genre d'idées qu'avait à rendre le poëte.

EVANS.—Où est *Bède?* Allez, et quand vous trouverez une jeune fille qui, avant de se coucher, ait dit trois fois ses prières, réjouissez son imagination, et donnez-lui le profond sommeil de l'insouciante enfance; mais pour celles qui dorment sans songer à leurs péchés, pincez-leur les bras, les jambes, le dos, les épaules, les côtés et le menton.

QUICKLY.—A l'ouvrage, à l'ouvrage ; esprits, parcourez le château de Windsor, en dedans et en dehors. Fées, répandez les dons du bonheur dans chacune de ses salles sacrées ; que jusqu'au jour du jugement il demeure entier autant que magnifique, digne de son possesseur, et son possesseur digne de lui. Nettoyez avec le parfum du baume et des fleurs les plus précieuses les sièges destinés aux différentes dignités de l'ordre, les statues ornées, les cottes d'armes, et les écussons à jamais sanctifiés par les plus loyales armoiries. Et pendant la nuit, fées des prairies, ayez soin, en chantant, de former un cercle semblable à celui de la Jarretière. Que l'endroit qui en portera l'empreinte devienne d'un vert plus frais et plus fertile que celui d'aucune des prairies qu'on ait jamais pu voir. *Honni soit qui mal y pense* y sera écrit par vous, en touffes de couleur d'émeraude, en fleurs incarnates bleues et blanches, semblables aux saphirs, aux perles et à la riche broderie qui s'attache au-dessous du genou fléchissant de cette brillante chevalerie. Les fées écrivent en caractères de fleurs. Allez, dispersez-vous, mais n'oublions pas la danse d'usage que nous devons former autour du chêne de Herne jusqu'à ce que l'horloge ait sonné une heure.

EVANS.—Je vous prie, prenons-nous les mains dans l'ordre accoutumé ; vingt vers luisants nous serviront de lanternes pour conduire notre danse autour de l'arbre. Mais arrêtez, je sens un homme de la moyenne terre.

FALSTAFF.—Que les cieux me défendent de ce lutin gallois! il me changerait en un morceau de fromage.

EVANS.—Vil insecte, tu as été rejeté dès ta naissance.

QUICKLY.—Que le feu d'épreuve touche le bout de son doigt ; s'il est chaste, la flamme retournera en arrière et

ACTE V, SCÈNE V.

il n'en sentira aucune douleur; mais s'il tressaille, sa chair renferme un cœur corrompu.

PISTOL.—A l'épreuve, venez!

EVANS.—Venez voir si son bois prendra feu.

(Ils le brûlent avec leurs flambeaux.)

FALSTAFF.—Oh! oh! oh!

QUICKLY.—Corrompu, corrompu, souillé de mauvais désirs! Fées, entourez-le; que vos chants lui reprochent sa honte; et, en tournant, pincez-le en cadence.

EVANS.—Cela est juste; il est plein de vices et d'iniquités.

(Chant.)

Honte aux coupables désirs,
Honte à l'impureté et à la luxure :
La luxure est un feu
Allumé dans le sang par l'incontinence des désirs du cœur;
Ses flammes s'élèvent insolemment,
Excitées par la pensée, et aspirent toujours plus haut.
Pincez-le, fées, toutes ensemble;
Pincez-le pour punir son infamie;
Pincez-le, brûlez-le, tournez autour de lui,
Jusqu'à ce que vos flambeaux, la lumière des étoiles
Et le clair de lune aient cessé de briller.

(Durant ce chant, les fées pincent Falstaff. Le docteur Caius arrive d'un côté et enlève une des fées habillée de vert; Slender vient par une autre route, enlève une des fées vêtue de blanc; puis Fenton survient et s'échappe avec Anne Page. Un bruit de chasse se fait entendre derrière le théâtre; toutes les fées s'enfuient. Falstaff arrache ses cornes et se relève.)

(Entrent Page et Ford, mistriss Page et mistriss Ford. Ils se saisissent de Falstaff.)

PAGE.—Non, ne fuyez pas ainsi.—Je crois que nous vous avons attrapé pour le coup: n'avez-vous donc pas pour vous échapper d'autre déguisement que celui de Herne le chasseur?

MISTRISS PAGE.—Allons, je vous prie, venez: ne poussons pas plus loin la plaisanterie. Eh bien, mon cher sir John, que dites-vous maintenant des femmes de Windsor?

Et vous, mon mari, voyez : cette belle paire de cornes ne convient-elle pas mieux à la forêt qu'à la ville ?

FORD. — Eh bien, mon cher monsieur, qui de nous deux est le sot ?... Monsieur Brook, Falstaff est un gredin, gredin de cocu. Voilà ses cornes, monsieur Brook ; et de toutes les jouissances qu'il s'était promises sur ce qui appartient à Ford, il n'a eu que celle de son panier de lessive, de sa canne, et de vingt livres sterling qu'il faudra rendre à M. Brook. Ses chevaux sont saisis pour gage, monsieur Brook.

MISTRISS FORD. — Sir John, le malheur nous en veut ; nous n'avons jamais pu parvenir à nous trouver ensemble. Allons, je ne vous prendrai plus pour mon amant ; mais je vous tiendrai toujours pour cher[1].

FALSTAFF. — Je commence à voir qu'on a fait de moi un âne.

MISTRISS FORD. — Oui ; et aussi un bœuf gras : les preuves subsistent.

FALSTAFF. — Ce ne sont donc pas des fées ? J'ai eu deux ou trois fois l'idée que ce n'étaient pas des fées ; et cependant les remords de ma conscience, le saisissement soudain de toutes mes facultés, m'ont aveuglé sur la grossièreté du piége, et m'ont fait croire dur comme fer, contre toute rime et toute raison, que c'étaient des fées. Voyez donc comme l'esprit peut faire de nous un sot, quand il est employé à mal.

EVANS. — Sir John Falstaff, servez Dieu, renoncez à vos mauvais désirs, et les fées ne vous pinceront plus.

FORD. — Bien dit, Hugh l'esprit !

EVANS. — Et vous, renoncez à vos jalousies, je vous en prie.

FORD. — Jamais il ne m'arrivera de me défier de ma femme, que lorsque tu seras en état de lui faire ta cour en bon anglais.

FALSTAFF. — Me suis-je donc desséché, brûlé le cerveau

---

[1] *My deer.* Toujours le même jeu de mots entre *deer* et *dear.* On a tâché d'y substituer celui de *cher* et *chair,* une traduction parfaitement fidèle étant impossible.

au soleil, au point qu'il ne m'en reste pas assez pour échapper à une grossière déception? Un bouc gallois m'aura fait danser à sa guise, et pourra me coiffer d'un bonnet de fou de son pays? Il serait grand temps qu'on m'étranglât avec une boule de fromage grillé.

EVANS.—Le fromage n'est pas bon avec le beurre; et votre ventre est tout beurre.

FALSTAFF. Fromage et beurre! Ai-je assez vécu pour recevoir la leçon d'un gaillard qui vous met l'anglais en capilotade? En voilà plus qu'il ne faut pour décréditer par tout le royaume la débauche et les courses nocturnes.

MISTRISS PAGE.—Eh quoi, sir John, pensez-vous que quand même nous aurions banni la vertu de nos cœurs, par la tête et par les épaules, et que nous aurions voulu nous damner sans scrupule, le diable eût jamais pu nous rendre amoureuses de vous?

FORD.—D'un vrai pudding, d'un ballot d'étoupes.

MISTRISS PAGE.—D'un essoufflé!

PAGE.—Vieux, glacé, flétri, et d'une bedaine intolérable.

FORD.—D'une langue de Satan!

PAGE.—Pauvre comme Job!

FORD.—Et aussi méchant que sa femme.

EVANS.—Et adonné aux fornications, aux tavernes, au vin d'Espagne, et à la bouteille, et aux liqueurs, et à la boisson, et aux jurements, et aux impudences, et aux ci et aux ça.

FALSTAFF.—Fort bien; je suis le sujet de votre éloquence: vous avez le pion sur moi; je suis confondu; je ne suis pas même en état de répondre à ce blanc-bec de Gallois, et l'ignorance même me foule aux pieds. Traitez-moi comme il vous plaira.

FORD.—Vraiment, mon cher, nous allons vous conduire à Windsor, à un monsieur Brook à qui vous avez filouté de l'argent, et dont vous aviez consenti à vous faire l'entremetteur: je pense que la restitution de cet argent vous sera une douleur beaucoup plus amère que tout ce que vous avez déjà enduré.

MISTRISS FORD.—Non, mon mari, laissez-lui cet argent

en réparation ; abandonnez-lui cette somme, et comme cela nous serons tous amis.

FORD. —Allons, soit ; voilà ma main : tout est pardonné.

PAGE. —Allons, gai chevalier ; tu feras collation ce soir chez moi, où tu riras aux dépens de ma femme, comme elle rit maintenant aux tiens : dis-lui que monsieur Slender vient d'épouser sa fille.

MISTRISS PAGE, *à part*. —Les docteurs en doutent : s'il est vrai qu'Anne Page soit ma fille, elle est actuellement la femme du docteur Caius.

(Entre Slender.)

SLENDER. —Oh ! oh ! oh ! père Page.

PAGE. —Qu'est-ce que c'est, mon fils, qu'est-ce que c'est ? est-ce fini ?

SLENDER. —Oui, fini..... Je le donne au plus habile homme du comté de Glocester, pour y connaître quelque chose, ou je veux être pendu, là, voyez-vous.

PAGE. —Et de quoi s'agit-il donc, mon fils ?

SLENDER. —J'arrive là-bas à Éton pour épouser mademoiselle Anne Page ; et elle s'est trouvée être un grand nigaud de garçon : si ce n'avait pas été dans l'église, je l'aurais étrillé, ou il m'aurait étrillé. Si je n'avais pas cru que c'était Anne Page, que je ne bouge jamais de la place ; et c'est un postillon du maître de poste !

PAGE. —Sur ma vie, vous vous êtes donc trompé ?

SLENDER. —Eh ! qu'avez-vous besoin de me le dire ? Je le sais bien, morbleu ! puisque j'ai pris un garçon pour une fille. Si je m'étais trouvé l'avoir épousé à cause de la figure qu'il avait dans sa robe de femme, j'aurais été bien avancé.

PAGE. —C'est la faute de votre bêtise. Ne vous avais-je pas dit comment vous reconnaîtriez ma fille à la couleur de ses habits ?

SLENDER. —Je me suis adressé à celle qui était en blanc ; je lui ai dit *chut*, et elle m'a répondu *budget*, comme nous en étions convenus, mistriss Anne et moi ; et cependant ce n'était pas mistriss Anne, mais un postillon de la poste.

EVANS. —Jésus ! monsieur Slender, n'y voyez-vous donc pas assez clair pour ne pas épouser un garçon.

PAGE. — Oh! je suis cruellement vexé. Que faire?

MISTRISS PAGE. — Cher George, ne vous fâchez pas : je savais votre dessein ; en conséquence, j'ai fait habiller ma fille en vert, et, pour dire la vérité, elle est maintenant avec le docteur au doyenné, où on les marie.

(Entre Caius.)

CAIUS. — Où est mistriss Anne Page? palsambleu! je suis attrapé ; j'ai épousé un garçon, un paysan ; ce n'est point Anne Page. Palsambleu! je suis attrapé.

MISTRISS PAGE. — Quoi! n'avez-vous pas pris celle qui était en vert?

CAIUS. — Oui, palsambleu! et c'est un garçon. Palsambleu! je vais soulever tout Windsor.

(Il sort.)

FORD. — C'est étrange! Qui donc aura emmené la véritable Anne Page?

PAGE. — Le cœur ne me dit rien de bon. Voici monsieur Fenton. (*Entrent Fenton et mistriss Anne Page.*) Que venez-vous faire ici, monsieur Fenton?

ANNE. — Pardon, mon bon père; ma bonne mère, pardon.

PAGE. — Quoi? mademoiselle, comment arrive-t-il que vous ne soyez pas avec monsieur Slender?

MISTRISS PAGE. — Par quel hasard n'êtes-vous pas avec monsieur le docteur, jeune fille?

FENTON. — Vous la troublez : écoutez-moi, vous allez savoir toute la vérité. Chacun de vous la mariait honteusement, sans qu'il y eût aucun amour mutuel. La vérité est qu'elle et moi depuis longtemps engagés l'un à l'autre, nous le sommes maintenant d'une manière si solide, que rien ne peut nous séparer. La faute qu'elle a commise est vertu ; et cette fraude ne doit point être traitée ni de supercherie criminelle, ni de désobéissance, ni de manque de respect, puisque par là votre fille évite des jours de malheur et de malédiction que lui aurait fait passer un mariage forcé.

FORD. — Allons, ne restez pas interdits, il n'y a pas de remède : en amour, c'est le ciel qui choisit les conditions ; l'argent achète des terres, le sort livre les femmes.

FALSTAFF.—Je suis bien aise de voir qu'en ne voulant que tirer sur moi seul, quelques-uns de vos traits sont retombés sur vous.

PAGE.—Allons, en effet, quel remède?—Fenton, le ciel t'accorde le bonheur! il faut bien accepter ce qu'on ne peut éviter.

FALSTAFF.—Quand les chiens de nuit courent, toutes espèces de bêtes sont prises.

EVANS.—Je danserai et je mangerai des dragées à vos noces.

MISTRISS PAGE.—Allons, je me rends aussi.—Monsieur Fenton que le ciel vous accorde de longs et longs jours de bonheur! Bon mari, allons tous au logis rire, devant un bon feu de campagne, de cette joyeuse histoire ; et sir John comme les autres.

FORD.—Ainsi soit-il.—Sir John, vous tiendrez votre parole à monsieur Brook : il passera la nuit avec mistriss Ford.

(Tous sortent.)

FIN DU CINQUIÈME ET DERNIER ACTE.

LE ROI JEAN

TRAGÉDIE

MART TON EL
EDICIONS

NOTICE SUR LE ROI JEAN

Shakspeare n'a point écrit ses drames historiques dans l'ordre chronologique et pour reproduire sur le théâtre, comme ils s'étaient successivement développés en fait, les événements et les personnages de l'histoire d'Angleterre. Il ne songeait pas à travailler sur un plan ainsi général et systématique. Il composait ses pièces selon que telle ou telle circonstance lui en fournissait l'idée, lui en inspirait la fantaisie, ou lui en imposait la nécessité, ne se souciant guère de la chronologie des sujets ni de l'ensemble que tels ou tels ouvrages pouvaient former. Il a porté sur la scène presque toute l'histoire d'Angleterre, du treizième au seizième siècle, depuis Jean sans Terre jusqu'à Henri VIII, commençant par le quinzième siècle et le roi Henri VI pour remonter ensuite au treizième siècle et au roi Jean, et ne finissant qu'après avoir plusieurs fois encore interverti l'ordre des siècles et des rois. Voici, selon ses plus savants commentateurs, selon M. Malone, entre autres, la chronologie théâtrale de ses six drames historiques :

1° Première partie du roi *Henri VI* (roi de 1422 à 1461), composée en 1589.
2° Deuxième partie de *Henri VI*, 1591.
3° Troisième partie de *Henri VI*, 1591.
4° *Le Roi Jean* (de 1199 à 1216), 1596.
5° *Le Roi Richard II* (de 1377 à 1399), 1597.
6° *Le Roi Richard III* (de 1483 à 1485), 1599.
7° Première partie du roi *Henri IV* (de 1399 à 1413), 1597.
8° Deuxième partie de *Henri IV*, 1598.
9° *Le Roi Henri V* (de 1413 à 1422), 1599.
10° *Le Roi Henri VIII* (de 1509 à 1547), 1601.

Mais après avoir exactement indiqué l'ordre chronologique de la composition des drames historiques de Shakspeare, il faut, pour en bien apprécier le caractère et l'enchaînement dramatique, les replacer comme nous le faisons dans l'ordre vrai des événements; ainsi seulement on assiste au spectacle du génie de Shakspeare déroulant et ranimant l'histoire de son pays.

En choisissant pour sujet d'une tragédie le règne de Jean sans Terre, Shakspeare s'imposait la nécessité de ne pas respecter scrupuleusement l'histoire. Un règne où, dit Hume, « l'Angleterre se vit déjouée et humiliée dans toutes ses entreprises, » ne pouvait être représenté dans toute sa vérité devant un public anglais et une cour anglaise; et le seul souvenir du roi Jean auquel la nation doive attacher du prix, la grande Charte, n'était pas de ceux qui devaient intéresser vivement une reine telle qu'Élisabeth. Aussi la pièce de Shakspeare ne présente-t-elle qu'un sommaire des dernières années de ce règne honteux; et l'habileté du poëte s'est employée à voiler le caractère de son principal personnage sans le défigurer, à dissimuler la couleur des événements sans les dénaturer. Le seul fait sur lequel Shakspeare ait pris nettement la résolution de substituer l'invention à la vérité, ce sont les rapports de Jean avec la France; il faut assurément toutes les illusions de la vanité nationale pour que Shakspeare ait pu présenter et pour que les Anglais aient supporté le spectacle de Philippe-Auguste succombant sous l'ascendant de Jean sans Terre. C'est tout au plus ainsi qu'on aurait pu l'offrir à Jean lui-même lorsqu'enfermé à Rouen, tandis que Philippe s'emparait de ses possessions en France, il disait tranquillement: « Laissez faire les Français, je reprendrai en un jour ce qu'ils « mettent des années à conquérir. » Tout ce qui, dans la pièce de Shakspeare, est relatif à la guerre avec la France, semble avoir été inventé pour la justification de cette gasconnade du plus lâche et du plus insolent des princes.

Dans le reste du drame, l'action même et l'indication des faits qu'il n'était pas possible de dissimuler, suffisent pour faire entrevoir ce caractère où le poëte n'a pas osé pénétrer, où il n'eût pu même pénétrer qu'avec dégoût; mais ni un pareil personnage, ni cette manière gênée de le peindre n'étaient susceptibles d'un grand effet dramatique; aussi Shakspeare a-t-il fait porter l'intérêt de sa pièce sur le sort du jeune Arthur; aussi a-t-il chargé Faulconbridge de ce rôle original et brillant où l'on sent qu'il se complaît, et qu'il ne se refuse guère dans aucun de ses ouvrages.

Shakspeare a présenté le jeune duc de Bretagne à l'âge où pour la première fois on eut à faire valoir ses droits après la mort de Richard, c'est-à-dire environ à douze ans. On sait qu'Arthur en avait vingt-cinq ou vingt-six, qu'il était déjà marié et intéressant par d'aimables et brillantes qualités lorsqu'il fut fait prisonnier par son oncle; mais le poëte a senti combien ce spectacle de la faiblesse aux prises avec la cruauté était plus intéressant dans un enfant; et d'ailleurs, si Arthur n'eût été un enfant, ce n'est pas sa mère qu'il eût été permis de mettre en avant à sa place; en supprimant le rôle de Constance, Shakspeare nous eût peut-être privés de la peinture la plus pathétique qu'il ait jamais tracée de l'amour maternel, l'un des sentiments où il a été le plus profond.

En même temps qu'il a rendu le fait plus touchant, il en a écarté l'horreur en diminuant l'atrocité du crime. L'opinion la plus généralement répandue, c'est qu'Hubert de Bourg, qui ne s'était chargé de faire périr Arthur que pour le sauver, ayant en effet trompé la cruauté de son oncle par de faux rapports et par un simulacre d'enterrement, Jean, qui fut instruit de la vérité, tira d'abord Arthur du château de Falaise où il était sous la garde d'Hubert, se rendit lui-même de nuit et par eau à Rouen où il l'avait fait renfermer, le fit amener dans son bateau, le poignarda de sa main, puis attacha une pierre à son corps et le jeta dans la rivière. On conçoit qu'un véritable poëte ait écarté une semblable image. Indépendamment de la nécessité d'absoudre son principal personnage d'un crime aussi odieux, Shakspeare a compris combien les lâches remords de Jean, quand il voit le danger où le plonge le bruit de la mort de son neveu, étaient plus dramatiques et plus conformes à la nature générale de l'homme que cet excès d'une brutale férocité; et, certes, la belle scène de Jean avec Hubert, après la retraite des lords, suffit bien pour justifier un pareil choix. D'ailleurs le tableau que présente Shakspeare saisit trop vivement son imagination et acquiert à ses yeux trop de réalité pour qu'il ne sente pas qu'après la scène incomparable où Arthur obtient sa grâce d'Hubert, il est impossible de supporter l'idée qu'aucun être humain porte la main sur ce pauvre enfant, et lui fasse subir de nouveau le supplice de l'agonie à laquelle il vient d'échapper; le poëte sait de plus que le spectacle de la mort d'Arthur, bien que moins cruel, serait encore intolérable si, dans l'esprit des spectateurs, il était accompagné de l'angoisse qu'y ajouterait la pensée de Constance; il a eu soin de nous apprendre la mort de la mère avant de nous rendre témoin de celle du fils; comme si, lorsque son génie a conçu, à un certain degré, les douleurs d'un sentiment ou d'une passion, son âme trop tendre s'en effrayait et cherchait pour son propre compte à les adoucir. Quelque malheur que peigne Shakspeare, il fait presque toujours deviner un malheur plus grand devant lequel il recule et qu'il nous épargne.

Le caractère du bâtard Faulconbridge a été fourni à Shakspeare par une pièce de Rowley, intitulée : *The troublesome Reign of King John*, qui parut en 1591, c'est-à-dire cinq ans avant celle de Shakspeare, composée, à ce qu'on croit, en 1596. La pièce de Rowley fut réimprimée en 1611 avec le nom de Shakspeare, artifice assez ordinaire aux libraires et aux éditeurs du temps. Cette circonstance, et l'aisance avec laquelle Shakspeare a puisé dans cet ouvrage, ont fait croire à plusieurs critiques qu'il y avait mis la main, et que *la Vie et la mort du roi Jean* n'était qu'une refonte du premier ouvrage ; mais il ne paraît pas qu'il y ait eu aucune part.

Selon sa coutume, en empruntant à Rowley ce qui lui a convenu, Shakspeare a ajouté de grandes beautés à son original, mais il en a conservé presque toutes les erreurs. Ainsi Rowley a supposé que c'était le duc d'Autriche qui avait tué Richard Cœur de Lion, et en même temps il fait tuer le duc d'Autriche par Faulconbridge, personnage historique dont parle Mathieu Paris sous le nom de Falcasius de Brente, fils naturel de Richard ; et qui, selon Hollinshed, tua le vicomte de Limoges pour venger la mort de son père, tué, comme on sait, au siège de Chaluz, château appartenant à ce seigneur. Pour concilier la version de Hollinshed avec la sienne, Rowley a fait de *Limoges* le nom de famille du duc d'Autriche, qu'il nomme ainsi, *Limoges, duc d'Autriche*. Shakspeare l'a suivi exactement en ceci. C'est de même au duc d'Autriche qu'il attribue la mort de Richard ; c'est de même le duc d'Autriche qui, dans la pièce, reçoit la mort de la main de Faulconbridge ; et quant à la confusion des deux personnages, il paraît que Shakspeare ne s'en est pas fait plus de scrupule que Rowley, si l'on en peut juger par l'interpellation de Constance au duc d'Autriche dans la première scène du troisième acte, où, s'adressant à lui, elle s'écrie : *ô Limoges, ô Austria !* Le caractère de Faulconbridge est une de ces créations du génie de Shakspeare où se retrouve la nature de tous les temps et de tous les pays : Faulconbridge est le vrai soldat, le soldat de fortune, ne reconnaissant personnellement de devoir inflexible qu'envers le chef auquel il a dévoué sa vie et de qui il a reçu la récompense de son courage, et cependant ne demeurant étranger à aucun des sentiments sur lesquels se fondent les autres devoirs, obéissant même à ces instincts d'une rectitude naturelle toutes les fois qu'ils ne se trouvent pas en contradiction avec le vœu de soumission et de fidélité implicite auquel appartient son existence, et même sa conscience : il sera humain, généreux, il sera juste aussi souvent que ce vœu ne lui ordonnera pas l'inhumanité, l'injustice, la mauvaise foi ; il juge bien les choses auxquelles il se soumet, et n'est dans l'erreur que sur la nécessité de s'y soumettre ; il est habile autant que brave, et n'aliène point son jugement en renonçant à le suivre ; c'est une nature forte que les circonstances et le besoin d'employer son activité en un sens quelconque ont réduite à une infériorité morale dont une disposition plus calme et des réflexions plus approfondies sur la véritable destination des hommes l'auraient vraisemblablement préservée. Mais, avec le tort de n'avoir pas cherché assez haut les objets de sa fidélité et de son dévouement, Faulconbridge a le mérite éminent d'un dévouement et d'une fidélité inébranlables, vertus singulièrement hautes, et par le sentiment dont elles émanent, et par les grandes actions dont elles peuvent être la source. Son langage est, comme sa conduite, le résultat d'un mélange de bon sens et d'ardeur d'imagination qui enveloppe souvent la raison dans un fracas de paroles très-naturel aux hommes de la profession et du caractère de Faulconbridge ; sans cesse livrés à l'ébranlement des scènes et des actions les plus violentes, ils ne peuvent trouver dans le langage ordinaire de quoi rendre les impressions dont se compose l'habitude de leur vie.

Le style général de la pièce est moins ferme et d'une couleur moins prononcée que celui de plusieurs autres tragédies du même poëte ; la contexture de l'ouvrage est aussi un peu vague et faible, ce qui tient au défaut d'une idée unique qui ramène sans cesse toutes les parties à un même centre. La seule idée de ce genre qu'on puisse apercevoir dans le Roi Jean, c'est la haine de la domination étrangère l'emportant sur la haine d'une usurpation tyrannique. Pour que cette idée fût saillante et occupât constamment l'esprit du spectateur, il faudrait qu'elle se reproduisît partout, que tout contribuât à faire ressortir le malheur de la lutte entre ces deux sentiments ; mais ce plan, un peu vaste pour un ouvrage dramatique, devenait d'ailleurs inconciliable avec la réserve que s'imposait Shakspeare sur le caractère du roi : aussi une grande partie de la pièce se passe-t-elle en discussions de peu d'intérêt, et dans le reste les événements ne sont pas assez bien amenés ; les lords changent trop légèrement de parti, soit d'abord à cause de la mort d'Arthur, soit ensuite par un motif de crainte personnelle, qui ne présente pas sous un point de vue assez honorable leur retour à la cause d'Angleterre. L'emprisonnement du roi Jean n'est par non plus préparé avec le soin que met d'ordinaire Shakspeare à fonder et à justifier la moindre circonstance de son drame : rien n'indique ce qui a pu porter le moine à une action aussi désespérée, puisqu'en ce moment Jean était réconcilié avec Rome. La tradition à laquelle Shakspeare a emprunté ce fait apocryphe attribue l'action du moine au besoin de se venger d'un mot offensant que lui avait dit le roi. On ne sait trop ce qui a pu porter Shakspeare à adopter ce conte, dont il a tiré si peu de parti : peut-être a-t-il voulu donner aux derniers moments de Jean quelque chose d'une souffrance infernale, sans avoir recours à des remords qui en effet n'eussent pas été plus d'accord avec le caractère réel de ce méprisable prince qu'avec la manière adoucie dont le poëte l'a tracé.

LE ROI JEAN

TRAGÉDIE

PERSONNAGES

LE ROI JEAN.
LE PRINCE HENRI son fils, depuis le roi Henri III.
ARTHUR, duc de Bretagne, fils de Geoffroy, dernier duc de Bretagne, et frère aîné du roi Jean.
GUILLAUME MARESHALL, comte de Pembroke.
GEOFFROY FITZ-PETER, comte d'Essex, grand justicier d'Angleterre.
GUILLAUME LONGUE-ÉPÉE, comte de Salisbury.
ROBERT BIGOT, comte de Norfolk.
HUBERT.
ROBERT FAULCONBRIDGE, fils de sir Robert Faulconbridge.
PHILIPPE FAULCONBRIDGE, son frère utérin, bâtard du roi Richard Ier.

JACQUES GOURNEY, attaché au service de lady Faulconbridge.
PIERRE DE POMFRET, prophète.
PHILIPPE, roi de France.
LOUIS, dauphin.
L'ARCHIDUC D'AUTRICHE.
LE CARDINAL PANDOLPHE, légat du pape.
MELUN, seigneur français.
CHATILLON, ambassadeur de France, envoyé au roi Jean.
ÉLÉONORE, veuve du roi Henri II, et mère du roi Jean.
CONSTANCE, mère d'Arthur.
BLANCHE, fille d'Alphonse, roi de Castille, et nièce du roi Jean.
LADY FAULCONBRIDGE, mère du bâtard et de Robert Faulconbridge.

SEIGNEURS, DAMES, CITOYENS D'ANGERS, OFFICIERS, SOLDATS, HÉRAUTS, MESSAGERS, ET AUTRES GENS DE SUITE.

La scène est tantôt en Angleterre, et tantôt en France.

ACTE PREMIER

SCÈNE I

Northampton. — Une salle de représentation dans le palais.

Entrent LE ROI JEAN, LA REINE ÉLÉONORE, PEMBROKE, ESSEX, ET SALISBURY *avec* CHATILLON.

LE ROI JEAN.—Eh bien, Châtillon, parlez; que veut de nous la France?

CHATILLON.—Ainsi, après vous avoir salué, parle le roi de France, par moi son ambassadeur, à Sa Majesté, à Sa Majesté usurpée d'Angleterre.

ÉLÉONORE.—Étange début ! Majesté usurpée !

LE ROI JEAN.—Silence, ma bonne mère, écoutez l'ambassade.

CHATILLON.—Philippe de France, suivant les droits et au nom du fils de feu Geoffroy votre frère, Arthur Plantagenet, fait valoir ses titres légitimes à cette belle île et son territoire, l'Irlande, Poitiers, l'Anjou, la Touraine, le Maine ; vous invitant à déposer l'épée qui usurpe la domination de ces différents titres, et à la remettre dans la main du jeune Arthur, votre neveu, votre royal et vrai souverain.

LE ROI JEAN.—Et que s'ensuivra-t-il si nous nous y refusons ?

CHATILLON.—L'impérieuse entremise d'une guerre sanglante et cruelle, pour ressaisir par la force des droits que la force seule refuse.

LE ROI JEAN.—Ici nous avons guerre pour guerre, sang pour sang, hostilité pour hostilité : c'est ainsi que je réponds au roi de France.

CHATILLON.—Dès lors recevez par ma bouche le défi de mon roi, dernier terme de mon ambassade.

LE ROI JEAN.—Porte-lui le mien, et va-t'en en paix.— Sois aux yeux de la France comme l'éclair ; car avant que tu aies pu annoncer que j'y viendrai, le tonnerre de mon canon s'y fera entendre. Ainsi donc, va-t'en ! sois la trompette de ma vengeance et le sinistre présage de votre ruine. — Qu'on lui donne une escorte honorable ; Pembroke, veillez-y.—Adieu, Châtillon.

(Châtillon et Pembroke sortent.)

ÉLÉONORE.—Eh bien, mon fils ! n'ai-je pas toujours dit que cette ambitieuse Constance n'aurait point de repos qu'elle n'eût embrasé la France et le monde entier pour les droits et la cause de son fils ? Quelques faciles arguments d'amour auraient pu cependant prévenir et arranger ce que le gouvernement de deux royaumes doit régler maintenant par des événements terribles et sanglants.

LE ROI JEAN.—Nous avons pour nous notre solide possession et notre droit.

ÉLÉONORE.—Votre solide possession bien plus que votre droit; autrement cela irait mal pour vous et moi; ma conscience confie ici à votre oreille ce que personne n'entendra jamais que le ciel, vous et moi.

(Entre le shérif de Northampton, qui parle bas à Essex.)

ESSEX.—Mon souverain, on apporte ici de la province, pour être soumis à votre justice, le plus étrange différend dont j'aie jamais entendu parler: introduirai-je les parties?

LE ROI JEAN.—Qu'elles approchent.—Nos abbayes et nos prieurés payeront les frais de cette expédition. (*Le shérif rentre avec Robert Faulconbridge et Philippe son frère bâtard.*) Quelles gens êtes-vous?

PHILIPPE FAULCONBRIDGE. — Je suis moi, votre fidèle sujet, un gentilhomme né dans le comté de Northampton; et fils aîné, comme je le suppose, de Robert Faulconbridge, soldat fait chevalier sur le champ de bataille par Cœur de Lion, dont la main conférait l'honneur.

LE ROI JEAN.—Et toi, qui es-tu?

ROBERT FAULCONBRIDGE.—Le fils et l'héritier du même Faulconbridge.

LE ROI JEAN.—Celui-ci est l'aîné, et tu es l'héritier? Vous ne veniez donc pas de la même mère, ce me semble.

PHILIPPE FAULCONBRIDGE. — Très-certainement de la même mère, puissant roi; cela est bien connu, et du même père aussi, à ce que je pense; mais pour la connaissance certaine de cette vérité, je vous en réfère au ciel et à ma mère; quant à moi j'en doute, comme peuvent le faire tous les enfants des hommes.

ÉLÉONORE.—Fi donc! homme grossier, tu diffames ta mère et blesses son honneur par cette méfiance.

PHILIPPE FAULCONBRIDGE.—Moi, madame? Non, je n'ai aucune raison pour cela; c'est la prétention de mon frère, et non pas la mienne; s'il peut le prouver, il me chasse de cinq cents bonnes livres de revenu au moins. Que le ciel garde l'honneur de ma mère, et mon héritage avec!

LE ROI JEAN.—Un bon garçon tout franc.—Pourquoi ton frère, étant le plus jeune, réclame-t-il ton héritage?

PHILIPPE FAULCONBRIDGE.—Je ne sais pas pourquoi, si ce n'est pour s'emparer du bien. Une fois il m'a insolemment accusé de bâtardise : que je sois engendré aussi légitimement que lui, oui ou non, c'est ce que je mets sur la tête de ma mère ; mais que je sois aussi bien engendré que lui, mon souverain (que les os qui prirent cette peine pour moi reposent doucement), comparez nos visages, et jugez vous-même, si le vieux sir Robert nous engendra tous deux, s'il fut notre père ;—que celui-là lui ressemble. O vieux sir Robert, notre père, je remercie le ciel à genoux de ce que je ne vous ressemble pas !

LE ROI JEAN.—Quelle tête à l'envers le ciel nous a envoyée là !

ÉLÉONORE.—Il a quelque chose du visage de Cœur de Lion, et l'accent de sa voix le rappelle ; ne découvrez-vous pas quelques traces de mon fils dans la robuste structure de cet homme ?

LE ROI JEAN.—Mon œil a bien examiné les formes et les trouvé parfaitement celles de Richard. Parle, drôle, quels sont tes motifs pour prétendre aux biens de ton frère ?

PHILIPPE FAULCONBRIDGE.—Parce qu'il a une moitié du visage semblable à mon père ; avec cette moitié de visage il voudrait avoir tous mes biens. Une pièce de quatre sous [1] à demi face, cinq cents livres de revenu !

ROBERT FAULCONBRIDGE.—Mon gracieux souverain, lorsque mon père vivait, votre frère l'employait beaucoup.

PHILIPPE FAULCONBRIDGE.— Fort bien ; mais cela ne fait pas que vous puissiez, monsieur, vous emparer de mon bien ; il faut que vous nous disiez comment il employait ma mère.

ROBERT FAULCONBRIDGE.—Une fois il l'envoya en ambassade en Allemagne pour y traiter avec l'empereur

---

[1] *Half faced groat*, ce fut sous Henri VII que l'on frappa des *groats*, pièces de quatre sous portant la figure du roi de profil. Jusque-là presque toutes les monnaies d'argent avaient porté la figure de face.

d'affaires importantes de ce temps-là. Le roi se prévalut de son absence, et tout le temps qu'elle dura, il séjourna chez mon père. Vous dire comment il y réussit, j'en ai honte, mais la vérité est la vérité. De vastes étendues de mer et de rivages étaient entre mon père et ma mère (comme je l'ai entendu dire à mon père lui-même), lorsque ce vigoureux gentilhomme que voilà fût engendré. A son lit de mort il me légua ses terres par testament, et jura par sa mort que celui-ci, fils de ma mère, n'était point à lui; ou que s'il l'était, il était venu au monde quatorze grandes semaines avant que le cours du temps fût accompli. Ainsi donc, mon bon souverain, faites que je possède ce qui est à moi, les biens de mon père, suivant la volonté de mon père.

LE ROI JEAN.—Jeune homme, ton frère est légitime; la femme de ton père le conçut après son mariage; et si elle n'a pas joué franc jeu, à elle seule en est la faute; faute dont tous les maris courent le hasard du jour où ils prennent femme. Dis-moi, si mon frère, qui, à ce que tu dis, prit la peine d'engendrer ce fils, avait revendiqué de ton père ce fils comme le sien, n'est-il pas vrai, mon ami, que ton père aurait pu retenir ce veau, né de sa vache, en dépit du monde entier; oui, ma foi, il l'aurait pu : donc, si étant à mon frère, mon frère ne pouvait pas le revendiquer, ton père non plus ne peut point le refuser, lors même qu'il n'est pas à lui.—Cela est concluant.—Le fils de ma mère engendra l'héritier de ton père; l'héritier de ton père doit avoir les biens de ton père.

ROBERT FAULCONBRIDGE. — La volonté de mon père n'aura donc aucune force, pour déposséder l'enfant qui n'est pas le sien?

PHILIPPE FAULCONBRIDGE.—Pas plus de force, monsieur, pour me déposséder que n'en eut sa volonté pour m'engendrer, à ce que je présume.

ÉLÉONORE.—Qu'aimerais-tu mieux : être un Faulconbridge et ressembler à ton frère, pour jouir de ton héritage, ou être réputé le fils de Cœur de Lion, seigneur de ta bonne mine, et pas de biens avec?

PHILIPPE FAULCONBRIDGE.—Madame, si mon frère avait ma tournure et que j'eusse la sienne, celle de sir Robert, à qui il ressemble, si mes jambes étaient ces deux housines comme celles-là, que mes bras fussent ainsi rembourrés comme des peaux d'anguille, ma face si maigre, que je craignisse d'attacher une rose à mon oreille, de peur qu'on ne dît : voyez où va cette pièce de trois liards[1], et que je fusse, à raison de cette tournure, héritier de tout ce royaume, je ne veux jamais bouger de cette place, si je ne donnais jusqu'au dernier pouce pour avoir ma figure. Pour rien au monde je ne voudrais être sir Rob[2].

ÉLÉONORE.—Tu me plais : veux-tu renoncer à ta fortune, lui abandonner ton bien et me suivre? Je suis un soldat et sur le point de passer en France.

PHILIPPE FAULCONBRIDGE.—Frère, prenez mon bien, je prendrai, moi, la chance qui m'est offerte. Votre figure vient de gagner cinq cents livres de revenu; cependant, vendez-la cinq sous, et ce sera cher.—Madame, je vous suivrai jusqu'à la mort.

ÉLÉONORE.—Ah ! mais je voudrais que vous y arrivassiez avant moi.

PHILIPPE FAULCONBRIDGE.—L'usage à la campagne est de céder à nos supérieurs.

LE ROI JEAN.—Quel est ton nom ?

PHILIPPE FAULCONBRIDGE. —Philippe, mon souverain, c'est ainsi que commence mon nom. Philippe, fils aîné de la femme du bon vieux sir Robert.

LE ROI JEAN.—Dès aujourd'hui porte le nom de celui dont tu portes la figure. Agenouille-toi Philippe, mais relève-toi plus grand, relève-toi sir Richard et Plantagenet.

[1] *Where three farthings goes.* La reine Élisabeth avait fait frapper différentes pièces de monnaies, entre autres des pièces de trois *farthings*, environ trois liards, portant d'un côté son effigie et de l'autre une rose. La pièce de trois *farthings* était d'argent et extrêmement mince; la mode de porter une rose à son oreille appartenait au même temps.

[2] *Rob* diminutif de *Robert*, et probablement un terme de mépris.

ACTE I, SCÈNE I.

PHILIPPE FAULCONBRIDGE. — Frère du côté maternel, donnez-moi votre main ; mon père me donna de l'honneur, le vôtre vous donna du bien.—Maintenant, bénie soit l'heure de la nuit ou du jour où je fus engendré en l'absence de sir Robert !

ÉLÉONORE. — La vraie humeur des Plantagenets ! — Je suis ta grand'mère, Richard ; appelle-moi ainsi.

PHILIPPE FAULCONBRIDGE. — Par hasard, madame, et non par la bonne foi. Eh bien, quoi ? légèrement à gauche, un peu hors du droit chemin, par la fenêtre ou par la lucarne : qui n'ose sortir le jour marche nécessairement de nuit ; tenir est tenir, de quelque manière qu'on y soit parvenu ; de près ou de loin a bien gagné qui a bien visé ; et je suis moi, de quelque façon que j'aie été engendré.

LE ROI JEAN. — Va, Faulconbridge, tu as maintenant ce que tu voulais : un chevalier sans terre te fait écuyer terrier. — Venez, madame, et vous aussi Richard, venez : Hâtons-nous de partir pour la France ; pour la France, cela est plus que nécessaire.

PHILIPPE FAULCONBRIDGE. — Frère, adieu : que la fortune te soit favorable, car tu fus engendré dans la voie de l'honnêteté. (*Tous les personnages sortent, excepté Philippe.*) D'un pied d'honneur plus riche que je n'étais, mais plus pauvre de bien, bien des pieds de terrain.—Allons, actuellement je puis faire d'une Jeannette une lady.— *Bonjour, sir Richard.—Dieu vous le rende, mon ami.*—Et s'il s'applle George, je l'appellerai Pierre ; car un honneur de date récente oublie le nom des gens : ce serait trop attentif et trop poli pour votre changement de destinée.—Et votre voyageur [1].—Lui et son cure-dent ont leur place aux repas de ma seigneurie ; et lorsque mon estomac de chevalier est satisfait, alors je promène ma langue autour de mes dents, et j'interroge mon élégant

---

[1] Recevoir et questionner les voyageurs était du temps de Shakspeare l'un des passe-temps les plus recherchés de la bonne compagnie. L'usage du cure-dent était regardé comme une affectation de goût pour les modes étrangères.

convive sur les pays qu'il a parcourus : *Mon cher monsieur* (c'est ainsi que je commence, appuyé sur mon coude), *je vous supplie...*—Voilà la demande, et voici incontinent la réponse, comme dans un alphabet : *O monsieur*, dit la réponse, *à vos ordres très-honorés, à votre service, à votre disposition, monsieur....*—Non, monsieur, dit la question : *c'est moi, mon cher monsieur, qui suis à la vôtre...* et la réponse devinant toujours ainsi ce que veut la demande, épargne un dialogue de compliments, et nous entretient des Alpes, des Apennins, des Pyrénées et de la rivière du Pô, arrivant ainsi à l'heure du souper. Voilà la société digne de mon rang, et qui cadre avec un esprit ambitieux comme le mien ! car c'est un vrai bâtard du temps (ce que je serai toujours quoique je fasse) celui qui ne se pénètre pas des mœurs qu'il observe, et cela, non-seulement par rapport à ses habitudes de corps et d'esprit, ses formes extérieures et son costume, mais qui ne sait pas encore débiter de son propre fonds le doux poison, si doux au goût du siècle : ce que toutefois je ne veux point pratiquer pour tromper, mais que je veux apprendre pour éviter d'être trompé, et pour semer de fleurs les degrés de mon élévation.—Mais, qui vient si vite en costume de cheval ? Quelle est cette femme postillon ? N'a-t-elle point de mari qui prenne la peine de sonner du cor devant elle ? (*Entrent lady Faulconbridge et Jacques Gourney.*) O Dieu ! c'est ma mère ! Quoi ! vous à cette heure, ma bonne dame ? qui vous amène si précipitamment ici, à la cour ?

LADY FAULCONBRIDGE.—Où est ce misérable, ton frère ? où est celui qui pourchasse en tous sens mon honneur ?

LE BÂTARD.—Mon frère Robert ? le fils du vieux sir Robert ? le géant Colbrand[1], cet homme puissant ? est-ce le fils de sir Robert que vous cherchez ainsi ?

LADY FAULCONBRIDGE.—Le fils de sir Robert ! Oui, enfant irrespectueux, le fils de sir Robert : pourquoi ce mépris pour sir Robert ? Il est le fils de sir Robert, et toi aussi.

---

[1] Colbrand était un géant danois que Guy de Warwick vainquit en présence du roi Athelstan.

LE BATARD.—Jacques Gourney, voudrais-tu nous laisser pour un moment?

GOURNEY.—De tout mon cœur, bon Philippe.

LE BATARD.—Philippe! le pierrot[1]!—Jacques, il court des bruits.... Tantôt je t'en dirai davantage. (*Jacques sort.*)—Madame je ne suis point le fils du vieux sir Robert; sir Robert aurait pu manger un vendredi saint toute la part qu'il a eue en moi, sans rompre son jeûne. Sir Robert pouvait bien faire, mais de bonne foi, avouez-le, a-t-il pu m'engendrer? Sir Robert ne le pouvait pas; nous connaissons de ses œuvres.—Ainsi donc, ma bonne mère, à qui suis-je redevable de ces membres? Jamais sir Robert n'a aidé à faire cette jambe.

LADY FAULCONBRIDGE.—T'es-tu ligué avec ton frère, toi, qui pour ton propre avantage devrais défendre mon honneur? Que veut dire ce mépris, varlet indiscipliné[2]?

LE BATARD.—Chevalier, chevalier, ma bonne mère, comme Basilisco[3]. Je viens d'être armé; et j'ai le coup sur mon épaule. Mais, ma mère, je ne suis plus le fils de sir Robert; j'ai renoncé à sir Robert et à mon héritage; nom, légitimité, tout est parti; ainsi, ma bonne mère, faites-moi connaitre mon père; c'est quelque homme bien tourné, j'espère : qui était-ce, ma mère?

LADY FAULCONBRIDGE.—As-tu nié d'être un Faulconbridge?

LE BATARD.—D'aussi grand cœur que je renie le diable.

LADY FAULCONBRIDGE.—Le roi Richard Cœur de Lion fut ton père; séduite par une poursuite assidue et pressante, je lui donnai place dans le lit de mon mari. Que

---

[1] On donne aux *pierrots* le nom de *Philippe*, à cause de leur cri qui paraît se rapprocher du son de ce nom.

[2] *Knave.* Ce nom de *varlet*, porté par les jeunes gentilshommes qui n'avaient point encore pris rang dans la chevalerie, était ici le sens exact du mot *knave*, et le seul qui pût faire comprendre la réponse du bâtard. Pour conserver leur véritable couleur et toute leur énergie, les pièces de Shakspeare, du moins celles dont le sujet est tiré de l'histoire d'Angleterre, auraient besoin d'être traduites en vieux langage.

[3] *Basilisco*, personnage ridicule d'une mauvaise comédie anglaise.

le ciel ne me l'impute point à péché! Tu fus le fruit d'une faute qui m'est encore chère, et à laquelle je fus trop vivement sollicitée, pour pouvoir me défendre.

LE BATARD.—Maintenant, par cette lumière, si j'étais encore à naître, madame, je ne souhaiterais pas un plus noble père. Il est des fautes privilégiées sur la terre, et la vôtre est de ce nombre : votre faute ne fut point folie. Il fallait bien mettre votre cœur à la discrétion de Richard, comme un tribut de soumission à son amour tout-puissant; de Richard dont le lion intrépide ne put soutenir la furie et la force incomparable, ni préserver son cœur royal de la main du héros[1]. Celui qui ravit de force le cœur des lions, peut facilement s'emparer de celui d'une femme. Oui, ma mère, de toute mon âme je vous remercie de mon père! Qu'homme qui vive ose dire que vous ne fîtes pas bien, lorsque je fus engendré, j'enverrai son âme aux enfers. Venez, madame, je veux vous présenter à mes parents ; et ils diront que le jour où Richard m'engendra, si tu lui avais dit non, c'eût été un crime. Quiconque dit que c'en fut un en a menti; je dis, moi, que ce n'en fut pas un.

[1] Allusion à une ancienne romance et à de vieilles chroniques où l'on raconte que le roi Richard arracha le cœur d'un lion que le duc d'Autriche avait fait entrer dans sa prison pour le dévorer, en vengeance de la mort de son fils tué par Richard d'un coup de poing. Ce fut de cet exploit, disent la romance et les chroniques, que lui vint le surnom de *Cœur de Lion*, et c'est la peau portée par Richard que l'archiduc est supposé lui avoir prise après l'avoir tué.

FIN DU PREMIER ACTE.

ACTE DEUXIÈME

SCÈNE I

La scène est en France.— Devant les murs d'Angers.

Entrent d'un côté L'ARCHIDUC D'AUTRICHE *et ses soldats; de l'autre* PHILIPPE, *roi de France et ses soldats;* LOUIS, CONSTANCE, ARTHUR *et leur suite.*

LOUIS.—Soyez les bien arrivés devant les murs d'Angers, vaillant duc d'Autriche.—Arthur, l'illustre fondateur de ta race, Richard qui arracha le cœur à un lion et combattit dans les saintes guerres en Palestine, descendit prématurément dans la tombe par les mains de ce brave duc [1]; et lui, pour faire réparation à ses descendants, est ici venu sur notre demande déployer ses bannières pour ta cause, mon enfant, et faire justice de l'usurpation de ton oncle dénaturé, Jean d'Angleterre : embrasse-le, chéris-le, souhaite-lui la bienvenue.

ARTHUR.—Dieu vous pardonne la mort de Cœur de Lion, d'autant mieux que vous donnez la vie à sa postérité, en ombrageant ses droits sous vos ailes de guerre. Je vous souhaite la bienvenue d'une main sans pouvoir, mais avec un cœur plein d'un amour sincère : duc, soyez le bienvenu devant les portes d'Angers.

LOUIS.—Noble enfant! qui ne voudrait te rendre justice?

L'ARCHIDUC.—Je dépose sur ta joue ce baiser plein de zèle, comme le sceau de l'engagement que prend ici

---

[1] Richard.— *By this brave duke came early to his grave.* (Voyez la note précédente.)

mon amitié, de ne jamais retourner dans mes Etats jusqu'à ce qu'Angers, et les domaines qui t'appartiennent en France, en compagnie de ce rivage pâle et au blanc visage, dont le pied repousse les vagues mugissantes de l'Océan et sépare ses insulaires des autres contrées; jusqu'à ce que l'Angleterre, enfermée par la mer dont les flots lui servent de muraille, et qui se flatte d'être toujours hors de l'atteinte des projets de l'étranger, jusqu'à ce que ce dernier coin de l'Occident t'ait salué pour son roi : jusqu'alors, bel enfant, je ne songerai pas à mes Etats et ne quitterai point les armes.

CONSTANCE. — Oh! recevez les remerciements de sa mère, les remerciements d'une veuve, jusqu'au jour où la puissance de votre bras lui aura donné la force de s'acquitter plus dignement envers votre amitié!

L'ARCHIDUC. — La paix du ciel est avec ceux qui tirent leur épée pour une cause aussi juste et aussi sainte.

PHILIPPE. — Eh bien! alors, à l'ouvrage : dirigeons notre artillerie contre les remparts de cette ville opiniâtre. — Assemblons nos plus habiles tacticiens, pour dresser les plans les plus avantageux. — Nous laisserons devant cette ville nos os de roi; nous arriverons jusqu'à la place publique, en nous plongeant dans le sang des Français, mais nous la soumettrons à cet enfant.

CONSTANCE. — Attendez une réponse à votre ambassade, de crainte de souiller inconsidérément vos épées de sang. Châtillon peut nous rapporter d'Angleterre, par la paix, la justice que nous prétendons obtenir ici par la guerre. Nous nous reprocherions alors chaque goutte de sang que trop de précipitation et d'ardeur aurait fait verser sans nécessité.

(Châtillon entre).

PHILIPPE. — Chose étonnante, madame! — Voilà que sur votre désir est arrivé Châtillon, notre envoyé. — Dis en peu de mots ce que dit l'Angleterre, brave seigneur; nous t'écoutons tranquillement : parle, Châtillon.

CHATILLON. — Retirez vos forces de ce misérable siége, et préparez-les à une tâche plus grande. Le roi d'Angleterre, irrité de vos justes demandes, a pris les armes;

les vents contraires dont j'ai attendu le bon plaisir, lui ont donné le temps de débarquer ses légions aussitôt que moi : il marche précipitamment vers cette ville ; ses forces sont considérables, et ses soldats pleins de confiance. Avec lui est arrivée la reine mère, une Até, qui l'excite au sang et au combat ; elle est accompagnée de sa nièce, la princesse Blanche d'Espagne : avec eux est un bâtard du feu roi, et tous les esprits turbulents du pays, intrépides volontaires pleins de fougue et de témérité, qui, sous des visages de femmes, portent la férocité des dragons. Ils ont vendu leurs biens dans leur pays natal, et apportent fièrement leur patrimoine sur leur dos, pour courir ici le hasard de fortunes nouvelles. En un mot, jamais plus brave élite de guerriers invincibles que celle que viennent d'amener les vaisseaux anglais ne vogua sur les flots gonflés, pour porter la guerre et le ravage au sein de la chrétienté.—Leurs tambours incivils qui m'interrompent (*les tambours battent*) m'interdisent plus de détails : ils sont à la porte pour parlementer ou pour combattre ; ainsi préparez-vous.

PHILIPPE.—Combien peu nous étions préparés à une telle diligence !

L'ARCHIDUC.—Plus elle est imprévue, plus nous devons redoubler d'efforts pour nous défendre. Le courage croît avec l'occasion : qu'ils soient donc les bienvenus ; nous sommes prêts.

(Entrent le roi Jean, Éléonore, Blanche, le Bâtard, Pembroke avec une partie de l'armée.

LE ROI JEAN.—Paix à la France, si la France permet que nous fassions en paix notre entrée juste et héréditaire dans ce qui nous appartient. Sinon, que la France soit ensanglantée, et que la paix remonte au ciel ! Tandis que nous, agents du Dieu de colère, nous châtierons l'orgueil méprisant qui chasse la paix vers le ciel.

PHILIPPE.—Paix à l'Angleterre, si ces guerriers retournent de France en Angleterre pour y vivre en paix. Nous aimons l'Angleterre ; et c'est à cause de cet amour pour l'Angleterre que notre sueur coule ici sous le faix de notre armure. Ce labeur que nous accomplissons ici devrait être ton œuvre; mais tu es si loin d'aimer l'Angleterre que tu as supplanté son roi légitime, rompu la ligne de succession, renversé la fortune d'un enfant et profané la pureté virginale de la couronne. Jette ici les yeux (*en montrant Arthur*) sur le visage de ton frère Geoffroy.—Ces yeux, ce front furent modelés sur les siens : ce petit abrégé contient toute la substance de ce qui est mort dans Geoffroy; et la main du temps tirera de cet abrégé un volume aussi considérable. Geoffroy était ton frère aîné, et voilà son fils; Geoffroy avait droit au royaume d'Angleterre; et cet enfant possède les droits de Geoffroy. Au nom de Dieu, comment advient-il donc que tu sois appelé roi, lorsque le sang de la vie bat dans les tempes à qui appartient la couronne dont tu t'empares?

LE ROI JEAN.—De qui tires-tu, roi de France, la haute mission d'exiger de moi une réponse à tes interrogations?

PHILIPPE.—Du Juge d'en haut, qui excite dans l'âme de ceux qui ont la puissance, la bonne pensée d'intervenir partout où il y a flétrissure et violation de droits. Ce juge a mis cet enfant sous ma tutelle; et c'est en son nom que j'accuse ton injustice, et avec son aide que je compte la châtier.

LE ROI JEAN.—Mais quoi! c'est usurper l'autorité.

PHILIPPE.—Excuse-moi! C'est abattre un usurpateur.

ÉLÉONORE.—Qu'appelles-tu usurpateur, roi de France?

CONSTANCE.—Laissez-moi répondre :—l'usurpateur, c'est ton fils.

ÉLÉONORE.—Loin d'ici, insolente! Oui, ton bâtard sera roi, afin que tu puisses être reine, et gouverner le monde!

CONSTANCE.—Mon lit fut toujours aussi fidèle à ton fils, que le tien le fut à ton époux : et cet enfant ressemble plus de visage à son père Geoffroy, que toi et Jean ne lui ressemblez de caractère; il lui ressemble comme l'eau à la pluie, ou le diable à sa mère. Mon enfant, un bâtard! Sur mon âme, je crois que son père ne fut pas aussi légitimement engendré : cela est impossible, puisque tu étais sa mère.

ÉLÉONORE.—Voilà une bonne mère, enfant, qui flétrit ton père.

CONSTANCE.— Voilà une bonne grand'mère, enfant, qui voudrait te flétrir.

L'ARCHIDUC.—Paix.

LE BATARD.—Écoutez le crieur.

L'ARCHIDUC.—Quel diable d'homme es-tu

LE BATARD.—Un homme qui fera le diable avec vous, s'il peut vous attraper seul, vous et votre peau ; vous êtes le lièvre dont parle le proverbe, dont la valeur tire les lions morts par la barbe ; je fumerai la peau qui vous sert de casaque, si je puis vous saisir à mon aise, drôle, songez-y ; sur ma foi, je le ferai,—sur ma foi.

BLANCHE.—Oh ! cette dépouille de lion convient trop bien à celui-là qui l'a dérobée au lion !

LE BATARD.—Elle fait aussi bien sur son dos que les souliers du grand Alcide aux pieds d'un âne ! — Mais, mon âne, je vous débarrasserai le dos de ce fardeau ; comptez-y, ou bien j'y mettrai de quoi vous faire craquer les épaules.

L'ARCHIDUC.—Quel est ce fanfaron qui nous assourdit les oreilles avec ce débordement de paroles inutiles ?

PHILIPPE.—Louis, déterminez ce que nous allons faire.

LOUIS.—Femmes et fous, cessez vos conversations.— Roi Jean, en deux mots, voici le fait : Au nom d'Arthur, je revendique l'Angleterre et l'Irlande, l'Anjou, la Touraine, le Maine ; veux-tu les céder et déposer les armes ?

LE ROI JEAN.—Ma vie, plutôt !—Roi de France, je te défie. Arthur de Bretagne, remets-toi entre mes mains ; et tu recevras de mon tendre amour plus que jamais ne pourra conquérir la lâche main du roi de France, soumets-toi, mon garçon.

ÉLÉONORE.—Viens auprès de ta grand'mère, enfant.

CONSTANCE.—Va, mon enfant, va, mon enfant, auprès de cette grand'mère ; donne-lui un royaume, à ta grand'mère ; et ta grand'mère te donnera une plume, une cerise et une figue : la bonne grand'mère que voilà !

ARTHUR.—Paix ! ma bonne mère ; je voudrais être couché au fond de ma tombe ; je ne vaux pas tout le bruit qu'on fait pour moi.

ÉLÉONORE.—Sa mère lui fait une telle honte, pauvre enfant, qu'il en pleure.

CONSTANCE.—Que sa mère puisse lui faire honte ou non, ayez honte de vous-même. Ce sont les injustices de sa grand'mère et non l'opprobre de sa mère qui font tomber de ses pauvres yeux ces perles faites pour toucher le ciel et que le ciel acceptera comme honoraires : oui le ciel séduit par ces larmes de cristal lui fera justice et le vengera de vous.

ÉLÉONORE.—Indigne calomniatrice du ciel et de la terre !

CONSTANCE.—Toi, qui offenses indignement le ciel et la terre, ne m'appelle pas calomniatrice. Toi et ton fils vous usurpez les droits, possessions et apanages royaux de cet enfant opprimé ; c'est le fils de ton fils aîné ; il est malheureux par cela seul qu'il t'appartient. Tes péchés sont visités dans ce pauvre enfant ; il est sous l'arrêt de la loi divine, bien qu'il soit éloigné à la seconde génération de ton sein qui a conçu le péché.

LE ROI JEAN.—Insensée, taisez-vous.

CONSTANCE.—Je n'ai plus que ceci à dire : il n'est pas seulement puni pour le péché de son aïeule, mais Dieu l'a prise elle et son péché pour instrument de ses vengeances ; cette postérité éloignée est punie pour elle et par elle au moyen de son péché : le mal qu'elle lui fait est le bedeau de son péché ; tout est puni dans la personne de cet enfant, et tout cela pour elle ; malédiction sur elle !

ÉLÉONORE.—Criailleuse imprudente, je puis produire un testament qui annule les titres de ton fils.

CONSTANCE.—Et qui en doute ? Un testament ! un testament inique ! l'expression de la volonté d'une femme, de la volonté d'une grand'mère perverse !

PHILIPPE.—Cessez, madame, cessez, ou soyez plus modérée ; il sied mal dans cette assemblée de s'attaquer par de si choquantes récriminations.—Qu'un trompette somme les habitants d'Angers de paraître sur les murs, pour qu'ils nous disent de qui ils admettent les droits, d'Arthur ou de Jean.

 (Les trompettes sonnent. Les citoyens d'Angers paraissent sur les murs.)

UN CITOYEN.—Qui nous appelle sur nos murs ?

PHILIPPE.—C'est la France au nom de l'Angleterre.

LE ROI JEAN.—L'Angleterre par elle-même.—Habitants d'Angers et mes bons sujets....

PHILIPPE.—Bons habitants d'Angers, sujets d'Arthur, notre trompette vous a appelés à cette conférence amicale.

LE ROI JEAN.—Dans nos intérêts.—Écoutez-nous donc le premier.—Ces drapeaux de la France que vous voyez rangés ici en face et à la vue de votre ville, sont venus ici pour votre ruine ; les canons ont leurs entrailles pleines de vengeance, et déjà ils sont montés et prêts à vomir contre vos murailles l'airain de leur colère ; tous les préparatifs d'un siége sanglant et d'une guerre sans merci de la part de ces Français s'offrent aux yeux de votre ville. Vos portes précipitamment fermées, et, sans notre arrivée, ces pierres immobiles qui vous entourent, comme une ceinture, seraient, par l'effort de leur mitraille, arrachées à cette heure de leurs solides lits de chaux, et ouvriraient de larges brèches à la force sanguinaire pour attaquer en foule votre repos.—Mais à notre aspect, à l'aspect de votre roi légitime, qui, par une rapide et pénible marche est venu s'interposer entre vos portes et leur furie, sauver de toute injure les flancs de votre cité, voyez les Français confondus vous demander un pourparler ; et, maintenant, au lieu de boulets enveloppés de flammes qui jetteraient dans vos murailles la fièvre et la terrible mort, ils ne vous envoient que de douces paroles enveloppées de fumée pour jeter dans vos oreilles une erreur funeste à votre fidélité ; ajoutez-y la croyance qu'elles méritent, bons citoyens, laissez-nous entrer, nous, votre roi, dont les forces épuisées par la fatigue d'une marche si précipitée réclament un asile dans les murs de votre cité.

PHILIPPE.—Lorsque j'aurai parlé, répondez-nous à

tous deux. Voyez à ma main droite, dont la protection est engagée par un vœu sacré à la cause de celui qu'elle tient, le jeune Plantagenet, fils du frère aîné de cet homme et son roi, comme de tout ce qu'il possède : c'est au nom de ses justes droits foulés aux pieds, que nous foulons dans un appareil de guerre ces vertes plaines devant votre ville ; n'étant votre ennemi, qu'autant que l'exigence de notre zèle hospitalier, pour les intérêts de cet enfant opprimé, nous en fait un religieux devoir. Ne vous refusez donc pas à rendre l'hommage que vous devez à celui à qui il est dû, à ce jeune prince ; et nos armes aussitôt, semblables à un ours muselé, n'auront plus rien de terrible que l'aspect ; la fureur de nos canons s'épuisera vainement contre les nuages invulnérables du ciel ; et, par une heureuse et tranquille retraite, avec nos épées sans entailles et nos casques sans coups, nous remporterons dans notre patrie ce sang bouillonnant que nous étions venus verser contre votre ville, et laisserons en paix vous, vos enfants et vos femmes ; mais si vous dédaignez follement l'offre que nous vous proposons, ce n'est pas l'enceinte de vos antiques remparts qui vous garantira de nos messagers de guerre, quand ces Anglais et leurs forces seraient tous logés dans leurs vastes circonférences. Dites-nous donc si nous serons reçus dans votre ville comme maîtres, au nom de celui pour qui nous réclamons la soumisson ; ou donnerons-nous le signal à notre fureur, et marcherons-nous à travers le sang à la conquête de ce qui nous appartient ?

UN CITOYEN.—En deux mots, nous sommes les sujets du roi d'Angleterre, c'est pour lui et en son nom que nous tenons cette ville.

LE ROI JEAN.—Reconnaissez donc votre roi, et laissez-moi entrer.

UN CITOYEN.—Nous ne le pouvons pas : mais à celui qui prouvera qu'il est roi, à celui-là nous prouverons que nous sommes fidèles ; jusque-là, nos portes sont barrées contre l'univers entier.

LE ROI JEAN.—La couronne d'Angleterre n'en prouvet-elle pas le roi? sinon je vous amène pour témoins deux fois quinze mille cœurs de la race d'Angleterre.

LE BATARD.—Bâtards et autres.

LE ROI JEAN.—Prêts à justifier notre titre au prix de leur vie.

PHILIPPE.—Autant de guerriers aussi bien nés que les siens...

LE BATARD.—Parmi lesquels sont aussi quelques bâtards.

PHILIPPE.—Sont devant lui pour combattre ses prétentions.

UN CITOYEN.—En attendant que vous ayez réglé lequel a le meilleur droit, nous, pour nous conserver au plus digne, nous nous défendrons contre tous deux.

LE ROI JEAN.—Alors que Dieu pardonne leurs péchés à toutes les âmes qui, avant la chute de la rosée du soir, s'envoleront vers leur éternelle demeure, dans ce procès terrible pour la royauté de notre royaume!

PHILIPPE.—Amen, amen.—Allons, chevaliers, aux armes!

LE BATARD.—Saint Georges, toi qui domptas le dragon et qu'on voit toujours depuis assis sur son dos à la porte de mon hôtesse, enseigne-nous quelque tour de ta façon. (*S'adressant à l'Archiduc.*) Drôle, si j'étais chez toi, dans ton antre avec ta lionne, je mettrais à ta peau de lion une tête de bœuf, et je ferais de toi un monstre.

L'ARCHIDUC.—Paix; pas un mot de plus.

LE BATARD.—Oh! tremblez, car voilà le lion qui rugit.

LE ROI JEAN.—Avançons plus haut dans la plaine, où nous rangerons tous nos régiments dans le meilleur ordre.

LE BATARD.—Hâtez-vous alors, pour prendre l'avantage du terrain.

PHILIPPE.—Il en sera ainsi. (*A Louis.*) Commandez au reste des troupes de se porter sur l'autre colline. Dieu et notre droit!

(Ils sortent.)

SCÈNE II

Même lieu.

Alarmes et escarmouches, puis une retraite.
UN HÉRAUT FRANÇAIS s'avance vers les portes avec des trompettes.

LE HÉRAUT FRANÇAIS.—Hommes d'Angers, ouvrez vos portes et laissez entrer le jeune Arthur, duc de Bretagne, qui, par le bras de la France, vient de préparer des larmes à bien des mères anglaises, dont les fils gisent épars sur la terre ensanglantée; les maris de bien des veuves sont étendus dans la poussière, embrassant froidement la terre teinte de sang: la victoire, achetée avec peu de perte, se joue dans les bannières flottantes des Français, qui, déployées en signe de triomphe, sont là, prêtes à entrer victorieuses dans vos murs, à y proclamer Arthur de Bretagne, roi d'Angleterre et le vôtre.

(Entre un héraut anglais avec des trompettes.)

LE HÉRAUT ANGLAIS.—Réjouissez-vous, hommes d'Angers, sonnez vos cloches; le roi Jean, votre roi et roi d'Angleterre, s'avance vainqueur de cette chaude et cruelle journée! les armes de ses soldats, qui s'éloignèrent d'ici brillantes comme l'argent reviennent ici dorées du sang français; il n'est point de panache attaché à un cimier anglais qui soit tombé sous les coups d'une épée française; nos drapeaux reviennent dans les mêmes mains qui les ont déployés, lorsque naguère nous marchions au combat; et semblables à une troupe joyeuse de chasseurs, tous nos robustes Anglais arrivent les mains rougies et teintes du carnage de leurs ennemis mourants; ouvrez vos portes, et donnez entrée aux vainqueurs.

UN CITOYEN.—Héraut, du haut de nos tours nous avons pu voir, depuis le commencement jusqu'à la fin, l'attaque et la retraite de vos deux armées, et leur égalité ne s'est point démentie à nos yeux les meilleurs: le sang et les coups ont répondu aux coups; la force s'est mesurée avec la force, et la puissance a confronté la puissance : elles sont toutes deux égales, et nous les aimons toutes deux également. Il faut que l'une des deux l'emporte : tant qu'elles se tiendront dans un aussi parfait équilibre, nous ne tiendrons notre ville ni pour l'un ni pour l'autre, et néanmoins pour tous les deux.

(Le roi Jean entre d'un côté avec son armée, Éléonore, Blanche et le Bâtard; de l'autre, le roi Philippe, Louis, l'archiduc et des troupes.)

LE ROI JEAN.—Roi de France, as-tu du sang à perdre encore? Parle. Faut-il que le fleuve de notre droit suive sa course? Détourné par les obstacles que tu opposes à son passage, quittera-t-il son lit naturel pour couvrir de ses flots contrariés tes rivages voisins, si tu ne veux laisser ses eaux argentées continuer paisiblement leur marche vers l'Océan?

PHILIPPE.—Roi d'Angleterre, tu n'as pas épargné dans cette chaude mêlée une goutte de sang de plus que la France, ou plutôt tu en as perdu davantage. Et je le jure par cette main, qui régit les terres que gouverne ce climat, avant de déposer les armes que nous portons justement, nous t'aurons fait fléchir devant nous, toi contre qui nous les avons prises; ou bien nous augmenterons d'un roi le nombre des morts;—ornant le registre qui mentionnera les pertes de cette guerre, d'une liste de carnage associée à des noms de rois.

LE BATARD.—O majesté! à quelle hauteur s'élève la gloire lorsque le sang précieux des rois est allumé!— Alors la Mort double d'acier ses mâchoires décharnées; les épées des soldats sont ses dents et ses griffes, alors elle se repait à pleine bouche de la chair des hommes, tant que durent les querelles des rois.—Pourquoi ces fronts royaux demeurent-ils ainsi consternés? Rois, criez carnage! retournez dans la plaine ensanglantée, potentats égaux en force et pleins d'une égale ardeur! Que la confusion de l'un assure la paix de l'autre; jusqu'alors, coups, sang et mort!

LE ROI JEAN.—Lequel des deux partis admettent dans leurs murs les bourgeois?

PHILIPPE.—Parlez, citoyens, au nom de l'Angleterre ; quel est votre roi ?

UN CITOYEN.—Le roi d'Angleterre, quand nous le connaîtrons.

PHILIPPE.—Connaissez-le en nous, qui soutenons ici ses droits.

LE ROI JEAN.—En nous, qui sommes ici notre illustre député et apportons la possession de notre propre personne ; seigneur de nous-même, d'Angers et de vous.

UN CITOYEN.—Un pouvoir plus grand que nous nie tout cela, et jusqu'à ce qu'il n'y ait plus rien de douteux, nous enfermerons nos anciens scrupules derrière nos portes bien barricadées ; sans autres rois que nos craintes, jusqu'à ce que nos craintes aient été résolues et déposées par quelque roi bien assuré.

LE BATARD.—Par le ciel, ces canailles d'Angers se raillent de vous, rois ; ils se tiennent dans leurs retranchements comme sur un théâtre d'où ils peuvent loger à leur aise et montrer au doigt vos laborieux spectacles et vos scènes de mort. Que vos royales majestés se laissent gouverner par moi ; imitez les mutins de Jérusalem [1], sachez être amis un moment, et diriger de concert contre cette ville tous vos plus terribles moyens de vengeance. Que du levant et du couchant, la France et l'Angleterre pointent les canons de leurs batteries chargés jusqu'à la gueule ; et que leurs épouvantables clameurs fassent écrouler avec fracas les flancs pierreux de cette orgueilleuse cité. Je voudrais agir sans relâche contre ces misérables bourgeois, jusqu'à ce que la désolation de leurs murailles en ruine les laissât aussi nus que l'air ordinaire ; cela fait, divisez vos forces unies et que vos enseignes confondues se séparent de nouveau ; tournez-vous face contre face, et le fer sanglant contre le fer : la fortune aura bientôt choisi d'un côté son heureux favori, à qui pour première faveur elle accordera l'honneur de la journée et le baiser d'une glorieuse victoire. Comment

---

[1] Lorsque, assiégés par Titus, ils suspendaient un moment leurs querelles intestines pour se réunir contre l'ennemi.

goûtez-vous ce bizarre conseil, puissants souverains? ne sent-il pas un peu sa politique?

LE ROI JEAN.—Par le ciel suspendu sur nos têtes, je le goûte fort.—Roi de France, joindrons-nous nos forces, et mettrons-nous Angers de niveau avec le sol, quitte à combattre ensuite pour savoir qui en sera roi?

LE BATARD.—Insulté comme nous par cette ville opiniâtre, si tu as le cœur d'un roi, tourne la bouche de ton artillerie, comme la nôtre, contre ses remparts insolents ; et lorsque nous les aurons renversés, alors défions-nous les uns les autres, et travaillons pêle-mêle entre nous, pour le ciel ou pour l'enfer.

PHILIPPE.—Qu'il en soit ainsi.—Parlez, par où donnerez-vous l'assaut?

LE ROI JEAN.—C'est de l'ouest que nous enverrons la destruction dans le sein de cette cité.

L'ARCHIDUC.—Moi du nord.

PHILIPPE.—Notre tonnerre fera pleuvoir du sud sa pluie de boulets.

LE BATARD.—O sage plan de bataille! du nord au sud! l'Autriche et la France se tireront dans la bouche l'un de l'autre! je les y exciterai : venez, allons, allons!

UN CITOYEN.—Écoutez-nous, grands rois : daignez vous arrêter un instant, et je vous montrerai la paix et la plus heureuse union ; gagnez cette cité sans coups ni blessure ; épargnez la vie de tant d'hommes, venus ici pour la sacrifier sur le champ de bataille, et laissez-les mourir dans leurs lits : ne persévérez point, mais écoutez-moi, puissants rois!

LE ROI JEAN.—Parlez avec confiance ; nous sommes prêts à vous écouter.

UN CITOYEN.—Cette fille de l'Espagne que voilà, la princesse Blanche, est proche parente du roi d'Angleterre ; comptez les années de Louis le dauphin et celles de cette aimable fille. Si l'amour charnel cherche la beauté, où la trouvera-t-il plus séduisante que chez Blanche? Si le pieux amour cherche la vertu, où la trouvera-t-il plus pure que chez Blanche? Si l'amour ambitieux aspire à un mariage de naissance, dans quelles veines bondit un sang plus illustre que celui de la princesse Blanche? Ainsi qu'elle, le jeune Dauphin est de tout point accompli en beauté, vertu, naissance; ou s'il ne vous semblait accompli, dites seulement que c'est qu'il n'est point elle ; et elle à son tour ne manquerait de rien qu'on pût appeler besoin, si ce n'était manquer de quelque chose que de n'être point lui ; il est la moitié d'un homme béni de Dieu qu'elle est appelée à compléter ; elle est la moitié parfaite d'un tout parfait, dont la plénitude de perfection réside en lui. Oh! comme ces deux ruisseaux d'argent, lorsqu'ils seront réunis, vont faire la gloire des rivages qui les contiendront! et vous, rois, vous serez les rivages de ces deux ruisseaux confondus ; vous serez, si vous les mariez, les deux bornes qui contiendront les deux princes. Cette union fera plus contre nos portes si bien fermées, que ne pourraient faire vos batteries ; car, dès l'instant de cette alliance, nous ouvrirons toute grande leur bouche pour votre passage plus rapidement que ne le ferait la poudre pour vous laisser entrer ; mais, sans cette alliance, la mer en furie n'est pas à moitié aussi sourde, les lions plus intrépides, les montagnes et les rochers plus immobiles ; non, la Mort elle-même n'est pas à moitié aussi inflexible dans son acharnement mortel, que nous dans le dessein de défendre cette cité.

LE BATARD.—Vraiment, voici un partisan qui fait sauter hors de ses haillons le cadavre pourri de la vieille Mort ; sa large bouche vomit la mort et les montagnes, les rochers et les mers ! il parle des lions mugissants aussi familièrement que les jeunes filles de treize ans de petits chiens ! Quel est le canonnier qui a engendré ce sang bouillant ? Il vous entretient tranquillement de canons, de feu, de fumée et de bruit ; il nous donne la bastonnade avec sa langue, mes oreilles sont rouées ; il n'est pas une de ses paroles qui ne donne mieux un soufflet qu'un poing de France. Pour Dieu, je ne fus jamais si accablé de paroles, depuis que, pour la première fois, j'appelai *papa* le père de mon frère.

ÉLÉONORE.—Mon fils, prêtez l'oreille à cet arrangement, faites ce mariage ; donnez à notre nièce une dot suffisante ; car, par ce nœud, vous affermirez si sûrement sur votre tête une couronne maintenant mal assurée que cet enfant à peine éclos n'aura plus de soleil pour mûrir la fleur qui promet un fruit si vigoureux. Je vois, dans les regards du roi de France de la disposition à céder :... Voyez comme ils se parlent bas : pressez-les, tandis que leurs âmes sont ouvertes à cette ambition, de peur que leur zèle, maintenant amolli, sous le souffle aérien des douces paroles de la prière, de la pitié et du remords, ne se refroidisse et ne se gèle de nouveau.

UN CITOYEN.—Pourquoi vos deux Majestés ne répondent-elles pas à ces propositions pacifiques de notre ville menacée ?

PHILIPPE.—Roi d'Angleterre, parlez d'abord, vous qui avez été le premier à parler à cette cité : que dites-vous ?

LE ROI JEAN.—Si le dauphin, ton noble fils, peut lire dans ce livre de beauté, *j'aime*, la dot de Blanche égalera celle d'une reine ; car l'Anjou et la belle Touraine, le Maine, Poitiers, en un mot tout ce qui de ce côté de la mer, excepté cette ville que nous assiégeons, relève de notre couronne et dignité, ornera son lit nuptial, et la rendra riche en titres, honneurs et avantages ; comme elle marche déjà de pair en beauté, en éducation et en naissance, avec n'importe quelle princesse de l'univers.

PHILIPPE.—Qu'en dis-tu, mon garçon ? Regarde la figure de la princesse.

LOUIS.—Je le fais, seigneur ; et dans son œil, je trouve une merveille ou un miracle merveilleux, l'ombre de moi-même tracée dans son œil ; et cette ombre, quoique n'étant que l'ombre de votre fils, devient un soleil, et fait de votre fils une ombre. Je proteste que je ne me suis jamais tant aimé, que depuis que je vois ainsi mon portrait tiré dans le tableau flatteur de son œil.

(Il parle bas à Blanche.)

LE BATARD.—Tiré dans le tableau flatteur de son œil, pendu au pli de son sourcil froncé, et écartelé dans son cœur !—Lui-même il s'annonce pour un traître à l'amour.

Ce serait vraiment pitié qu'un aussi sot imbécile fût pendu, tiré et écartelé dans un aussi aimable objet[1].

BLANCHE. — La volonté de mon oncle, sous ce rapport, est la mienne. S'il voit en vous quelque chose qui lui plaise, ce qu'il y voit, ce qui lui plaît, je puis facilement le transporter dans ma volonté, ou, si vous voulez, pour parler plus convenablement, l'imposer facilement à mon amour. Je ne veux point vous flatter, mon prince, en vous disant que tout ce que je vois en vous est digne d'amour ; seulement, je ne vois rien en vous que je puisse, même en vous donnant pour juge les pensées les plus sévères, trouver digne de haine.

LE ROI JEAN. — Que disent ces jeunes gens ? Que dites-vous, ma nièce ?

BLANCHE. — Qu'elle est obligée, en honneur, à faire tout ce que vous daignerez décider dans votre sagesse.

LE ROI JEAN. — Parlez donc, seigneur dauphin, pouvez-vous aimer cette princesse ?

LOUIS. — Demandez plutôt si je puis m'empêcher de l'aimer, car je l'aime très-sincèrement.

LE ROI JEAN. — Avec elle je te donne les cinq provinces du Vexin, de la Touraine, du Maine, de Poitiers et de l'Anjou ; et j'ajoute encore à cela trente mille marcs d'Angleterre. — Philippe de France, si tu es content, ordonne à ton fils et à ta fille d'unir leurs mains.

PHILIPPE. — Je suis content. — Jeunes princes, unissez vos mains.

L'ARCHIDUC. — Et vos lèvres aussi ; car je suis bien sûr, d'avoir fait ainsi lorsque je fus fiancé.

PHILIPPE. — Maintenant, citoyens d'Angers, ouvrez vos portes ; laissez entrer cette paix que vous avez faite, car sur l'heure, à la chapelle de Sainte-Marie, les cérémonies

---

[1] *Drawn in the flattering table of her eye*
  Hang'd in the frowning wrinkle of her brow
  And quarter'd in her heart.

Faulconbridge joue ici sur les trois mots : *drawn* (peint et tiré), *hang'd* (suspendu et pendu), et *quarter'd* (mis en quartiers, et écartelé, terme de blason).

du mariage vont être célébrées.—Mais la princesse Constance n'est pas avec nous?—Je me doute bien qu'elle n'y est pas, car sa présence aurait fort troublé le mariage que nous venons de conclure. Où est-elle, elle et son fils? Que ceux qui le savent me le disent?

LOUIS.—Elle est triste et irritée dans la tente de Votre Majesté.

PHILIPPE.—Et, sur ma foi, cette alliance que nous avons faite ne la guérira guère de sa tristesse.—Mon frère d'Angleterre, comment satisferons-nous cette veuve? Je suis venu pour soutenir ses droits, et voilà, Dieu le sait, que j'en ai détourné une partie à mon propre avantage.

LE ROI JEAN.—Nous remédierons à tout : nous ferons le jeune Arthur duc de Bretagne et comte de Richemont, et nous lui donnerons en apanage cette riche et belle ville.—Appelez la princesse Constance : qu'un rapide messager aille l'inviter à se rendre à notre solennité.—J'espère que, si nous ne remplissons pas sa volonté tout entière, nous la satisferons cependant assez pour arrêter ses plaintes. Allons, aussi bien que nous le permettra la précipitation, accomplir cette cérémonie imprévue et sans préparatifs.

(Tous sortent excepté le Bâtard.)

LE BATARD.—Monde insensé! rois insensés! convention insensée! Jean, pour mettre fin aux prétentions d'Arthur sur le tout, s'est volontairement dessaisi d'une partie: et le roi de France, dont l'armure avait été attachée par la conscience, que le zèle et la charité avaient amené, en vrai soldat de Dieu, sur le champ de bataille, a parlé à l'oreille de ce démon rusé qui change les résolutions; ce brocanteur[1], qui casse sans cesse la tête à la bonne foi; cet agent journalier de paroles violées, qui gagne le monde, les rois, les mendiants, les vieillards, les jeunes gens, les jeunes filles; qui prive les pauvres filles du seul bien qu'elles aient à perdre, de ce nom de

---

[1] *That broker that still breaks the pate of faith.*
Broker, breaks. Jeu de mots qu'il n'a pas été possible de rendre exactement.

filles ; ce gentilhomme à la physionomie douce ; l'intérêt flatteur enfin.—L'intérêt, ce penchant du monde, du monde qui est par lui-même sagement balancé, et fait pour rouler également sur un terrain toujours égal, si cet amour du gain, ce vil penchant qui nous entraîne, ce mobile souverain,—l'intérêt, ne l'avait privé d'équilibre, détourné de sa direction, de ses lois, de son cours et de sa fin : c'est ce même penchant, cet intérêt, cet entremetteur, cet agent de prostitution, ce mot qui change tout, qui, venant frapper extérieurement les yeux du volage roi de France, lui a fait retirer l'aide qu'il avait promise, et abandonner une guerre honorable et décidée, pour accepter la paix la plus lâche et la plus honteuse. —Et moi-même, pourquoi est-ce que j'injurie ici l'intérêt? Seulement parce qu'il ne m'a point encore fait la cour, non qu'il fût en mon pouvoir de fermer le poing, si ses beaux angelots[1] venaient caresser ma main ; mais parce que ma main, qui n'a pas encore été tentée, semblable à un pauvre mendiant, s'en prend au riche,—oui, tant que je ne serai qu'un mendiant, je m'emporterai en invectives, et je dirai : qu'il n'est point de plus grand péché que d'être riche ; et lorsque je deviendrai riche, alors toute ma vertu sera de dire : qu'il n'est point de plus grand vice que la pauvreté.—Puisque les rois violent leurs serments par intérêt, profit, sois mon Dieu, car c'est toi que je veux adorer !

[1] Pièces de monnaie.

FIN DU DEUXIÈME ACTE.

ACTE TROISIÈME

SCÈNE I

Même lieu.— La tente du roi de France.

Entrent CONSTANCE, ARTHUR et SALISBURY.

CONSTANCE.—Partis pour se marier! Partis pour se jurer la paix! un sang parjure uni à un sang parjure! partis pour être amis! Louis aura Blanche, et Blanche aura ces provinces? Il n'en est pas ainsi; tu as mal parlé, tu as mal entendu. Réfléchis-y, recommence ton récit. Cela ne peut pas être. Tu m'as dit seulement que que cela est ainsi, et j'ai la confiance que je ne puis m'en fier à toi; car ta parole n'est que le vain souffle d'un homme ordinaire. Crois-moi, homme, je ne le crois pas: j'ai le serment d'un roi pour garant du contraire. Tu seras puni pour m'avoir ainsi effrayée, car je suis malade et susceptible de craintes; je suis accablée d'injustices, et par conséquent remplie de craintes; je suis veuve, sans époux, et dès lors sujette à toutes les craintes; je suis femme, et naturellement faite pour la crainte : et tu aurais beau m'avouer maintenant que tu ne faisais que plaisanter, je ne puis plus avoir de trêve avec mon esprit troublé, il sera ébranlé et agité tout le jour.—Que veux-tu dire en secouant ainsi la tête? Pourquoi arrêtes-tu sur mon fils de si tristes regards? Que signifie cette main posée sur ta poitrine? Pourquoi ces larmes lamentables roulent-elles dans tes yeux, comme un fleuve orgueilleux enflé par-dessus ses bords? Toutes ces marques de tristesse confirmeraient-elles tes paroles? Parle donc encore; dis, non pas tout le premier récit, mais, par un seul mot, dis si ton récit est vrai.

SALISBURY.—Aussi vrai que vous jugez faussement, à que ce je suppose, ceux qui vous donnent cause de savoir que je dis vrai.

CONSTANCE.—Oh! si tu m'enseignes à croire à une telle douleur, enseigne aussi à cette douleur à me faire mourir ; et que ma croyance et ma vie s'entre-choquent l'une l'autre, comme deux ennemis furieux et désespérés qui, à la première rencontre, tombent et meurent.— Louis épouse Blanche! O mon fils! que deviens-tu? La France, l'amie de l'Angleterre! Que vais-je devenir? Va-t'en : je ne puis supporter ta vue; cette nouvelle t'a rendu un homme affreux à mes yeux.

SALISBURY.—Quel autre mal ai-je fait, bonne dame, que de vous raconter le mal qui a été fait par d'autres ?

CONSTANCE.—Ce mal est en lui-même si odieux, qu'il rend malfaisant tous ceux qui en parlent.

ARTHUR.—Je vous en supplie, madame, prenez patience.

CONSTANCE.—Ah! si toi, qui veux que je prenne patience, si tu étais laid, déshonorant pour le sein de ta mère, couvert de marques désagréables et de taches repoussantes, estropié, imbécile, contrefait, noir, difforme, parsemé de vilaines protubérances et de signes choquants à l'œil, je ne m'inquiéterais point, je prendrais patience alors, car alors je ne t'aimerais pas, car tu serais indigne de ta haute naissance et ne mériterais pas une couronne. Mais tu es beau, et à ta naissance, cher enfant, la nature et la fortune se sont associées pour te rendre grand. Pour les dons de la nature, tu peux rivaliser avec les lis et les roses à demi épanouies: mais la fortune! Oh ! elle est corrompue, changée et séduite par tes ennemis ; elle commet adultère à toute heure avec ton oncle Jean ; et sa main dorée a entraîné le roi de France à fouler aux pieds le pur honneur des souverains, et à prostituer la majesté royale au service de leurs amours. Oui, le roi de France est l'entremetteur de la fortune et du roi Jean; de la fortune, cette vile courtisane ; de Jean, cet usurpa-

ACTE III, SCÈNE I.

teur.—Dis-moi, mon ami, le roi de France n'est-il pas un parjure? Accable-le de paroles de mépris, ou va-t'en, et laisse dans la solitude ces chagrins que je suis seule contrainte de supporter.

SALISBURY.—Pardonnez-moi, madame; je ne puis pas retourner sans vous vers les rois.

CONSTANCE.—Tu le peux, tu le feras; je n'irai point avec toi : j'instruirai mes douleurs à être fières, car le chagrin est fier et fortifie sa victime. Que les rois s'assemblent près de moi, et devant la majesté de ma grande douleur; car ma douleur est si grande, qu'il n'y a plus que la terre vaste et solide qui puisse en soutenir le poids : ici je m'asseois, moi et la douleur; ici est mon trône; dis aux rois de venir se courber devant lui.

(Elle se jette à terre.)

(Entrent le roi Jean, le roi Philippe, Louis, Blanche, Éléonore, le Bâtard et l'archiduc d'Autriche.)

PHILIPPE.—Cela est vrai, ma chère fille; et cet heureux jour sera toujours pour la France un jour de fête. Pour célébrer ce jour, le soleil glorieux s'arrête dans sa course, et, prenant le rôle d'alchimiste, change, par l'éclat de son œil radieux, la terre maigre et raboteuse en or brillant : le cours de l'année en ramenant ce jour ne le verra jamais que comme un jour sanctifié.

CONSTANCE.—Un jour maudit, et non un jour sanctifié! Qu'a donc mérité ce jour? qu'a-t-il fait pour être ainsi inscrit dans le calendrier en lettres d'or, parmi les hautes marées? Ah! plutôt faites disparaître ce jour de la semaine, ce jour de honte, d'oppression, de parjure : ou, s'il doit encore demeurer, que les femmes grosses prient le ciel de ne pas déposer ce jour-là leur fardeau, de peur qu'un monstre ne vienne tromper leurs espérances; que les matelots ne craignent de naufrage que ce jour-là; qu'il n'y ait de marchés violés que ceux qu'on aura faits ce jour-là; que toutes les choses commencées ce jour-là viennent à mauvaise fin; oui, que la foi elle-même se change en fausseté profonde!

PHILIPPE.—Par le ciel, madame, vous n'aurez point de motif de maudire les heureux résultats de cette journée : ne vous ai-je pas engagé ma majesté royale?

CONSTANCE.—Vous m'avez trompée par un simulacre qui ressemblait à la majesté; mais à l'épreuve et sous la pierre de touche, il s'est trouvé sans valeur. Vous vous êtes parjuré, parjuré! vous êtes venu en armes pour verser le sang de mes ennemis, et maintenant en armes vous fortifiez le leur par le vôtre; cette vigoureuse ardeur de luttes corps à corps, ce rude et menaçant regard de la guerre ont dégénéré en une amitié et une paix fardées, et notre oppression est la base de cette ligue. Armez-vous, armez-vous, cieux, contre ces rois parjures! une veuve vous crie : cieux, soyez-moi un époux! ne permettez point que les heures de ce jour sacrilége laissent finir ce jour en paix; mais avant le coucher du soleil lancez la discorde armée entre ces rois parjures! exaucez-moi, oh! exaucez-moi!

L'ARCHIDUC.—Princesse Constance, la paix....

CONSTANCE.—La guerre, la guerre! point de paix! pour moi, la paix est la guerre! O Limoges! ô Autrichien [1]! tu fais honte à cette dépouille sanglante, esclave que tu es, misérable, poltron, petit en vaillance, grand en déloyauté, toujours fort du côté du plus fort, champion de la fortune qui ne combats jamais que lorsque Sa Seigneurie capricieuse est avec toi pour répondre de ta sûreté! toi aussi, tu t'es parjuré, et tu flattes la puissance? quelle espèce de fou es-tu? un fou bruyant, toi qui te vantais et frappais du pied en jurant que tu serais des miens? Esclave au sang glacé, tes paroles n'ont-elles pas résonné en ma faveur comme le tonnerre? ne t'es-tu pas engagé comme mon soldat, m'enjoignant de me reposer sur ton étoile, ta fortune et ta force? Et maintenant passes-tu à mes ennemis? Tu portes la peau d'un lion! ôtes-la par pudeur, et jette une peau de veau sur ces membres de lâche [2]!

L'ARCHIDUC.—Ah! si un homme me tenait de tels discours!

---

[1] *O Limoges, ô Austria* (voyez la notice.)
[2] *Hang a calf's skin on those recreant limbs.* Allusion à la lâcheté du duc d'Autriche.

LE BATARD.—Et jette une peau de veau sur tes membres de lâche.

L'ARCHIDUC.—Tu n'oseras pas le dire, vilain, sur ta vie.

LE BATARD.—Et jette une peau de veau sur tes membres de lâche.

LE ROI JEAN.—Cela ne nous plaît pas; tu t'oublies.

(Entre Pandolphe.)

PHILIPPE.—Voici le saint légat du pape.

PANDOLPHE.—Salut, délégués et oints du ciel! C'est à toi, roi Jean, que s'adresse ma sainte mission. Moi Pandolphe, cardinal du superbe Milan, et ici légat du pape Innocent, je demande pieusement en son nom pourquoi tu insultes si obstinément l'Église notre sainte mère, et pourquoi tu tiens éloigné de force Étienne Langton, élu archevêque de Cantorbéry, de ce siége saint? au nom de notre susdit saint-père le pape Innocent, je te le demande.

LE ROI JEAN.—Quel nom sur la terre peut imposer un interrogatoire à la libre voix d'un roi sacré? Tu ne peux, cardinal, inventer pour me sommer de répondre un nom plus impuissant, plus méprisé et plus ridicule que celui du pape. Va lui raconter ce que je te dis, et ajoutes-y encore ceci de la bouche du roi d'Angleterre: « Qu'aucun prêtre italien ne viendra lever ni dîmes ni droits dans nos États; mais que, comme nous sommes après Dieu le chef suprême, nous maintiendrons seuls, sous sa protection, là où nous régnerons, cette haute suprématie, sans l'assistance d'aucune main mortelle. » Dis cela au pape, en mettant de côté tout respect pour lui et pour son autorité usurpée.

PHILIPPE.—Mon frère d'Angleterre, ceci est un blasphème.

LE ROI JEAN.—Vous, et tous les rois de la chrétienté, vous vous laissez conduire par les grossiers artifices de ce prêtre intrigant, effrayés d'une excommunication dont l'argent peut vous relever; et par les mérites de l'or vil, de cet alliage, de cette poussière, vous achetez des absolutions corrompues d'un homme qui dans ce marché aliène l'absolution dont il aurait lui-même besoin. Bien que vous et tout le reste, grossièrement séduits, souteniez de vos revenus cette diabolique jonglerie ; moi, moi seul, tout seul, je résiste au pape, et tiens ses amis pour mes ennemis.

PANDOLPHE.—Eh bien, en vertu du pouvoir légitime dont je suis revêtu, tu seras maudit et excommunié. Béni sera celui qui abandonnera son allégeance envers un hérétique ; et la main qui, par quelque voie secrète, tranchera ton exécrable vie sera tenue pour méritoire, canonisée et révérée comme celle d'un saint.

CONSTANCE.—Oh ! que pour un instant Rome me donne le droit de maudire avec elle ! Bon père cardinal, crie *amen* à mes amères malédictions ; car, sans mes injures, nulle langue n'a pouvoir pour le maudire autant qu'il le mérite !

PANDOLPHE.—Madame, j'ai pouvoir et mission pour maudire.

CONSTANCE.—Et moi aussi. Lorsque la loi ne peut plus faire justice, qu'il devienne légitime que la loi ne puisse mettre obstacle à l'injure. La loi ne peut ici rendre à mon fils son royaume, car celui qui tient le royaume tient aussi la loi. Ainsi puisque la loi elle-même est une complète injustice, comment la loi pourrait-elle interdire à ma langue les malédictions ?

PANDOLPHE.—Philippe de France, sous peine de l'excommunication, quitte la main de cet archihérétique ; et, à moins qu'il ne se soumette à Rome, soulève contre sa tête toutes les forces de la France.

ÉLÉONORE.—Tu pâlis, roi de France ? Ne retire pas ta main.

CONSTANCE.—Prends bien garde, démon, que le roi de France ne se repente, et, dégageant sa main, ne fasse perdre une âme à l'enfer.

L'ARCHIDUC.—Roi Philippe, écoutez le cardinal.

LE BATARD.—Et couvre d'une peau de veau ses membres de lâche !

L'ARCHIDUC.—Misérable, il faut que j'empoche toutes ces insultes, parce que....

LE BATARD.—Parce que vos braies sont faites pour les porter.

ACTE III, SCÈNE I.

LE ROI JEAN. — Philippe, que réponds-tu au cardinal?

CONSTANCE. — Que peut-il dire que le cardinal n'ait dit?

LOUIS. — Réfléchissez, mon père; vous avez à choisir entre la pesante malédiction de Rome, et la légère perte de l'amitié de l'Angleterre. Préférez ce qu'il y a de plus facile à supporter.

BLANCHE. — C'est l'excommunication de Rome.

CONSTANCE. — O Louis, tiens ferme; le démon te tente ici sous la forme d'une nouvelle épouse dépouillée de ses parures de noce.

BLANCHE. — La princesse Constance ne parle pas d'après sa foi, mais d'après ses nécessités.

CONSTANCE. — Oh! si tu conviens de mes nécessités, qui n'existent que parce que toute foi a péri, de ces nécessités tu dois nécessairement inférer le principe que la foi revivra quand les nécessités périront. Foule donc aux pieds mes nécessités, et la foi se relève; relève mes nécessités, la foi est foulée aux pieds.

LE ROI JEAN. — Le roi est ému et ne répond rien.

CONSTANCE, à *Philippe*. — Oh! éloignez-vous de lui, et répondez bien.

L'ARCHIDUC. — Faites-le, roi Philippe, et ne demeurez pas plus longtemps suspendu dans le doute.

LE BATARD. — Ne suspendez rien qu'une peau de veau, bonhomme.

PHILIPPE. — Je suis perplexe et ne sais que dire.

PANDOLPHE. — Que pourrez-vous dire qui ne vous jette dans des perplexités plus grandes, si vous êtes excommunié et maudit?

PHILIPPE. — Mon bon révérend père, mettez-vous à ma place, et dites-moi comment vous vous conduiriez vous-même. (*Montrant le roi Jean.*) Ma main vient de s'enchaîner à sa main royale, et l'accord intime de nos deux âmes, unies par une alliance, les tient associées et liées l'une à l'autre de toute la force et la sainteté des serments religieux. Les derniers souffles qui aient rendu le son des paroles ont profondément juré foi, paix, affection, amitié sincère entre nos deux royaumes et nos deux personnes royales : et avant ce traité, bien peu de temps avant, ce qu'il nous fallut seulement pour bien laver nos mains prêtes à se serrer dans un royal traité de paix, le ciel sait comment elles avaient été teintes et souillées par le pinceau du carnage, et comment la vengeance y avait peint les effroyables discordes de deux rois irrités. Et ces mains si récemment purifiées de sang, si nouvellement unies dans l'affection, si puissantes dans la haine et l'amitié, se relâcheront de leur étreinte et de leurs mutuels signes d'attachement! nous pourrions nous jouer ainsi de la foi, nous moquer du ciel, et faire de nous à ce point des enfants inconstants, que, détachant nos mains l'une de l'autre, nous voulussions abjurer la foi jurée, conduire sur le lit nuptial de la paix souriante une armée ensanglantée, et élever le tumulte sur le front serein de la loyale sincérité! O saint homme, mon révérend père, qu'il n'en soit pas ainsi! Veuillez par votre grâce nous présenter, nous prescrire, nous imposer quelque condition supportable, et nous nous trouverons heureux de vous obéir et de rester amis.

PANDOLPHE.—Toute forme est difforme, tout ordre est désordre, qui ne se montre point ennemi de l'alliance de l'Angleterre. Ainsi, aux armes! soyez le champion de notre Église, ou que l'Église notre mère prononce sa malédiction, la malédiction d'une mère sur son fils rebelle. Roi de France, il y a moins de danger pour toi à tenir un serpent par la langue, un lion enfermé par sa griffe mortelle, un tigre à jeun par les dents, qu'à garder en paix cette main que tu tiens.

PHILIPPE.—Je puis bien retirer ma main, mais non pas ma foi.

PANDOLPHE.—Ainsi tu fais de la foi l'ennemie de la foi, et, comme dans une guerre civile, tu élèves ton serment contre ton serment et ta parole contre ta parole. Oh! que ton serment juré d'abord au ciel, soit d'abord accompli envers le ciel : c'est-à-dire, sois champion de notre Église! tout ce que tu as juré depuis, tu l'as juré contre toi-même, et toi-même ainsi ne peux l'accomplir; car le mal que tu as promis de faire n'est point mal s'il est fait à bon droit; et ne le pas faire lorsque le faire est un mal, c'est avoir agi à bon droit de ne le pas faire. Ce qu'il y a de mieux à faire dans les occasions où on s'est trompé, c'est de se tromper de nouveau ; car, bien qu'on dévie alors, la déviation redevient la droite voie, et la déloyauté sert de remède à la déloyauté, comme le feu calme l'ardeur du feu dans les veines écorchées de celui qui vient de se brûler.—C'est la religion qui oblige à tenir les serments ; mais tu as juré contre la religion, par laquelle tu jures contre la chose que tu jures ; tu te fais d'un serment la preuve du bon droit contre un serment. Incertain sur le bon droit de tes serments, jure seulement de ne te point parjurer : autrement quelle dérision serait-ce de jurer? Mais ce que tu jures maintenant, c'est de devenir parjure, et d'autant plus parjure que tu tiendras à ce que tu as juré. Ainsi tes derniers vœux, contraires aux premiers, sont en toi une révolte contre toi-même ; et tu ne peux jamais remporter de plus belle victoire que d'armer ce qu'il y a en toi de noble et de constant contre ces suggestions imprudentes et passagères. Nos prières, si tu y consens, viendront aider à ces résolutions meilleures. Mais sinon, sache que le danger de notre malédiction est suspendu sur ta tête, si pesant que tu ne pourras jamais le secouer, mais tu mourras désespéré sous ce noir fardeau.

L'ARCHIDUC.—Rébellion, pure rébellion !

LE BATARD.—Quoi! il n'en sera rien? une peau de veau ne viendra pas te fermer la bouche?

LOUIS.—Mon père, aux armes !

BLANCHE.—Le jour de ton mariage? contre le sang auquel tu viens de t'unir? Quoi! la fête de nos noces sera-t-elle célébrée par des hommes égorgés? Sera-ce au son des trompettes criardes, du bruyant et brutal tambour, des clameurs de l'enfer, que se réglera la marche de nos cérémonies? O mon mari, écoute-moi ! (hélas! hélas! que ce nom de mari est nouveau dans ma bouche!) par ce nom que ma langue vient de prononcer pour la première fois, je t'en conjure à genoux, ne prends point les armes contre mon oncle.

CONSTANCE.—Et moi aussi, sur mes genoux endurcis à

force de m'agenouiller, je t'adresse mes prières, vertueux dauphin : ne change point les décrets portés d'avance par le ciel.

BLANCHE.—Je vais voir si tu m'aimes. Quel motif sera plus puissant auprès de toi que le nom de ta femme?

CONSTANCE.—Ce qui glorifie celui dont tu te glorifies, son honneur. Ton honneur, ô Louis, ton honneur!

LOUIS.—Je m'étonne de voir Votre Majesté si froide à ces hautes considérations qui la pressent.

PANDOLPHE.—Je vais lancer l'anathème sur sa tête.

PHILIPPE.—Tu n'en auras pas besoin.—Roi d'Angleterre, je romps avec toi.

CONSTANCE.—O brillant retour de la majesté éclipsée!

ÉLÉONORE.—O indigne trahison de l'inconstance française!

LE ROI JEAN.—Roi de France, dans une heure tu regretteras cette heure-ci.

LE BATARD.—Le temps, ce vieux régulateur d'horloges, ce chauve fossoyeur, est-il donc à ses ordres? Eh bien donc, le roi de France regrettera.

BLANCHE.—Le soleil se couvre d'un nuage de sang : beau jour, adieu!—De quel parti dois-je me ranger? Je suis à tous les deux; chaque armée tient une de mes mains, et, retenue comme je le suis par toutes les deux, le tourbillon de la rage qui les sépare va me démembrer.—Mon mari, je ne puis prier pour ta victoire.—Mon oncle, il faut que je prie pour ta défaite.—Mon père, je ne puis désirer que la fortune te favorise.—Ma grand'mère, je ne puis souhaiter que tes souhaits s'accomplissent. Quel que soit le vainqueur, je perdrai de l'autre côté, assurée de perdre même avant que la partie soit jouée.

LOUIS.—Madame, vous êtes avec moi; votre fortune est attachée à la mienne.

BLANCHE.—Là où vit ma fortune, là meurt ma vie.

LE ROI JEAN.—Mon cousin, allez rassembler nos forces. (*Faulconbridge sort.*) (*A Philippe.*)—Roi de France, je brûle d'une colère enflammée, d'une rage dont l'ardeur est parvenue à ce point que rien ne la peut calmer, rien que du sang, le sang de la France, et son sang le plus cher, le plus précieux.

PHILIPPE.—Ta rage te consumera, et tu seras réduit en cendres avant que notre sang en éteigne la flamme. Prends garde à toi, tu es en péril.

LE ROI JEAN.—Pas plus que celui qui me menace.— Courons aux armes.

(Ils sortent.)

SCÈNE II

La scène est toujours en France.— Plaine près d'Angers.

Fanfares; soldats qui passent et repassent.— Entre LE BATARD, *tenant la tête de l'archiduc d'Autriche.*

LE BATARD.—Sur ma vie, cette journée devient terriblement chaude! Quelque démon aérien plane là-haut et verse le mal sur la terre.—La tête de l'archiduc est ici, tandis que Philippe respire encore.

(Entrent le roi Jean, Arthur et Hubert.)

LE ROI JEAN.—Hubert, prends cet enfant sous ta garde. (*A Faulconbridge.*)—Philippe, au combat : ma mère est assiégée dans ma tente, et prise peut-être, j'en ai peur.

LE BATARD.—Seigneur, je l'ai délivrée; Son Altesse est en sûreté; ne craignez rien. Mais en avant, mon prince; il ne faut plus que bien peu d'efforts pour amener notre besogne à bien.

(Ils sortent.)

SCÈNE III

La scène est la même.

On sonne l'alarme, escarmouches, retraite. — *Entrent le* ROI JEAN, ÉLÉONORE, ARTHUR, LE BATARD, HUBERT, *et des lords.*

LE ROI JEAN.—Il en sera ainsi. (*A Éléonore.*)—Votre Seigneurie demeurera en arrière avec cette forte garde. — (*Au jeune Arthur.*) Mon cousin, n'aie pas l'air si triste : ta grand'mère t'aime, et ton oncle sera aussi tendre pour toi que le fut ton père.

ARTHUR.—Oh! cela fera mourir ma mère de chagrin.

LE ROI JEAN, *au bâtard*.—Cousin, partez pour l'Angleterre : prenez les devants en diligence, et, avant votre arrivée, songez à bien secouer les coffres de nos abbés thésauriseurs, et à remettre en liberté leurs angelots captifs. Les grasses côtes de la paix doivent maintenant servir à nourrir les affamés. Usez du pouvoir que nous vous donnons dans toute son étendue.

LE BATARD.—La cloche, le livre, le cierge, ne me feront pas reculer quand l'or et l'argent m'inviteront à avancer. Je prends congé de Votre Altesse. (*A Éléonore.*) —Grand'mère, si jamais je me souviens d'être dévot, je prierai pour votre belle santé. Sur ce, je vous baise les mains.

ÉLÉONORE.—Adieu, mon aimable cousin.

LE ROI JEAN.—Cousin, adieu.

(Le Bâtard sort.)

ÉLÉONORE, *à Arthur*.—Approchez, mon petit parent. Écoutez, je veux vous dire un mot.

LE ROI JEAN.—Approche, Hubert,—ô mon cher Hubert, nous te devons beaucoup; et dans cette prison de chair il est une âme qui te tient pour son créancier, et qui se propose bien de te payer ton affection avec usure. Mon cher ami, ton serment volontaire vit dans ce cœur comme un précieux souvenir.—Donne-moi ta main.— J'aurais quelque chose à te dire;.... mais j'attendrai quelque autre moment plus convenable. Par le ciel! Hubert, je suis presque embarrassé de te dire en quelle estime je te tiens.

HUBERT.—Je suis bien obligé à Votre Majesté.

LE ROI JEAN.—Mon bon ami, tu n'as encore aucune raison de dire cela; mais tu l'auras un jour, et le temps ne coulera pas si lentement qu'il n'amène pour moi le moment de te faire du bien.—J'aurais une chose à te dire,.... mais laissons cela.—Le soleil est maintenant aux cieux, et le jour pompeux, environné des plaisirs du monde, est partout trop dissipé, trop plein de gaieté pour me donner audience.—Si la cloche de minuit frappait une heure de sa langue de fer et de sa bouche d'airain dans le cours assoupi de la nuit; si nous étions ici dans un cimetière, et toi préoccupé de mille injures; si l'humeur sombre de la mélancolie avait en toi coagulé, épaissi, appesanti le sang qui d'ordinaire court haut et bas en chatouillant les veines, éveille dans les yeux de l'homme le rire imbécile, enfle ses joues dans une vaine gaieté, passion odieuse à mes projets;.... ou bien si tu pouvais me voir sans yeux, m'entendre sans oreilles, et me répondre sans voix et par la seule pensée, sans yeux, sans oreilles, sans le son dangereux des paroles : alors, en dépit du jour vigilant qui nous enveloppe, je verserais mes pensées dans ton sein.—Mais non, je n'en ferai rien.—Cependant je t'aime bien, et, sur ma foi, je crois que tu m'aimes bien.

HUBERT.—Si bien, que quelque chose que vous me commandiez de faire, dût ma mort accompagner mon action, par le ciel, je le ferais.

LE ROI JEAN.—Eh! ne sais-je pas bien que tu le ferais? Bon Hubert, Hubert, Hubert, jette les yeux sur ce jeune garçon; je vais te dire ce que c'est, mon ami : c'est un serpent sur mon chemin, et quelque part que se pose mon pied, il est là devant moi.—M'entends-tu? tu es son gardien....

HUBERT.—Et je le garderai si bien qu'il ne pourra jamais nuire à Votre Majesté.

LE ROI JEAN.—La mort!

HUBERT.—Seigneur!....

LE ROI JEAN.—Un tombeau.

HUBERT.—Il ne vivra point.

LE ROI JEAN.—C'est assez : je puis me réjouir maintenant. Hubert, je t'aime; mais voilà, je ne veux pas te dire ce que je prétends faire pour toi. Souviens-toi....— Madame, portez-vous bien : j'enverrai ces troupes à Votre Majesté.

ÉLÉONORE.—Que ma bénédiction t'accompagne.

LE ROI JEAN, *à Arthur*.—Allons, cousin, en Angleterre. Hubert est chargé de vous servir; il aura pour vous tous les égards qui vous sont dus.—Marchons vers Calais; allons.

(Ils sortent.)

SCÈNE IV

Toujours en France. — La tente du roi de France.

Entrent LE ROI PHILIPPE, LOUIS, PANDOLPHE, *suite*.

PHILIPPE.—Ainsi, sur les flots, une bruyante tempête disperse une Armada entière de vaisseaux rassemblés, et les sépare les uns des autres.

PANDOLPHE.—Consolez-vous, reprenez courage, et tout ira bien encore.

PHILIPPE.—Et qui peut aller bien quand tout nous a tourné si mal? Ne sommes-nous pas battus? Angers n'est-il pas perdu, Arthur prisonnier? Plusieurs amis très-chers n'ont-ils pas été tués? et en dépit de la France, l'Anglais tout sanglant n'est-il pas retourné en Angleterre, surmontant tous les obstacles?

LOUIS.—Ce qu'il a conquis, il l'a fortifié. Il n'y a pas d'exemple d'une si ardente promptitude dirigée avec tant de sagesse, d'une conduite si prudente dans une guerre si impétueuse. Qui a jamais lu ou entendu le récit d'un exploit semblable?

PHILIPPE.—Je supporterais que l'Anglais eût obtenu cette gloire, si nous pouvions trouver quelque exemple de notre honte. (*Entre Constance.*) Regardez; qui vient ici? un tombeau renfermant une âme, retenant contre son gré l'immortel esprit dans l'odieuse prison d'une vie douloureuse.—Je vous en prie, madame, venez avec moi.

CONSTANCE.—Voyez, maintenant, voyez le résultat de votre paix.

PHILIPPE.—Patience, ma bonne dame. Courage, noble Constance.

CONSTANCE.—Non; je défie tout conseil, toute réparation, si ce n'est celle qui met fin à tous les conseils, la véritable réparation, la mort, la mort. O mort aimable et chérie! balsamique puanteur! saine corruption! lève-toi de la couche de l'éternelle nuit, toi l'abjection, la haine et la terreur des heureux; je baiserai tes détestables os, je mettrai mes yeux sous tes caverneux sourcils, des vers de ta demeure je ferai des bagues pour ces doigts; ta dégoûtante poussière fermera le passage à mon haleine, afin que je devienne un monstre de pourriture comme toi! Viens à moi en grinçant des dents et je croirai que tu souris, et je te donnerai le baiser d'une épouse! O toi, l'amour des malheureux, viens à moi!

PHILIPPE.—Belle affligée, calmez-vous.

CONSTANCE.—Non, non, je ne me calmerai point tant qu'il me restera un souffle pour crier. Oh! que ma langue n'est-elle placée dans la bouche du tonnerre! Alors de ma douleur j'ébranlerais le monde et je réveillerais de son sommeil ce cruel squelette qui ne peut entendre la faible voix d'une femme, qui dédaigne de communes invocations!

PANDOLPHE.—Madame, vos discours sont ceux de la folie, et non de la douleur.

CONSTANCE.—Tu n'es pas saint, toi qui me calomnies ainsi. Je ne suis pas folle; ces cheveux que j'arrache sont à moi; mon nom est Constance; j'étais la femme de Geoffroy; le jeune Arthur est mon fils, il est perdu! Je ne suis pas folle. Plût au ciel que je le fusse! car alors, sans doute je m'oublierais moi-même. Oh! si je le pouvais, quel chagrin j'oublierais! Enseigne-moi quelque philosophie qui me rende folle, et tu seras canonisé, cardinal; car n'étant pas folle, mais sensible à la douleur, ce que j'ai de raison m'apprend à me délivrer de mes maux, m'apprend comment je puis me tuer ou me pendre. Si j'étais folle, j'oublierais mon fils, ou je croirais follement qu'une poupée de chiffons est mon fils. Ah! je ne suis pas folle; je sens trop bien, trop bien les diverses douleurs de chaque infortune.

PHILIPPE. — Renouez ces tresses. Oh! que d'amour je remarque dans cette belle multitude de cheveux! Là où est tombée par hasard une larme argentée, par cette seule larme dix mille de ces amis déliés sont collés ensemble dans un chagrin sociable, semblables à des amants sincères, fidèles, inséparables, se pressant l'un contre l'autre dans l'adversité.

CONSTANCE.—En Angleterre, s'il vous plait!

PHILIPPE.—Rattachez vos cheveux.

CONSTANCE.—Oui, je les rattacherai. Et pourquoi le ferai-je? Je les ai arrachés de leurs nœuds en criant tout haut : *Oh! si mes mains pouvaient délivrer mon fils comme elles ont rendu la liberté à mes cheveux!* Mais maintenant je leur envie leur liberté et les remettrai dans leurs liens, puisque mon pauvre enfant est captif.—Père cardinal, je vous ai entendu dire que nous reverrions et que nous reconnaîtrions nos amis dans le ciel. Si cela est, je reverrai mon fils; car depuis la naissance de Caïn, le premier enfant mâle, jusqu'à celui qui respira hier pour la première fois, il n'est pas venu au monde une créature si charmante : mais le ver rongeur du chagrin va me dévorer mon bouton, et bannir de ses joues leur beauté native; il aura l'air creux d'un spectre, maigre et livide comme après un accès de fièvre : il mourra dans cet état; et lorsqu'il sera ressuscité ainsi, quand je le rencontrerai dans la cour des cieux, je ne le reconnaîtrai point; ainsi jamais, plus jamais je ne pourrai revoir mon joli Arthur.

PANDOLPHE.—Vous entretenez votre chagrin d'idées trop odieuses.

CONSTANCE.—Il me parle, lui qui n'a jamais eu de fils!

PANDOLPHE.—Vous êtes aussi attachée à votre douleur qu'à votre fils.

CONSTANCE.—Ma douleur tient la place de mon enfant absent; elle repose dans son lit, marche partout avec moi, prend son charmant regard, répète ses paroles, me rappelle toutes ses grâces, remplit de ses formes les vêtements qu'il a laissés vides. J'ai donc bien raison de chérir ma douleur.—Adieu : si vous aviez fait la même perte que moi, je vous consolerais mieux que vous ne me consolez.—Je ne veux plus conserver cet arrange-

ACTE III, SCÈNE IV.

ment sur ma tête, quand mon esprit est dans un tel désordre. (*Elle arrache sa coiffure.*)—O seigneur! mon enfant, mon Arthur, mon cher fils, ma vie, ma joie, ma nourriture, mon univers, la consolation de mon veuvage, le remède de tous mes chagrins!

(Elle sort.)

PHILIPPE.—Je crains qu'elle ne se fasse du mal. Je vais la suivre.

(Il sort.)

LOUIS.—Il n'est plus rien dans le monde qui puisse me donner aucune joie. La vie est aussi ennuyeuse pour moi qu'une histoire deux fois racontée dont on rebat l'oreille fatiguée d'un homme assoupi. La honte amère a tellement gâté le goût des douceurs de ce monde, qu'il ne me rend plus que honte et qu'amertume.

PANDOLPHE.—Avant qu'une forte maladie soit guérie, l'instant même qui ramène la vigueur et la santé est celui de la crise la plus violente et le mal qui prend congé de nous montre en nous quittant ce qu'il a de plus cruel. Qu'avez-vous donc perdu en perdant la journée?

LOUIS.—Toutes mes journées de gloire, de plaisir et de bonheur.

PANDOLPHE.—Cela serait certainement ainsi si vous l'aviez gagnée.—Non, non, c'est quand la fortune veut le plus de bien aux hommes qu'elle les regarde d'un œil menaçant. Il est étrange de penser tout ce qu'a perdu le roi Jean dans ce qu'il croit avoir si clairement gagné.—N'êtes-vous pas affligé qu'Arthur soit son prisonnier?

LOUIS.—Aussi sincèrement qu'il est satisfait de l'avoir.

PANDOLPHE.—Votre esprit est aussi jeune que votre âge. Écoutez-moi maintenant vous parler avec un esprit prophétique : le souffle seul de ce que j'ai à vous dire va emporter jusqu'au dernier brin de paille, jusqu'au dernier obstacle du chemin qui doit conduire vos pas au trône d'Angleterre. Écoutez donc.—Jean s'est emparé d'Arthur, et tant que la chaleur de la vie se jouera dans les veines de cet enfant, il est impossible que Jean, mal affermi, jouisse d'une heure, d'une minute, d'une seule respiration tranquille. Le sceptre qu'arrache une main révoltée ne peut être retenu que par la violence qui l'a acquis; et celui qui se tient dans un endroit glissant ne fera point scrupule de se retenir aux plus vils appuis pour rester debout. Pour que Jean puisse se soutenir, il faut qu'Arthur tombe....—Ainsi soit-il, puisque cela ne peut être autrement.

LOUIS.—Mais que gagnerai-je à la chute du jeune Arthur?

PANDOLPHE.—Vous pourrez, grâce aux droits de la princesse Blanche votre épouse, prétendre à tout ce qu'Arthur réclamait.

LOUIS.—Et le perdre, et la vie avec, comme Arthur.

PANDOLPHE.—Oh! que vous êtes jeune et nouveau dans ce vieux monde! Jean complote à votre profit; les événements conspirent avec vous; car celui qui baigne sa sûreté dans un sang loyal ne trouvera qu'une sûreté sanglante et perfide : cette action si odieusement conçue refroidira le cœur de tous ses sujets et glacera leur zèle, tellement qu'ils saisiront avec transport la première occasion d'ébranler son trône. On ne verra plus dans le ciel une exhalaison naturelle; il n'y aura plus un écart de la nature, pas un jour mauvais, pas un vent ordinaire, pas un événement accoutumé qu'on ne les dépouille de leurs causes naturelles pour les appeler des météores, des prodiges, des signes funestes, des monstruosités, des présages, des voix du ciel annonçant clairement sa vengeance contre Jean.

LOUIS.—Il est possible qu'il n'attente pas à la vie d'Arthur, et se croie suffisamment rassuré par sa captivité.

PANDOLPHE.—Ah! seigneur, quand il saura que vous approchez, si le jeune Arthur n'est pas déjà mort, il mourra à cette nouvelle; et alors les cœurs de son peuple, révoltés contre lui, baiseront les lèvres d'un changement inconnu; ils trouveront au bout des doigts sanglants de Jean de puissants motifs de rébellion et de fureur. Il me semble déjà voir ce bouleversement sur pied. Et combien se prépare-t-il pour vous des affaires meilleures que je ne vous ai dites! Le bâtard Faulconbridge est maintenant en Angleterre, pillant l'Église et offensant la charité. S'il s'y trouvait seulement douze Français en armes, ils seraient comme un signal qui attirerait autour d'eux dix mille Anglais, ou bien comme une petite boule de neige qui en roulant devient bientôt une montagne.—Noble dauphin, venez avec moi trouver le roi. Il est incroyable quel parti on peut tirer de leur mécontentement, maintenant que l'indignation est au comble dans leurs âmes.—Partez pour l'Angleterre ; moi, je vais échauffer le roi.

LOUIS.—De puissants motifs produisent des actions extraordinaires. Allons, si vous dites oui, le roi ne dira pas non.

(Ils sortent.)

FIN DU TROISIÈME ACTE.

ACTE QUATRIÈME

—

SCÈNE I

La scène est en Angleterre.— Une chambre dans le château de Northampton [1].

Entrent HUBERT ET DEUX SATELLITES.

HUBERT.—Faites-moi rougir ces fers, et ayez soin de vous tenir derrière la tapisserie. Quand je frapperai de mon pied le sein de la terre, accourez et attachez bien ferme à une chaise l'enfant que vous trouverez avec moi. Soyez attentifs.—Sortez, et veillez.

UN DES SATELLITES.—J'espère que vous nous garantirez les suites de l'action.

HUBERT.—Craintes ridicules! N'ayez pas peur; faites ce que je vous dis. (*Ils sortent.*)—Jeune garçon, venez ici; j'ai à vous parler.

(*Entre Arthur.*)

ARTHUR.—Bonjour, Hubert.

HUBERT.—Bonjour, petit prince.

ARTHUR.—Aussi petit prince qu'il soit possible de l'être, avec tant de titres pour être un plus grand prince. Vous êtes triste.

---

[1] Rien dans les premières éditions de Shakspeare n'indique le lieu où se passe cette scène. Northampton étant le lieu où se passe la première scène, quelques éditeurs ont jugé à propos d'y placer aussi celle-ci, et on les a suivis pour la clarté.

HUBERT.—En effet, j'ai été plus gai.

ARTHUR.—Miséricorde! je croyais que personne ne devait être triste que moi. Cependant je me rappelle qu'étant en France, je voyais de jeunes gentilshommes tristes comme la nuit, et cela seulement par divertissement[1]. Par mon baptême, si j'étais hors de prison et gardant les moutons, je serais gai tant que le jour durerait; et je le serais même ici, si je ne me doutais que mon oncle cherche à me faire encore plus de mal. Il a peur de moi, et moi de lui. Est-ce ma faute si je suis fils de Geoffroy? Non sûrement ce n'est pas ma faute; et plût au ciel que je fusse votre fils, Hubert! car vous m'aimeriez.

HUBERT, bas.—Si je lui parle, son innocent babil va réveiller ma pitié qui est morte. Il faut me hâter de dépêcher la chose.

ARTHUR.—Êtes-vous malade, Hubert? Vous êtes pâle aujourd'hui. En vérité, je voudrais que vous fussiez un peu malade, afin de pouvoir rester debout toute la nuit à veiller près de vous. Je suis bien sûr que je vous aime plus que vous ne m'aimez.

HUBERT.—Ses discours s'emparent de mon cœur. (Il donne un papier à Arthur.) Lisez, jeune Arthur. (A part.) —Quoi! de sottes larmes qui vont mettre à la porte l'impitoyable cruauté! Il faut en finir promptement, de crainte que ma résolution ne s'échappe de mes yeux en larmes efféminées. (A Arthur.)—Est-ce que vous ne pouvez pas lire? N'est-ce pas bien écrit?

ARTHUR.—Trop bien, Hubert, pour un si horrible résultat. Quoi! il faut que vous me brûliez les deux yeux avec un fer rouge?

HUBERT.—Jeune enfant, il le faut.

ARTHUR.—Et le ferez-vous?

---

[1] Moquerie du poëte faisant allusion aux prétentions à la mélancolie qui, du temps de la reine Élisabeth, étaient du bel air à la cour.

HUBERT.—Je le ferai.

ARTHUR.—En aurez-vous le cœur? Quand vous avez eu seulement mal à la tête, j'ai attaché mon mouchoir autour de votre front, le plus beau que j'eusse : c'était une princesse qui me l'avait brodé, et je ne vous l'ai jamais redemandé. A minuit, j'appuyais votre tête sur ma main ; et, comme les vigilantes minutes font passer l'heure, j'allégeais encore pour vous le poids du temps, en vous demandant à chaque instant : « Que vous manque-t-il? où est votre mal? quel bon office pourrais-je vous rendre? » Il y a bien des enfants de pauvres gens qui fussent restés dans leur lit, et ne vous eussent pas dit un seul mot de tendresse; et vous, vous aviez un prince pour vous servir dans votre maladie! Peut-être pensez-vous que mon amour était un amour artificieux, et vous lui donnez le nom de ruse : croyez-le si vous voulez.—Si c'est la volonté du ciel que vous me traitiez mal, il faut bien que vous le fassiez.—Pourrez-vous me crever les yeux, ces yeux qui ne vous ont jamais regardé et ne vous regarderont jamais avec colère?

HUBERT. — J'ai juré de le faire, il faut que je vous les brûle avec un fer chaud.

ARTHUR.—Oh! personne, hors de ce siècle de fer, n'eût jamais voulu le faire! Le fer lui-même, quoique rougi et ardent, en approchant de mes yeux, boirait mes larmes et éteindrait sa brûlante rage dans ma seule innocence, et même, après cela, se consumerait de rouille seulement pour avoir recélé le feu qui devait nuire à mon œil. Êtes-vous donc plus dur, plus insensible que le fer forgé? Oh! si un ange était venu à moi et m'avait dit qu'Hubert allait me crever les yeux, je n'en aurais cru aucune autre langue que celle d'Hubert.

HUBERT, *frappant du pied.*—Venez. (*Les satellites entrent avec des cordes, des fers, etc.*) Faites ce que je vous ai ordonné.

ARTHUR.—Ah! sauvez-moi, Hubert, sauvez-moi. Mes yeux sont crevés rien que par les féroces regards de ces hommes sanguinaires.

HUBERT.—Donnez-moi ce fer, vous dis-je, et liez-le ici.

ARTHUR.—Hélas! qu'avez-vous besoin d'être si rude et si brusque? Je ne me débattrai pas, je resterai immobile comme la pierre. Pour l'amour du ciel, Hubert, que je ne sois pas lié! — Écoutez-moi, Hubert, renvoyez ces hommes, et je vais m'asseoir tranquille comme un agneau : je ne remuerai pas, je ne frémirai pas, je ne dirai pas une seule parole, je ne regarderai pas le fer avec colère. Renvoyez seulement ces hommes, et je vous pardonnerai, quelque tourment que vous me fassiez souffrir.

HUBERT.—Allez, demeurez là dedans; laissez-moi seul avec lui.

UN DES SATELLITES.—Je suis bien content d'être dispensé d'une pareille action.

(Sortent les satellites.)

ARTHUR.—Hélas! j'ai renvoyé par mes reproches mon ami : il a l'air sévère, mais le cœur tendre. Laissez-le revenir, afin que sa compassion réveille la vôtre.

HUBERT.—Allons, enfant; préparez-vous.

ARTHUR.—N'y a-t-il plus de remède?

HUBERT.—Pas d'autre que de perdre vos yeux.

ARTHUR.—Oh ciel! que n'avez-vous dans les vôtres seulement un atome, un grain de sable ou de poussière, un moucheron, un cheveu égaré, quelque chose qui pût offenser cet organe précieux! Alors, sentant vous-même combien les plus petites choses y sont douloureuses, votre odieux projet vous paraîtrait horrible.

HUBERT.—Est-ce là ce que vous avez promis? Allons, taisez-vous.

ARTHUR. —Hubert, les paroles d'un couple de langues ne seraient pas trop pour plaider la cause d'une paire d'yeux. Ne m'obligez pas à me taire, Hubert, ne m'y obligez pas; ou bien, Hubert, si vous voulez, coupez-moi la langue, afin que je puisse garder mes yeux. Oh! épargnez mes yeux, quand ils ne devraient plus me servir jamais qu'à vous voir.—Tenez, sur ma parole, le fer est froid, et il ne me ferait aucun mal.

HUBERT.—Je puis le réchauffer, enfant.

ARTHUR.—Non, en bonne foi : le feu, créé pour nous

réconforter, est mort de douleur de se voir employé à des cruautés si peu méritées. Voyez vous-même : il n'y a point de malice dans ce charbon enflammé ; le souffle du ciel en a chassé toute ardeur, et a couvert sa tête des cendres du repentir.

HUBERT.—Mais mon souffle peut le ranimer, enfant.

ARTHUR.—Cela ne servirait qu'à le faire rougir et brûler de honte de vos procédés, Hubert : peut-être même qu'il lancerait des étincelles dans vos yeux, et que, comme un dogue qu'on force de combattre, il s'attaquerait à son maître qui le pousse malgré lui. Tout ce que vous voulez employer pour me faire du mal vous refuse le service. Vous seul n'avez point cette pitié qui s'étend jusqu'au fer cruel et au feu, êtres connus pour servir aux usages impitoyables.

HUBERT.—Eh bien ! vois pour vivre[1] ! Je ne toucherais pas à tes yeux pour tous les trésors que possède ton oncle. Cependant j'avais juré, et j'avais résolu, enfant, de te brûler les yeux avec ce fer.

ARTHUR.—Ah ! maintenant vous ressemblez à Hubert ; tout ce temps vous étiez déguisé.

HUBERT.—Paix ! pas un mot de plus ; adieu. Il faut que votre oncle vous croie mort. Je vais charger ces farouches espions de rapports trompeurs. Toi, joli enfant, dors sans inquiétude, et sois certain que, pour tous les biens de l'univers, Hubert ne te fera jamais de mal.

ARTHUR.—Oh ciel !—Je vous remercie, Hubert.

HUBERT.—Silence ! pas un mot ; rentre sans bruit avec moi. Je m'expose pour toi à de grands dangers.

---

[1] *See to live.* Les commentateurs sont embarrassés sur le sens de cette expression, qui paraît suffisamment expliquée par la promesse qu'avait faite Hubert à Jean d'ôter la vie à Arthur, et les détails subséquents à cette scène qui prouvent que c'était bien là son dessein. On voit dans le moyen âge plusieurs de ceux dont les yeux ont été brûlés périr dans ce supplice, ou par ses suites. L'opération devait probablement être faite sur Arthur de manière à avoir ce résultat.

SCÈNE II

Toujours en Angleterre.—Une salle d'apparat dans le palais.

Entrent LE ROI JEAN, *couronné;* PEMBROKE, SALISBURY *et autres seigneurs.*— *Le roi monte sur son trône.*

LE ROI JEAN.—Nous nous revoyons encore assis dans ce palais, couronné une seconde fois; et nous l'espérons, nous y sommes vu d'un œil joyeux.

PEMBROKE.—Cette seconde fois, n'était qu'il a plu à Votre Majesté que cela fût ainsi, était une fois de trop. Vous aviez été couronné auparavant, et jamais depuis vous n'aviez été dépouillé de la majesté royale; jamais aucune révolte n'avait donné atteinte à la foi de vos sujets; le pays n'avait été troublé d'aucune atteinte nouvelle, d'aucun désir de changement ou d'un état meilleur.

SALISBURY.—C'est donc une inutile et ridicule surabondance que de vouloir s'entourer d'une double pompe, que de parer un titre déjà précieux, que de dorer l'or fin, de teindre le lis, de parfumer la violette, de polir la glace ou d'ajouter de nouvelles couleurs à l'arc-en-ciel, et de chercher à éclairer l'œil brillant des cieux.

PEMBROKE.—Si ce n'est qu'il faut accomplir le bon plaisir de Votre Majesté, cet acte est comme un vieux conte redit de nouveau et dont la dernière répétition devient fâcheuse lorsqu'elle tombe hors de propos.

SALISBURY.—Il défigure l'aspect antique et respectable de nos simples et anciennes formes, comme le vent qui change dans les voiles fait errer le cours des pensées; il éveille et alarme la réflexion, affaiblit la stabilité des opinions; rend suspect même ce qui est légitime en le couvrant de vêtements d'une mode si nouvelle.

PEMBROKE.—L'ouvrier qui veut faire mieux que bien perd son habileté dans les efforts de son ambition; et souvent en cherchant à excuser une faute, on l'aggrave par l'excuse même, comme une pièce posée sur une petite déchirure fait un plus mauvais effet en cachant le défaut, que ne faisait le défaut lui-même avant qu'il fût ainsi rapiécé.

SALISBURY.—C'est pourquoi avant votre nouveau couronnement nous vous avons déclaré notre avis; mais il n'a pas plu à Votre Altesse de l'écouter. Au reste, nous sommes tous satisfaits, puisque nos volontés doivent en tout et en partie s'arrêter devant celle de Votre Altesse.

LE ROI JEAN.—Je vous ai fait part de quelques-unes des raisons de ce double couronnement, et je les crois fortes; et lorsque mes craintes seront diminuées, je vous en communiquerai d'autres plus fortes encore. Cependant, indiquez les abus dont vous demandez la réforme, et vous verrez bien avec quel empressement j'écouterai et j'accorderai vos demandes.

PEMBROKE.—Eh bien, comme l'organe de ceux que voici, et pour vous découvrir les pensées de leurs cœurs; pour moi comme pour eux, mais surtout pour votre sûreté, dont eux et moi faisons notre soin le plus cher, je vous demande avec instance la liberté d'Arthur, dont la captivité porte les lèvres du mécontentement, toujours prêtes au murmure, à ce raisonnement dangereux : Si ce que vous possédez en paix vous le possédez à juste titre, pourquoi donc ces craintes, compagnes, dit-on, des pas de l'injustice, vous portent-elles à séquestrer ainsi votre jeune parent? Pourquoi étouffer sa vie sous une ignorance barbare, et priver sa jeunesse de l'avantage précieux d'une bonne éducation? Afin que dans les conjonctures présentes vos ennemis ne puissent armer de ce prétexte les occasions, souffrez que la requête que vous nous avez ordonné de vous présenter soit pour sa liberté. Nous ne vous la demandons point pour notre avantage, si ce n'est que notre intérêt est attaché au vôtre, et que votre intérêt est de le mettre en liberté.

LE ROI JEAN.—Soit, je confie sa jeunesse à vos soins. (*Entre Hubert.*)—Hubert, quelle nouvelle m'apportez-vous?

PEMBROKE.—Voilà l'homme qui était chargé de cette exécution sanglante. Il a montré son ordre à un de mes amis. L'image de quelque odieuse scélératesse vit dans ses yeux. Son air en dessous porte toutes les apparences d'un cœur bien troublé; et je crains beaucoup que l'acte dont nous avions peur qu'il n'eût été chargé ne soit consommé.

SALISBURY.— Les couleurs du roi vont et viennent entre sa conscience et son projet comme les hérauts entre deux terribles armées en présence. Sa passion est mûre ; il faut qu'elle crève.

PEMBROKE.—Et si elle crève, nous en verrons sortir, je le crains bien, l'affreuse corruption de la mort d'un aimable enfant.

LE ROI JEAN.—Nous ne pouvons arrêter le bras inflexible de la mort. Chers seigneurs, bien que ma volonté d'accorder existe toujours, l'objet de votre requête est mort.—Il nous apprend qu'Arthur est décédé de cette nuit.

SALISBURY.—Nous avions craint, en effet, que son mal ne fût au-dessus de tout remède.

PEMBROKE.—Oui, nous avons su combien sa mort était prochaine, avant même que l'enfant se sentît malade.— Il faudra rendre compte de cela ici ou ailleurs.

LE ROI JEAN.—Pourquoi tournez-vous sur moi de si graves regards? Pensez-vous que j'aie en mes mains les ciseaux de la destinée? Puis-je commander au pouls de la vie?

SALISBURY.—La tricherie est visible, et c'est une honte qu'un roi la laisse si grossièrement apercevoir. Prospérez dans votre jeu : adieu.

PEMBROKE.—Arrête, lord Salisbury ; je vais avec toi chercher l'héritage de ce pauvre enfant, ce petit royaume d'un tombeau dans lequel on l'a forcé d'entrer. Trois pieds de terre renferment le cœur à qui appartenait toute l'étendue de cette île.—Quel mauvais monde cependant!—Cela n'est pas supportable ; cela éclatera pour notre chagrin à tous, et avant peu, je le crains bien.

(Ils sortent.)

LE ROI JEAN.—Ils brûlent d'indignation. Je me repens : on ne peut établir sur le sang aucun fondement solide. On n'assure point sa vie sur la mort des autres. (*Entre un messager.*)—Tu as l'air effrayé ; où est ce sang que j'ai vu habiter sur tes joues? Un ciel si ténébreux ne s'éclaircit pas sans tempêtes. Fais crever l'orage ; comment tout va-t-il en France ?

LE MESSAGER.—Tout va de France en Angleterre : jamais on n'a vu dans le corps d'une nation lever une telle armée pour une expédition étrangère. Ils ont appris à imiter votre diligence ; car au moment où l'on devrait vous apprendre leurs préparatifs, arrive la nouvelle de leur débarquement.

LE ROI JEAN.—Dans quelle ivresse s'est donc trouvée plongée notre vigilance? Qui a pu l'endormir ainsi? Où est l'attention de ma mère que la France ait pu lever une telle armée sans qu'elle en ait entendu parler?

LE MESSAGER.—Mon prince, la poussière lui a bouché les oreilles. Votre noble mère est morte le premier jour d'avril; et j'ai entendu dire, seigneur, que la princesse Constance était morte trois jours avant dans un accès de frénésie : mais quant à ceci, je ne le sais que vaguement par le bruit public. Je ne sais si c'est vrai ou faux.

LE ROI JEAN.—Suspends ta rapidité, occasion terrible! Oh! fais un pacte avec moi jusqu'à ce que j'aie satisfait mes pairs mécontents.—Quoi! ma mère est morte! Dans quel désordre sont maintenant nos affaires en France? Et sous le commandement de qui vient cette armée française que tu me dis positivement être entrée en Angleterre?

LE MESSAGER.—Du dauphin.

(*Entrent le Bâtard et Pierre de Pomfret.*)

LE ROI JEAN.—Tu m'as tout étourdi par ces fâcheuses nouvelles.—Eh bien, que dit le monde de nos procédés? Ne cherchez pas à me farcir encore la tête de mauvaises nouvelles, car elle en est pleine.

LE BATARD.—Mais si vous avez peur d'apprendre le pis, laissez donc ce qu'il y a de pis tomber sur votre tête sans que vous en ayez été averti.

LE ROI JEAN.—Pardon, mon cousin, j'étais étourdi sous le flot ; mais je commence à reprendre haleine au-dessus des vagues, et je puis donner audience à quelque bouche que ce soit, de quoi qu'elle veuille me parler.

LE BATARD.—Vous verrez par les sommes que j'ai ramassées comment j'ai réussi parmi les ecclésiastiques. Mais en traversant le pays pour revenir ici, j'ai trouvé le peuple troublé par d'étranges imaginations, préoccupé de bruit divers, rempli de vains rêves, ne sachant ce qu'il craint, mais plein de craintes ; et voici un prophète que j'ai amené avec moi de Pomfret¹, où je l'ai rencontré dans les rues, traînant à ses talons des centaines de gens à qui il chantait en vers grossiers et aux rudes accords que le jour de l'Ascension prochaine, avant midi, Votre Altesse déposerait sa couronne.

LE ROI JEAN, *à Pierre*.—Rêveur insensé que tu es, pourquoi parlais-tu ainsi ?

PIERRE.—Parce que je savais d'avance que cela arrivera ainsi en vérité.

LE ROI JEAN.—Hubert, emmène-le, emprisonne-le ; et qu'à midi, le jour même qu'il dit que je céderai ma couronne, il soit pendu. Mets-le en lieu de sûreté, et reviens ; j'ai besoin de toi. (*Hubert sort avec Pierre de Pomfret.*)—Oh ! mon cher cousin, sais-tu les nouvelles ? sais-tu qui est arrivé ?

LE BATARD.—Les Français, seigneur ; on n'a pas autre chose à la bouche. J'ai de plus trouvé lord Bigot et lord Salisbury, les yeux aussi rouges qu'un feu nouvellement allumé, et plusieurs autres qui allaient cherchant le tombeau d'Arthur, tué cette nuit, disent-ils, par votre ordre.

---

¹ Pierre de Pomfret était un ermite en grande réputation de sainteté parmi le peuple. Il avait prédit que Jean perdrait sa couronne dans cette année : après que Jean l'eut sauvée du danger par l'humiliante cérémonie de son hommage au pape, il fit mourir comme imposteur le pauvre ermite, qui allégua vainement pour sa défense que Jean avait perdu la couronne indépendante qu'il avait reçue. Le malheureux fut traîné à la queue d'un cheval, dans les rues de Warham, puis pendu avec son fils.

LE ROI JEAN.—Cher cousin, va, mêle-toi à leur compagnie ; je sais un moyen de regagner leur affection : amène-les-moi.

LE BATARD.—Je vais tâcher de les rencontrer.

LE ROI JEAN.—Oui, mais dépêche-toi ; toujours le meilleur pied devant. Oh ! ne laisse pas mes sujets devenir mes ennemis, au moment où des étrangers en armes viennent effrayer mes villes de l'appareil menaçant d'une invasion formidable. Sois un Mercure, mets des ailes à tes talons ; et rapide comme la pensée, reviens d'eux à moi.

LE BATARD.—L'esprit du temps m'enseignera la diligence.

(Il sort.)

LE ROI JEAN.—C'est parler en vaillant et noble chevalier. (*Au messager.*)—Suis-le, car il aura peut-être besoin de quelque messager entre les pairs et moi. Ce sera toi.

LE MESSAGER.—De grand cœur, mon souverain.

(Il sort.)

LE ROI JEAN.—Ma mère morte !
(Entre Hubert.)

HUBERT.—Seigneur, on dit que cette nuit on a vu cinq lunes : quatre fixes, et la cinquième tournant autour des quatre autres avec une rapidité étonnante.

LE ROI JEAN.—Cinq lunes !

HUBERT.—Des vieillards et des fous prophétisent là-dessus dans les rues d'une manière dangereuse. La mort du jeune Arthur est dans toutes les bouches. En s'entretenant de lui, ils secouent la tête, chuchotent à l'oreille l'un de l'autre : celui qui parle serre le poignet de celui qui écoute, tandis que celui qui écoute exprime son effroi par des froncements de sourcil, des signes de tête et des roulements d'yeux. — J'ai vu un forgeron rester ainsi avec son marteau tandis que son fer refroidissait sur l'enclume pour dévorer, la bouche béante, les nouvelles que lui contait un tailleur qui, ses ciseaux et son aune à la main, debout dans ses pantoufles que dans son vif empressement il avait chaussées de travers et mises au mauvais pied, parlait de bien des milliers de Français belliqueux qui étaient déjà rangés en bataille dans le pays de Kent. Un autre ouvrier maigre et tout sale vint interrompre son récit pour parler de la mort d'Arthur.

LE ROI JEAN. — Pourquoi cherches-tu à me remplir l'âme de toutes ces terreurs? Pourquoi reviens-tu si souvent sur la mort du jeune Arthur? C'est ta main qui l'a assassiné : j'avais de puissantes raisons de souhaiter sa mort, mais tu n'en avais aucune de le tuer.

HUBERT. — Aucune, seigneur? Quoi! ne m'y avez-vous pas excité?

LE ROI JEAN. — C'est la malédiction des rois d'être environnés d'esclaves qui regardent leurs caprices comme une autorisation d'aller briser de force la sanglante demeure de la vie; qui voient un ordre dans le moindre clin d'œil de l'autorité, et s'imaginent deviner les intentions menaçantes du souverain dans un regard irrité, qui vient peut-être d'humeur, plutôt que d'aucun motif réfléchi.

HUBERT. — Voilà votre seing et votre sceau comme garantie de ce que j'ai fait.

LE ROI JEAN. — Oh! quand se rendra le dernier compte entre le ciel et la terre, cette signature et ce sceau déposeront contre nous pour notre damnation. — Combien de fois la vue des moyens de commettre une mauvaise action a-t-elle fait commettre cette mauvaise action! Si tu n'avais pas été près de moi, toi, un misérable choisi, marqué, désigné par la main de la nature pour accomplir de honteuses actions, jamais l'idée de ce meurtre ne fût entrée dans mon âme. Mais en remarquant ton visage odieux, te voyant propre à quelque sanglante infamie, tout fait, tout disposé pour être employé à des actes dangereux, je m'ouvris faiblement à toi de la mort d'Arthur : et toi, pour gagner la faveur d'un roi, tu ne t'es pas fait scrupule de détruire un prince!

HUBERT. — Seigneur!....

LE ROI JEAN. — Si tu avais seulement secoué la tête, si tu avais gardé un moment le silence quand je te parlais à mots couverts de mes desseins; si tu avais fixé sur moi un regard de doute comme pour me demander de m'expliquer en paroles expresses, une honte profonde m'eût soudain rendu muet, m'eût fait rompre l'entretien, et tes craintes auraient fait naître en moi des craintes : mais tu m'as entendu par signes, et c'est par signe que tu as parlementé avec le péché. Oui! c'est sans un seul instant de retard que ton cœur s'est laissé persuader, et que ta main cruelle s'est hâtée en conséquence d'accomplir l'action que nos deux bouches avaient honte d'exprimer !—Ote-toi de mes yeux, et que je ne te revoie jamais !—Ma noblesse m'abandonne, une armée étrangère vient jusqu'à mes portes braver ma puissance : que dis-je! au dedans même de ce pays de chair, de cet empire où se renferment le sang et la vie, éclatent les hostilités, et la guerre civile règne entre ma conscience et la mort de mon cousin.

HUBERT.—Armez-vous contre vos autres ennemis; je vais faire la paix entre votre âme et vous; le jeune Arthur est vivant. Cette main est encore innocente et vierge, et ne s'est point teinte des taches rouges du sang : jamais encore n'est entré dans ce sein le terrible sentiment d'une pensée meurtrière; et vous avez calomnié la nature dans mon visage, qui, bien que rude à l'extérieur, couvre une âme trop belle pour être le boucher d'un enfant innocent.

LE ROI JEAN.—Quoi! Arthur vit? Oh! cours promptement vers les pairs; jette cette nouvelle sur leur fureur allumée, fais-les rentrer sous le joug de l'obéissance. Pardonne-moi le jugement que ma colère portait sur ta physionomie, car ma fureur était aveugle; et les affreux traits de sang dont te couvrait mon imagination te représentaient plus hideux que tu ne l'es. Oh! ne me réplique pas; mais hâte-toi autant qu'il sera possible d'amener dans mon cabinet les lords irrités : je t'en conjure bien lentement; cours plus vite.

(Ils sortent.)

SCÈNE III

La scène est toujours en Angleterre. — Devant le château.

ARTHUR *paraît sur le mur.*

ARTHUR.—Le mur est bien haut! et cependant je vais sauter en bas. O bonne terre, aie pitié de moi, et ne me fais pas mal.—Peu de gens ici me connaissent, ou plutôt personne; et quand on me connaîtrait, cet habit de mousse me déguise tout à fait.—J'ai peur; cependant je vais me risquer : si j'arrive en bas sans me briser les membres je trouverai mille moyens pour m'évader. Autant mourir en fuyant que rester ici pour mourir. (*Il saute.*) Hélas! le cœur de mon oncle est dans ces pierres. Ciel, reçois mon âme! et toi, Angleterre, conserve mon corps!
(*Il meurt.*)

(Entrent Pembroke, Salisbury, Bigot.)

SALISBURY.—Milords, je l'ai trouvé à Saint-Edmonsbury : c'est notre sûreté, et nous devons saisir l'heureuse occasion que nous présente ce moment dangereux.

PEMBROKE.—Qui vous a apporté cette lettre de la part du cardinal?

SALISBURY.—C'est le comte de Melun, un noble seigneur français, qui m'a donné en particulier, de l'affection que nous porte le dauphin, des témoignages bien plus étendus que n'en renferment ces lignes.

BIGOT. — Alors, partons demain matin pour l'aller trouver.

SALISBURY.—Partons plutôt à l'instant; car nous avons, milords, deux grandes journées de marche avant de le joindre.

(Entre le Bâtard.)

LE BATARD.—Heureux de vous rencontrer encore une fois aujourd'hui, milords les mécontents! le roi par ma bouche requiert à l'instant votre présence.

SALISBURY.—Le roi s'est lui-même privé de nous; nous

ne voulons pas doubler de nos dignités sans tache son mince manteau tout souillé; nous ne suivrons point ses pas, qui laissent partout où il passe des empreintes sanglantes. Retourne le lui dire : nous savons tout.

LE BATARD.—Quelles que soient vos pensées, de bonnes paroles, il me semble, conviendraient mieux.

SALISBURY.—Ce sont nos griefs qui parlent en ce moment, et non pas nos égards.

LE BATARD.—Mais vous avez peu de raison d'avoir des griefs : la raison serait donc de montrer des égards.

PEMBROKE.—Monsieur, monsieur, l'impatience a ses priviléges.

LE BATARD.—Cela est vrai; celui de faire tort à son maître, à personne autre.

SALISBURY.—Voici la prison. (*Voyant le corps d'Arthur.*) Qui est là étendu par terre?

PEMBROKE.—O mort! que te voilà enorgueillie d'une pure et noble beauté! La terre n'a pas eu un trou pour cacher ce forfait!

SALISBURY.—Le meurtre, comme s'il abhorrait lui-même ce qu'il a fait, reste découvert à vos yeux pour vous exciter à la vengeance.

BIGOT.—Ou bien, après avoir dévoué au tombeau tant de beauté, il l'a trouvée d'un prix trop illustre pour le tombeau.

SALISBURY.—Sir Richard, que pensez-vous? Avez-vous jamais vu, avez-vous lu, pouviez-vous imaginer, imaginez-vous même à présent que vous le voyez, ce que vous voyez, et si vous n'aviez pas cet objet présent, la pensée pourrait-elle en concevoir un semblable? Oui, c'est le comble, la sommité, le cimier, ou plutôt c'est cimier sur cimier dans les armoiries du meurtre : oh! c'est la plus sanglante infamie, la barbarie la plus sauvage, le coup le plus lâche que jamais la colère à l'œil de pierre, ou la rage à l'œil fixe, ait offert aux larmes de la tendre pitié.

PEMBROKE.—Cet assassinat absout tous ceux qui ont jamais été commis; et ce forfait unique, incomparable, donnera à tous les crimes à naître une certaine pureté et une certaine sainteté. Après l'exemple de cet affreux spectacle, la mortelle effusion du sang ne peut plus être qu'un jeu.

LE BATARD.—C'est une action sanglante et damnable; c'est l'action réprouvée d'une main brutale, si cependant c'est l'ouvrage d'une main.

SALISBURY.—Si c'est l'ouvrage d'une main ! Nous avons eu d'avance quelque ouverture de ce qui devait arriver : c'est l'ouvrage honteux de la main d'Hubert; le projet et le complot viennent du roi, auquel dès ce moment mon âme retire toute obéissance. A genoux devant cette ruine d'une belle vie, j'exhalerai pour encens, devant cette perfection privée de respiration, un vœu, le vœu sacré de ne goûter aucun des plaisirs du monde, de ne jamais me laisser séduire par les délices, de ne connaître ni l'aise ni le loisir, avant que j'aie illustré ce bras par le sacrifice de la vengeance.

PEMBROKE ET BIGOT.—Nos âmes s'unissent religieusement à ton serment.

(Entre Hubert.)

HUBERT.—Milords, je me suis mis en nage en courant pour vous retrouver. Arthur est vivant : le roi m'envoie vous chercher.

SALISBURY.—Vraiment, il est hardi ! la vue de la mort ne le fait pas rougir.—Loin de nos yeux, détestable scélérat ! va-t'en.

HUBERT.—Je ne suis point un scélérat.

SALISBURY, *tirant son épée.*—Faudra-t-il que je vole la loi?

LE BATARD.—Votre épée est brillante, monsieur; remettez-la à sa place.

SALISBURY.—Non pas jusqu'à ce que je lui aie fait un fourreau de la peau d'un assassin.

HUBERT.—Arrière, lord Salisbury, arrière, vous dis-je : par le ciel, je crois mon épée aussi bien affilée que la vôtre. Je ne voudrais pas, milord, que, vous oubliant ainsi, vous tentassiez le danger de m'obliger à une légitime défense, de peur qu'à la vue de votre colère je ne vinsse à oublier votre mérite, votre grandeur et votre noblesse.

BIGOT.—Hors d'ici, homme de boue. Oses-tu braver un noble?

HUBERT.—Non, pour ma vie; mais j'oserai défendre ma vie innocente contre un empereur.

SALISBURY.—Tu es un assassin.

HUBERT.—Ne me forcez pas à le devenir : jusqu'à cette heure je ne le suis point. Quiconque permet à sa langue de dire une fausseté ne dit pas la vérité; et quiconque ne dit pas la vérité ment.

PEMBROKE.—Hachez-le en pièces.

LE BATARD.—Gardez la paix, vous dis-je.

SALISBURY.—Ne vous en mêlez pas, Faulconbridge, ou je tombe sur vous.

LE BATARD.—Mieux vaudrait pour toi tomber sur le diable, Salisbury. Si tu t'avises seulement de me regarder de travers ou de faire un pas en avant, ou si tu permets à ton impudente colère de m'insulter, tu es mort. Remets ton épée sans délai, ou je vous hacherai de telle sorte, vous et votre fer à tartines, que vous croirez le diable sorti des enfers.

BIGOT.—Que prétends-tu, renommé Faulconbridge? Veux-tu être le champion d'un traître, d'un meurtrier?

HUBERT.—Milord, je ne suis ni l'un ni l'autre.

BIGOT.—Qui a tué ce prince?

HUBERT.—Il n'y a pas encore une heure que je l'ai laissé bien portant : je l'honorais, je l'aimais, et je passerai ma vie à pleurer la perte de sa douce vie.

SALISBURY.—Ne vous fiez point à ces larmes feintes qui coulent de ses yeux. Les pleurs ne manquent pas à la scélératesse; et lui, qui en a une longue habitude, leur donne l'apparence d'un fleuve de tendresse et d'innocence. Venez avec moi, vous tous dont l'âme abhorre l'odeur infecte d'un abattoir : cette vapeur de crime me suffoque.

BIGOT.—Allons vers Bury; allons y rejoindre le dauphin.

PEMBROKE.—Va dire au roi qu'il peut venir nous y chercher.

(Les lords sortent.)

LE BATARD.—L'honnête monde que le nôtre ! (*A Hubert.*) —Avez-vous eu connaissance de ce beau chef-d'œuvre ? —Hubert, si c'est toi qui as commis cette œuvre de mort, tu es damné sans que l'immensité infinie de la miséricorde du ciel puisse t'atteindre.

HUBERT.—Écoutez-moi seulement, monsieur.

LE BATARD.—Ah ! je te dirai une chose, tu es damné aussi noir.... Non, il n'y a rien de si noir que toi : tu es damné plus à fond que le prince Lucifer ; il n'y a pas encore un diable d'enfer aussi hideux que tu le seras, si c'est toi qui as tué cet enfant.

HUBERT.—Sur mon âme....

LE BATARD.—Si tu as seulement consenti à cette cruelle action, tu n'as pas d'autre parti que le désespoir ; et, à défaut de corde, le fil le plus mince qu'une araignée ait jamais tiré de ses entrailles suffira pour t'étrangler : un jonc sera une potence suffisante pour te pendre : ou si tu veux te noyer, mets un peu d'eau dans une cuiller ; et pour étouffer un scélérat tel que toi, cela vaudra tout l'Océan.—Je te soupçonne violemment.

HUBERT.—Si par action, consentement, ou seulement par le péché de la pensée, je suis coupable d'avoir dérobé cet aimable souffle à la belle enveloppe d'argile où il était renfermé, que l'enfer n'ait pas assez de douleurs pour me torturer !—Je l'avais laissé bien portant.

LE BATARD.—Va, prends-le dans tes bras. Je suis troublé, il me semble, et je perds mon chemin à travers les épines et les dangers de ce monde.—Comme tu portes légèrement toute l'Angleterre ! De cette portion défunte de royauté se sont envolés vers le ciel la vie, le droit, la justice de tout ce royaume, laissant l'Angleterre se débattre et lutter pour séparer à belles dents le droit sans maître de l'orgueilleux étalage du pouvoir ; maintenant, pour arracher cet os décharné de la souveraineté, le dogue grondant de la guerre hérisse sa crinière irritée, et grogne au nez de la douce paix ; maintenant se liguent ensemble les forces du dehors et les mécontentements du dedans ; et l'immense confusion plane comme un corbeau sur un animal expirant, en attendant la chute imminente de la puissance arrachée de son trône. Heureux maintenant celui dont la ceinture et le manteau pourront résister à cette tempête !—Emporte cet enfant, et suis-moi en diligence. Je vais trouver le roi : nous avons en un instant mille affaires sur les bras, et le ciel même regarde cette terre d'un œil de courroux.

(Ils sortent.)

FIN DU QUATRIÈME ACTE.

ACTE CINQUIÈME

SCÈNE I

La scène est toujours en Angleterre. — Un appartement dans le palais.

Entrent LE ROI JEAN, PANDOLPHE *tenant la couronne; suite.*

LE ROI JEAN. — Ainsi j'ai remis dans vos mains la couronne de ma gloire.

PANDOLPHE, *lui rendant la couronne.* — Reprenez-la de ma main, comme tenant du pape votre grandeur et votre autorité souveraine.

LE ROI JEAN. — Maintenant accomplissez votre parole sacrée. Allez au camp des Français, et employez tout le pouvoir que vous tenez de Sa Sainteté pour arrêter leur marche avant que nous soyons en flammes. Notre noblesse mécontente se révolte, notre peuple se refuse à l'obéissance et jure amour et allégeance à un sang étranger, au roi d'un autre pays. Vous seul conservez le pouvoir de neutraliser cette inondation d'humeurs pernicieuses. Ne tardez donc pas : le moment présent est si malade, que si le remède n'est présentement administré, nous allons tomber dans un danger incurable.

PANDOLPHE. — Ce fut mon souffle qui excita cette tempête pour punir votre conduite obstinée envers le pape; mais puisque vous voilà soumis et converti, ma langue va calmer l'orage de guerre et ramener le beau temps dans votre croyance trouble. Souvenez-vous bien du serment d'obéissance qu'en ce jour de l'Ascension vous avez prêté au pape. Je vais trouver les Français pour leur faire poser les armes.

(Il sort.)

LE ROI JEAN.—Est-ce aujourd'hui le jour de l'Ascension? Le prophète n'avait-il pas prédit que le jour de l'Ascension, avant midi, je renoncerais à ma couronne? C'est en effet ce qui est arrivé; mais j'avais cru que ce ce serait par contrainte, et grâce au ciel, je l'ai cédée volontairement [1].

(Entre le Bâtard.)

LE BATARD.—Tout le Kent s'est rendu; il n'y a plus que le château de Douvres qui tienne encore. Londres vient de recevoir le dauphin et son armée comme des hôtes chéris. Vos nobles refusent de vous entendre et sont allés offrir leurs services à votre ennemi; et le trouble de la frayeur disperse çà et là le petit nombre de vos douteux amis.

LE ROI JEAN.—Mes nobles n'ont-ils donc pas voulu revenir à moi quand ils ont appris que le jeune Arthur était vivant?

LE BATARD.—Ils l'ont trouvé mort et jeté dans la rue; cassette vide d'où le joyau de la vie avait été dérobé et emporté par quelque damnable main.

LE ROI JEAN.—Ce traître d'Hubert m'avait dit qu'il était vivant.

LE BATARD.—Sur mon âme, il l'a dit parce qu'il le croyait.—Mais pourquoi vous laisser ainsi abattre? Pourquoi cet air triste? soyez grand en action comme vous l'avez été en pensée : que le monde ne voie pas la crainte et le découragement gouverner les regards d'un roi. Soyez prompt comme les événements; montrez-vous de feu avec le feu; menacez qui vous menace; faites tête aux terreurs qui veulent vous épouvanter. Ainsi les in-

---

[1] Dans l'acte où Jean reconnaît son royaume vassal et tributaire du saint-siége, il déclare n'avoir pas été contraint par la crainte, mais avoir agi par sa libre volonté. On ne sait si c'est une malice ou une ingénuité du poëte d'avoir conservé ces paroles.

férieurs, qui, l'œil sur les grands, les prennent pour modèles de leur conduite, deviendront grands à votre exemple et revêtiront l'esprit intrépide du courage. Allons, brillez comme le dieu de la guerre quand il se prépare à tenir la plaine. Montrez-vous plein d'audace et d'une ambitieuse confiance. Quoi! faudra-t-il qu'ils viennent chercher le lion dans son antre, qu'ils viennent l'y effrayer, l'y faire trembler? Oh! qu'on ne dise pas cela! Parcourez le pays, courez chercher le mécontentement hors de vos portes, et luttez avec lui avant de le laisser arriver si près.

LE ROI JEAN.—Le légat du pape vient de me quitter : je me suis heureusement réconcilié avec lui, et il m'a promis de congédier l'armée que commande le dauphin.

LE BATARD.—Oh! traité honteux! Quoi! lorsqu'une armée envahissante aborde dans notre pays, nous enverrons des paroles pacifiques, nous aurons recours aux compromis, aux insinuations, aux pourparlers, à de honteuses trêves? Un enfant sans barbe, un étourdi élevé dans la soie, viendra braver nos champs de bataille, et témoigner son courage sur ce sol belliqueux, insultant les airs de ses enseignes vainement déployées, et il ne trouvera aucune résistance? Non : courons aux armes, mon prince. Peut-être que le cardinal ne pourra vous obtenir la paix; mais s'il l'obtient, qu'on puisse dire au moins qu'ils ont vu que nous avions l'intention de nous défendre.

LE ROI JEAN.—Eh bien! prenez la conduite de nos affaires actuelles.

LE BATARD.—Allons donc et courage. Je suis bien sûr que nous sommes encore en état de faire face à des ennemis plus terribles.

(Ils sortent.)

SCÈNE II

Une plaine près de Saint-Edmonsbury [1].

Entrent en armes LOUIS, SALISBURY, MELUN, PEMBROKE, BIGOT, *soldats.*

LOUIS, *à Melun.*—Sire de Melun, faites faire une copie de ceci, gardez-la soigneusement pour nous en conserver la mémoire; remettez l'original à ces seigneurs, afin que lorsque nous y aurons apposé nos noms, eux et nous, nous puissions, en lisant cet écrit, savoir à quoi nous nous sommes engagés par serment, et que nous gardions notre foi ferme et inviolable.

SALISBURY.—Elle ne sera jamais violée de notre côté; mais, noble dauphin, bien que nous jurions de servir vos desseins avec un zèle libre et une fidélité volontaire, cependant croyez-moi, prince, je ne puis me réjouir de voir que les plaies de l'État demandent pour appareil une révolte déshonorante, et que, pour guérir l'ulcère invétéré d'une seule blessure, il en faille ouvrir plusieurs. Oh! cela désole mon âme de prendre ce fer à mon côté pour faire des veuves, et dans ce pays, ô ciel! qui répète le nom de Salisbury pour lui demander du secours et une honorable délivrance! Mais la maladie de notre temps est telle que, pour rendre à nos droits la vigueur et la santé, nous n'avons d'autre instrument que la main de la dure injustice et du coupable désordre.— Et n'est-ce pas une pitié, ô mes tristes amis, que nous les fils, les enfants de cette île, soyons nés pour voir une heure aussi triste, pour fouler son sein chéri à la suite d'une armée étrangère et remplir les rangs de ses

---

[1] Shakspeare n'a point ici déterminé le lieu de la scène; mais d'après l'intention annoncée des lords de rejoindre Louis à Saint-Edmonsbury, et ce que dit ensuite Melun des serments prononcés en ce lieu, les derniers éditeurs ont cru pouvoir y placer cette scène.

ennemis? — Oh! j'ai besoin de me retirer à l'écart, et de pleurer sur la honte d'une pareille nécessité. — Nous servons de cortége à la noblesse d'un pays éloigné, et nous suivons des couleurs inconnues dans ces lieux. Quoi! dans ces lieux? O ma nation! si tu pouvais t'éloigner? Si les bras de Neptune qui t'enserrent pouvaient t'emporter loin de la connaissance de toi-même, pour t'enraciner sur des rivages infidèles? Alors ces deux armées chrétiennes pourraient unir dans une veine d'alliance ce sang qu'anime la colère, et ne le répandraient pas d'une manière si contraire au bon voisinage.

LOUIS. — Tu montres en ceci un noble caractère, et les grandes affections qui luttent dans ton sein font un tremblement de terre de générosité. Oh! quel noble combat tu as livré entre la nécessité et un loyal respect! Laisse-moi essuyer cette honorable rosée qui trace sur tes joues son cours argenté. Mon cœur s'est attendri aux larmes d'une femme; c'est une inondation ordinaire, mais l'effusion de ces pleurs mâles; cette pluie que chasse de son souffle la tempête de l'âme, étonnent mes yeux et me frappent de plus de stupeur que si je voyais sur la voûte élevée des cieux se dessiner de toutes parts de brûlants météores. Lève ton front, illustre Salisbury, et chasse avec un grand cœur cette tempête : renvoie ces pleurs aux yeux d'enfants qui n'ont jamais vu le géant du monde dans ses fureurs, qui n'ont jamais rencontré d'autres aventures que les fêtes animées de l'ardeur de la jeunesse, de la joie et du bavardage. Viens, viens, car tu enfonceras ta main dans la bourse de l'opulente prospérité; aussi avant que Louis lui-même. — Et vous aussi, nobles qui unissez à mes forces le nerf des vôtres. (*Entre Pandolphe avec sa suite.*) — Et tenez, il me semble qu'un ange a parlé, voyez le saint légat s'avancer vers nous à grands pas; pour nous donner une garantie de la part du ciel et pour attacher à nos actions, par sa voix sacrée, le nom de justice.

PANDOLPHE. — Salut, noble prince de France. Voici ce que j'ai à vous dire : Le roi Jean s'est réconcilié avec Rome; son âme est rentrée sous le pouvoir de la sainte

Église, de la grande métropole, du siége de Rome, contre lesquels il était si fort révolté. Ainsi, repliez vos étendards menaçants, et adoucissez l'esprit sauvage de la guerre furieuse ; que, comme un lion nourri à la main, elle repose tranquillement aux pieds de la paix, et n'ait plus rien d'effrayant que l'apparence.

LOUIS. —Il faut que Votre Grandeur me le pardonne, mais je ne retournerai point en arrière. Je suis de trop bon lieu pour appartenir à personne, pour être aux ordres comme agent secondaire, comme serviteur utile, comme instrument, de quelque puissance souveraine qui soit au monde : c'est vous qui le premier avez, entre ce royaume châtié et moi rallumé de votre souffle les charbons éteints de la guerre; c'est vous qui avez apporté le bois pour nourrir ce feu : il est beaucoup trop grand maintenant pour que le faible vent qui l'a allumé puisse l'éteindre. Vous m'avez enseigné à voir la justice sous sa véritable face ; vous m'avez instruit de mes droits sur ce royaume. Quoi ! vous seul avez fait entrer dans mon cœur cette entreprise, et vous venez me dire aujourd'hui : « Jean a fait sa paix avec Rome ! » Et que me fait cette paix à moi ? Moi, par les droits de mon lit nuptial, le jeune Arthur mort, je réclame ce pays comme m'appartenant ; et maintenant qu'il est à moitié conquis, il faudra que je recule parce que Jean a fait sa paix avec Rome ! Suis-je l'esclave de Rome ? De quel argent Rome a-t-elle contribué ? quels soldats m'a-t-elle fournis ? quelles munitions m'a-t-elle envoyées pour aider à cette entreprise ? N'est-ce pas moi qui en porte le fardeau ? Quels autres que moi et ceux qui obéissent à mon appel donnent leurs sueurs à cette cause et soutiennent cette guerre ? N'ai-je pas entendu ces insulaires crier *vive le roi !* au moment où je côtoyais leurs villes ? n'ai-je pas les plus belles cartes dans le jeu pour gagner cette facile partie où se joue une couronne ? Et il faudra que j'abandonne la mise que j'ai déjà gagnée ! Non, non, sur mon âme, c'est ce qu'on ne dira jamais.

PANDOLPHE. —Vous ne considérez que les dehors de cette affaire.

LOUIS. — Dehors ou dedans, je ne m'en retournerai point que mon entreprise ne soit couronnée de toute la gloire qui a été promise à mes vastes espérances avant que j'eusse rassemblé cette brillante élite de la guerre, que j'eusse choisi dans le monde entier ces ardents courages, pour marcher le front haut à la conquête, et conquérir le renom jusque dans la gueule du péril et de la mort. (*Une trompette sonne.*) — De quoi vient nous sommer cette vigoureuse trompette?

(Entre le Bâtard avec une suite.)

LE BATARD. — En vertu du droit des gens, je dois avoir audience ; je suis envoyé pour vous parler. — Monseigneur de Milan, je viens de la part du roi apprendre comment vous avez traité pour lui ; et, selon ce que vous me répondrez, je saurai dans quelle étendue et dans quelles limites je dois renfermer mes paroles.

PANDOLPHE. — Le dauphin est trop obstiné dans ses refus, et ne veut accorder aucune trêve à mes instances. Il répond nettement qu'il ne quittera point les armes.

LE BATARD. — Par tout le sang qu'a jamais pu respirer la fureur, le jeune homme a bien répondu. Maintenant écoutez notre roi d'Angleterre, car c'est ainsi que Sa Majesté parle par ma bouche : il est tout prêt, et c'est bien raison qu'il le soit ; il se rit de cette singerie d'attaque sans aucune espèce d'étiquette, de cette mascarade militaire, de cette imprudente orgie, de cette audace imberbe et de ces bataillons d'enfants ; et il est bien préparé à chasser, le fouet à la main, de l'enceinte de ses domaines, cette guerre de nains, ces pygmées en armes. Cette main qui a eu la force de vous fustiger à votre porte même et de vous faire sauter sur les toits, qui vous a obligés de plonger comme des seaux dans vos puits les plus cachés, de vous tapir sous la litière du plancher de vos écuries, de demeurer enfermés comme des pions dans des coffres et des caisses, de vous tenir serrés contre les pourceaux, et de chercher la douce sûreté dans les tombeaux et les prisons, frissonnant et tremblant au seul cri des corbeaux de votre pays dont vous preniez la voix pour celle d'un Anglais armé ; cette main victorieuse qui vous a châtiés dans vos maisons sera-t-elle ici plus faible? Non; sachez que notre vaillant monarque a pris les armes, et que, comme l'aigle, il plane au-dessus de son aire pour fondre sur l'importun qui approche de son nid.—Et vous, hommes dégénérés, rebelles ingrats; vous, Nérons sanguinaires, qui déchirez le sein de l'Angleterre, votre bonne mère, rougissez de honte : vos femmes, vos filles au pâle visage, semblables à des amazones, s'avancent d'un pas léger à la suite des tambours; elles ont changé leurs dés en gantelets de fer, leurs aiguilles en lances, et à la douceur de leur cœur ont succédé des inclinations martiales et sanguinaires.

LOUIS.—Finis là tes bravades, et tourne le dos en paix. Nous convenons que tu peux l'emporter sur nous en injures. Bonsoir; nous tenons notre temps pour trop précieux pour le perdre avec un pareil braillard.

PANDOLPHE.—Permettez-moi de parler.

LE BATARD.—Non, c'est moi qui vais parler.

LOUIS.—Nous n'écouterons ni l'un ni l'autre.—Battez le tambour, et que la voix de la guerre établisse la légitimité de nos droits et de notre présence.

LE BATARD.—Oui, sans doute, vos tambours vont crier quand vous les battrez, et vous en ferez autant quand vous serez battus. Que le bruit d'un de tes tambours réveille seulement un écho, et dans le même instant un autre tambour déjà suspendu te renverra un son tout aussi bruyant que le tien. Fais-en retentir un autre, et un second ira aussi bruyant que le tien ébranler l'oreille du firmament, et insulter le tonnerre à la bouche sonore. Ne se fiant pas à ce légat qui boite des deux côtés et dont il s'est servi par jeu plutôt que par nécessité, le belliqueux Jean est là tout près : sur son front siège la mort aux côtes décharnées, dont l'occupation sera aujourd'hui de se régaler de milliers de Français.

LOUIS.—Battez, tambours, que nous allions chercher ce danger.

LE BATARD.—Et tu le trouveras, dauphin, n'en doute pas.

(Ils sortent.)

SCÈNE III

La scène est toujours en Angleterre.—Un champ de bataille.

Alarmes. — *Entrent* LE ROI JEAN ET HUBERT.

LE ROI JEAN.—Comment la journée tourne-t-elle pour nous ? Oh ! dis-le-moi, Hubert.

HUBERT.—Mal, j'en ai peur. Comment se trouve Votre Majesté ?

LE ROI JEAN.—Cette fièvre, qui me tourmente depuis si longtemps, m'accable tout à fait. Oh ! mon cœur est malade.

(Entre un messager.)

LE MESSAGER.—Seigneur, votre brave cousin, Faulconbridge, prie Votre Majesté de quitter le champ de bataille, et de lui faire savoir par moi la route que vous prendrez.

LE ROI JEAN.—Dis-lui du côté de Swinstead, à l'abbaye de ce lieu.

LE MESSAGER.—Ayez bon courage : le puissant secours que le dauphin attendait ici a fait naufrage, il y a trois nuits, sur les sables de Godwin. Cette nouvelle vient à l'instant même d'être apportée à Richard. Les Français combattent mollement, et commencent à se retirer.

LE ROI JEAN.—Hélas ! cette cruelle fièvre me consume et ne me laisse pas la force de jouir de cette heureuse nouvelle. Marchons vers Swinstead ; qu'on me mette à l'instant dans ma litière : la faiblesse s'est emparée de moi, et je me sens défaillir.

(Ils sortent.)

SCÈNE IV

Un autre endroit sur le champ de bataille.

SALISBURY, PEMBROKE, BIGOT.

SALISBURY.—Je ne croyais pas que le roi conservât autant d'amis.

PEMBROKE.—Retournons encore à la charge; ranimons l'ardeur des Français : s'ils échouent, nous échouons aussi.

SALISBURY.—Ce diable de bâtard, ce Faulconbridge, en dépit de tout, maintient à lui seul le combat.

PEMBROKE.—On dit que le roi Jean, dangereusement malade, a quitté le champ de bataille.

(Entre Melun blessé et conduit par des soldats.)

MELUN.—Conduisez-moi vers les rebelles d'Angleterre que j'aperçois ici.

SALISBURY.—Tant que nous fûmes heureux on nous donna d'autres noms.

PEMBROKE.—C'est le comte de Melun!

SALISBURY.—Blessé à mort.

MELUN.—Fuyez, nobles Anglais. Vous êtes vendus et achetés : retirez-vous des cruels engagements où vous vous êtes enfilés [1]; accueillez de nouveau la fidélité bannie. Cherchez le roi Jean et tombez à ses pieds; car si le Français a l'avantage dans cette tumultueuse journée, il se propose de récompenser les peines que vous vous donnez en vous faisant trancher la tête. Il en a fait le serment, et je l'ai juré avec lui, et d'autres encore l'ont juré avec moi sur l'autel de Saint-Edmonsbury, sur le même autel où nous vous jurâmes une tendre amitié et un attachement éternel [2].

SALISBURY.—Est-il possible? serait-il vrai?

MELUN.—N'ai-je pas devant les yeux la hideuse mort, ne retenant plus qu'un reste de vie qui s'échappe avec mon sang, comme se dissout près du feu la forme d'une

---

[1] *Unthread the rude eye of rebellion* : Désenfilez le cruel trou d'aiguille de la rébellion.

[2] On répandit en effet que le vicomte de Melun, tombé malade à Londres, sentant les approches de la mort, et pressé par sa conscience, avait fait avertir les Anglais, qui avaient embrassé le parti de Louis, que le projet de ce prince était de les exterminer eux et leur famille, pour distribuer leurs propriétés à ses courtisans. Ce conte absurde, trop appuyé par l'imprudente préférence que Louis montrait en toute occasion pour les Français, fut très-accrédité, et contribua singulièrement à la défection des Anglais.

figure de cire? Qu'y a-t-il au monde qui pût maintenant me porter à tromper, puisque je vais perdre les avantages de toute imposture? Comment voudrais-je dire ce qui est faux, puisqu'il est vrai que je dois mourir ici, et que je ne puis vivre ailleurs que par la vérité? Je vous le répète, si Louis remporte la victoire, il se parjurera si jamais vos yeux revoient naître à l'orient une nouvelle aurore. Dans cette nuit même, dont le souffle noir et contagieux fume déjà autour de la chevelure brûlante d'un vieux et faible soleil fatigué du jour; dans cette nuit fatale, vous rendrez le dernier soupir, et l'on vous fera traîtreusement payer par la perte de votre vie à tous[1] l'amende à laquelle a été taxée votre trahison, dans le cas où, par votre secours, Louis aurait l'avantage de la journée. Parlez de moi à un nommé Hubert qui accompagne votre roi : mon affection pour lui, et cet autre motif que mon grand-père était Anglais, ont éveillé ma conscience et m'ont déterminé à vous confesser tout ceci. Pour récompense, je vous prie de m'emporter d'ici, loin du tumulte et du bruit du champ de bataille, dans quelque lieu où je puisse penser en paix le reste de mes pensées, et où mon âme et le corps puissent se séparer dans la contemplation et les désirs pieux.

SALISBURY.—Nous te croyons... Et périsse mon âme si je ne chéris l'aspect et les attraits de cette belle occasion par qui nous allons retourner sur nos pas dans le chemin d'une damnable désertion! Et comme le flot qui s'avance et se retire, abandonnant nos irrégularités et notre cours déréglé, nous redescendrons dans ces limites que nous avions dédaignées, et coulerons paisiblement dans les bornes de l'obéissance jusqu'à notre océan, notre auguste roi Jean.—Mon bras va aider à t'emporter de ce lieu, car je vois déjà dans tes yeux les cruelles angoisses de la mort.—Allons, mes amis, désertons de

---

[1]   *Paying the fine of rated treachery*
   Even with a treacherous fine of all your lives.
Fine (amende), et *fine* (fin), jeu de mots impossible à rendre exactement.

nouveau : heureux changement, qui ramène l'ancien droit !

(Ils sortent et emmènent Melun.)

SCÈNE V

La scène est toujours en Angleterre.— Le camp français.

Entre LOUIS avec sa suite.

LOUIS.—Il semblait que dans le ciel le soleil se couchait à regret, et qu'il s'arrêtait et couvrait à l'occident le firmament de rougeur, tandis que les Anglais se retiraient faiblement, mesurant à reculons la terre de leur propre pays. Oh! nous avons brillamment fini, lorsqu'après ce sanglant et laborieux combat nous leur avons dit bonsoir, par une décharge de notre inutile artillerie ; et que nous avons glorieusement relevé nos enseignes déchirées, restant les derniers sur le champ de bataille, et presque maîtres du terrain.

(Un messager entre.)

LE MESSAGER.—Où est mon prince, le dauphin ?

LOUIS.—Le voici.—Quelles nouvelles ?

LE MESSAGER.—Le comte de Melun est tué. Les seigneurs anglais, d'après ses conseils, ont de nouveau changé de parti ; et vos renforts, que vous désiriez depuis si longtemps, se sont perdus et abîmés dans les sables de Godwin.

LOUIS.—Oh! les affreuses et détestables nouvelles ! Que ton cœur soit maudit ! Je ne m'attendais pas à éprouver ce soir la tristesse qu'elles me donnent. Qui est-ce qui a dit que le roi Jean avait fui une heure ou deux avant que la nuit tombante vînt séparer nos armées fatiguées ?

LE MESSAGER.—Qui que ce soit qui l'ait dit, il a dit la vérité, seigneur.

LOUIS.—C'est bon.—A nos postes, et faisons bonne garde cette nuit. Le jour ne sera pas levé aussitôt que moi pour tenter les bonnes chances de demain.

(Ils sortent.)

SCÈNE VI

Un endroit découvert dans le voisinage de l'abbaye de Swinstead.

Il est nuit. — LE BATARD et HUBERT *entrent par différents côtés.*

HUBERT.—Qui va là? Parle. Holà! parle vite, ou je tire.

LE BATARD.—Ami.—Qui es-tu, toi?

HUBERT.—Du parti de l'Angleterre.

LE BATARD.—Où vas-tu?

HUBERT.—Qu'est-ce que cela te fait? Ne pourrais-je pas m'enquérir de tes affaires comme toi des miennes?

LE BATARD.—C'est Hubert, je crois.

HUBERT.—Tu as deviné juste. Je veux bien à tout hasard te croire de mes amis, toi qui reconnais si bien ma voix. Qui es-tu?

LE BATARD.—Qui tu voudras; et si cela te fait plaisir, tu peux me faire l'amitié de croire que je descends d'un côté des Plantagenets.

HUBERT.—Mauvaise mémoire, c'est toi et l'aveugle nuit qui m'avez fait tort.—Brave soldat, pardonne-moi si mon oreille a pu méconnaître aucun des accents de ta voix.

LE BATARD.—Allons, allons; sans compliment, quelles nouvelles y a-t-il?

HUBERT.—Eh! c'était pour vous trouver que je cheminais ici sous les sombres regards de la nuit.

LE BATARD.—Abrége donc : quelles nouvelles?

HUBERT.—O mon cher monsieur, des nouvelles convenant à la nuit, noires, effrayantes, désespérantes, horribles!

LE BATARD.—Montre-moi où a porté le coup de ces mauvaises nouvelles. Je ne suis pas une femme, et je ne m'évanouirai pas.

HUBERT.—Le roi, je le crains, a été empoisonné par un moine. Je l'ai laissé presque sans voix, et je suis accouru pour vous informer de ce malheur, afin que vous puissiez vous préparer, dans cette crise soudaine, mieux que vous ne l'auriez pu si vous aviez tardé à l'apprendre.

LE BATARD.—Comment a-t-il pris du poison? qui l'a goûté avant lui?

HUBERT.—Un moine, vous dis-je, un scélérat déterminé, dont les entrailles ont éclaté à l'instant même. Cependant le roi parle encore, et peut-être pourrait-il en revenir.

LE BATARD.—Qui as-tu laissé auprès de Sa Majesté?

HUBERT.—Quoi, vous ne savez pas?.... Tous les seigneurs sont revenus, accompagnés du prince Henri, à la prière duquel le roi leur a pardonné ; et ils sont tous autour de Sa Majesté.

LE BATARD.—Ciel tout-puissant, suspends ton courroux, et n'essaye pas de nous faire supporter plus que nous ne pouvons.—Je te dirai, Hubert, que cette nuit la moitié de mes troupes, en passant les sables, ont été surprises par la marée, et ces eaux de Lincoln[1] les ont dévorées. Moi-même, quoique bien monté, j'ai eu peine à me sauver.—Allons, marche devant; conduis-moi vers le roi. Je crains bien qu'il ne soit mort avant que j'arrive.

(Ils sortent.)

SCÈNE VII

Le verger de l'abbaye de Swinstead.

Entrent LE PRINCE HENRI, SALISBURY ET BIGOT.

HENRI.—Il est trop tard : toute la vie de son sang est atteinte de corruption ; et son cerveau même, où quelques-uns placent la fragile demeure de l'âme, annonce par ses vaines rêveries la fin de la vie mortelle.

(Entre Pembroke.)

---

[1] Ce fut Jean lui-même qui, passant de Lynn dans le Lincolnshire, perdit par une inondation, et non par la marée, ses trésors, ses chariots et ses bagages.

PEMBROKE.—Sa Majesté parle encore : elle est persuadée que si on la conduisait en plein air, cela calmerait l'ardeur du cruel poison qui la dévore.

HENRI.—Eh bien, il faut le faire porter ici dans le verger. Est-il toujours en fureur ?

(Bigot sort.)

PEMBROKE.—Il est plus calme que lorsque vous l'avez quitté. Tout à l'heure il chantait.

HENRI.—Oh ! illusions de la maladie ! Les maux parvenus à leur dernière violence ne se font pas longtemps sentir. La mort, qui a déjà fait sa proie des parties extérieures, les laisse insensibles et assiège maintenant l'esprit qu'elle harcèle et désole par des légions de fantômes bizarres qui, se pressant en foule à ce dernier assaut, se confondent les uns avec les autres.—C'est une chose étrange que la mort puisse chanter !—Hélas ! je suis le fils de ce cygne faible et épuisé, qui chante l'hymne funèbre de sa mort, et fait sortir des organes d'une voie périssable les sons qui conduisent son âme et son corps à leur repos éternel.

SALISBURY.—Prenez courage, prince, car vous êtes né pour rendre une forme à cette masse qu'il a laissée si irrégulière et si défigurée.

(Rentrent Bigot et la suite, apportant le roi Jean dans une chaise.)

LE ROI JEAN.—Ah ! certes, maintenant mon âme a de la place : elle ne s'en ira pas par les fenêtres ni par les portes. J'ai dans mon sein un été si brûlant, que tous mes intestins se réduisent en poussière. Je ne suis plus qu'un dessin difforme tracé avec une plume sur du parchemin, et je me racornis devant ce feu.

HENRI.—Comment se trouve Votre Majesté ?

LE ROI JEAN.—Empoisonné, fort mal, mort, abandonné, rejeté !.... Et nul de vous ne commandera à l'hiver de venir enfoncer ses doigts de glace entre mes mâchoires, ne conjurera le Nord d'envoyer ses vents glacés caresser mes lèvres desséchées et me soulager par le froid, ne fera couler les rivières de mon royaume dans mon sein consumé ? Je ne vous demande pas

grand'chose; je n'implore qu'un froid qui me soulage;
et vous êtes assez avares, assez ingrats pour me le refuser!

HENRI.—Oh! que mes larmes n'ont-elles quelque vertu
qui pût vous secourir!

LE ROI JEAN.—Elles sont pleines d'un sel brûlant.—Au
dedans de moi est un enfer où le poison est renfermé
comme un démon pour tyranniser une vie condamnée
et sans espérance.

(Entre le Bâtard hors d'haleine.)

LE BATARD.—Oh! je suis tout échauffé de la vitesse de
ma course, et de l'envie qui me pressait de voir Votre
Majesté.

LE ROI JEAN.—Ah! mon cousin, tu es venu pour me
fermer les yeux. Le câble de mon cœur est rompu et
brûlé; tous les cordages qui soutenaient les voiles de
ma vie se sont changés en un fil, en un petit cheveu;
mon cœur n'est plus retenu que par une pauvre fibre qui
ne tiendra que le temps d'entendre tes nouvelles; et
après, tout ce que tu vois ne sera plus qu'un morceau
de terre, le simulacre de la royauté évanouie!

LE BATARD.—Le dauphin se prépare à marcher de ce
côté, et Dieu sait comment nous pourrons lui résister;
car en une nuit la meilleure partie de mes troupes, avec
laquelle j'avais trouvé moyen de faire retraite, s'est
perdue à l'improviste dans les eaux, dévorée par le retour inattendu de la marée.

(Le roi meurt.)

SALISBURY.—Vous versez ces nouvelles de mort dans
une oreille déjà morte.—Mon souverain! mon prince!
—Tout à l'heure roi, maintenant cela!

HENRI.—C'est ainsi qu'il faut que j'avance pour être
arrêté de même! Quelle sûreté, quelle espérance, quelle
stabilité y a-t-il dans ce monde, lorsque ce qui tout à
l'heure était un roi n'est plus maintenant que de l'argile?

LE BATARD.—Es-tu parti ainsi?—Je ne reste après toi
que pour remplir pour toi le devoir de la vengeance;
puis mon âme ira te servir dans les cieux, comme elle

t'a toujours servi sur la terre.—Vous, astres de l'Angleterre, maintenant rentrés dans votre sphère régulière, où sont vos troupes? Montrez actuellement le retour de votre fidélité, et revenez sans délai avec moi repousser la destruction et l'éternelle ignominie hors des faibles portes de notre patrie languissante! Cherchons à l'instant l'ennemi, où il va nous chercher lui-même : le dauphin accourt en furie sur nos talons.

SALISBURY.—Il paraît que vous n'êtes pas instruit de tout ce que nous savons. Le cardinal Pandolphe est à se reposer dans l'abbaye, où il est arrivé il y a une demi-heure apportant de la part du dauphin, disposé à abandonner sur-le-champ cette guerre, des offres de paix que nous pouvons accepter avec honneur et avec avantage.

LE BATARD.—Il l'abandonnera bien mieux encore lorsqu'il nous verra bien ralliés pour la défense.

SALISBURY.—Mais tout est en quelque sorte fini : il a déjà fait transporter sur les côtes quantité de bagages et remis sa cause et ses prétentions entre les mains du cardinal, avec qui, si vous le jugez à propos, vous et moi et les autres seigneurs, nous partirons en diligence cette après-dînée, pour achever de terminer heureusement cette affaire.

LE BATARD.—Soit.—Et vous, mon noble prince, avec ceux des grands dont on peut le mieux se passer, vous resterez pour les obsèques de votre père.

HENRI.—C'est à Worcester que son corps doit être enterré, car c'est ainsi qu'il l'a ordonné.

LE BATARD.—Il faut donc l'y conduire.—Et vous, cher prince, puissiez-vous revêtir avec bonheur le sceptre héréditaire et glorieux de ce royaume! C'est avec une soumission entière que je vous transmets à genoux mes fidèles services, et ma soumission éternellement inviolable.

SALISBURY.—Et nous vous offrons de même notre affection, qui demeurera désormais sans tache.

HENRI.—J'ai une âme sensible qui voudrait vous remercier, et ne sait le faire que par des larmes.

LE BATARD.—Oh! ne donnons à la circonstance que les douleurs nécessaires; nous sommes en avance de chagrin avec le passé.—Cette Angleterre n'est jamais tombée et ne tombera jamais aux pieds orgueilleux d'un vainqueur, qu'elle ne l'ait d'abord aidé elle-même à la blesser. Maintenant que ses chefs sont revenus à elle, que les trois parties du monde viennent armées contre nous, et nous leur tiendrons tête! Rien ne peut nous accabler si l'Angleterre reste fidèle à elle-même.

(Ils sortent.)

FIN DU CINQUIÈME ET DERNIER ACTE.

LA VIE ET LA MORT

DU

ROI RICHARD II

TRAGÉDIE

NOTICE

SUR

LA VIE ET LA MORT DU ROI RICHARD II

A mesure que Shakspeare avance vers les temps modernes de l'histoire de son pays, les chroniques sur lesquelles il s'appuie concourent plus exactement avec l'histoire véritable; et déjà, dans *la Vie et la Mort de Richard II*, les détails que lui fournit Hollinshed s'écartent peu des données historiques parvenues jusqu'à nous avec une certaine authenticité. A l'exception du personnage de la reine, pure invention du poëte, et abstraction faite du désordre que met dans la chronologie la négligence de Shakspeare à conserver aux événements leurs distances respectives, les faits contenus dans cette tragédie ne diffèrent en rien des récits historiques, si ce n'est sur le genre de mort qu'on fit subir à Richard. Hollinshed, qui a copié d'autres chroniqueurs, a donné à Shakspeare la relation qu'il a suivie; mais l'opinion la plus vraisemblable, et qui s'accorde le mieux avec le soin qu'on eut d'exposer publiquement Richard après sa mort, c'est qu'on le fit mourir de faim. Cette attention à sauver du moins les apparences matérielles du crime dont on s'inquiétait peu d'éviter le soupçon, commençait à s'introduire dans la féroce politique du temps; et Richard lui-même avait fait étouffer entre des matelas le duc de Glocester qu'il tenait prisonnier à Calais, publiant ensuite qu'il était mort d'une attaque d'apoplexie. Outre le penchant de Shakspeare à suivre fidèlement le guide historique qu'il avait une fois adopté, cette version lui permettait de conserver au caractère de Bolingbroke l'intérêt qu'il a répandu sur lui dans les

les deux parties de *Henri IV*. Le choix entre différentes versions est d'ailleurs le droit le moins contesté et le moins contestable des auteurs dramatiques.

La tragédie de *Richard II* est donc, généralement parlant, assez conforme à l'histoire; et la manière dont le poëte a représenté la déposition de Richard et l'avénement au trône de Henri de Lancastre paraît singulièrement d'accord avec ce que dit Hume au sujet de cet avénement: « Il (Henri IV) devint roi, sans que personne pût dire comment ni pourquoi. » Mais il faut être, comme l'était Hume, tout à fait étranger au spectacle des révolutions, pour être embarrassé à dire comment et pourquoi le duc de Lancastre, après avoir agi quelque temps au nom du roi qu'il tenait prisonnier, se mit sans aucune peine à sa place. Shakspeare n'a pas cru nécessaire de l'expliquer: Richard est parti de Flintcastle avec le nom de roi à la suite de Bolingbroke; nous le revoyons signant sa propre déposition. Le poëte ne nous indique en aucune manière ce qui s'est passé; mais pour ne pas deviner comment s'est accomplie la chute de Richard, il faudrait que nous eussions bien mal compris ce qui nous a été présenté du spectacle de ses premières disgrâces: la conversation du jardinier avec ses garçons en complète le tableau en nous révélant leur effet sur l'opinion. C'est un trait de l'art de Shakspeare pour nous faire assister à toutes les parties de l'événement; il nous transporte toujours là où il frappe ses coups les plus décisifs, tandis que loin de nos yeux l'action poursuit son cours, et se contente de nous retrouver toujours au but.

Bien que cette tragédie ait été intitulée *la Vie et la Mort de Richard II*, elle ne comprend que les deux dernières années de ce prince, et ne contient qu'un seul événement, celui de sa chute, catastrophe à laquelle tout marche dès le début de la pièce. Cet événement a été considéré sous différentes faces, et une anecdote assez singulière nous a révélé l'existence d'une autre tragédie sur le même sujet, antérieure, à ce qu'il paraît, à celle de Shakspeare, et traitée dans un esprit tout différent. Quelques-uns des partisans du comte d'Essex, le jour qui précéda son extravagante tentative, voulurent faire jouer une tragédie où, comme dans celle de Shakspeare, on voyait Richard II déposé et tué sur le théâtre. Les acteurs leur ayant représenté que la pièce était tout à fait hors de mode et ne leur attirerait pas assez de monde pour couvrir leurs frais, sir Gilly Merrick, l'un d'entre eux, leur donna quarante shillings en sus de la recette. Ce fait est rapporté au procès de sir Gilly, et servit à sa condamnation.

L'entreprise du comte d'Essex eut lieu en 1601, et la pièce de Shakspeare avait paru, à ce qu'on croit, dès l'an 1597. Malgré cette antériorité, personne ne sera tenté de soupçonner qu'une pièce de Shakspeare ait pu figurer dans une entreprise factieuse contre Élisabeth. D'ailleurs la pièce en question paraît avoir été connue sous le titre de *Henri IV*, non sous celui de *Richard II*; et l'on est même fondé à croire que l'histoire de Henri IV en était le véritable sujet, et la mort de Richard seulement un incident. Mais, pour lever toute espèce de doute, il suffit de lire la tragédie de Shakspeare; la doctrine du droit divin y est sans cesse présentée accompagnée de cet intérêt que font naître le malheur et le spectacle de la grandeur déchue. Si le poëte n'a pas donné à l'usurpateur cette physionomie odieuse qui produit la haine et les passions dramatiques, il suffit de lire l'histoire pour en comprendre la cause.

Ce n'est pas un fait particulier à Richard II et à sa destinée, dans l'histoire de ces temps désastreux, que ce vague de l'aspect moral sous lequel se présentent les hommes et les choses, et qui ne permet aux sentiments de s'attacher à rien avec énergie, parce qu'ils ne peuvent se reposer sur rien avec satisfaction. Des partis toujours aux prises pour s'arracher le pouvoir, tour à tour vaincus et méritant leur défaite, sans que jamais un seul ait mérité la victoire, n'offrent pas un spectacle très-dramatique, ni très-propre à porter nos sentiments et nos facultés à ce degré d'exaltation qui est un des plus nobles buts de l'art. La pitié y manque souvent à l'indignation, et l'estime presque toujours à la pitié. On n'est pas embarrassé à trouver les crimes du plus fort, mais on cherche avec anxiété les vertus du plus faible : et le même effet se reproduit dans le sens contraire : des folies, des déprédations, des injustices, des violences ont amené la chute de Richard, l'ont rendue inévitable, et elles nous détachent de lui sous ce double rapport que nous le voyons se perdre lui-même et impossible à sauver. Cependant il serait aisé de trouver au moins autant de crimes dans le parti qui triomphe de son abaissement. Shakspeare pourrait, à peu de frais, amasser contre les rebelles des trésors d'indignation qui soulèveraient tous les cœurs en faveur du souverain légitime : mais un des principaux caractères du génie de Shakspeare, c'est une vérité, on peut dire une fidélité d'observation qui reproduit la nature comme elle est, et le temps comme il se présente : celui-là ne lui offrait ni héros supérieurs à leur fortune, ni victimes innocentes, ni dévouements héroïques, ni passions imposantes; il n'y trouvait que la force même des caractères employée au service des intérêts qui les rabaissent, la perfidie considérée comme moyen de conduite, la trahison presque justifiée par le principe dominant de l'intérêt personnel, la désertion presque légitimée par la considération du péril que l'on courrait à demeurer fidèle; c'est aussi là tout ce qu'il a peint. C'est, à la vérité, le duc d'York, personnage dont l'histoire nous fait connaître l'incapacité et la nullité, qu'il a choisi pour représenter ce dévouement toujours si ardent pour l'homme qui gouverne, cette facilité à transmettre son culte du pouvoir de droit au pouvoir de fait, et *vice versa*, se réservant, seulement pour son honneur, des larmes solitaires en faveur de celui qu'il abandonne. Pour quiconque n'a pas vu la fortune se jouant avec les empires, ce personnage ne serait que comique; mais pour qui a assisté à de pareils jeux, n'est-il pas d'une effrayante vérité?

Dans un pareil entourage, où Shakspeare pouvait-il puiser ce pathétique qu'il aurait aimé à répandre sur le spectacle de la grandeur déchue? Lui qui a donné au vieux Lear, dans sa misère, tant de nobles et fidèles amis, il n'en a pu trouver un seul à Richard; le roi est tombé dépouillé, nu, entre les mains du poëte comme de son trône, et c'est en lui seul que le poëte a été obligé de chercher toutes les ressources: aussi le rôle de Richard II est-il une des plus profondes conceptions de Shakspeare.

Les commentateurs sont en grande discussion pour savoir si c'est à la cour de Jacques ou à celle d'Élisabeth que Shakspeare a pris les maximes qu'il professe assez communément en faveur du droit divin et du pouvoir absolu. Shakspeare les a prises ordinairement dans ses personnages mêmes; et il lui suffisait ici d'avoir à peindre un roi élevé sur le trône. Richard n'a jamais imaginé qu'il fût ou pût être autre chose qu'un roi; sa royauté fait à ses yeux partie de sa nature; c'est un des éléments constitutifs de son être qu'il a apporté avec lui en naissant, sans autre condition que de vivre: comme il n'a rien à faire pour le conserver, il n'est pas plus en son pouvoir de cesser d'en être digne que de cesser d'en être revêtu : de là son ignorance de ses devoirs envers ses sujets, envers sa propre sûreté, son indolente confiance au milieu du danger. Si cette confiance l'abandonne un instant à chaque nouveau revers, elle revient aussitôt, doublant de force à mesure qu'il lui en faut davantage pour suppléer aux appuis qui s'écroulent successivement. Arrivé enfin au point où il ne lui est plus possible d'espérer, le roi s'étonne, se regarde, se demande si c'est bien lui. Une autre espèce de courage s'élève alors en lui; c'est celui que donne un malheur tel que l'homme qui le subit s'exalte par la surprise où le plonge sa propre situation; elle devient pour lui l'objet d'une si vive attention qu'il ose la considérer sous tous ses rapports, ne fût-ce que pour la comprendre; et par cette contemplation il échappe au désespoir, et s'élève quelquefois à la vérité, dont la découverte calme toujours à un certain point : mais ce calme est stérile, et ce courage inactif; il soutient l'esprit, mais il tue l'action : aussi toutes les actions de Richard sont-elles de la dernière faiblesse; ses réflexions mêmes sur son état actuel décèlent un sentiment de sa nullité qui descend, en de certains moments, presque à la bassesse : et qui pourrait le relever, lui qui, en cessant d'être roi, a perdu, dans sa propre opinion, la qualité distinctive de son être, la dignité de sa nature? Il se croyait précieux devant Dieu, soutenu par son bras, armé de sa puissance; déchu de ce rang mystérieux où il s'était placé, il ne s'en connaît plus aucun sur la terre; dépouillé de la force qu'il croyait son droit, il ne suppose pas qu'il lui en puisse rester aucune : aussi ne résiste-t-il à rien; ce serait essayer ce qu'il suppose impossible : pour réveiller son énergie, il faut qu'un danger pressant, soudain, provoque, pour ainsi dire, à son insu, des facultés qu'il désavoue : attaqué dans sa vie, il se défend et meurt avec courage. Pour en avoir eu toujours, il lui a manqué de savoir ce que vaut un homme.

Il ne faut point chercher dans *Richard II*, non plus que dans la plupart des pièces historiques de Shakspeare, un caractère de style particulier : la diction en est peu travaillée; assez souvent énergique, elle est souvent aussi d'un vague qui laisse la raison absolument maîtresse de décider sur le sens des expressions, que ne détermine aucune règle de syntaxe.

Cette pièce est toute en vers, et en grande partie rimée. L'auteur paraît y avoir fait des changements depuis la première édition, publiée en 1597. La scène du procès de Richard, en particulier, manque tout entière dans cette édition, et se trouve pour la première fois dans celle de 1608.

LA VIE ET LA MORT
DU
ROI RICHARD II
TRAGÉDIE

PERSONNAGES

LE ROI RICHARD II.
EDMOND DE LANGLEY, duc d'York, } oncles du roi.
JEAN DE GAUNT, duc de Lancastre.
HENRI, surnommé BOLINGBROKE, duc d'Hereford, fils de Jean de Gaunt, ensuite roi d'Angleterre sous le nom de Henri IV.
LE DUC D'AUMERLE, fils du duc d'York.
MOWBRAY, duc de Norfolk.
LE DUC DE SURREY.
LE COMTE DE SALISBURY.
LE COMTE DE BERKLEY [1].
BUSHY,
BAGOT, } créatures du roi Richard.
GREEN,
LE COMTE DE NORTHUMBERLAND.

HENRI PERCY, fils de Northumberland.
LORD ROSS.
LORD WILLOUGHBY.
LORD FITZWATER.
L'ÉVÊQUE DE CARLISLE.
L'ABBÉ DE WESTMINSTER.
LE LORD MARÉCHAL.
SIR PIERCE D'EXTON.
SIR ÉTIENNE SCROOP.
LE CAPITAINE d'une bande de Gallois.
LA REINE, femme de Richard.
LA DUCHESSE DE GLOCESTER.
LA DUCHESSE D'YORK.
DAMES DE LA SUITE DE LA REINE.
LORDS, HÉRAUTS, OFFICIERS, SOLDATS, DEUX JARDINIERS, UN GARDIEN, UN MESSAGER, UN VALET D'ÉCURIE, ET AUTRES PERSONNES DE SUITE.

La scène se passe successivement dans plusieurs parties de l'Angleterre et du pays de Galles.

ACTE PREMIER

SCÈNE I.

Londres.—Un appartement dans le palais.

Entrent LE ROI RICHARD *avec sa suite,* JEAN DE GAUNT *et d'autres nobles avec lui.*

RICHARD.—Vieux Jean de Gaunt, vénérable Lancastre, as-tu, comme tu t'y étais engagé par serment, amené ici

---

[1] On remarque que ce titre de comte de Berkley, donné à lord Berkley, est un anachronisme, et que les lords Berkley ne furent faits comtes que dans un temps très-postérieur à celui de Richard.

ton fils, l'intrépide Henri d'Hereford, pour soutenir devant nous l'injurieux défi qu'il adressa dernièrement au duc de Norfolk, Thomas Mowbray, et dont nous n'eûmes pas alors le loisir de nous occuper?

GAUNT.—Oui, mon souverain, je l'ai amené.

RICHARD.—Réponds-moi encore : l'as-tu sondé? sais-tu s'il l'a défié, poussé par une vieille haine, ou s'il a cédé à la vertueuse colère d'un bon sujet, fondée sur quelque trahison dont il sache Mowbray coupable?

GAUNT.—Autant que j'ai pu le pénétrer sur cette question, c'est sur la connaissance de quelque danger dont Mowbray menace Votre Altesse, et non par aucune haine invétérée.

RICHARD.—Fais-les comparaître tous deux en notre présence ; nous voulons entendre nous-même l'accusateur et l'accusé parler librement face à face, et se menaçant l'un l'autre du regard. (*Sortent quelques-uns des gens de la suite du roi.*) Ils sont tous deux hautains, pleins de colère, et, dans leur fureur, sourds comme la mer, impétueux comme la flamme.

(Rentrent les serviteurs avec Bolingbroke et Norfolk.)

BOLINGBROKE.—Que de longues années d'heureux jours échouent en partage à mon gracieux souverain, à mon bien-aimé seigneur !

NORFOLK.—Puisse chaque jour ajouter au bonheur de la veille, jusqu'à ce que le ciel, envieux des félicités de la terre, ajoute à votre couronne un titre immortel !

RICHARD.—Nous vous remercions tous deux : cependant il y en a un de vous qui n'est qu'un flatteur, à en juger par le sujet qui vous amène, c'est-à-dire l'accusation de haute trahison que vous portez l'un contre l'autre.—Cousin Hereford, que reproches-tu au duc de Norfolk, Thomas Mowbray ?

BOLINGBROKE.—D'abord (et que le ciel prenne acte de mes paroles !) c'est excité par le zèle d'un sujet dévoué, et en vue de la précieuse sûreté de mon prince, que, libre d'ailleurs de toute autre haine illégitime, je viens ici le défier en votre royale présence.—Maintenant, Thomas Mowbray, je me tourne vers toi, et remarque le salut que je t'adresse ; car ce que je vais dire, mon corps le soutiendra sur cette terre, où mon âme, divine, en répondra dans le ciel. Tu es un traître et un mécréant, de trop bon lieu pour ce que tu es, et trop méchant pour mériter de vivre, car plus le ciel est pur et transparent, plus affreux paraissent les nuages qui le parcourent; et pour te noter plus sévèrement encore, je t'enfonce dans la gorge une seconde fois le nom de détestable traître, désirant, sous le bon plaisir de mon souverain, ne point sortir d'ici que mon épée, tirée à bon droit, n'ait prouvé ce que ma bouche affirme.

NORFOLK.—Que la modération de mes paroles ne fasse pas ici suspecter mon courage. Ce n'est point par les procédés d'une guerre de femmes, ni par les aigres clameurs de deux langues animées que peut se décider cette querelle entre nous deux. Il est bien chaud le sang que ceci va refroidir. Cependant je ne peux pas me vanter d'une patience assez docile pour me réduire au silence et ne rien dire du tout : et d'abord je dirai que c'est le respect de Votre Grandeur qui me tient court, m'empêchant de lâcher bride et de donner de l'éperon à mes libres paroles ; autrement elles s'élanceraient jusqu'à ce qu'elles eussent fait rentrer dans sa gorge ces accusations redoublées de trahison. Si je puis mettre ici de côté la royauté de son sang illustre, et ne le tenir plus pour parent de mon souverain, je le défie, et lui crache au visage comme à un lâche calomniateur et un vilain, ce que je soutiendrais en lui accordant tous les avantages, et je le rencontrerais quand je serais obligé d'aller à pied jusqu'aux sommets glacés des Alpes, ou dans tout autre pays inhabitable où jamais Anglais n'a encore osé mettre le pied. En tout cas, je maintiens ma loyauté, et déclare, par tout ce que j'espère, qu'il en a menti faussement.

BOLINGBROKE.—Pâle et tremblant poltron, je jette mon gage, refusant de me prévaloir de ma parenté avec le roi, et je mets à l'écart la noblesse de ce sang royal que tu allègues par peur et non par respect. Si un effroi coupable t'a laissé encore assez de force pour relever le gage de mon honneur, alors baisse-toi. Par ce gage et par toutes les lois de la chevalerie, je soutiendrai corps à corps ce que j'ai avancé, ou tout ce que tu pourrais imaginer de pis encore.

NORFOLK.—Je le relève, et je jure par cette épée, qui apposa doucement sur mon épaule mon titre de chevalier, que je te ferai honorablement raison de toutes les manières qui appartiennent aux épreuves chevaleresques ; et une fois monté à cheval, que je n'en descende pas vivant si je suis un traître ou si je combats pour une cause injuste !

RICHARD.—Quelle est l'accusation dont notre cousin charge Mowbray ? Il faut qu'elle soit grave pour parvenir à nous inspirer même la pensée qu'il ait pu mal faire.

BOLINGBROKE.—Écoutez-moi, j'engage ma vie à prouver la vérité de ce que je dis : Mowbray a reçu huit mille nobles [1] à titre de prêts pour les soldats de Votre Altesse, et il les a retenus pour des usages de débauche, comme un faux traître et un insigne vilain. De plus, je dis et je le prouverai dans le combat, ou ici ou en quelque lieu que ce soit, jusqu'aux extrémités les plus reculées qu'ait jamais contemplées l'œil d'un Anglais, que toutes les trahisons qui depuis dix-huit ans ont été complotées et machinées dans ce pays ont eu pour premier chef et pour principal auteur le perfide Mowbray. Je dis encore, et je soutiendrai tout cela contre sa détestable vie, qu'il a comploté la mort du duc de Glocester ; qu'il en a suggéré l'idée à ses ennemis faciles à persuader, et par conséquent que c'est lui qui, comme un lâche traître, a fait écouler son âme innocente dans des ruisseaux de sang ; et ce sang, comme celui d'Abel tiré à son sacrifice, crie vers moi du fond des cavernes muettes de la terre ; il me demande justice et un châtiment rigoureux : et, j'en jure par la noblesse de ma glorieuse naissance, ce bras fera justice, ou j'y perdrai la vie.

RICHARD.—A quelle hauteur s'est élevé l'essor de son

[1] Monnaie d'or.

ACTE I, SCÈNE I.

courage !—Thomas de Norfolk, que réponds-tu à cela?

NORFOLK.—Oh! que mon souverain veuille détourner son visage, et commander à ses oreilles d'être sourdes un instant, jusqu'à ce que j'aie appris à celui qui déshonore son sang à quel point Dieu et les gens de bien détestent un si exécrable menteur.

RICHARD.—Mowbray, nos yeux et nos oreilles sont impartiales : fût-il mon frère, ou même l'héritier de mon royaume, comme il n'est que le fils du frère de mon père, je le jure par le respect dû à mon sceptre, cette parenté qui l'allie de si près à notre sang sacré ne lui donnerait aucun privilége et ne rendrait point partiale l'inflexible fermeté de mon caractère intègre. Il est mon sujet, Mowbray, toi aussi ; je te permets de parler librement et sans crainte.

NORFOLK.—Eh bien! Bolingbroke, à partir de la basse région de ton cœur, et à travers le traître canal de ta gorge, tu en as menti. De cette recette que j'avais pour Calais, j'en ai fidèlement remis les trois quarts aux soldats de son Altesse : j'ai gardé l'autre de l'aveu de mon souverain, qui me devait cette somme pour le reste d'un compte considérable dû depuis le dernier voyage que je fis en France pour aller y chercher la reine. Avale donc ce démenti.—Quant à la mort de Glocester... je ne l'ai point assassiné : seulement j'avoue à ma honte qu'en cette occasion j'ai négligé le devoir que j'avais juré de remplir.—Pour vous, noble lord de Lancastre, respectable père de mon ennemi, j'ai dressé une fois des embûches contre vos jours, crime qui tourmente mon âme affligée ; mais avant de recevoir pour la dernière fois le sacrement, je l'ai confessé, et jai eu soin d'en demander pardon à Votre Grâce, qui, j'espère, me l'a accordé. Voilà ce que j'ai à me reprocher. Pour tous les autres griefs qu'il m'impute, ces accusations partent de la haine d'un vilain, d'un traître lâche et dégénéré, sur quoi je me défendrai hardiment en propre corps : je jette donc à ce traître outrecuidant mon gage en échange du sien ; je lui prouverai ma loyauté de gentilhomme aux dépens du meilleur sang qu'il renferme dans son sein ; et pour ce faire promptement, je conjure sincèrement Votre Altesse de nous assigner le jour de l'épreuve.

RICHARD.—Gentilshommes enflammés de colère, laissez-moi vous diriger : purgeons cette bile sans tirer de sang. Sans être médecin, voici ce que je prescris : un ressentiment profond fait de trop profondes incisions ; ainsi donc, oubliez, pardonnez, terminez ensemble et réconciliez-vous ; nos docteurs disent que ce n'est pas la saison de saigner.—Mon bon oncle, que cette querelle finisse où elle a commencé : nous apaiserons le duc de Norfolk ; vous, calmez votre fils.

GAUNT.—Il convient assez à mon âge d'être un médiateur de paix.—Jette à terre, mon fils, le gage du duc de Norfolk.

RICHARD.—Et toi, Norfolk, jette à terre le sien.

GAUNT.—Eh bien, Henri, quoi ? L'obéissance commande ; je ne devrais pas avoir à te commander deux fois.

RICHARD.—Allons, Norfolk, jette-le, nous l'ordonnons : cela ne sert de rien.

NORFOLK.—C'est moi, redouté souverain, qui me jette à tes pieds : tu pourras disposer de ma vie, mais non pas de ma honte ; la première appartient à mon devoir ; mais je ne te livrerais pas, pour en faire un usage déshonorant, ma bonne renommée, qui en dépit de la mort vivra sur mon tombeau. Je suis ici insulté, accusé, conspué, percé jusqu'au cœur du trait empoisonné de la calomnie, sans pouvoir être guéri par aucun autre baume que par le sang du cœur d'où s'est exhalé le venin.

RICHARD.—Il faudra bien que cette rage se contienne. Donne-moi son gage : les lions apprivoisent les léopards.

NORFOLK.—Oui, mais ils ne peuvent changer leurs taches. Effacez mon déshonneur, et je cède mon gage. Mon cher maître, le trésor plus pur que puisse donner cette vie mortelle, c'est une réputation sans tache : dépouillés de ce bien, les hommes ne sont plus qu'une terre dorée, une argile peinte. Le diamant précieux enfermé sous les dix verrous d'un coffre-fort, c'est un esprit hardi dans un cœur loyal. Mon honneur est ma vie, tous deux existent conjointement : si tu m'ôtes l'honneur, je n'ai plus de vie. Ainsi mon cher souverain, laisse-moi défendre mon honneur ; c'est par lui que je vis, et je mourrai pour lui.

RICHARD.—Cousin, jetez votre gage : commencez le premier.

BOLINGBROKE.—Que Dieu préserve mon âme d'un si horrible péché ! Me montrerai-je le front humilié à la vue de mon père, et démentirai-je ma fierté par la crainte d'un pâle mendiant, devant ce lâche que j'ai bravé ? Avant que ma langue outrage mon honneur par une indigne faiblesse, et se prête à une si honteuse composition, mes dents déchireront le servile instrument de la crainte renégate, et le cracheront sanglant pour compléter sa honte, là où siége la honte, à la face de Mowbray.

RICHARD.—Nous ne sommes pas nés pour solliciter, mais pour condamner. Puisque nous ne pouvons vous rendre amis, soyez prêts, le jour de Saint-Lambert, à répondre sur vos vies : c'est là que vos épées et vos lances décideront les débats toujours grossissant de votre haine obstinée. Puisque nous ne pouvons vous adoucir, nous verrons la justice manifester par la victoire de quel côté se trouve l'honneur.—Maréchal, ordonnez à nos officiers d'armes de se tenir prêts pour diriger ce combat domestique.

(Ils sortent.)

SCÈNE II

La scène est toujours à Londres, dans le palais du duc de Lancastre.

Entrent GAUNT, LA DUCHESSE DE GLOCESTER.

GAUNT.—Hélas ! cette part que j'avais dans le sang de Glocester me sollicite plus fortement que vos cris à poursuivre les bouchers de sa vie. Mais puisque le châtiment réside dans les mains qui ont fait le crime que nous ne pouvons punir, remettons notre cause à la volonté du ciel, qui, lorsqu'il en verra les temps mûrs sur la terre, fera pleuvoir sa brûlante vengeance sur la tête des coupables.

LA DUCHESSE DE GLOCESTER.—Quoi! la qualité de frère ne trouvera pas en toi un aiguillon plus pénétrant? ton vieux sang n'a pas conservé vivante une étincelle d'affection? Les sept fils d'Édouard, au nombre desquels tu te comptes, étaient comme sept vases de son sang sacré, comme sept belles branches sorties d'une seule racine: quelques-uns de ces vases ont été desséchés par le cours de la nature; quelques-unes de ces branches ont été tranchées par la destinée: mais Thomas, mon cher époux, ma vie, mon Glocester, ce vase rempli du sang d'Édouard, a été brisé sous la main de la haine et de la sanglante hache du meurtre, sa précieuse liqueur s'est épanchée: cette branche florissante de la très-royale souche a été coupée, et les feuilles de son été se sont flétries. Ah! Gaunt, son sang était le tien: c'est de la couche, c'est du flanc, de la matière, de la substance même qui t'ont formé qu'il avait tiré son existence; et quoique vivant et respirant, tu as été assassiné en lui. C'est à beaucoup d'égards consentir à la mort de ton père que de voir ainsi mourir ton malheureux frère, qui était la représentation de la vie de ton père. N'appelle point cela patience, Gaunt, c'est du désespoir. En souffrant ainsi qu'on égorge ton frère, tu montres à découvert le chemin qui conduit à ta vie, tu instruis le meurtrier farouche à t'assassiner. Ce que dans les hommes du bas étage nous appelons patience est dans un noble sein une froide et tranquille lâcheté. Que te dirai-je enfin? Pour mettre ta vie en sûreté, le meilleur moyen c'est de venger la mort de mon Glocester.

GAUNT.—Cette cause est celle du ciel, car le délégué du ciel, son lieutenant oint devant sa face, est l'auteur de la mort de Glocester: lorsqu'il commet le crime, la vengeance en est au ciel; pour moi, je ne puis lever un bras irrité contre son ministre.

LA DUCHESSE DE GLOCESTER.—A qui donc, hélas! puis-je porter ma plainte?

GAUNT.—Au ciel, qui est le champion et le défenseur de la veuve.

LA DUCHESSE DE GLOCESTER.—Eh bien! je me plaindrai à lui. Adieu, vieux Gaunt. Tu vas à Coventry pour voir le combat de notre cousin d'Hereford et du perfide Mowbray. Oh! fais peser sur la lance d'Hereford les injures de mon mari, afin qu'elle entre dans le cœur de l'assassin Mowbray; ou si, par un malheur, elle manquait la première passe, que les crimes de Mowbray surchargent tellement son sein que les reins de son coursier écumant en soient rompus et que le cavalier tombe la tête la première dans l'arène, lâche, tremblant, à la merci de mon cousin d'Hereford! Adieu, vieux Gaunt: celle qui fut un jour la femme de ton frère finira sa vie avec sa compagne, la douleur.

GAUNT.—Adieu, ma sœur; il faut que je me rende à Coventry. Que tout le bien que je te souhaite m'accompagne!

LA DUCHESSE DE GLOCESTER.—Un mot encore. La douleur, en tombant, rebondit non par le vide, mais par le poids. Je prends congé de toi avant que je t'aie encore rien dit, car le chagrin ne finit pas là où il semble fini: rappelle-moi au souvenir de mon frère York.... Oui, voilà tout.... Mais non, ne pars pas encore ainsi; quoique ce soit tout, ne t'en va pas si vite.... Je puis me rappeler autre chose. Prie-le.... oh! de quoi?.....de se hâter de venir me voir à Plashy. Hélas! que viendra-t-il y voir, ce bon vieux York, que des appartements déserts, des murailles dépouillées, des cuisines dépeuplées, un pavé qu'on ne foule plus. Et pour sa bienvenue, quelle autre réception trouvera-t-il que mes gémissements? Rappelle-moi donc seulement à son souvenir; qu'il ne vienne pas chercher en ce lieu la tristesse qui habite partout: désolée, désolée je m'en irai d'ici et je mourrai. Mes yeux en pleurs te disent le dernier adieu,

(Ils sortent.)

SCÈNE III

Gosford-Green, près de Coventry.—Lice préparée avec un trône; hérauts, etc., suite.

Entrent LE LORD MARÉCHAL ET D'AUMERLE.

LE MARÉCHAL.—Milord Aumerle, Henri d'Hereford est-il armé?

AUMERLE.—Oui, armé de toutes pièces, et il brûle d'entrer dans la lice.

LE MARÉCHAL.—Le duc de Norfolk, plein d'ardeur et d'audace, n'attend que le signal de la trompette de l'appelant.

AUMERLE.—En ce cas, les champions sont tout prêts, et n'attendent que l'arrivée de Sa Majesté.

(Les trompettes sonnent une fanfare.—Entrent Richard qui va s'asseoir sur le trône, Gaunt et plusieurs autres nobles qui prennent leurs places.—Une trompette sonne, et une autre lui répond de l'intérieur.—Entre alors Norfolk, couvert de son armure, et précédé par un héraut.)

RICHARD.—Maréchal, demandez à ce champion le sujet qui l'amène ici en armes : demandez-lui son nom ; ensuite, procédez avec ordre à lui faire prêter serment de la justice de sa cause.

LE MARÉCHAL.—Au nom de Dieu et du roi, dis qui tu es, et pourquoi tu viens ainsi armé en chevalier. Contre qui viens-tu combattre, et quelle est ta querelle? Réponds la vérité, sur ta foi de chevalier et sur ton serment ; et après, que le ciel et ta valeur te défendent!

NORFOLK.—Mon nom est Thomas Mowbray, duc de Norfolk. Je viens ici, engagé par un serment que le ciel préserve un chevalier de violer jamais! j'y viens pour défendre ma loyauté et mon honneur devant Dieu, mon roi et ma postérité, contre le duc d'Hereford, qui est l'appelant; et, par la grâce de Dieu et le secours de ce bras, je viens lui prouver pour ma défense qu'il est traître à mon Dieu, à mon roi et à moi. Que le ciel me défende, comme je combats pour la vérité.

(Les trompettes sonnent.—Entre Bolingbroke, couvert de son armure, et précédé d'un héraut.)

RICHARD.—Maréchal, demandez à ce chevalier armé qui il est, et pourquoi il vient ici vêtu de ses habits de guerre, et, conformément à nos lois, faites-lui déposer dans les formes de la justice de sa cause.

LE MARÉCHAL.—Quel est ton nom, et pourquoi parais-tu ici devant le roi Richard dans sa lice royale? Contre qui viens-tu, et quelle est ta querelle? Réponds comme un loyal chevalier, et que le ciel te défende.

BOLINGBROKE.—Je suis Henri d'Hereford, de Lancastre et de Derby, qui me tiens ici en armes prêt à prouver, par la grâce de Dieu et les prouesses de mon corps, à Thomas Mowbray, duc de Norfolk, qu'il est un abominable et dangereux traître envers le Dieu des cieux, le roi Richard et moi. Que le ciel me défende, comme je combats pour la vérité.

LE MARÉCHAL.—Sous peine de mort, que personne n'ait la hardiesse et l'audace de toucher les barrières de la lice, excepté le maréchal et les officiers chargés de présider à ces loyaux faits d'armes.

BOLINGBROKE.—Lord maréchal, permettez que je baise la main de mon souverain et que je fléchisse le genou devant Sa Majesté; car Mowbray et moi nous ressemblons à deux hommes qui font vœu d'accomplir un long et fatigant pèlerinage. Prenons donc solennellement congé de nos divers amis, et faisons-leur de tendres adieux.

LE MARÉCHAL.—L'appelant salue respectueusement Votre Majesté, et demande à vous baiser la main et à prendre congé de vous.

RICHARD.—Nous descendrons et nous le serrerons dans nos bras.—Cousin d'Hereford, que ta fortune réponde à la justice de ta cause dans ce combat royal! Adieu, mon sang : si tu le répands aujourd'hui, nous pouvons pleurer ta mort, mais non te venger.

BOLINGBROKE.—Oh! que de nobles yeux ne profanent

point une larme pour moi, si mon sang est versé par la lance de Mowbray. Avec la confiance d'un faucon qui fond sur un oiseau, je vais combattre Mowbray. (*Au lord maréchal.*) Mon cher seigneur, je prends congé de vous ; et de vous, lord Aumerle, mon noble cousin ; bien que j'aie affaire avec la mort, je ne suis pas malade, mais vigoureux, jeune, respirant gaiement ; maintenant, comme aux festins de l'Angleterre, je reviens au mets le plus délicat pour le dernier, afin de rendre la fin meilleure. (*A Gaunt.*)—O toi, auteur terrestre de mon sang, dont la jeune ardeur renaissant en moi me soulève avec une double vigueur pour atteindre jusqu'à la victoire placée au-dessus de ma tête, ajoute par tes prières à la force de mon armure ; arme de tes bénédictions la pointe de ma lance, afin qu'elle pénètre la cuirasse de Mowbray comme la cire, et que le nom de Jean de Gaunt soit fourbi à neuf par la conduite vigoureuse de son fils.

GAUNT.—Que le ciel te fasse prospérer dans ta bonne cause ! Sois prompt comme l'éclair dans l'attaque, et que tes coups, doublement redoublés, tombent comme un tonnerre étourdissant sur le casque du funeste ennemi qui te combat ; que ton jeune sang s'anime ; sois vaillant et vis !

BOLINGBROKE.—Que mon innocence et saint Georges me donnent la victoire !

(Il se rassied à sa place.)

NORFOLK.—Quelque chance qu'amènent pour moi le ciel ou la fortune, ici vivra ou mourra, fidèle au trône du roi Richard, un juste, loyal et intègre gentilhomme. Jamais captif n'a secoué d'un cœur plus libre les chaînes de son esclavage, ni embrassé avec plus de joie le trésor d'une liberté sans contrainte, que mon âme bondissante n'en ressent en célébrant cette fête de bataille avec mon adversaire.—Puissant souverain, et vous pairs, mes compagnons, recevez de ma bouche un souhait d'heureuses années. Aussi calme, aussi joyeux qu'à une mascarade, je vais au combat : la loyauté a un cœur paisible.

RICHARD.—Adieu, milord. Je vois avec la valeur la

vertu tranquillement assise dans tes yeux.—Maréchal, ordonnez le combat, et que l'on commence.

(Richard et les lords retournent à leurs siéges.)

LE MARÉCHAL.—Henri d'Hereford, Lancastre et Derby, reçois ta lance ; et Dieu défende le droit !

BOLINGBROKE.—Ferme dans mon espérance comme une tour, je dis : *Amen.*

LE MARÉCHAL, *à un officier.*—Allez, portez cette lance à Thomas, duc de Norfolk.

PREMIER HÉRAUT.—Henri d'Hereford, Lancastre et Derby, est ici pour Dieu, pour son souverain et pour lui-même, à cette fin de prouver, sous peine d'être déclaré faux et lâche, que le duc de Norfolk, Thomas Mowbray, est un traître à Dieu, à son roi et à lui-même ; et il le défie au combat.

SECOND HÉRAUT.—Ici est Thomas Mowbray, duc de Norfolk, ensemble pour se défendre et pour prouver, sous peine d'être déclaré faux et lâche, qu'Henri d'Hereford, Lancastre et Derby, est déloyal envers Dieu, son souverain et lui : plein de courage et d'un franc désir, il n'attend que le signal pour commencer.

LE MARÉCHAL.—Sonnez, trompettes ; combattants, partez. (*On sonne une charge.*)—Mais, arrêtez : le roi vient de baisser sa baguette.

RICHARD.—Que tous deux déposent leurs casques et leurs lances, et qu'ils retournent reprendre leur place.—Éloignez-vous avec nous, et que les trompettes sonnent jusqu'au moment où nous reviendrons déclarer nos ordres à ces ducs. (*Longue fanfare.—Ensuite Richard s'adresse aux deux combattants.*)—Approchez.... Écoutez ce que nous venons d'arrêter avec notre conseil. Comme nous ne voulons pas que la terre de notre royaume soit souillée du sang précieux qu'elle a nourri, et que nos yeux haïssent l'affreux spectacle des plaies civiles creusées par des mains concitoyennes ; comme nous jugeons que ce sont les pensées ambitieuses d'un orgueil aspirant à s'élever aux cieux sur les ailes de l'aigle, qui, jointes à cette envie qui déteste un rival, vous ont portés à troubler la paix qui dans le berceau de notre patrie respirait de la douce haleine du sommeil d'un enfant, en sorte que, réveillée par le bruit discordant des tambours, par le cri effrayant des trompettes aux sons aigres, et le confus cliquetis du fer de vos armes furieuses, la belle Paix, pourrait, épouvantée, fuir nos tranquilles contrées, et nous forcer à marcher à travers le sang de nos parents : en conséquence, nous vous bannissons de notre territoire.—Vous, cousin Hereford, sous peine de mort, jusqu'à ce que deux fois cinq étés aient enrichi nos plaines, vous ne reviendrez pas saluer nos belles possessions, mais vous suivrez les routes étrangères de l'exil.

BOLINGBROKE.—Que votre volonté soit faite !—La consolation qui me reste, c'est que le soleil qui vous réchauffe ici brillera aussi pour moi ; et ces rayons d'or qu'il vous prête ici se darderont aussi sur moi, et doreront mon exil.

RICHARD.—Norfolk, un arrêt plus rigoureux t'est réservé ; je sens quelque répugnance à le prononcer. Le vol lent des heures ne déterminera point pour toi la limite d'un exil sans terme. Cette parole sans espoir : *Tu ne reviendras jamais*, je la prononce contre toi sous peine de la vie.

NORFOLK.—Sentence rigoureuse en effet, mon souverain seigneur, et que j'attendais bien peu de la bouche de Votre Majesté. J'ai mérité de la main de Votre Altesse une récompense plus bienveillante, une moins profonde mutilation, que celle d'être ainsi rejeté au loin dans l'espace commun de l'univers. Maintenant il me faut oublier le langage que j'appris durant ces quarante années, mon anglais natal. Ma langue me sera désormais aussi inutile qu'une viole ou une harpe sans cordes, un instrument fait avec art mais enfermé dans son étui, ou qu'on en retire pour le placer dans les mains qui ne connaissent point l'art d'en faire sortir l'harmonie. Vous avez emprisonné ma langue dans ma bouche, sous les doubles guichets de mes dents et de mes lèvres, et la stupide, l'insensible, la stérile ignorance est le geôlier qui m'est donné pour me garder : je suis trop vieux pour caresser une nourrice, trop avancé en âge pour devenir

ACTE I, SCÈNE III.

écolier. Votre arrêt n'est donc autre chose que celui d'une mort silencieuse qui prive ma langue de la faculté de parler son idiome naturel.

RICHARD.—Il ne te sert de rien de te plaindre. Après notre sentence, les lamentations viennent trop tard.

NORFOLK, *se retirant*.—Je vais donc quitter la lumière de mon pays, pour aller habiter les sombres ténèbres d'une nuit sans fin.

RICHARD.—Reviens encore, et emporte avec toi un serment. Posez sur notre épée royale vos mains exilées; jurez par l'obéissance que vous devez au ciel (et dont la part qui nous appartient vous accompagnera dans votre bannissement)¹, de garder le serment que nous vous faisons prêter, que jamais dans votre exil (et qu'ainsi le ciel et l'honneur vous soient en aide) vous ne vous rattacherez l'un à l'autre par l'affection; que jamais vous ne consentirez l'un l'autre à vous regarder; que jamais, ni par écrit, ni par aucun rapprochement, vous n'éclaircirez la sombre tempête de la haine née entre vous dans votre patrie; que jamais vous ne vous réunirez à dessein pour tramer, combiner, comploter aucun acte dommageable contre nous, nos sujets et notre pays.

BOLINGBROKE.—Je le jure.

NORFOLK.—Et moi aussi, je jure d'observer tout cela.

BOLINGBROKE.—Norfolk, je puis t'adresser encore ceci comme à mon ennemi : à cette heure, si le roi nous l'avait permis, une de nos âmes serait errante dans les airs, bannie de ce frêle tombeau de notre chair comme notre corps est maintenant banni de ce pays. Confesse tes trahisons avant de fuir de ce royaume : Tu as bien loin à aller; n'emporte pas avec toi le pesant fardeau d'une âme coupable.

NORFOLK.—Non, Bolingbroke; si jamais je fus un traître, que mon nom soit effacé du livre de vie, et moi

---

¹ *Our part therein we banish with yourselves.*
Les commentateurs ont cru voir dans ce vers que Richard les déliait en les bannissant de l'obéissance qu'ils lui devaient; il paraît clair, au contraire, que s'il bannit avec eux l'obéissance qu'ils lui doivent, c'est pour qu'elle les accompagne.

banni du ciel comme je le suis d'ici. Mais ce que tu es, le ciel, toi et moi nous le savons, et je crains que le roi n'ait trop tôt à déplorer ceci.—Adieu, mon souverain. Maintenant je ne puis plus m'égarer : excepté la route qui ramène en Angleterre, le monde entier est mon chemin.
(Il sort.)

RICHARD.—Oncle, je lis clairement dans le miroir de tes yeux le chagrin de ton cœur : la tristesse de ton visage a retranché quatre années du nombre des années de son exil. (A Bolingbroke.)—Après que les glaces de six hivers se seront écoulées, reviens de ton exil, le bienvenu dans ta patrie.

BOLINBROKE.—Quel long espace de temps renfermé dans un petit mot! Quatre traînants hivers et quatre folâtres printemps finis par un mot! Telle est la parole des rois.

GAUNT.—Je remercie mon souverain de ce que, par égard pour moi, il abrége de quatre ans l'exil de mon fils ; mais je n'en retirerai que peu d'avantage, car avant que les six années qu'il lui faut passer aient changé leurs lunes et fait leur révolution, ma lampe dépourvue d'huile et ma lumière usée par le temps s'éteindront dans les années et dans une nuit éternelle ; ce bout de flambeau qui me reste sera brûlé et fini, et l'aveugle Mort ne me laissera pas revoir mon fils.

RICHARD.—Pourquoi, mon oncle? Tu as encore bien des années à vivre.

GAUNT.—Mais pas une minute, roi, que tu puisses me donner. Tu peux abréger mes jours par le noir chagrin, tu peux m'enlever des nuits, mais non me prêter un lendemain. Tu peux aider le temps à me sillonner de vieillesse, mais non pas arrêter dans ses progrès une seule de mes rides. S'agit-il de ma mort, ta parole a cours aussi bien que lui : mais mort, ton royaume ne saurait racheter ma vie.

RICHARD.—Ton fils est banni d'après une sage délibération dans laquelle ta voix même a donné son suffrage. Pourquoi donc maintenant sembles-tu te plaindre de notre justice?

GAUNT.—Il est des choses qui, douces au goût, sont

dures à digérer. Vous m'avez pressé comme juge, mais j'aurais bien mieux aimé que vous m'eussiez ordonné de plaider comme un père. Ah! si au lieu de mon enfant, c'eût été un étranger, pour adoucir sa faute j'aurais été plus indulgent : j'ai cherché à éviter le reproche de partialité, et dans ma sentence j'ai détruit ma propre vie.— Hélas! je regardais si quelqu'un de vous ne dirait pas que j'étais trop sévère, de rejeter ainsi ce qui m'appartient; mais vous avez laissé à ma langue, malgré sa répugnance, la liberté de me faire ce tort contre ma volonté.

RICHARD.—Adieu, cousin; et vous, oncle, dites-lui aussi adieu : nous le bannissons pour six ans; il faut qu'il parte.

(Fanfare.—Sortent Richard et la suite.)

AUMERLE.—Cousin, adieu. Ce que nous ne pouvons savoir par votre présence, que des lieux que vous habiterez vos lettres nous l'apprennent.

LE MARÉCHAL.—Milord, moi je ne prends point congé de vous; je chevaucherai à vos côtés tant que la terre me le permettra.

GAUNT.—Hélas! pourquoi es-tu si avare de tes paroles et ne réponds-tu rien aux salutations de tes amis?

BOLINGBROKE.—Je n'ai pas de quoi suffire à vous faire mes adieux; il me faudrait prodiguer l'usage de ma langue pour exhaler toute l'abondance de la douleur de mon cœur.

GAUNT.—Ce qui cause ton chagrin n'est qu'une absence passagère.

BOLINGBROKE.—La joie absente, le chagrin reste toujours présent.

GAUNT.—Qu'est-ce que six hivers? Ils passent bien vite.

BOLINGBROKE.—Pour les hommes qui sont heureux; mais d'une heure le chagrin en fait dix.

GAUNT.—Suppose que c'est un voyage que tu entreprends pour ton plaisir.

BOLINGBROKE.—Mon cœur soupirera quand je voudrai le tromper par ce nom en y reconnaissant un pèlerinage.

GAUNT. — Regarde le sombre voyage de tes pas fatigués comme un entourage dans lequel tu devras placer le joyau précieux du retour dans la patrie.

BOLINGBROKE. — Dites plutôt que chacun des pas pénibles que je vais faire me rappellera quel vaste espace du monde j'aurai parcouru loin des joyaux que j'aime. Ne me faudra-t-il pas faire un long apprentissage de ces routes étrangères? et lorsqu'à la fin j'aurai regagné ma liberté, de quoi pourrai-je me vanter, si ce n'est d'avoir travaillé pour le compte de la douleur?

GAUNT. — Tous les lieux que visite l'œil du ciel sont pour le sage des ports et des asiles heureux. Instruis tes nécessités à raisonner ainsi, car il n'est point de vertu comme la nécessité. Persuade-toi non pas que c'est le roi qui t'a banni, mais que tu as banni le roi. — Le malheur s'appesantit d'autant plus qu'il s'aperçoit qu'on le porte avec faiblesse. Va, dis-toi que je t'ai envoyé acquérir de l'honneur, et non que le roi t'a exilé; ou bien suppose encore que la peste dévorante est suspendue dans notre atmosphère, et que tu fuis vers un climat plus pur. Vois ce que ton cœur a de plus cher; imagine qu'il est dans les lieux où tu vas, et non dans ceux d'où tu viens. Pense que les oiseaux qui chantent sont des musiciens, le gazon que foulent tes pieds un salon parsemé de joncs, les fleurs de belles femmes, et tes pas un menuet[1] ou une danse agréable. Le chagrin grondeur a moins de prise pour mordre l'homme qui s'en rit et le tient pour léger.

BOLINGBROKE. — Eh! qui pourra tenir le feu dans sa main en pensant aux glaces du Caucase, ou assouvir l'âpre avidité de la faim par la simple idée d'un festin, ou marcher nu à l'aise dans les neiges de décembre en se créant la chaleur d'un été fantastique? L'idée du bien ne peut qu'accroître le sentiment du mal. La dent cruelle de la douleur n'est jamais si venimeuse que lorsqu'elle mord sans ouvrir une large blessure.

---

[1] *A delightful measure or a dance.*
A measure était en général une danse mesurée ou d'apparat.

GAUNT.—Viens, viens, mon fils; je vais te mettre dans ton chemin. Si j'avais ta cause et ta jeunesse, je ne demeurerais pas ici.

BOLINGBROKE.—Adieu donc, sol de l'Angleterre; douce terre, adieu, ma mère et ma nourrice qui me portes encore. Dans quelque lieu que je sois, je pourrai du moins me vanter d'être, quoique banni, un véritable Anglais.

SCÈNE IV

La scène est toujours à Coventry.—Un appartement dans le château du roi.

Entrent LE ROI RICHARD, BAGOT ET GREEN, *ensuite* AUMERLE.

RICHARD.—Oui, nous nous en sommes aperçus.—Cou-

---

[1] Johnson a voulu supposer ici quelque erreur de copiste dans la distribution des actes, et, d'après une nouvelle disposition qu'a suivie Letourneur, il fait commencer au retour d'Aumerle le second acte, que les anciennes copies ne font commencer qu'à l'arrivée du roi à Ely. Il se fonde sur ce qu'il faut bien donner au vieux Gaunt le temps d'accompagner son fils, de revenir et de tomber malade. Mais d'abord, Gaunt n'accompagne point son fils; il le met seulement *en chemin (on the way)*; ensuite on peut supposer autant de temps que l'on voudra entre la troisième et la quatrième scène du premier acte, autant du moins qu'il en faut pour le retour d'Aumerle et la nouvelle de la maladie du vieux Gaunt, qui, nous dit-on, a été pris subitement. La distribution des actes telle qu'on la trouve dans les anciennes éditions a du moins l'avantage de renfermer dans le premier acte un événement fini, le départ d'Hereford; et comme la distribution imaginée par Johnson ne donne d'ailleurs aucun moyen d'expliquer avec vraisemblance les événements qui sont censés s'être passés dans l'intervalle du premier au deuxième acte, on a conservé l'ancienne. Au reste, dans les éditions faites avant la mort de Shakspeare, la pièce n'était point coupée en actes, mais simplement composée d'une suite de scènes : les éditions faites immédiatement après sa mort n'ont donc sur celles qui l'ont précédée que l'avantage d'une tradition plus récente des directions théâtrales qu'avait données l'auteur; elles semblent de plus, dans ce cas-ci, avoir en leur faveur le bon sens dramatique.

sin Aumerle, jusqu'où avez-vous conduit le grand Hereford sur son chemin?

AUMERLE.—J'ai conduit le grand Hereford, puisqu'il vous plaît de l'appeler ainsi, jusqu'au grand chemin le plus voisin, et je l'ai laissé là.

RICHARD.—Et dites-moi, quel flot de larmes a-t-il été versé au moment de la séparation?

AUMERLE.—Ma foi, de ma part aucune, à moins que le vent du nord-est, qui nous soufflait alors cruellement au visage, n'ait mis en mouvement un rhume endormi, et n'ait ainsi, par hasard, honoré d'une larme nos adieux hypocrites.

RICHARD.—Qu'a dit notre cousin lorsque vous vous êtes quittés?

AUMERLE.—Il m'a dit: *portez-vous bien*[1]; et, comme mon cœur dédaignait de voir ma langue profaner ce souhait, je me suis avisé de contrefaire l'accablement d'un chagrin si profond, que mes paroles semblaient ensevelies dans le tombeau de ma douleur. Vraiment, si ces mots, *portez-vous bien* avaient pu allonger les heures et ajouter aux années de son court exil, il aurait eu un volume de *portez-vous bien;* mais comme cela n'était pas, il n'en a point eu de moi.

RICHARD.—Il est notre cousin, cousin; mais il est douteux, lorsque arrivera le temps qui doit le ramener de l'exil, que notre parent revienne voir ses amis. Nous-même, et Bushy, et Bagot que voilà, et Green aussi, nous avons remarqué comme il faisait la cour au commun peuple; comme il cherchait à pénétrer dans leurs cœurs par une politesse modeste et familière; quels respects il prodiguait à des misérables, s'étudiant à gagner le dernier des artisans par l'art de ses sourires et par une soumission patiente à sa fortune, comme s'il eût voulu emporter avec lui leurs affections: il ôtait son bonnet à

---

[1] ..... *Farewell.*

Farewell, l'adieu ordinaire des Anglais, signifie *portez-vous bien.* Il a fallu le traduire ainsi, pour faire comprendre la répugnance d'Aumerle à le prononcer.

une marchande d'huîtres ; deux charretiers, pour lui avoir souhaité la faveur de Dieu, ont reçu l'hommage de son flexible genou, avec ces mots : « Je vous remercie, mes compatriotes, mes bons-amis; » comme si notre Angleterre lui devait revenir en héritage, et qu'il fût au premier degré l'espérance de nos sujets.

GREEN.—Eh bien, il est parti ; bannissons avec lui toutes ces idées. Maintenant songeons aux rebelles soulevés dans l'Irlande : il faut s'en occuper promptement, mon souverain, avant que de plus longs délais multiplient leurs moyens à leur avantage et au détriment de Votre Majesté.

RICHARD.—Nous irons en personne à cette guerre ; et comme une cour trop brillante et la libéralité de nos largesses ont rendu nos coffres un peu légers, nous nous trouvons forcés d'affermer nos domaines royaux pour en retirer un revenu qui puisse fournir aux affaires du moment. Si cela ne suffisait pas, nos lieutenants auront ici des blancs seings, au moyen desquels, quand ils sauront que les gens sont riches, ils leur imposeront de grosses sommes d'or qu'ils nous enverront pour faire face à nos besoins; car nous voulons partir sans délai pour l'Irlande. (*Entre Bushy.*)—Quelles nouvelles, Bushy?

BUSHY.—Le vieux Jean de Gaunt, seigneur, est dangereusement malade : il a été pris subitement, et il a envoyé un exprès en diligence pour conjurer Votre Majesté d'aller le visiter.

RICHARD.—Où est-il?

BUSHY.—À Ely-House.

RICHARD.—Ciel, inspire à son médecin la pensée de l'aider à descendre promptement dans la tombe ! La doublure de ses coffres nous ferait des habits pour équiper nos soldats de l'armée d'Irlande.—Venez, messieurs; allons tous le visiter, et prions le ciel qu'en faisant diligence nous arrivions trop tard.

(Ils sortent.)

FIN DU PREMIER ACTE.

ACTE DEUXIÈME

SCÈNE I

Un appartement à Ely-House.

GAUNT *sur un lit de repos*, LE DUC D'YORK,
et d'autres personnes autour de lui.

GAUNT.—Le roi viendra-t-il ? Pourrai-je rendre le dernier soupir en donnant de salutaires conseils à sa jeunesse sans appui ?

YORK.—Cessez de vous tourmenter ; ne forcez point votre poitrine, car c'est bien en vain que les conseils arrivent à son oreille.

GAUNT.—Oh ! mais on dit que la voix des mourants captive l'attention comme une solennelle harmonie ; que lorsque les paroles sont rares, elles ne sont guère jetées en vain, car ils exhalent la vérité ceux qui exhalent leurs paroles dans la douleur, et celui qui ne parlera plus est plus écouté que ceux auxquels la jeunesse et la santé ont appris à causer. On remarque plus la fin des hommes que leurs vies précédentes ; de même que le coucher du soleil, la dernière phrase d'un air, la dernière saveur d'un mets agréable sont plus douces à la fin et se gravent mieux dans la mémoire que les choses passées depuis longtemps. Quoique Richard ait refusé d'écouter les conseils de ma vie, les tristes discours de ma mort peuvent encore vaincre la dureté de son oreille.

YORK.—Non, elle est bouchée par d'autres sons plus flatteurs, par exemple les éloges donnés à sa magnificence : on entend ensuite autour de lui des vers impurs dont les sons empoisonnés trouvent l'oreille de la jeu-

ACTE II, SCÈNE I.

nesse toujours ouverte pour les entendre ; on l'entretient des modes de la superbe Italie, dont notre peuple cherche gauchement à singer, en les suivant de loin, les manières dans une honteuse imitation. Quelque part qu'il vienne de naître une frivolité dans le monde, quelque misérable qu'elle puisse être, pourvu qu'elle soit nouvelle, ne court-on pas aussitôt en étourdir l'oreille du roi ? Tous les conseils arrivent trop tard là où la volonté se révolte contre les considérations de la raison. N'entreprends point de guider celui qui veut choisir son chemin lui-même. Il ne te reste qu'un souffle, et tu veux le perdre en vain !

GAUNT.—Il me semble que je suis un prophète nouvellement inspiré, et voici ce qu'en expirant je prédis de lui : La fougue insensée de cette ardeur de désordre ne saurait durer, car les incendies violents sont bientôt éteints, les petites ondées durent longtemps ; mais les orages soudains sont bientôt finis. Celui qui donne trop continuellement de l'éperon fatigue bientôt sa monture ; et la nourriture avidement engloutie étouffe celui qui la dévore : l'imprévoyante vanité, cormoran insatiable, consomme ses ressources et finit par se dévorer elle-même.—Ce noble trône des rois, cette île souveraine, cette terre de majesté, ce séjour de Mars, ce nouvel Éden, ce demi-paradis, cette forteresse bâtie par la nature elle-même pour s'y retrancher contre la contagion et contre le bras de la guerre ; cette heureuse race d'hommes, ce petit univers, cette pierre précieuse enchâssée dans la mer d'argent qui, comme un rempart ou comme un fossé creusé autour d'une maison, la défend contre la jalousie des contrées moins fortunées ; ce sol béni du ciel, cette terre, ce royaume, cette Angleterre, cette nourrice, ce sein fécond en rois redoutés par la valeur de leur race, fameux par leur naissance, renommés par leurs exploits, que, pour le service de la chrétienté et l'honneur de la chevalerie ils ont portés loin de leur patrie, jusqu'au sépulcre qui est dans la rebelle Judée, le tombeau du fils de la bienheureuse Marie, la rançon de l'univers ; cette chère, chère patrie, chérie pour sa réputation dans le monde entier, est maintenant (ah! je meurs de le prononcer) engagée à bail comme un fief ou une misérable ferme! L'Angleterre, ceinte d'une mer triomphante, dont le rivage rocailleux repousse les jaloux assauts de l'humide Neptune, est maintenant honteusement enchaînée par quelques taches d'encre et des liens de parchemin pourri.... cette Angleterre, qui était accoutumée à conquérir les autres, a fait d'elle-même une ignominieuse conquête. Ah! si ce scandale devait s'évanouir avec ma vie, combien me trouverais-je heureux de voir arriver la mort!

(Entrent le roi Richard, la reine [1], Aumerle, Bushy, Green, Bagot, Ross et Willoughby.)

YORK.—Voilà le roi arrivé. Ménagez sa jeunesse : un jeune cheval bouillant, si l'on s'irrite contre lui, s'en irrite bien davantage.

LA REINE —Comment se porte notre noble oncle Lancastre?

RICHARD.—Eh bien, vieillard, comment cela va-t-il? comment se trouve le vieux Gaunt?

GAUNT.—Oh! comme ce nom [2] convient à ma figure! Je suis un vieux desséché, en effet, et desséché parce que je suis vieux; le chagrin a gardé en moi une longue abstinence; et qui peut s'abstenir de nourriture et n'être pas desséché? J'ai veillé longtemps pour l'Angleterre

---

[1] Le personnage de la reine est de l'invention de Shakspeare. Richard, veuf d'Anne, sœur de l'empereur Venceslas, était fiancé depuis trois ans à Isabelle de France, qui n'en avait que dix.

[2] *Gaunt* en anglais signifie *mince, maigre, desséché*. Voici tout le passage, et cette suite de jeux de mots qui sont bien dans les habitudes d'esprit du temps, mais auxquels il a été impossible de trouver un équivalent en français :

O, how that name befits my composition!
Old Gaunt, indeed; and gaunt in being old:
Within me grief hath kept a tedious fast,
And who abstains from meat and is not gaunt?
The pleasure, that some fathers feed upon,
Is my strict fast, I mean, my children's looks,
And therein fasting, hast thou made me Gaunt,
Gaunt I am for the grave, Gaunt as a grave
Whose hollow womb inherits nought but bones,

endormie : les veilles engendrent la maigreur, et la maigreur est toute desséchée; ce plaisir qui sert quelquefois d'aliment à un père, la vue de mes enfants, j'en ai sévèrement jeûné; c'est au moyen de ce jeûne que tu m'as desséché. Je suis desséché comme il convient à la tombe, desséché comme la tombe dont les creuses entrailles ne renferment rien que des os.

RICHARD.—Un malade peut-il jouer si subtilement sur son nom?

GAUNT.—Non, la misère se plaît à se jouer d'elle-même. Puisque tu as cherché à tuer mon nom dans ma personne; j'insulte à mon nom, grand roi, pour te flatter.

RICHARD.—Les mourants devraient-ils flatter les vivants?

GAUNT.—Non, non, mais les vivants flattent les mourants.

RICHARD.—Mais toi qui te meurs maintenant, tu prétends que tu me flattes?

GAUNT.—Oh! non, c'est toi qui te meurs, bien que je sois le plus malade.

RICHARD.—Moi, je suis en santé, je respire, et je te vois bien malade.

GAUNT.—Celui qui m'a fait sait combien je te vois malade, malade moi-même à cause de ce que je vois, et en te voyant malade; ton lit de mort est aussi vaste que ton pays où tu languis malade dans ta réputation. Et toi, malade trop insouciant, tu confies la guérison de ton corps oint du Seigneur aux médecins mêmes qui t'ont blessé. En dedans de cette couronne, dont le cercle n'est pas plus grand que ta tête, siége un millier de flatteurs qui, bien que renfermés dans cet étroit espace, étendent leurs dégâts jusqu'aux confins de ton pays. Oh! si ton grand-père eût pu voir d'un œil prophétique, comment le fils de son fils ruinerait sa postérité, il aurait pris soin de placer ta honte hors de ta portée, en te déposant avant que tu entrasses en possession, puisque tu ne possèdes aujourd'hui que pour te déposer toi-même. Oui, mon neveu, quand tu serais le maître du monde entier, il serait encore honteux de donner ce pays à bail :

mais lorsque ton univers se borne à la possession de ce pays, n'est-il pas plus que honteux de le réduire à cette honte? Tu n'es à présent que l'intendant de l'Angleterre, et non pas son roi : tu as soumis ton esclave, ta puissance royale à la loi, et tu es....[1].

RICHARD.—Un imbécile lunatique à la tête faible qui te prévaux des priviléges de la maladie pour oser, chassant avec violence le sang royal de sa résidence naturelle, faire pâlir nos joues par ta morale glacée. Mais, j'en jure la majesté royale de mon trône, si tu n'étais pas le frère du fils du grand Édouard, ta langue, qui roule si grand train dans ta bouche, ferait rouler ta tête de dessus tes insolentes épaules.

GAUNT.—Fils de mon frère Édouard, oh! ne m'épargne pas parce que je suis le fils d'Édouard son père. Semblable au pélican, tu l'as déjà fait couler ce sang, tu l'as bu dans tes orgies. Mon frère Glocester, cette âme simple et de bonnes intentions (veuille le ciel l'admettre au nombre des âmes heureuses!), peut servir d'exemple et de témoignage pour démontrer que tu ne te fais pas scrupule de verser le sang d'Édouard. Ligue-toi avec mon mal actuel, et que ta cruauté, comme la faux de la vieillesse, moissonne d'un coup une fleur depuis trop longtemps flétrie. Vis dans ta honte, mais que ta honte ne meure pas avec toi, et que ces paroles fassent ton supplice dans l'avenir!—Reportez-moi dans mon lit, et de mon lit à la tombe. Qu'ils aiment la vie ceux qui y trouvent de la tendresse et de l'honneur!

(Il sort emporté par les gens de sa suite.)

RICHARD.—Et ceux-là font bien de mourir qui sont vieux et chagrins. Tu es tous les deux, et par là le tombeau te convient doublement.

YORK.—Je supplie Votre Majesté de n'imputer ses paroles qu'à l'humeur de la maladie et de la vieillesse. Il vous aime, sur ma vie, et vous tient pour aussi cher qu'Henri duc d'Hereford, s'il était ici.

RICHARD.—C'est vrai, vous dites la vérité; son amour

---

[1] *The state of law is bondslave to the law.*

pour moi ressemble à celui d'Hereford ; et le mien est comme le leur.... Que les choses soient ce qu'elles sont.

(Entre Northumberland.)

NORTHUMBERLAND.—Mon souverain, le vieux Gaunt se recommande au souvenir de Votre Majesté.

RICHARD.—Que dit-il maintenant ?

NORTHUMBERLAND.—Rien vraiment. Tout est dit ; sa langue est maintenant un instrument sans cordes : le vieux Lancastre a dépensé vie, paroles, et tout le reste.

YORK.—Qu'York soit après lui le premier qui fasse ainsi banqueroute ! La mort, tout indigente qu'elle est, met un terme à des douleurs mortelles.

RICHARD.—Le fruit le plus mûr tombe le premier : ainsi fait-il ; c'est son tour, son temps est passé : c'est celui de notre voyage à nous autres. C'en est assez là-dessus.—Maintenant songeons à nos guerres d'Irlande. Il nous faut chasser ces sauvages Kernes à la chevelure crépue, qui existent comme un venin là où n'a la permission de résider aucun autre venin qu'eux-mêmes [1]. Et pour cette importante expédition, nous avons besoin de subsides qui nous aident à la soutenir : nous saisissons donc l'argenterie, l'argent monnayé, les revenus et le mobilier que possédait notre oncle Gaunt.

YORK.—Jusques à quand serai-je patient ? Combien de temps encore mon tendre attachement à mon devoir me fera-t-il supporter l'injustice ? Ni la mort de Glocester, ni le bannissement d'Hereford, ni les affronts de Gaunt, ni les maux domestiques de l'Angleterre, ni les empêchements apportés au mariage de ce pauvre Bolingbroke [2], ni ma propre disgrâce, n'ont jamais apporté une nuance d'aigreur sur mon visage soumis, ne m'ont jamais fait porter sur mon souverain un regard irrité.—Je suis le dernier des fils du noble Édouard, dont ton père,

---

[1] Il était de tradition que, grâce à la protection de saint Patrick, aucun animal venimeux ne pouvait vivre en Irlande.

[2] Il fût question, dit-on, pendant l'exil du duc d'Hereford en France de lui donner en mariage la fille du duc de Berry, mais Richard s'y opposa.

le prince de Galles, était le premier. Jamais lion ne fut plus terrible dans la guerre, jamais paisible agneau ne fut plus doux dans la paix que ne l'était ce noble jeune homme. Tu as ses traits ; oui, c'était là son air à l'âge où il comptait le même nombre d'heures que toi. Mais lorsqu'il prenait un front menaçant, c'était contre le Français, et non contre ses amis ; sa main victorieuse conquérait ce qu'elle dépensait, et ne dépensait pas ce qu'avait conquis le bras triomphant de son père ; ses mains ne furent jamais souillées du sang de ses parents ; elles ne furent teintes que du sang des ennemis de sa race.—O Richard ! York est trop accablé par la douleur : sans elle il ne vous eût jamais comparés.

RICHARD.—Eh bien, quoi, mon oncle, qu'est-ce que c'est?

YORK.—O mon souverain, pardonnez-moi si c'est votre bon plaisir ; sinon, content de n'être pas pardonné, je suis également satisfait. Quoi ! vous voulez saisir et retenir en vos mains les droits souverains et les biens d'Hereford exilé? Gaunt n'est-il pas mort? Hereford n'est-il pas vivant? Gaunt ne fut-il pas un homme d'honneur? Henri n'est-il pas fidèle? Le père ne mérite-il pas un héritier? son héritier n'est-il pas un fils bien méritant? Si tu enlèves à Hereford ses droits, et au temps ses chartes et ses droits coutumiers, que demain ne succède donc plus à aujourd'hui ; ne sois plus ce que tu es : car comment es-tu roi, si ce n'est par une descendance et une succession légitime? Maintenant devant Dieu, et Dieu me prescrit de dire la vérité, si par une injustice vous vous emparez de l'héritage d'Hereford, si vous mettez en question les lettres patentes présentées par ses mandataires pour revendiquer sa succession, et que vous refusiez l'hommage qu'il vous offre, vous attirez mille dangers sur votre tête, vous perdez mille cœurs bien disposés pour vous, et vous forcez la patience de mon attachement à des pensées que ne peuvent se permettre l'honneur et la fidélité.

RICHARD.—Pensez ce qu'il vous plaira : nous saisissons dans nos mains son argenterie, son argent, ses biens et ses terres.

york. — Je n'en serai pas témoin. Adieu, mon souverain. — Personne ne peut dire quelles seront les suites de ceci : mais d'injustes actions donnent lieu de présumer que leurs suites ne peuvent jamais être heureuses.
(Il sort.)

richard. — Bushy, allez sans délai trouver le comte de Wiltshire[1]; dites-lui de se rendre auprès de nous à Ely-House, pour voir à cette affaire. Demain nous partons pour l'Irlande, et je crois qu'il en est bien temps. Nous créons notre oncle York lord gouverneur de l'Angleterre en notre absence, car c'est un homme juste et qui nous a toujours tendrement aimé. — Venez, ma reine; demain il faudra nous séparer : réjouissons-nous, car nous n'avons que peu de temps à passer ensemble.

(Fanfares. — Sortent le roi, la reine, Bushy, Aumerle, Green et Bagot.)

northumberland. — Eh bien, seigneur, le duc de Lancastre est donc mort?

ross. — Et vivant, car maintenant son fils est duc.

willoughby. — De nom seulement, mais non quant au revenu.

northumberland. — Il serait riche en titre et en fortune si la justice avait ses droits.

ross. — Mon cœur est grand, mais il rompra sous le silence avant que je donne à mes paroles la liberté de le décharger.

northumberland. — Allons, dis ce que tu penses, et que la parole soit interdite pour jamais à celui qui répétera les tiennes pour te nuire !

willoughby. — Ce que tu veux dire intéresse-t-il le duc d'Hereford ? S'il en est ainsi, parle hardiment, ami : j'ai l'oreille fine pour entendre ce qui lui est bon.

ross. — Je ne puis lui être bon à rien du tout, à moins que vous n'appeliez lui être bon à quelque chose de le plaindre en le voyant ainsi dépouillé et mutilé[2] dans son patrimoine.

---

[1] Ce fut, selon le bruit qui en courut alors, au comte de Wiltshire, à Bushy, à Green et à Bagot que le roi afferma son royaume.
[2] *Gelded.*

NORTHUMBERLAND. — Par le ciel, c'est une honte de souffrir dans ce royaume en décadence qu'on lui fasse de semblables injustices, à lui prince du sang royal, et à tant d'autres de noble race. Le roi n'est plus lui-même ; il se laisse lâchement gouverner par des flatteurs ; et tout ce qu'ils voudront raconter par pure haine contre chacun de nous tous, le roi le poursuivra avec rigueur contre nous, notre vie, nos enfants et nos héritiers.

ROSS. — Il a ruiné les communes par des taxes accablantes, et il a tout à fait perdu leurs cœurs : il a, pour de vieilles querelles, condamné les nobles à des amendes, et il a aussi perdu leurs cœurs.

WILLOUGHBY. — Et chaque jour on invente de nouvelles exactions, comme *blancs seings*, *dons gratuits*, et je ne sais pas quoi. Mais, au nom de Dieu, que devient tout cela ?

NORTHUMBERLAND. — Ce n'est pas la guerre qui l'a consumé, car il n'a point fait la guerre : il a honteusement livré par contrat ce que ses ancêtres avaient conquis à force de coups : il a plus dépensé dans la paix qu'ils n'ont fait dans toutes leurs guerres.

ROSS. — Le comte de Wiltshire tient le royaume à ferme.

WILLOUGHBY. — Le roi s'est fait banqueroutier, comme un homme ruiné.

NORTHUMBERLAND. — L'opprobre et la destruction sont suspendus sur sa tête.

ROSS. — Malgré ses lourdes taxes, il n'aura point d'argent pour ces guerres d'Irlande, s'il ne le vole au duc banni.

NORTHUMBERLAND. — Son noble parent ! — O roi dégénéré ! — Mais, milords, nous entendons siffler cette horrible tempête, et nous ne cherchons aucun abri contre l'orage. Nous voyons les vents serrer de près nos voiles, et, sans songer à les carguer, nous nous laissons tranquillement périr.

ROSS. — Nous voyons le naufrage qui nous attend, et le danger est inévitable maintenant, parce que nous avons trop supporté les causes de notre perte.

ACTE II, SCÈNE I. 327

NORTHUMBERLAND.—Non, il n'est point inévitable; à travers les yeux creusés de la mort même, je vois poindre la vie : mais je n'ose dire combien est proche la nouvelle de notre salut.

WILLOUGHBY.—Allons, fais-nous part de tes pensées, comme nous te faisons part des nôtres.

ROSS.—Northumberland, parle avec confiance; tous trois nous ne faisons qu'un avec toi; et en parlant, tes paroles demeurent comme des pensées. Sois donc sans crainte.

NORTHUMBERLAND.—Eh bien, alors, j'ai reçu avis de Port-le-Blanc (une baie de la Bretagne) que Henri Hereford, Reynold, lord Cobham, le fils de Richard comte d'Arundel[1], échappé dernièrement de chez le duc d'Exeter son frère, ci-devant archevêque de Cantorbéry; sir Thomas Erpingham, sir John Ramston, sir John Norbery, sir Robert Waterton, et François Quoint, tous bien pourvus de munitions par le duc de Bretagne, font force de voiles vers l'Angleterre, montés sur huit gros vaisseaux avec trois mille hommes de guerre, et se proposent d'aborder sous peu sur nos côtes septentrionales; et peut-être y seraient-ils déjà, si ce n'est qu'ils attendent d'abord le départ du roi pour l'Irlande. Si donc nous voulons secouer le joug de la servitude, regarnir de plumes les ailes brisées de notre patrie languissante, racheter la couronne ternie à l'usurier qui la tient en

---

[1] *The son of Richard, earl of Arundel.*

Ce vers, qui n'est point dans les anciennes éditions de Shakspeare, a été suppléé par ses commentateurs, attendu que ce comte d'Arundel, cité par Hollinshed dans la liste de ceux qui s'embarquèrent avec Bolingbroke, et que Shakspeare lui a d'ailleurs empruntée, est le seul à qui puisse s'appliquer le vers suivant :

That late broke from the duke of Exeter.

Thomas, comte d'Arundel, dont le père, Richard, avait été décapité à la Tour, avait été mis, à ce qu'il paraît, en quelque sorte sous la surveillance du duc d'Exeter, de chez lequel il s'échappa pour joindre Bolingbroke : seulement il était neveu, et non pas frère de Thomas Arundel, archevêque de Cantorbéry, privé de son siége par le pape à la demande du roi.

gage, essuyer la poussière qui couvre l'or de notre sceptre, et rendre à la royauté sa majesté naturelle, venez avec moi en toute hâte à Ravensburg. Si vous faiblissez, retenus par la crainte, restez ici, gardez notre secret, et moi j'y cours.

ross. — A cheval, à cheval! Propose tes doutes à ceux qui ont peur.

willoughby. — Si mon cheval résiste, j'y serai le premier.

(Ils sortent.)

SCÈNE II

La scène est toujours en Angleterre.—Un appartement dans le palais.

Entrent LA REINE, BUSHY, BAGOT.

bushy. — Madame, Votre Majesté est beaucoup trop triste. Vous avez promis au roi, en le quittant, d'écarter cette mélancolie dangereuse et d'entretenir la sérénité dans votre âme.

la reine. — Je l'ai promis pour plaire au roi; mais si je veux me plaire à moi-même, cela m'est impossible. Cependant je ne me connais aucun sujet pour accueillir un hôte tel que le chagrin, si ce n'est d'avoir dit adieu à un hôte aussi cher que me l'est mon cher Richard : et pourtant il me semble que quelque malheur, encore à naître, mais prêt à sortir du sein de la fortune, s'avance en ce moment vers moi : le fond de mon âme tremble de rien, et elle s'afflige de quelque chose de plus que de l'éloignement du roi mon époux.

bushy. — Chaque cause réelle de douleur a vingt ombres qui ressemblent au chagrin, sans l'être : l'œil de l'affliction, terni par les larmes qui l'aveuglent, décompose une seule chose en plusieurs objets : comme ces peintures qui, vues de face, n'offrent que des traits confus, et qui, regardées obliquement, présentent des formes distinctes; ainsi Votre chère Majesté, considérant de côté le départ du roi, y voit à déplorer des apparences de chagrins en dehors de lui, et qui, vues telles qu'elles sont, ne sont que des ombres de ce qui n'est pas. Ainsi, reine trois fois gracieuse, ne pleurez rien de plus que le départ de votre seigneur : il n'y a rien de plus à voir, ou si vous voyez quelque chose c'est de l'œil trompeur du chagrin, qui dans les maux réels pleure des maux imaginaires.

LA REINE.—Cela peut être, mais mon cœur me persuade intérieurement qu'il en est autrement : quoi qu'il en soit, je ne puis m'empêcher d'être triste, et si mortellement triste que, quoique en pensant je ne m'arrête à aucune pensée, mon âme frémit et succombe sous ce pesant néant.

BUSHY.—Ce n'est rien, gracieuse dame, qu'un caprice de l'imagination.

LA REINE.—C'est tout autre chose ; car l'imagination prend naissance de quelque chagrin qui lui sert d'ancêtre, et je ne suis pas dans ce cas. Ou le chagrin que j'éprouve est né sans cause, ou d'une véritable cause est né pour moi un chagrin sans réalité. Je possède déjà ce qui doit me revenir, mais comme une chose encore inconnue, que je ne puis nommer ; c'est un malheur sans nom que je sens.

(Entre Green.)

GREEN.—Que le ciel conserve Votre Majesté !—Et vous, messieurs, je suis bien aise de vous rencontrer.—J'espère que le roi n'est pas encore embarqué pour l'Irlande.

LA REINE.—Et pourquoi l'espères-tu ? Il vaut mieux espérer qu'il l'est; car ses desseins exigent de la célérité, et c'est sur cette célérité que se fondent nos espérances. Pourquoi donc espères-tu qu'il n'est pas embarqué ?

GREEN.—C'est qu'il aurait pu, lui en qui nous espérons, ramener ses troupes sur leurs pas, et changer en désespoir les espérances d'un ennemi débarqué en force dans ce royaume. Le banni Bolingbroke se rappelle lui-même, et, les armes à la main, est arrivé en sûreté jusqu'à Ravensburg.

LA REINE.—Que le Dieu du ciel nous en préserve !

GREEN.—Oh! madame, cela n'est que trop vrai! et ce qu'il y a de plus fâcheux encore, c'est que lord Northumberland, son jeune fils Henry Percy, les lords Ross, Beaumont, et Willoughby, ont couru le rejoindre avec tous leurs puissants amis.

BUSHY.—Pourquoi n'avez-vous pas déclaré traîtres Northumberland et tout le reste de cette faction rebelle?

GREEN. — Nous l'avons fait; et aussitôt le comte de Worcester a brisé son bâton, a remis sa dignité de grand maître d'hôtel, et tous les officiers de la maison du roi ont volé avec lui vers Bolingbroke.

LA REINE.—Ainsi, Green, c'est vous qui êtes la sage-femme de mon malheur; et Bolingbroke est le funeste héritier qu'avait conçu mon chagrin. Enfin mon âme a enfanté son monstre; et, comme une mère encore haletante après sa délivrance, j'accumule douleurs sur douleurs et chagrins sur chagrins.

BUSHY.—Ne désespérez pas, madame.

LA REINE.—Et qui peut m'en empêcher? Oui, je désespère et me déclare ennemie de la trompeuse espérance; c'est une flatteuse, une parasite qui retient les pas de la mort, qui dissoudrait doucement les liens de la vie, si la perfide espérance ne faisait traîner nos derniers moments. (Entre York.)

GREEN.—Voici le duc d'York.

LA REINE.—Avec l'armure de la guerre sur ses épaules vieillies. Oh! ses regards sont remplis de soucis inquiets! —Mon oncle, au nom du ciel, dites-nous des paroles consolantes.

YORK.—Si je le faisais, je mentirais à mes pensées: les consolations sont dans le ciel, et nous sommes sur la terre où l'on ne trouve que croix, peines et chagrins. Votre mari est allé sauver au loin ce que d'autres vont lui faire perdre ici. Il m'a laissé pour être l'appui de son royaume, moi qui, affaibli par l'âge, ne puis me soutenir moi-même! La voici arrivée l'heure de maladie amenée par ses excès! c'est maintenant qu'il va faire l'épreuve des amis qui l'ont flatté.

(Entre un serviteur.)

ACTE II, SCÈNE II.

LE SERVITEUR.—Milord, votre fils était parti avant que j'arrivasse.

YORK.—Il était parti? A la bonne heure; que tout aille comme cela voudra. La noblesse a déserté; les communes sont froides, et je crains bien qu'elles ne se révoltent et ne se déclarent pour Hereford. Mon ami, va à Plashy trouver ma sœur Glocester; dis-lui de m'envoyer sur-le-champ mille livres. — Tiens, prends mon anneau.

LE SERVITEUR.—Milord, j'avais oublié de le dire à Votre Seigneurie, j'y suis entré aujourd'hui en passant par là. —Mais je vais vous affliger si je vous dis le reste.

YORK.—Quoi, misérable?

LE SERVITEUR.—Une heure avant mon arrivée, la duchesse était morte.

YORK.—Que le ciel ait pitié de nous! Quel déluge de maux vient fondre à la fois sur ce malheureux pays!— Je ne sais que faire.—Plût à Dieu, pourvu qu'il n'y eût pas été poussé par mon infidélité, que le roi eût fait tomber ma tête avec celle de mon frère.—A-t-on fait partir des courriers pour l'Irlande?—Comment trouverons-nous de l'argent pour fournir à cette guerre?— Venez, ma sœur.... Je voulais dire ma nièce; pardonnez-moi, je vous prie. (*Au serviteur.*)—Va, mon garçon, va chez moi, procure-toi quelques chariots, et apporte les armes que tu trouveras.—Messieurs, voulez-vous aller rassembler des soldats?—Si je sais comment et par quelle voie mettre fin à ces affaires qu'on a jetées ainsi tout embrouillées dans mes mains, ne me croyez jamais. —Tous les deux sont mes parents.—L'un est mon souverain, que mon serment et mon devoir m'ordonnent de défendre; et l'autre est également mon parent, que le roi a injustement dépouillé, à qui ma conscience et les liens du sang m'ordonnent de faire justice.—Allons, il faut pourtant faire quelque chose.—Venez, ma nièce, je vais disposer de vous.—Vous, allez, rassemblez vos troupes, et venez me trouver sans délai au château de Berkley. Il serait nécessaire aussi que j'allasse à Plashy, mais le temps ne me le permet pas. — Tout est en désordre, tout est laissé sens dessus dessous [1].

(York et la reine sortent.)

BUSHY.—Les vents sont favorables pour porter des nouvelles en Irlande, mais aucune n'en arrive.—Quant à nous, lever une armée proportionnée à celle de l'ennemi, c'est ce qui nous est tout à fait impossible.

GREEN.—D'ailleurs, de l'attachement qui nous unit étroitement au roi, il n'y a pas loin à la haine de ceux qui n'aiment pas le roi.

BAGOT.—Oui, la haine de ces communes indécises; car leur affection loge dans leur bourse : quiconque la vide remplit d'autant leur cœur d'une haine mortelle.

BUSHY.—Et c'est pourquoi le roi est généralement condamné.

BAGOT.—Si le jugement dépend d'eux, nous le sommes aussi, nous qui avons toujours été près du roi.

GREEN.—Eh bien, pour moi, je vais m'aller réfugier dans le château de Bristol; le comte de Wiltshire y est déjà.

BUSHY.—Je m'y rendrai avec vous; car ces détestables communes ne feront pas grand'chose pour nous, si ce n'est de nous mettre tous en pièces comme des chiens.—Venez-vous avec nous?

BAGOT.—Non : je me rends en Irlande, auprès de Sa Majesté.—Adieu; si les pressentiments du cœur ne sont pas vains, nous voilà trois ici qui nous séparons pour ne jamais nous revoir.

BUSHY.—Cela dépend du succès qu'aura York pour chasser Bolingbroke.

GREEN.—Hélas! ce pauvre duc! il entreprend là une tâche.... C'est comme s'il voulait boire l'Océan jusqu'à la dernière goutte, ou compter ses grains de sable.—Pour un qui va combattre avec lui, il en désertera mille.

BUSHY.—Adieu tout de suite pour cette fois, pour tous et pour toujours.

GREEN.—Bon! nous pouvons nous retrouver encore.

BAGOT.—Jamais, je le crains.

---

[1] ..... *Every thing is left at six and seven.*

SCÈNE III

Les landes du comté de Glocester.

Entrent BOLINGBROKE et NORTHUMBERLAND
avec des troupes.

BOLINGBROKE.—Combien y a-t-il encore d'ici à Berkley, milord?

NORTHUMBERLAND.—En vérité, noble seigneur, je suis absolument étranger dans le comté de Glocester. La hauteur de ces montagnes sauvages, la rudesse de ces chemins inégaux, allongent nos milles et augmentent la fatigue; et cependant l'agrément de votre conversation a été comme du sucre et a rendu ces mauvais chemins doux et délicieux. Mais je songe quelle fatigue éprouveront Ross et Willoughby dans leur route de Ravensburg à Costwold, où ils n'auront pas votre compagnie qui, je vous le proteste, a tout à fait trompé pour moi l'ennui et la longueur du voyage. Mais le leur est adouci par l'espérance de jouir de l'avantage que je possède actuellement; et l'espérance du plaisir est, à peu de chose près, un plaisir égal à celui de la jouissance. Ce sentiment abrégera le chemin pour les deux seigneurs fatigués, comme l'a abrégé pour moi la jouissance présente de votre noble compagnie.

BOLINGBROKE.—Ma compagnie vaut beaucoup moins que vos paroles obligeantes.—Mais qui vient à nous?....

(Entre Henri Percy.)

NORTHUMBERLAND.—C'est mon fils, le jeune Percy, envoyé par mon frère Worcester, de quelque lieu qu'il arrive.—Henri, comment se porte votre oncle?

PERCY.—Je pensais, milord, que vous me donneriez de ses nouvelles.

NORTHUMBERLAND.—Comment, n'est-il pas avec la reine?

PERCY.—Non, mon bon seigneur; il a abandonné la

cour, brisé les insignes de sa dignité, et dispersé la maison du roi.

NORTHUMBERLAND.—Quelle a été sa raison? Il n'avait pas cette intention là dernière fois que nous nous sommes entretenus ensemble.

PERCY.—C'est parce que Votre Seigneurie a été déclarée traître. Quant à lui, milord, il est allé à Ravensburg offrir ses services au duc d'Hereford; et il m'a envoyé par Berkley pour découvrir quelles étaient les forces que le duc d'York y avait rassemblées, avec ordre de me rendre ensuite à Ravensburg.

NORTHUMBERLAND.—Eh bien, mon enfant, est-ce que vous avez oublié le duc d'Hereford?

PERCY.—Non, mon bon seigneur, car je n'ai pu oublier ce que je n'ai jamais eu à me rappeler. Je ne sache pas l'avoir jamais vu de ma vie.

NORTHUMBERLAND.—Eh bien, apprenez à le connaître aujourd'hui. Voilà le duc.

PERCY.—Mon gracieux seigneur, je vous offre mes services tels qu'ils sont; je suis jeune, neuf et faible encore, mais les années, en me mûrissant, pourront rendre mes services plus utiles et plus dignes de votre approbation.

BOLINGBROKE.—Je te remercie, aimable Percy; et sois certain que je regarde comme mon plus grand bonheur de posséder un cœur qui se souvient de ses bons amis. A mesure que ma fortune croîtra avec ton affection, elle deviendra la récompense de cette affection fidèle. Mon cœur fait ce traité, et ma main le scelle ainsi.

NORTHUMBERLAND.—Quelle est la distance d'ici à Berkley, et quels sont les mouvements qu'y fait le bon vieux York avec ses hommes de guerre?

PERCY.—Là-bas, près de cette touffe d'arbres, est la forteresse, défendue par trois cents hommes, à ce que j'ai ouï dire; et là sont renfermés les lords d'York, Berkley et Seymour. On n'y compte aucun autre homme de nom et distingué par sa noblesse.

(Entrent Ross et Willoughby.)

NORTHUMBERLAND.—Voici les lords de Ross et Willoughby : leurs éperons sont tout sanglants ; et leur visage est enflammé de la course.

BOLINGBROKE.—Soyez les bienvenus, milords : je sens bien que votre amitié s'attache aux pas d'un traître banni. Toute ma richesse se borne encore à des remerciments sans effets, qui, devenus plus riches, sauront récompenser votre amour et vos travaux.

ROSS.—Très-noble seigneur, votre présence nous fait riches.

WILLOUGHBY.—Et elle surpasse de beaucoup la fatigue que nous avons subie pour en jouir.

BOLINGBROKE.—Recevez encore des remerciments, seul trésor du pauvre, le seul d'où je puisse tirer mes bienfaits, jusqu'à ce que ma fortune, au berceau, ait acquis des années.—Mais qui vient à nous ?

(Entre Berkley.)

NORTHUMBERLAND.—C'est, si je ne me trompe, lord Berkley.

BERKLEY.—Milord d'Hereford, c'est à vous que s'adresse mon message.

BOLINGBROKE.—Milord, je ne réponds qu'au nom de Lancastre, et je suis venu chercher ce nom en Angleterre : il faut que je trouve ce titre dans votre bouche avant que je réponde à rien de ce que vous pourrez me dire.

BERKLEY.—Ne vous méprenez pas sur mes paroles, milord : ce n'est pas mon intention d'effacer aucun de vos titres d'honneur.—Je viens vers vous, milord.... (ce que vous voudrez), de la part du très-glorieux régent de ce royaume, le duc d'York, pour savoir ce qui vous excite à profiter de l'absence du roi pour troubler la paix de notre pays avec des armes forgées dans son sein.

(Entre York avec sa suite.)

BOLINGBROKE, à Berkley.—Je n'aurai pas besoin de transmettre par vous ma réponse : voilà Sa Seigneurie en personne. (Il fléchit le genou.)—Mon noble oncle !

YORK.—Que je voie s'abaisser devant moi ton cœur et non tes genoux, dont le respect est faux et trompeur.

BOLINGBROKE.—Mon gracieux oncle !....

YORK. — Cesse, cesse ; ne me gratifie pas du titre de *grâce*, ni de celui d'*oncle* : je ne suis point l'oncle d'un traître, et ce titre de *grâce* a mauvaise grâce dans ta bouche sacrilége[1]. Pourquoi les pieds d'un banni, d'un proscrit, ont-ils osé toucher la poussière du sol d'Angleterre? mais surtout, pourquoi ont-ils osé traverser tant de milles sur son sein paisible, et effrayer ses pâles hameaux par l'appareil de la guerre et une ostentation de forces que je méprise? Viens-tu parce que le roi consacré n'est pas ici? Mais, jeune insensé, le roi est demeuré dans ma personne, son autorité a été remise à mon cœur loyal. Ah! si je possédais encore ma bouillante jeunesse, comme au temps où le brave Gaunt ton père, et moi, nous délivrâmes le Prince Noir, ce jeune Mars parmi les hommes, du milieu des rangs de tant de milliers de Français, oh! comme ce bras, que la paralysie retient captif, t'aurait bientôt puni et châtié de ta faute !

BOLINGBROKE. — Mon gracieux oncle, faites-moi connaître ma faute, et quelle en est la nature et la gravité.

YORK. — Elle est de la nature la plus grave. — Une révolte ouverte et une trahison détestable! Tu es un homme banni, et tu reviens ici avant l'expiration du terme de ton exil, bravant ton souverain les armes à la main !

BOLINGBROKE. — Quand je fus banni, j'étais Hereford banni, mais maintenant je reviens Lancastre : et mon digne oncle, j'en conjure Votre Grâce, examinez d'un œil impartial les injures que j'ai souffertes. Vous êtes mon père, car il me semble qu'en vous je vois vivre encore le vieux Gaunt; ô vous donc, mon père, souffrirez-vous que je reste condamné au sort d'un vagabond errant, mes droits et mon royal héritage arrachés de mes mains par la violence et abandonnés à des prodigues parvenus? A quoi me sert donc ma naissance? Si le roi

---

[1] *In an ungracious mouth, is but profane.*

Il a fallu s'écarter un peu du sens littéral pour conserver le jeu de mots.

mon cousin est roi d'Angleterre, il faut bien m'accorder que je suis duc de Lancastre. Vous avez un fils, Aumerle, mon noble parent : si vous étiez mort le premier, et qu'il eût été foulé aux pieds comme moi, il aurait retrouvé dans son oncle Gaunt un père pour poursuivre l'injustice et la mettre aux abois. On me refuse le droit de poursuivre la mise en possession de mes biens, comme j'y suis autorisé par mes lettres patentes, tous les biens de mon père ont été saisis et vendus, et, comme tout le reste, mal employés ! Que vouliez-vous que je fisse ? Je suis un sujet, et je réclame la loi ; on me refuse des fondés de pouvoir ; je viens donc réclamer en personne l'héritage qui me revient par légitime descendance.

NORTHUMBERLAND.—Le noble duc a été trop indignement traité.

ROSS.—Il dépend de Votre Grâce de lui rendre justice.

WILLOUGHBY.—Des hommes indignes se sont agrandis à ses dépens.

YORK.—Messeigneurs d'Angleterre, laissez-moi vous parler.—J'ai ressenti les outrages faits à mon cousin, et j'ai fait tout ce que j'ai pu pour lui faire rendre justice : mais venir ainsi avec des armes menaçantes, en s'ouvrant soi-même un chemin l'épée à la main, en cherchant à reconquérir ses droits par l'injustice, cela ne se peut pas.—Et vous qui le soutenez dans cette conduite, vous favorisez la révolte et vous êtes tous des rebelles.

NORTHUMBERLAND.—Le noble duc a fait serment qu'il ne revenait que pour revendiquer ce qui lui appartient : sa cause est si juste que nous avons tous solennellement juré de lui prêter notre secours, et que celui de nous qui violera son serment ne voie jamais la joie.

YORK.—Allons, allons, je vois quelle sera l'issue de cet armement. Je n'y puis rien, il faut que je le confesse ; mon pouvoir est faible, et tout m'a été laissé en mauvais état. Si je le pouvais, j'en jure par Celui qui m'a donné la vie, je vous ferais tous arrêter et vous obligerais à implorer la souveraine miséricorde du roi ; mais, puisque je ne le puis, je vous déclare que je reste neutre ; ainsi, adieu, à moins qu'il ne vous plaise d'entrer dans le château, et d'y prendre du repos cette nuit.

BOLINGBROKE.—C'est une offre, mon oncle, que nous accepterons volontiers ; mais il faut que nous persuadions à Votre Grâce de venir avec nous au château de Bristol, qu'on dit occupé par Bushy, Bagot et leurs complices, ces chenilles de l'État, que j'ai fait serment d'abattre et de détruire.

YORK.—Il pourrait se faire que j'allasse avec vous. Mais non, cependant, j'y réfléchirai, car j'ai de la répugnance à enfreindre les lois de notre patrie. Vous n'êtes ni mes amis ni mes ennemis, mais vous êtes les bienvenus chez moi : je ne veux plus prendre souci de choses auxquelles on ne peut plus porter remède.

SCÈNE IV [1]

Un camp dans le pays de Galles.

Entrent SALISBURY ET UN CAPITAINE.

LE CAPITAINE.—Lord Salisbury, nous avons attendu dix jours, et nous avons eu bien de la peine à tenir nos compatriotes rassemblés ; et cependant nous ne recevons

---

[1] Johnson suppose que cette scène a été, par erreur de copiste, déplacée de son lieu naturel, et qu'elle devait, dans l'intention de Shakspeare, former la seconde scène du troisième acte, le second se terminant ainsi à la sortie de Bolingbroke pour aller à Bristol. Il a dû être déterminé dans son opinion par le lieu de cette scène, placée, comme troisième scène du troisième acte, dans le pays de Galles ; en sorte qu'en conservant l'ancienne disposition, il faut passer deux fois et rapidement d'Angleterre dans le pays de Galles, et du pays de Galles en Angleterre. Mais c'est une considération à laquelle, en général, Shakspeare paraît attacher peu d'importance, et qui en a peu en effet dans le système qu'il a adopté ; au lieu que, pour l'intérêt et la progression de la marche dramatique, l'une des parties qu'il a le plus soignées, cette scène de la désertion des Gallois doit nécessairement faire suite à la soumission du duc d'York, et terminer le second acte qui finit ainsi avec la puissance de Richard et l'anéantissement complet des forces sur

ACTE II, SCÈNE IV.

aucune nouvelle du roi : en conséquence, nous allons nous disperser; adieu.

SALISBURY.—Attends encore un jour, fidèle Gallois, le roi met toute sa confiance en toi.

LE CAPITAINE.—On croit le roi mort. Nous ne resterons pas davantage : les lauriers dans nos campagnes se sont tous flétris; des météores viennent effrayer les étoiles fixes du firmament; la pâle lune jette sur la terre une lueur sanglante, et des prophètes au visage hâve annoncent tout bas d'effrayants changements : les riches ont l'air triste, et les coquins dansent et sautent de joie, les uns dans la crainte de perdre ce qu'ils possèdent, les autres dans les espérances que leur offre la violence et la guerre. Ces signes présagent la mort ou la chute des rois. —Adieu : nos compatriotes sont partis et déjà loin, bien persuadés que leur roi Richard est mort.

(Il sort.)

SALISBURY. — Ah! Richard, c'est avec une douleur profonde que je vois ta gloire, comme une étoile filante, s'abîmer du firmament sur la misérable terre. Ton soleil descend en pleurant vers l'humble couchant, annonçant les orages, les maux et les troubles à venir. Tes amis ont fui et se sont joints à tes ennemis; et le cours de tous les événements te devient contraire.

(Il sort.)

lesquelles il avait compté. L'exécution de Green et de Bushy au commencement du troisième acte est le premier exercice de la puissance de Bolingbroke, destinée à aller dès ce moment toujours en croissant jusqu'à la fin de la pièce, mais qui s'annonce déjà tout entière dans cet acte de souveraineté. Elle perdrait ce caractère si la partie était encore incertaine, si l'on pouvait supposer qu'il reste encore à Richard les moyens de venger ses amis.

FIN DU SECOND ACTE.

ACTE TROISIÈME

SCÈNE I

Le camp de Bolingbroke devant Bristol.

Entrent BOLINGBROKE, YORK, NORTHUMBERLAND, PERCY, ROSS. — *Derrière eux viennent des officiers conduisant* WILLOUGHBY, BUSHY ET GREEN, *prisonniers.*

BOLINGBROKE. — Faites approcher ces hommes. — Bushy et Green, je ne veux point tourmenter vos âmes (qui dans un instant vont être séparées de leurs corps) en vous représentant trop fortement les crimes de votre vie : cela serait manquer de charité. Cependant, pour laver mes mains de votre sang, je vais ici, à la face des hommes, exposer quelques-unes des causes de votre mort. Vous avez perverti un prince, un véritable roi, né d'un sang vertueux, d'une physionomie heureuse; vous l'avez dénaturé, vous l'avez entièrement défiguré. Vous avez en quelque sorte, par les heures choisies pour vos débauches[1], établi le divorce entre la reine et lui, et troublé la possession de la couche royale; vous avez

---

[1] *You have in manner, with your sinful hours,*
Made a divorce betwixt his queen and him,
Broke the possession of a royal bed.

Ces vers ne paraissent pas précisément impliquer que ces favoris de Richard l'aient rendu infidèle à la reine, mais plutôt qu'ils l'ont entraîné dans des orgies de nuit. Rien d'ailleurs dans la pièce n'indique aucun tort de ce genre; Richard et sa femme sont au contraire représentés comme des époux très-unis, et même très-tendres.

flétri la beauté des joues d'une belle reine par les larmes qu'ont arrachées de ses yeux vos odieux outrages. Moi-même, que la fortune a fait naître prince, uni au roi par le sang, uni par l'affection avant que vous l'eussiez porté à mal interpréter mes actions, j'ai courbé la tête sous vos injustices ; j'ai envoyé vers des nuages étrangers les soupirs d'un Anglais, mangeant le pain amer de l'exil ; tandis que vous vous engraissiez sur mes seigneuries, que vous renversiez les clôtures de mes parcs, que vous abattiez les arbres de mes forêts, que vous enleviez de mes fenêtres les armoiries de ma famille, que vous effaciez partout mes devises, ne laissant plus, si ce n'est dans la mémoire des hommes et dans ma race vivante, aucun indice qui pût prouver au monde que je suis un gentilhomme. C'est là ce que vous avez fait, et bien plus encore, bien plus que le double de tout ceci ; et c'est ce qui vous condamne à mort. — Voyez à ce qu'on les livre aux exécuteurs et à la main de la mort.

BUSHY.—Le coup de la mort est mieux venu pour moi que ne l'est Bolingbroke pour l'Angleterre.—Milords, adieu.

GREEN.—Ce qui me console, c'est que le ciel recevra nos âmes, et punira l'injustice des peines de l'enfer.

BOLINGBROKE.—Lord Northumberland, veillez à leur exécution. (*Sortent Northumberland et plusieurs autres emmenant les prisonniers.*)—Ne dites-vous pas, mon oncle, que la reine est dans votre château ? Au nom du ciel, ayez soin qu'elle soit bien traitée : Dites-lui que je lui envoie l'assurance de mes sentiments affectueux ; ayez bien soin qu'on lui transmette mes compliments.

YORK.—J'ai dépêché un de mes gentilshommes, avec une lettre où je lui parle au long de votre affection pour elle.

BOLINGBROKE.—Merci, mon bon, mon cher oncle.— Allons, milords, partons pour combattre Glendower et ses complices : encore quelque temps à l'ouvrage ; puis après, congé.

(*Ils sortent.*

SCÈNE II

Les côtes du pays de Galles.—On aperçoit un château.

Fanfares, tambours et trompettes. — Entrent LE ROI RICHARD, L'ÉVÊQUE DE CARLISLE, AUMERLE, *des soldats.*

RICHARD.—N'est-ce pas Barkloughby que vous appelez ce château près duquel nous sommes?

AUMERLE.—Oui, mon prince.—Comment Votre Majesté se trouve-t-elle de respirer l'air, après avoir été secouée dernièrement sur les flots agités?

RICHARD.—Il doit nécessairement me plaire. Je pleure de joie de me retrouver encore une fois sur le sol de mon royaume.—Terre chérie, je te salue de ma main, quoique les rebelles te déchirent des fers de leurs chevaux. Comme une mère depuis longtemps séparée de son enfant se joue tendrement de ses larmes et sourit en le retrouvant, c'est ainsi que pleurant et souriant je te salue, ô mon pays, et te caresse de mes mains royales. Ma bonne terre, ne nourris pas l'ennemi de ton souverain! Ne répare pas, par tes douces productions, ses sens affamés! mais que tes araignées nourries de ton venin, tes crapauds à la marche lourde, se placent sur son chemin et blessent les pieds perfides qui te foulent de leurs pas usurpateurs. Ne cède à mes ennemis que des orties piquantes, et s'ils veulent cueillir une fleur sur ton sein, défends-la, je te prie, par un serpent caché, dont le double dard, par sa mortelle piqûre, lance le trépas sur les ennemis de ton souverain.—Ne riez point, milords, de me voir conjurer des êtres insensibles : cette terre prendra du sentiment, ces pierres se changeront en soldats armés, avant que celui qui naquit leur roi succombe sous les armes d'une odieuse rébellion.

L'ÉVÊQUE DE CARLISLE.—Ne craignez rien, seigneur. Le pouvoir qui vous a fait roi est assez fort pour vous maintenir roi en dépit de tous. Il faut embrasser les moyens que le ciel présente, et ne pas les négliger : autrement, si ce que le ciel veut, nous refusons de le vouloir, c'est refuser les offres du ciel et les moyens qu'il nous présente pour nous secourir et pour nous sauver.

AUMERLE.—Il veut dire, mon seigneur, que nous demeurons trop inactifs, tandis que Bolingbroke, par notre sécurité, s'agrandit et se fortifie en puissance et en amis.

RICHARD.—Sinistre cousin, ne sais-tu pas que lorsque l'œil vigilant des cieux se cache derrière le globe et descend éclairer le monde qui est sous nos pieds, alors les voleurs et les brigands errent ici invisibles et sanglants, semant le meurtre et l'outrage ? Mais dès que, ressortant de dessous le globe terrestre, il enflamme à l'orient la cime orgueilleuse des pins et lance sa lumière jusque dans les plus criminelles cavités, alors les meurtres, les trahisons, tous les forfaits détestés, dépouillés du manteau de la nuit, restent nus et découverts, et épouvantés d'eux-mêmes. Ainsi, dès que ce brigand, ce traître Bolingbroke, qui, pendant tout ce temps, s'est donné carrière dans la nuit, tandis que nous étions errants aux antipodes, nous verra remonter à l'orient notre trône, ses trahisons feront rougir son visage ; et, hors d'état de soutenir la vue du jour, effrayé de lui-même, il tremblera de son crime. Toutes les eaux de la mer orageuse ne peuvent enlever du front d'un roi le baume dont il a reçu l'onction ; le souffle d'une voix mortelle ne saurait déposer le député élu par le Seigneur. Contre chacun des hommes que Bolingbroke a rassemblés pour lever un fer menaçant contre notre couronne d'or, le Dieu des armées paye au ciel pour son Richard un ange resplendissant ; et où combattent les anges, il faut que les faibles mortels succombent, car le ciel défend toujours le droit. (*Entre Salisbury.*)—Soyez le bienvenu, comte. A quelle distance sont vos troupes ?

SALISBURY.—Ni plus près ni plus loin, mon gracieux souverain, que n'est ce faible bras. Le découragement maîtrise ma voix, et ne me permet que des paroles désespérantes. Un jour de trop, mon noble seigneur, a, je le crains bien, obscurci tous les jours heureux sur la terre. Oh! rappelle le jour d'hier, ordonne au temps de revenir, et tu auras encore douze mille combattants, mais ce jour, ce jour, ce malheureux jour, ce jour de trop a fait disparaître ton bonheur, tes amis, ta fortune et ta grandeur : tous les Gallois, sur le bruit de ta mort, sont allés joindre Bolingbroke, ou se sont dispersés et enfuis.

AUMERLE.—Prenez courage, mon souverain. Pourquoi Votre Seigneurie pâlit-elle ainsi?

RICHARD.—Il n'y a qu'un moment que le sang de vingt mille hommes triomphait dans mon visage, et ils ont tous fui! jusqu'à ce qu'il me soit revenu autant de sang, n'ai-je pas des raisons d'être pâle et d'avoir l'air mort? Tous ceux qui cherchent leur sûreté abandonnent mon parti : le temps a fait une tache à mon éclat.

AUMERLE.—Prenez courage, mon souverain, rappelez-vous qui vous êtes.

RICHARD.—Je m'oubliais moi-même. Ne suis-je pas roi? Réveille-toi, indolente majesté. Tu dors! Le nom de roi ne vaut-il pas quarante mille noms? Arme-toi, arme-toi, mon nom! un vil sujet s'attaque à ta grande gloire!—Ne baissez point les yeux, vous, favoris d'un roi. Ne sommes-nous pas grands? Que nos pensées soient grandes! Je sais que mon oncle York a des forces suffisantes pour suffire à nos besoins. — Mais qui vois-je s'avancer vers nous?

(Entre Scroop.)

SCROOP.—Puisse-t-il advenir à mon souverain plus de santé et de bonheur que ma voix, montée à la tristesse, ne saurait lui en annoncer!

RICHARD.—Mon oreille est ouverte et mon cœur est préparé. Le pis que tu puisses m'apprendre est une perte temporelle. Dis, mon royaume est-il perdu? Eh bien! il faisait tout mon souci; et que perd-on à être délivré de soucis? Bolingbroke aspire-t-il à être aussi grand que nous? il ne sera jamais plus grand. S'il sert Dieu, nous le servirons aussi, et par là nous serons son égal. Nos sujets se révoltent-ils! Nous ne pouvons y remédier : ils violent leur foi envers Dieu comme envers nous. Crie-moi malheur, destruction, ruine, perte, décadence : le pis est la mort, et la mort aura son jour.

SCROOP. — Je suis bien aise de voir Votre Majesté si bien armée pour supporter les nouvelles de l'adversité. Telle qu'un jour de tempête hors de saison qui amène les rivières argentées à submerger leurs rivages, comme si l'univers se fondait en pleurs, telle s'enfle au delà de toute limite la fureur de Bolingbroke, couvrant vos États consternés d'un acier dur et brillant, et de cœurs plus durs que l'acier. Les barbes blanches ont armé de casques leurs crânes minces et chauves contre ta majesté; les enfants s'efforcent de grossir leur voix féminine, et renferment, par haine de ta couronne, leurs membres de femme sous des armes roides et pesantes ; ceux même qui sont chargés de prier pour toi apprennent à bander leurs arcs d'if doublement fatal[1] pour s'en servir contre ta puissance. Même, les femmes, quittant leur quenouille, brandissent contre ton trône des serpes rouillées. Les jeunes et les vieux se révoltent; tout va plus mal que je ne puis vous le dire.

RICHARD. — Tu ne m'as que trop bien, trop bien fait un si triste récit. — Où est le comte de Wiltshire? Où est Bagot? Qu'est devenu Bushy? Où est Green? Pourquoi ont-ils laissé ce dangereux ennemi mesurer ainsi nos frontières d'un pas tranquille?.... Si nous l'emportons, ils le payeront de leurs têtes. — Je vous garantis qu'ils ont fait leur paix avec Bolingbroke.

SCROOP. — Il est vrai, seigneur, ils ont fait leur paix avec lui.

RICHARD. — Traîtres! ah! vipères! damnés sans rédemption! chiens aisément amenés à ramper devant le premier venu! serpents réchauffés dans le sang de mon cœur, et qui me percent le cœur! trois Judas, chacun trois fois pire que Judas! Devaient-ils faire leur paix?

---

1 ..... *Double-fatal yew.*

Doublement fatal par son bois propre à faire des arcs, et par les propriétés nuisibles de son feuillage.

Que pour ce crime le terrible enfer déclare la guerre à leurs âmes souillées !

SCROOP. — La tendre amitié, je le vois, lorsqu'elle change de nature, produit la plus amère et la plus mortelle haine. — Révoquez vos malédictions sur leurs âmes : ils ont fait leur paix en donnant leurs têtes, et non leurs mains ; ceux que vous maudissez ont reçu le coup le plus cruel que puisse frapper la mort, et gisent assez bas ensevelis dans le sein de la terre.

AUMERLE. — Quoi ! Bushy, Green et le comte de Wiltshire sont morts ?

SCROOP. — Oui, ils ont tous perdu la tête à Bristol.

AUMERLE. — Où est le duc mon père avec ses troupes ?

RICHARD. — N'importe où il est.... Que personne ne me parle de consolation. Entretenons-nous de tombeaux, de vers, d'épitaphes ; que la poussière soit notre papier, et que la pluie qui coule de nos yeux écrive notre douleur sur le sein de la terre ; choisissons nos exécuteurs testamentaires, et parlons de testaments. Et cependant non ; car que pourrions-nous léguer sinon nos corps dépouillés à la terre ? Nos possessions, notre vie, tout appartient à Bolingbroke, et il n'est plus rien que nous puissions dire à nous que la mort, et ce petit moule, fait d'une terre stérile, qui couvre nos os, comme une pâte. Au nom du ciel, asseyons-nous par terre, et racontons les tristes histoires de la mort des rois ; comment quelques-uns ont été déposés, quelques-uns tués à la guerre, d'autres hantés par les fantômes de ceux qu'ils avaient dépossédés, d'autres empoisonnés par leurs femmes, d'autres égorgés en dormant ; tous assassinés ! La Mort tient sa cour dans le creux de la couronne qui ceint le front mortel d'un roi : c'est là que siége sa grotesque figure se riant de la grandeur du souverain, insultant à sa pompe : elle lui accorde un souffle de vie, une courte scène pour jouer le monarque, être craint et tuer de ses regards, l'enivrant d'une vaine opinion de lui-même, comme si cette chair qui sert de rempart à notre vie était d'un bronze impénétrable ! Et après s'être amusée un moment, elle en vient au dernier acte, et d'une petite épingle elle perce le mur du château.... et adieu le roi. —Couvrez vos têtes, et n'insultez pas par ces profonds hommages la chair et le sang; rejetez loin de vous le respect, les traditions, l'étiquette, les devoirs cérémonieux. Vous m'avez méconnu jusqu'à présent : je vis de pain, comme vous, je sens comme vous le besoin, je suis atteint par le chagrin ; j'ai besoin d'amis. Ainsi assujetti, comment pouvez-vous me dire que suis un roi ?

L'ÉVÊQUE DE CARLISLE.—Seigneur, les hommes sages ne déplorent jamais les maux présents : ils emploient le présent à éviter d'en avoir d'autres à déplorer. Craindre votre ennemi, puisque la crainte accable la force, c'est donner par votre faiblesse des forces à votre ennemi ; et par là votre folie combat contre vous-même.—Craignez et soyez tué !.... Il ne peut rien vous arriver de pis en combattant. Combattre et mourir, c'est la mort détruisant la mort ; mourir en tremblant, c'est rendre lâchement à la mort le tribut de sa vie.

AUMERLE.—Mon père a des troupes : informez-vous où il est ; et d'un seul membre apprenez à faire un corps.

RICHARD.—Tes reproches sont justes.—Superbe Bolingbroke, je viens pour échanger avec toi des coups dans ce jour qui doit nous juger. Cet accès de fièvre de terreur est tout à fait dissipé.—C'est une tâche aisée que de reprendre son bien. — Dis-moi, Scroop, où est notre oncle avec ses troupes? Homme, réponds-moi avec douceur, quoique tes regards soient sinistres.

SCROOP.—On juge par la couleur du ciel de l'état et des dispositions de la journée : ainsi pouvez-vous juger, par mon air sombre et abattu, que ma langue n'a à vous faire qu'un rapport plus triste encore. Je joue ici le rôle d'un bourreau, en allongeant ainsi peu à peu ce qu'il y a de pis et qu'il faut bien dire.—Votre oncle York s'est joint à Bolingbroke ; tous vos châteaux du nord se sont rendus, et toute votre noblesse du midi est en armes pour sa cause.

RICHARD.—Tu en as dit assez. (*A Aumerle.*)—Malédiction sur toi, cousin, qui m'as éloigné de la bonne voie où j'étais pour trouver le désespoir! Que dites-vous à présent? quelle ressource nous reste-t-il à présent? Par le ciel, je haïrai éternellement quiconque m'exhortera davantage à prendre courage. Allons au château de Flint, j'y veux mourir de ma douleur. Un roi vaincu par le malheur doit obéir au malheur, son roi. Congédiez les troupes qui me restent, et qu'elles aillent labourer la terre qui leur offre encore quelques espérances : pour moi, je n'en ai point.—Que personne ne me parle de changer mon dessein : tout conseil serait vain.

AUMERLE.—Mon souverain, un mot.

RICHARD.—Celui dont la langue me blesse par ses flatteries me fait un double mal.— Licenciez ma suite, qu'ils s'en aillent. Qu'ils fuient de la nuit de Richard vers le jour brillant de Bolingbroke.

(Ils sortent.)

SCÈNE III

La scène est dans le pays de Galles, devant le château de Flint.

Entrent avec des tambours et des étendards BOLINGBROKE *et ses troupes*, YORK, NORTHUMBERLAND *et plusieurs autres.*

BOLINGBROKE.—Ainsi nous apprenons par cet avis que les Gallois sont dispersés, et que Salisbury est allé rejoindre le roi, qui vient de débarquer sur cette côte avec quelques-uns de ses amis particuliers.

NORTHUMBERLAND.—Voilà une bonne et agréable nouvelle, seigneur. Richard est venu cacher sa tête assez près d'ici.

YORK.—Il serait convenable que lord Northumberland voulût bien dire *le roi Richard.*—Hélas! quel triste jour que celui où le souverain sacré est obligé de cacher sa tête!

NORTHUMBERLAND.—Votre Grâce se méprend sur mes intentions : c'était pour abréger que j'avais omis le titre.

YORK.—Il fut un temps où, si vous aviez abrégé ainsi à son égard, il eût aussi abrégé avec vous en vous raccourcissant, pour tant de licence, de toute la longueur de votre tête.

BOLINGBROKE.—Mon oncle, ne prenez pas les choses plus mal que vous ne le devez.

YORK.—Et vous, mon cher neveu, ne prenez pas plus qu'il ne vous appartient, de peur de vous méprendre : le ciel est au-dessus de votre tête.

BOLINGBROKE.—Je le sais, mon oncle, et ne m'oppose point à ses volontés. — Mais qui s'avance vers nous? (Entre Percy.)—C'est vous, Henri! Eh bien, est-ce que ce château ne se rendra point?

PERCY.—Une force royale, milord, t'en défend l'entrée.

BOLINGBROKE.—Comment, royale? Il ne renferme point de roi?

PERCY.—Oui, milord, il renferme un roi : Le roi Richard est enfermé dans cette enceinte de ciment et de pierres; et avec lui sont lord Aumerle, lord Salisbury, sir Étienne Scroop, et de plus un ecclésiastique de sainte renommée : qui c'est, je n'ai pu le savoir.

NORTHUMBERLAND.—Il y apparence que c'est l'évêque de Carlisle.

BOLINGBROKE, à Northumberland. — Noble seigneur, approchez-vous des rudes flancs de cet antique château; que l'airain de la trompette transmette à ses oreilles ruinées la demande d'une conférence, et portez au roi ce message : « Henri de Bolingbroke, à deux genoux, baise la main du roi Richard, et envoie à sa personne royale l'hommage de son allégeance et de la fidélité loyale de son cœur. Je viens ici mettre à ses pieds mes armes et mes forces, pourvu que mon bannissement soit annulé, et que mes domaines me soient restitués libres de toutes charges : sinon, j'userai de l'avantage de ma puissance, et j'abattrai la poussière de l'été par une pluie de sang versée par les blessures des Anglais égorgés. Mais il est bien loin du cœur de Bolingbroke de vouloir que cette tempête pourpre vienne arroser le sein frais et verdoyant du beau royaume du roi Richard, et c'est ce que lui prouvera assez mon humble soumission. »—Allez, faites-lui entendre ceci, tandis que nous, nous avancerons sur le tapis de gazon de cette plaine. (*Northumberland s'avance vers le château avec un trompette.*)—Marchons sans faire entendre le bruit menaçant des tambours, afin que du haut des murs en ruine de ce château on puisse bien entendre nos honorables offres.—Il me semble que le roi Richard et moi nous devons nous rencontrer d'une manière aussi terrible que les éléments du feu et de l'eau, lorsque leurs tonnerres se rencontrant déchirent de leur choc le front nébuleux du firmament. Qu'il soit le feu, je serai l'eau docile ; que la rage soit de son côté, tandis que je répandrai la pluie de mes eaux sur la terre, sur la terre, non sur lui. Marchons en avant, et observons quelle sera la contenance du roi Richard.

(La trompette sonne pour demander un pourparler, une autre trompette répond de l'intérieur de la forteresse.—Fanfare.—Richard paraît sur les remparts, suivi de l'évêque de Carlisle, d'Aumerle, de Scroop et de Salisbury.)

YORK.—Voyez, voyez : le roi Richard paraît lui-même, semblable au soleil rougissant et mécontent, lorsque, sortant du portail enflammé de l'orient, il voit les nuages jaloux s'avancer pour ternir sa gloire et obscurcir le cours de son brillant passage vers l'occident. Il a pourtant encore l'air d'un roi. Voyez : son œil, aussi brillant que celui de l'aigle, lance les éclairs de la majesté souveraine. Hélas ! hélas ! malheur à nous si quelque mal venait à ternir un si noble aspect !

RICHARD, *à Northumberland.*—Nous sommes surpris, et nous nous sommes si longtemps arrêté pour attendre que ton genou respectueux fléchît devant nous parce que nous croyons être ton légitime souverain. Si nous le sommes, comment tes articulations osent-elles oublier de nous rendre l'hommage solennel que tu dois à notre présence ? Si nous ne le sommes pas, montre-nous comment la main de Dieu nous a dépossédé des fonctions dont il nous avait revêtu ; car nous savons que nulle main d'os et de sang ne peut saisir la poignée sacrée de notre sceptre, sans le profaner, le voler, ou l'usurper ; et dussiez-vous penser que tous mes sujets ont comme vous violemment séparé leurs cœurs de notre cause, et

ACTE III, SCÈNE III.

que nous sommes abandonné et dénué d'amis, sachez que mon maître, le Dieu tout-puissant, assemble dans ses nuages en notre faveur des armées de pestes qui frapperont vos enfants encore à naître, encore non engendrés, parce que vous avez levé vos mains vassales contre ma tête, et menacé la gloire de ma précieuse couronne. Dis à Bolingbroke (car je crois le voir là-bas) que chaque pas qu'il fait dans mes États est une dangereuse trahison. Il vient ouvrir le rouge testament de la guerre sanglante : mais avant que la couronne où visent ses regards repose en paix sur sa tête, les couronnes ensanglantées des crânes de dix mille fils de bonnes mères dépareront dans sa fleur la face de l'Angleterre, changeront la blancheur du teint virginal de sa Paix en une rougeur d'indignation, et humecteront l'herbe de ses pâturages du sang des fidèles Anglais.

NORTHUMBERLAND.—Le roi des cieux nous préserve de voir le roi notre maître ainsi assailli par des armes à la fois concitoyennes et ennemies[1]! Ton trois fois noble cousin Henri Bolingbroke te baise humblement la main; et il jure par la tombe honorable qui recouvre les os de ton royal aïeul, par la royale noblesse de votre sang à tous deux, ruisseaux sortis d'une seule source très-précieuse, par le bras enseveli du belliqueux Gaunt, par sa propre valeur et son honneur personnel, serment qui comprend toutes les paroles et tous les serments, que son retour dans ce royaume n'a d'autre but que de réclamer son illustre héritage, et de te demander à genoux l'annulation immédiate de son arrêt d'exil. Dès qu'une fois Votre Majesté aura souscrit à sa demande, il abandonnera à la rouille ses armes brillantes, rendra ses chevaux armés en guerre à leurs écuries, et son cœur au fidèle service de Votre Majesté. Voilà ce qu'il jure, et,

---

[1]   *Should so with civil and uncivil arms*
    Be rush'd upon.

Le jeu de mots entre *civil* et *uncivil* était impossible à reproduire dans le français, qui n'a pas conservé à *incivil* son sens propre.

sur sa foi de prince, il promet de l'observer : et moi, j'en réponds comme gentilhomme.

RICHARD. —Northumberland, dis-lui : « Voici la réponse du roi : Son noble cousin est le bienvenu ici, et toutes ses justes demandes seront satisfaites sans contradiction; » et dans les termes les plus gracieux que tu possèdes, parle à son affection de mes tendres sentiments. (*A Aumerle.*)—Nous nous abaissons, cousin, n'est-il pas vrai, en montrant tant de faiblesse et en parlant avec tant de douceur? Rappellerons-nous Northumberland, et enverrons-nous un défi au traître, pour mourir ainsi?

AUMERLE.—Non, mon bon maître; combattons avec de bonnes paroles jusqu'à ce que le temps nous prête des amis, et ces amis le secours de leurs épées.

RICHARD.—O Dieu, ô Dieu! que ma bouche, qui a prononcé le terrible arrêt du bannissement contre cet homme hautain, le révoque aujourd'hui par des paroles si douces! Oh! que ne suis-je aussi grand que ma douleur, ou moins grand que mon nom! Que ne puis-je oublier ce que j'ai été, ou cesser de me rappeler ce que je suis à présent! Tu te gonfles, cœur superbe? Je te mettrai en liberté de battre, puisque mes ennemis ont la liberté de battre toi et moi.

AUMERLE.—Voilà Northumberland que Bolingbroke renvoie.

RICHARD.—Que doit faire le roi maintenant? Faut-il qu'il se soumette? le roi se soumettra. Faut-il qu'il soit déposé? le roi y consentira. Lui faut-il perdre le titre de roi? Au nom de Dieu, qu'on me l'ôte! Je changerai mes joyaux contre un chapelet, mes palais somptueux contre un ermitage, mes brillants vêtements contre la robe du mendiant, mes coupes ciselées pour un plat de bois, mon sceptre pour un bâton de pèlerin, tous mes sujets pour une couple de saints sculptés, et mon vaste royaume pour un petit tombeau, un petit, petit tombeau, un tombeau obscur! Ou peut-être serai-je enseveli sur quelque route royale, sur quelque chemin fréquenté où les pieds de mes sujets pourront à toute heure fouler la tête de leur souverain ; car c'est mon cœur qu'ils foulent aux pieds, moi-encore vivant ; une fois enseveli, pourquoi ne fouleraient-ils pas ma tête ?—Aumerle, tu pleures, mon cousin au cœur tendre ! De nos larmes méprisées nous susciterons une tempête ; elles et nos soupirs détruiront la moisson de l'été, et amèneront la famine dans cette terre révoltée ; ou bien nous ferons-nous un jeu de nos maux, et prendrons-nous nos larmes pour le sujet de quelque joli pari, comme de les faire tomber sur un seul endroit jusqu'à ce qu'elles nous aient creusé deux tombeaux dans la terre, et que là, couchés tous deux, on y puisse graver : *Là gisent deux parents qui se sont creusé leur tombeau des larmes de leurs yeux ?* Ce malheur n'aurait-il pas bonne grâce ?—Allons, allons ; je vois que je parle follement, et que tu te moques de moi.—Très-puissant prince, milord Northumberland, que dit le roi Bolingbroke ? Sa Majesté veut-elle permettre à Richard de vivre jusqu'à ce que Richard meure ?—Vous saluez ; c'est-à-dire que Bolingbroke dit *oui.*

NORTHUMBERLAND.—Seigneur, il vous attend dans la cour basse pour conférer avec vous. Vous plaît-il de descendre ?

RICHARD.—Je descends ! je descends comme le brillant Phaéton hors d'état de gouverner des coursiers indociles ! (*Northumberland se retire vers Bolingbroke.*) Dans la cour basse ? c'est une cour basse que celle où les rois s'abaissent jusqu'à obéir à l'appel des traîtres, et à leur faire grâce ! Dans la cour basse ? Descendons ! A bas, cour ! à bas, roi ! car les hiboux de la nuit font entendre leurs cris là où l'alouette devrait s'élever en chantant.

(Le roi et les lords se retirent des remparts.)

BOLINGBROKE, *à Northumberland.*—Que dit Sa Majesté ?

NORTHUMBERLAND.—La tristesse et le chagrin de son cœur lui font dire des choses insensées comme un homme égaré. Cependant il vient.

(Entrent Richard et sa suite.)

BOLINGBROKE.—Tenez-vous tous à l'écart, et montrez un grand respect à Sa Majesté. (*Fléchissant un genou en terre.*)—Mon gracieux souverain....

RICHARD.—Beau cousin, vous abaissez votre genou de prince, en permettant à la vile terre l'orgueil de le baiser. J'aimerais mieux éprouver dans mon cœur l'effet de votre amitié que de sentir mes yeux blessés par vos respects. Levez-vous, cousin, levez-vous : votre cœur s'élève, je le sais, au moins à cette hauteur (*portant la main à sa tête*), bien que vos genoux s'abaissent.

BOLINGBROKE.—Mon gracieux souverain, je ne viens que pour réclamer mes biens.

RICHARD.—Vos biens sont à vous, et je suis à vous, et tout est à vous!

BOLINGBROKE.—Soyez à moi, mon très-redouté souverain, autant que mes fidèles services mériteront votre affection.

RICHARD.—Vous avez bien mérité.—Ils méritent de posséder ceux qui connaissent le moyen le plus sûr et le plus énergique d'obtenir.—Mon oncle, donnez-moi votre main : allons, séchez vos larmes. Les larmes prouvent l'amitié qui les excite, mais elles manquent du remède. (*A Bolingbroke.*)—Cousin, je suis trop jeune pour être votre père, quoique vous soyez assez vieux pour être mon héritier. Ce que vous voulez avoir, je vous le donnerai, et même volontairement; car il faut faire de soi-même ce que la force nous contraint de faire.—Marchons vers Londres.—Le voulez-vous, cousin?

BOLINGBROKE.—Oui, mon bon seigneur.

RICHARD.—Alors je ne dois pas dire non.

(Fanfares.—Ils sortent.)

SCÈNE IV

La scène est à Langley dans le jardin du duc d'York.

Entrent LA REINE ET DEUX DE SES DAMES.

LA REINE.—Quel jeu pourrions-nous imaginer dans ce jardin, pour écarter les accablantes pensées de mes soucis?

UNE DES DAMES.—Madame, nous pourrions jouer aux boules.

LA REINE.—Cela ferait songer que le monde est plein d'inégalités, et que ma fortune est détournée de sa route.

LA DAME.—Madame, nous danserons.

LA REINE.—Mes pieds ne peuvent danser en mesure avec plaisir lorsque mon pauvre cœur ne garde aucune mesure dans son chagrin : ainsi, mon enfant, point de danse; quelque autre jeu.

LA DAME.—Eh bien, madame, nous conterons des histoires.

LA REINE.—Tristes, ou joyeuses ?

LA DAME.—L'une ou l'autre, madame.

LA REINE.—Ni l'une ni l'autre, ma fille : si elles me parlaient de joie, comme la joie me manque absolument, elles ne feraient que me rappeler davantage ma tristesse : si elles me parlaient de chagrin, comme le chagrin me possède complétement, elles ne feraient qu'ajouter plus de douleur encore à mon manque de joie. Je n'ai pas besoin de répéter ce que j'ai déjà ; et ce qui me manque, il est inutile de s'en plaindre....

LA DAME.—Madame, je chanterai.

LA REINE.—Je suis bien aise que tu aies sujet de chanter; mais tu me plairais davantage si tu voulais pleurer.

LA DAME.—Je pleurerais, madame, si cela pouvait vous faire du bien.

LA REINE.—Je pleurerais aussi, moi, si cela pouvait me faire du bien, et je ne t'emprunterais pas une larme. Mais attends.—Voilà les jardiniers. (*Entrent un jardinier et deux garçons.*) Enfonçons-nous sous l'ombrage de ces arbres : je gagerais ma misère contre une rangée d'épingles qu'ils vont parler de l'Etat, car tout le monde en parle dans le moment d'une révolution. Les malheurs ont toujours le malheur pour avant-coureur.

(La reine et ses deux dames se retirent.)

LE JARDINIER.—Va, rattache ces branches pendantes d'abricotier qui, comme des enfants indisciplinés, font ployer leur père sous l'oppression de leur poids surabondant; quelque appui aux rameaux qui se courbent.—

Et toi, va comme un exécuteur abattre la tête de ces jets trop prompts à croître, et qui s'élèvent trop orgueilleusement au-dessus de notre république. Tout doit être de niveau dans notre gouvernement. Tandis que vous y travaillerez, moi je vais arracher ces herbes sauvages et nuisibles qui dérobent sans profit aux fleurs utiles les sucs féconds de la terre.

UN DES GARÇONS. —Pourquoi prétendrions-nous entretenir dans l'étendue de cette enceinte des lois, des formes, des proportions régulières, et montrer, comme un échantillon, un état solide, lorsque notre jardin, enclos par la mer, le pays entier est rempli de mauvaises herbes, que ses plus belles fleurs sont étouffées, que ses arbres fruitiers ne sont pas taillés, que ses clôtures sont ruinées, ses parterres en désordre, et ses plantes utiles dévorées par les chenilles ?

LE JARDINIER. —Sois tranquille : celui qui a souffert tout ce désordre du printemps est arrivé à la chute des feuilles; les mauvaises herbes qu'il abritait au loin de son vaste feuillage, et qui le dévoraient en paraissant l'appuyer, sont arrachées, racine et tout, par Bolingbroke; je veux dire le comte de Wiltshire, Green et Bushy.

LE GARÇON. —Comment ? Est-ce qu'ils sont morts ?

LE JARDINIER. —Ils sont morts, et Bolingbroke a saisi le roi dissipateur. Oh ! quelle pitié qu'il n'ait pas soigné et cultivé son royaume comme nous ce jardin ! Nous, dans la saison, nous blessons l'écorce, la peau de nos arbres fruitiers, de crainte que, regorgeant de sève et de sang, ils ne périssent de l'excès de leurs richesses. S'il en eût usé de même avec les grands et les ambitieux, ils auraient pu vivre pour porter, et lui pour recueillir leurs fruits d'obéissance. Nous élaguons toutes les branches superflues pour conserver la vie aux rameaux féconds : s'il en eût agi ainsi, il porterait encore la couronne qu'en dissipant follement les heures il a fait complétement tomber de sa tête.

LE GARÇON. —Quoi ! vous croyez donc que le roi sera déposé ?

LE JARDINIER.—Il est déjà vaincu, et il y a toute apparence qu'il sera déposé. La nuit dernière il est venu des lettres à un ami intime du bon duc d'York qui annoncent de tristes nouvelles.

LA REINE, *sortant du lieu où elle était cachée.*—Oh ! je suis suffoquée jusqu'à mourir de mon silence : — Toi, vieille figure d'Adam, établie pour soigner ces jardins, comment ta langue brutale ose-t-elle redire ces fâcheuses nouvelles ? Quelle Ève, quel serpent t'a suggéré de renouveler ainsi la chute de l'homme maudit ? Pourquoi dis-tu que le roi Richard est déposé ? Oses-tu, toi qui ne vaux guère mieux que de la terre, présager sa chute ? Dis-moi, où, quand et comment as-tu appris ces mauvaises nouvelles ? Parle, misérable que tu es.

LE JARDINIER.—Madame, pardonnez-moi ; je n'ai guère de plaisir à répéter ces nouvelles, mais ce que je dis est la vérité. Le roi Richard est entre les mains puissantes de Bolingbroke ; leurs fortunes à tous deux ont été pesées : dans le bassin de votre seigneur il n'y a que lui seul, et quelques frivolités qui le rendent léger ; mais dans le bassin du grand Bolingbroke sont avec lui tous les pairs d'Angleterre, et avec ce surpoids il emporte le roi Richard. Rendez-vous à Londres, et vous trouverez les choses ainsi : je ne dis que ce que tout le monde sait.

LA REINE.—Agile adversité, toi qui marches d'un pied si léger, n'est-ce pas à moi qu'appartenait ton message ? Et je suis la dernière à en être informée ? Oh ! tu as soin de me servir la dernière afin que je conserve plus longtemps tes douleurs dans mon sein.—Venez, mes dames ; allons trouver à Londres le roi de Londres dans l'infortune. — O ciel ! étais-je née pour que ma tristesse embellît le triomphe du grand Bolingbroke ?—Jardinier, pour m'avoir annoncé ces nouvelles de malheur, je voudrais que les plantes que tu greffes ne poussassent jamais.

(Elle sort avec ses dames.)

LE JARDINIER. — Pauvre reine ? pour que ta situation n'empirât pas, je consentirais à ce que mes travaux subissent l'effet de ta malédiction.—Là, elle a laissé tomber une larme; je veux y planter une rue, l'amère herbe de grâce; la rue, qui exprime la compassion [1], croîtra bientôt ici en souvenir d'une reine qui pleurait.

(Ils sortent.)

[1] *Rue, even for ruth.*
«*Rue*, qui veut dire la même chose que *ruth*.» *Ruth* (compassion), vient en effet de *to rue* (déplorer). On appelait la rue l'herbe de grâce, parce qu'elle servait d'aspersoir pour l'eau bénite.

FIN DU TROISIÈME ACTE.

ACTE QUATRIÈME

SCÈNE I

A Londres.—La salle de Westminster.

Les lords spirituels à la droite du trône, les lords temporels à la gauche, les communes au bas.

Entrent BOLINGBROKE, AUMERLE, NORTHUMBERLAND, PERCY, SURREY, FITZWATER, UN AUTRE LORD, L'ÉVÊQUE DE CARLISLE, L'ABBÉ DE WESTMINSTER, *suite; — viennent ensuite des officiers conduisant* BAGOT.

BOLINGBROKE. — Qu'on fasse avancer Bagot.—Allons, Bagot, parle librement et dis ce que tu sais de la mort du noble Glocester. Qui l'a tramée avec le roi, et qui a exécuté le sanglant office de sa mort prématurée ?

BAGOT.—Alors faites paraître devant moi le lord Aumerle.

BOLINGBROKE.—Cousin, avancez, et regardez cet homme.

BAGOT. — Lord Aumerle, je sais que votre langue hardie dédaigne de désavouer ce qu'elle a une fois prononcé. Dans ces temps d'oppression où l'on complota la mort de Glocester, je vous ai entendu dire : « Mon bras n'est-il pas assez long pour atteindre, du sein de la tranquille cour d'Angleterre jusqu'à Calais, la tête de mon oncle ? » Parmi plusieurs autres propos que vous avez tenus dans ce temps-là même, je vous ai ouï dire que vous refuseriez l'offre de cent mille couronnes[1] plutôt que de consentir au retour en Angleterre de Bolingbroke;

---

[1] Monnaie d'or.

ajoutant encore que la mort de votre cousin serait un grand bonheur pour le pays.

AUMERLE.—Princes, et vous, nobles seigneurs, quelle réponse dois-je faire à cet homme de rien? Faudra-t-il que je déshonore l'étoile illustre de ma naissance jusqu'à le châtier comme un égal? Il le faut cependant, ou consentir à voir mon honneur flétri par l'accusation de sa bouche calomnieuse.—Voilà mon gage, le sceau par lequel ma main te dévoue à la mort, et qui te marque pour l'enfer.—Je dis que tu en as menti; et je soutiendrai que ce que tu dis est faux, aux dépens du sang de ton cœur, bien qu'il soit trop vil pour que je dusse en ternir l'éclat de mon épée de chevalier.

BOLINGBROKE.—Arrête, Bagot, je te défends de le relever.

AUMERLE.—Hors un seul homme, je voudrais que ce fût le plus illustre de l'assemblée qui m'eût ainsi défié.

FITZWATER.—Si ta valeur tient à la sympathie[1], voilà mon gage, Aumerle, que j'oppose au tien. Par ce beau soleil qui me montre où tu es, je t'ai entendu dire, et tu t'en faisais gloire, que tu étais la cause de la mort du noble Glocester. Si tu le nies, tu en as vingt fois menti; et avec la pointe de ma rapière je ferai rentrer ton mensonge dans le cœur où il a été forgé.

AUMERLE.—Lâche, tu n'oserais vivre assez pour voir cette journée.

FITZWATER.—Par mon âme, je voudrais que ce fût à l'heure même.

AUMERLE.—Fitzwater, tu viens de dévouer ton âme à l'enfer.

PERCY.—Tu mens, Aumerle : son honneur est aussi pur dans ce défi qu'il est vrai que tu es déloyal; et pour preuve que tu l'es, je jette ici mon gage, prêt à le soutenir contre toi jusqu'à la dernière limite de la respiration. Relève-le si tu l'oses.

AUMERLE.—Si je ne le relève pas, puissent mes mains se pourrir, et ne plus jamais brandir un fer vengeur sur le casque étincelant de mon ennemi.

---

[1] ......*Stand on sympathies.*

UN AUTRE LORD.—Je te défie de même sur le terrain, parjure Aumerle, et je te provoque par autant de démentis que j'en pourrais crier à tes oreilles perfides depuis un soleil jusqu'à l'autre. Voilà le gage de mon honneur ; mets-le à l'épreuve si tu l'oses.

AUMERLE.—Qui en est encore ? Par le ciel, je répondrai à tous : j'ai dans un seul cœur mille courages pour faire tête à vingt mille comme vous.

SURREY.—Lord Fitzwater, je me rappelle très-bien le jour où Aumerle et vous vous entretîntes ensemble.

FITZWATER.—Il est vrai ; milord, vous étiez présent, et vous pouvez témoigner comme moi que ce que je dis est vrai.

SURREY.—Cela est aussi faux, par le ciel, que le ciel lui-même est sincère.

FITZWATER.—Surrey, tu en as menti.

SURREY.—Enfant sans honneur, ce démenti pèsera si lourdement sur mon épée, qu'il en sera tiré revanche et vengeance jusqu'à ce que toi qui m'as donné le démenti et ton démenti[1] gisiez sous la terre, aussi tranquilles que le crâne de ton père ; et pour preuve, voilà mon gage d'honneur : mets-le à l'épreuve.

FITZWATER.—Comme tu te plais follement à exciter un cheval emporté ! De même que j'ose manger, boire, respirer et vivre, j'oserai affronter Surrey dans un désert, et lui cracher au visage en lui disant qu'il en a menti, et qu'il a menti, et qu'il en a menti. Voilà qui engage ma foi à t'obliger de recevoir ma vigoureuse correction. —Comme j'espère prospérer dans ce monde nouveau pour moi, Aumerle est coupable de ce que lui reproche mon loyal défi ; de plus, j'ai ouï dire au banni Norfolk, que c'est toi, Aumerle, qui as envoyé deux de tes gens à Calais pour assassiner le noble duc.

AUMERLE.—Que quelque honnête chrétien me confie un gage pour prouver que Norfolk ment. Je jette ceci,

---

1 *That lie shall lie so heavy on my sword*
Till thou the lie giver and that lie do lie.

Jeux de mots impossibles à rendre en français, même par des équivalents.

dans le cas où Norfolk serait rappelé pour défendre son honneur.

BOLINGBROKE. — Tous ces défis resteront en suspens jusqu'au retour de Norfolk : il sera rappelé ; et quoiqu'il soit mon ennemi, il sera rétabli dans tous ses biens et seigneuries, et à son arrivée nous le forcerons de justifier son honneur contre Aumerle.

L'ÉVÊQUE DE CARLISLE. — Jamais on ne verra ce jour honorable.—Norfolk, banni, a combattu bien des fois pour Jésus-Christ ; il a porté dans les champs glorieux des chrétiens l'étendard de la croix chrétienne contre les noirs païens, les Turcs et les Sarrasins. Fatigué de travaux guerriers, il s'est retiré en Italie ; et là, à Venise, il a rendu son corps à la terre de ces belles contrées, et son âme pure à Jésus-Christ son chef, sous les drapeaux duquel il avait combattu si longtemps.

BOLINGBROKE.—Quoi, prélat, Norfolk est mort?

L'ÉVÊQUE DE CARLISLE.—Aussi sûrement que je vis, milord.

BOLINGBROKE.—Qu'une heureuse paix conduise sa belle âme dans le sein du bon vieil Abraham !—Seigneurs appelants, vos défis resteront tous en suspens jusqu'à ce que nous vous assignions le jour du combat.

(Entre York avec sa suite.)

YORK.—Puissant duc de Lancastre, je viens vers toi de la part de Richard, dépouillé de ses plumes, qui t'adopte d'un cœur satisfait pour son héritier, et met tes mains royales en possession de son auguste sceptre. Monte sur le trône que tu hérites aujourd'hui de lui, et vive Henri, le quatrième du nom !

BOLINGBROKE.—C'est au nom de Dieu que je monte sur le trône royal.

L'ÉVÊQUE DE CARLISLE.—Que Dieu vous en préserve !— Je parlerai mal en votre royale présence ; mais c'est à moi qu'il convient le mieux de dire la vérité. Plût à Dieu qu'il y eût dans cette noble assemblée un homme assez noble pour être le juge impartial du noble Richard : alors la vraie noblesse lui apprendrait à éviter une injustice aussi odieuse ! Quel sujet peut prononcer l'arrêt de son roi ? et qui de ceux qui siégent ici n'est pas sujet de Richard? Les voleurs ne sont jamais jugés sans être entendus, quelque évidente que soit en eux l'apparence du crime ; et l'image de la majesté de Dieu, son lieutenant, son fondé de pouvoirs, son député choisi, oint, couronné et maintenu sur le trône depuis tant d'années, sera jugé par des bouches sujettes et inférieures, et cela sans même être présent ! O Dieu ! ne permets pas que dans un pays chrétien, des âmes civilisées donnent l'exemple d'un attentat si odieux, si noir, si indécent ! Je parle à des sujets, et c'est un sujet qui parle, animé par le ciel pour prendre hardiment la défense de son roi. Milord d'Hereford, qui est ici présent, et que vous appelez roi, est un insigne traître au roi du superbe Hereford : si vous le couronnez, je vous prédis que le sang anglais engraissera la terre, et que les générations futures payeront de leurs gémissements cet horrible forfait. La paix ira dormir chez les Turcs et les infidèles ; et dans ce séjour de la paix, des guerres tumultueuses confondront les familles contre les familles, les parents contre les parents ; le désordre, l'horreur, la crainte et la révolte habiteront parmi vous; et cette terre sera nommée le champ de Golgotha et la place des crânes des morts. Oh ! si vous élevez cette maison contre cette maison, il en résultera les plus désastreuses divisions qui jamais aient désolé ce monde maudit. Empêchez cela, résistez ; qu'il n'en soit pas ainsi, de peur que vos enfants et les enfants de vos enfants ne crient sur vous : Malédiction !

NORTHUMBERLAND.—Vous avez parlé à merveille, monsieur ; et pour votre peine, nous vous arrêtons ici comme coupable de haute trahison.—Lord Westminster, chargez-vous de veiller sur sa personne jusqu'au jour de son procès.—Vous plaît-il, milords, d'accorder aux communes leur requête ?

BOLINGBROKE.—Qu'on introduise ici Richard, afin qu'il abdique publiquement : alors nous procéderons à l'abri de tout soupçon.

YORK.—Je vais me charger de l'amener.

(Il sort.)

BOLINGBROKE.—Vous, seigneurs, qui êtes ici arrêtés par nos ordres, donnez vos cautions de vous représenter au jour où vous serez sommés de répondre. (*A l'évêque de Carlisle:*)—Nous devons peu à votre affection pour nous, et nous comptions peu sur votre secours.

(Rentre York avec le roi Richard et des officiers portant la couronne.)

RICHARD.—Hélas! pourquoi m'oblige-t-on de me rendre aux ordres d'un roi avant que j'aie pu secouer encore les pensées royales qui ont accompagné mon règne! Je n'ai pu encore apprendre à insinuer, à flatter, à me courber, à fléchir le genou. Donnez au chagrin quelque temps pour m'instruire à la soumission.—Cependant, je n'ai point encore oublié la figure de ces hommes... Ne furent-ils pas à moi? ne m'ont-ils pas crié parfois : Salut? C'est ce que Judas fit à Jésus-Christ ; mais lui, sur douze, il trouva la fidélité chez tous, sauf un seul ; et moi, sur douze mille, je n'en trouve chez aucun.—Dieu sauve le roi!—Quoi! personne ne dira : *Amen*? serai-je à la fois le prêtre et le clerc ? Eh bien, *amen*, Dieu sauve le roi, quoique ce ne soit pas moi ; et *amen* encore si le ciel pense que c'est moi.—Pour rendre quel service m'amène-t-on ici ?

YORK.—Pour accomplir ce que de ta libre volonté ta grandeur fatiguée t'a porté à offrir, la cession de ta puissance et de ta couronne à Henri Bolingbroke.

RICHARD.—Donne-moi la couronne.—Cousin, la voilà ; prends la couronne : ma main de ce côté-ci ; la tienne de ce côté-là.—Maintenant cette couronne d'or ressemble à un puits profond... renfermant deux seaux qui se remplissent l'un l'autre, toujours le vide se balance dans l'air, tandis que l'autre est au bas, caché et plein d'eau : le seau d'en bas est rempli de larmes ; c'est moi qui m'abreuve de ma douleur, tandis que vous vous élevez en haut.

BOLINGBROKE.—J'avais cru que vous abdiquiez de bon gré.

RICHARD.—Ma couronne, oui ; mais mes chagrins me restent toujours. Vous pouvez me déposer de mes titres et de ma grandeur, mais non pas de mes chagrins ; j'en suis toujours le roi.

BOLINGBROKE. — Vous me donnez une partie de vos soucis avec votre couronne.

RICHARD. — Vos soucis en croissant ne diminuent pas les miens : mes soucis viennent de la perte des soucis qui ont fait longtemps mon souci. Votre souci est le souci de gagner, causé par de nouveaux soucis. Les soucis que je vous cède, je les ai toujours après les avoir cédés : ils suivent la couronne ; et cependant ils ne me quitteront point.

BOLINGBROKE. — Êtes-vous satisfait de renoncer à la couronne ?

RICHARD. — Oui, non... non, oui[1] ; car je ne dois être rien. Par conséquent, non, car je te résigne ce que je suis. — Maintenant, voyez comment je me dépouille moi-même. Je décharge ma tête de ce lourd fardeau, et mon bras de ce sceptre pesant ; j'arrache de mon cœur l'orgueil du pouvoir royal ; j'efface de mes larmes l'onction que j'ai reçue, je donne ma couronne de mes propres mains ; j'abjure de ma propre bouche ma grandeur sacrée, et ma propre voix délie tous mes sujets de leurs serments d'obéissance ; je renonce solennellement à toute pompe et à toute majesté ; j'abandonne tous mes manoirs, domaines, revenus ; je rétracte tous mes actes, décrets et statuts. Que Dieu pardonne tous les serments violés envers moi ! Que Dieu conserve inviolables tous les serments qu'on te fait ! qu'il m'ôte tout regret, à moi qui ne possède plus rien ; et qu'il te contente en tout, toi qui as tout acquis ! Puisses-tu vivre longtemps assis sur le trône de Richard ! Puisse Richard descendre bientôt dans le sein de la terre ! Dieu conserve le roi Henri et qu'il lui envoie de longues années de jours radieux ! Ainsi dit Richard, qui n'est plus roi. Que faut-il de plus ?

NORTHUMBERLAND *lui présente un écrit.* — Rien que de lire

---

[1] *Ay, no, no, ay, for I must nothing be.*
Vous me demandez si je suis satisfait, comme je ne dois être rien, je ne puis être satisfait, c'est donc : oui et non, non et oui. *Ay, no. No, ay.*

vous-même ces accusations, ces crimes terribles commis par votre personne et par vos adhérents contre la gloire et les intérêts du pays, afin que, d'après vos aveux, les âmes des hommes puissent croire que vous êtes justement déposé.

RICHARD.—Faut-il que je fasse cela, et faut-il que je démêle péniblement le tissu de mes égarements? Cher Northumberland, si tes fautes étaient écrites, ne serais-tu pas honteux d'en faire la lecture devant une si brillante assemblée? Si tu la faisais, tu y trouverais un article bien odieux... celui qui contiendrait la déposition d'un roi, et la violente lacération du puissant contrat des serments, crime marqué de noir et condamné dans le livre du ciel. —Et vous tous qui restez là à me regarder pris au piège par ma propre misère (bien que quelques-uns de vous, avec Pilate, en lavent leurs mains et affectent une pitié extérieure), tout Pilates que vous êtes, vous m'avez abandonné aux amertumes de ma croix, et l'eau ne saurait laver votre péché.

NORTHUMBERLAND.—Seigneur, hâtez-vous : lisez ces articles.

RICHARD.—Mes yeux sont pleins de larmes, je ne peux voir ; et cependant l'eau salée ne les aveugle pas tant que je ne voie bien encore une troupe de traîtres ici. Eh quoi ! si je tourne mes regards sur moi-même, j'y vois un traître comme les autres, car j'ai donné ici le consentement de ma volonté pour dépouiller la majestueuse personne d'un roi, avilir sa gloire, changer le souverain en esclave, faire de la majesté un sujet, et de la grandeur royale un paysan.

NORTHUMBERLAND.—Seigneur !

RICHARD.—Je ne suis pas ton seigneur, homme hautain et arrogant ; je ne suis le seigneur de personne ; je n'ai point de nom, point de titre, pas même le nom qui me fut donné sur les fonts baptismaux, qui ne soit usurpé. —O jour malheureux ! que j'aie vu tant d'hivers, et que je ne sache de quel nom m'appeler aujourd'hui ! Oh ! que ne suis-je une figure de roi en neige exposé au soleil de Bolingbroke, pour me fondre en gouttes d'eau !—Bon-

roi... grand roi (et cependant non pas grandement bon), si ma parole vaut encore quelque chose en Angleterre, qu'à mon ordre on m'apporte sur-le-champ un miroir, afin qu'il me montre quel air a mon visage depuis qu'il a fait faillite de sa majesté royale.

BOLINGBROKE.—Allez, quelqu'un ; qu'on apporte un miroir.

(Sort un homme de suite.)

NORTHUMBERLAND.—Lisez cet écrit pendant qu'on va chercher le miroir.

RICHARD.—Démon, tu me tourmentes avant que je sois en enfer.

BOLINGBROKE.—Lord Northumberland, n'insistez plus.

NORTHUMBERLAND.—Alors les communes ne seront pas satisfaites.

RICHARD.—Elles seront satisfaites : j'en lirai assez lorsque je verrai le véritable livre où tous mes péchés sont inscrits ; ce livre c'est moi-même. (*On apporte un miroir.*) —Donnez-moi ce miroir ; c'est là que je veux lire.—Quoi! ces rides ne sont pas plus profondes ? Quoi ! la douleur a frappé tant de coups sur ce visage, et n'y a pas fait des plaies plus profondes ? O miroir flatteur, tu fais comme mes courtisans au temps de ma prospérité, tu me trompes ! Est-ce là le visage de celui qui sous le toit de sa demeure entretenait chaque jour dix mille personnes ? Est-ce là ce visage qui, comme le soleil, faisait cligner les yeux à ceux qui le contemplaient ? Est-ce là le visage qui a soutenu tant de folie, et qui a été à la fin éclipsé par Bolingbroke ? C'est une gloire fragile que celle qui brille sur ce visage, et ce visage est aussi fragile que la gloire (*il jette contre terre le miroir qui se brise*), car le voilà brisé en mille éclats.—Fais attention, roi silencieux, à la moralité de ce jeu.—Comme mon chagrin a vite détruit mon visage !

BOLINGBROKE.—L'image de votre chagrin a détruit l'image de votre figure.

RICHARD.—Répétez-moi cela : « l'image de votre chagrin ? » Ah ! voyons : oui, cela est vrai, mon chagrin est tout entier au dedans, et ces formes extérieures de deuil ne sont que des ombres du chagrin caché qui se gonfle en silence dans l'âme torturée. C'est là que vit le chagrin lui-même ; et je te remercie, roi, de ta grande bonté, qui non-seulement me donne sujet de gémir, mais m'apprend de quelle manière je dois gémir.—Je ne vous demanderai plus qu'une grâce, et après je me retire ; je ne vous importunerai plus : l'obtiendrai-je ?

BOLINGBROKE.—Nommez-la, beau cousin.

RICHARD.—Beau cousin ! Eh quoi ! je suis plus grand qu'un roi ; car, lorsque j'étais roi, je n'étais flatté que par des sujets ; et maintenant que je ne suis plus qu'un sujet, j'ai ici un roi pour flatteur. Puisque je suis si grand, je n'ai pas besoin de demander de grâce.

BOLINGBROKE.—Demandez toujours.

RICHARD.—Et l'obtiendrai-je ?

BOLINGBROKE.—Vous l'obtiendrez.

RICHARD.—Eh bien, donnez-moi la permission de m'en aller.

BOLINGBROKE.—Où ?

RICHARD.—Où vous voudrez, pourvu que je sois loin de votre vue.

BOLINGBROKE.—Allez, quelques-uns de vous : qu'on le conduise à la Tour.

RICHARD.—Oh ! vous êtes très-bons pour me conduire[1] ; vous êtes tous des gens de conduite, vous qui savez si lestement vous élever sur la chute d'un roi légitime.

(Sortent Richard, quelques-uns des lords et une garde.)

BOLINGBROKE.—C'est à mercredi prochain que nous fixons le jour de notre couronnement. Seigneurs, préparez-vous.

(Tous sortent, excepté l'abbé de Westminster, l'évêque de Carlisle, Aumerle.)

L'ABBÉ DE WESTMINSTER.—Nous avons vu là une triste cérémonie.

L'ÉVÊQUE DE CARLISLE.—La tristesse est à venir : les en-

---

[1] *O good! convey, conveyors are you all.*

Convey, conveyor, signifie aussi escamoter, escamoteur. Il était impossible de donner un sens en français à cette plaisanterie en traduisant littéralement.

fants qui ne sont pas encore nés sentiront ce jour les déchirer comme une épine.

AUMERLE.—Vous, saints ecclésiastiques, dites-nous, n'est-il point de moyen pour délivrer le royaume de cette pernicieuse souillure?

L'ABBÉ DE WESTMINSTER.—Avant que je vous explique librement ma pensée, il faudra que vous vous engagiez par serment, non-seulement à tenir mes projets ensevelis, mais à exécuter tout ce que je pourrai imaginer. —Je vois que vos regards sont remplis de mécontentement, vos cœurs de chagrin, et vos yeux de larmes. Venez souper chez moi, et je préparerai un plan qui nous ramènera à tous des jours de bonheur.

(Ils sortent.)

FIN DU QUATRIÈME ACTE.

ACTE CINQUIÈME

SCÈNE I

Une des rues conduisant à la Tour.

Entrent LA REINE *et ses dames.*

LA REINE.—C'est par cette rue que le roi va passer : voilà le chemin de cette Tour qu'à la maleheure a bâtie Jules César[1], et dont le sein de pierre devient, par arrêt de l'orgueilleux Bolingbroke, la prison de mon seigneur condamné.—Reposons-nous ici, si cette terre rebelle a encore un lieu de repos pour la reine de son légitime souverain ! (*Entre le roi Richard conduit par des gardes.*) Mais paix ; ah ! que je voie... ou plutôt ne voyons pas se flétrir ma belle rose. Et cependant, levons les yeux, regardons-le, afin que la pitié nous dissolve en rosée pour lui rendre sa fraîcheur en l'arrosant des larmes du fidèle amour.—O toi, l'image des lieux où fut la vieille Troie, carte d'honneur, tombeau du roi Richard et non plus le roi Richard, toi la plus belle des demeures, pourquoi faut-il que le chagrin au sombre visage habite chez toi, tandis que le succès triomphant s'est logé dans un cabaret ?

RICHARD.—Femme charmante, ne te ligue pas avec ma douleur, je t'en prie, pour me faire mourir trop promptement. Apprends, bonne âme, à tenir notre ancienne fortune comme un songe heureux dont nous nous réveillons pour voir dans l'état où nous sommes réduits

---

[1] La tradition en Angleterre attribue à César l'érection de la Tour de Londres.

la vérité de ce que nous sommes. Me voilà, ma douce amie, devenu l'inséparable frère de la hideuse nécessité ; elle et moi nous sommes liés jusqu'à la mort.—Retire-toi en France, et va te cloîtrer dans quelque maison religieuse : il faut qu'une sainte vie nous gagne dans un monde nouveau la couronne que nos heures profanes ont abattue ici.

LA REINE.—Quoi ! l'âme de mon Richard est-elle donc changée et affaiblie comme sa personne ? Bolingbroke a-t-il aussi déposé ta raison ? est-il entré dans ton cœur ? Le lion mourant avance encore la griffe, et, dans la rage de se voir dompté, déchire la terre s'il ne peut atteindre autre chose ; et toi, subiras-tu patiemment la correction comme un écolier ? Baiseras-tu la verge ? flatteras-tu avec une basse humilité la fureur de tes ennemis, toi qui es un lion et le roi des animaux ?

RICHARD.—Oui, roi des animaux : si j'avais gouverné autre chose que des animaux, je régnerais encore heureux sur les hommes.—Ma bien-aimée, autrefois reine, prépare-toi à partir pour la France ; suppose que je suis mort, et qu'ici, dans cet instant, tu reçois de moi, comme de mon lit de mort, mon dernier adieu de vivant. Dans les ennuyeuses soirées de l'hiver, assise auprès d'un foyer avec quelques bons vieillards, fais-toi raconter les histoires des siècles malheureux passés depuis longtemps ; et avant de leur souhaiter le bonsoir, pour acquitter ta part de douleurs, dis-leur ma lamentable chute, et renvoie tes auditeurs pleurants à leurs lits.—Eh quoi ! aux tristes accents de ta voix touchante, les insensibles tisons eux-mêmes, émus de sympathie, éteindront le feu sous les larmes de leur compassion ; et les uns sous leurs cendres, les autres, noirs comme le charbon, pleureront la déposition d'un roi légitime.

(Entrent Northumberland et une suite.)

NORTHUMBERLAND.—Seigneur, les intentions de Bolingbroke sont changées : c'est à Pomfret, et non à la Tour, qu'il faut vous rendre.—Et vous, madame, je suis aussi chargé d'ordres pour vous : il vous faut partir sans délai pour la France.

RICHARD.—Northumberland, toi l'échelle au moyen de laquelle l'ambitieux Bolingbroke monte sur mon trône, le temps n'aura pas vieilli d'un grand nombre d'heures avant que ton odieux péché, se grossissant de sa propre matière, n'éclate en pourriture. Quand Bolingbroke partagerait son royaume et t'en donnerait la moitié, tu penseras que c'est trop peu pour l'avoir aidé à s'emparer du tout ; et lui, il pensera que toi qui sais le moyen d'établir les rois illégitimes, tu sauras aussi, sous le moindre prétexte, trouver un autre moyen de le renverser la tête la première de son trône usurpé. L'attachement des amis pervers se convertit en défiance, la défiance en haine ; et la haine conduit l'un, ou tous deux ensemble, à de justes périls et à une mort méritée.

NORTHUMBERLAND.—Que mon crime retombe sur ma tête, et que tout finisse là. Faites-vous vos adieux et séparez-vous, car il faut vous quitter sur l'heure.

RICHARD.—Accablé d'un double divorce ! Méchants hommes, vous violez une double union ; d'abord entre ma couronne et moi, et puis entre moi et la femme que j'ai épousée.—Délions par un baiser le serment qui subsiste entre toi et moi : et cependant cela ne se peut, car il fut consacré par un baiser[1].—Sépare-nous, Northumberland : moi pour aller vers le nord, où le froid transi et la maladie font languir le pays ; ma femme pour aller en France, d'où elle est venue avec pompe et parée comme le doux mois de mai, et où elle est renvoyée comme la Toussaint, ou comme le jour le plus court.

LA REINE.—Eh quoi ! faut-il qu'on nous sépare ? faut-il nous quitter ?

RICHARD.—Oui, ma bien-aimée, ta main de ma main, et ton cœur de mon cœur.

LA REINE.—Bannissez-nous tous deux, et renvoyez le roi avec moi.

NORTHUMBERLAND.—Il y aurait à cela quelque bonté, mais peu de politique.

---

[1] C'était alors l'usage de consacrer, à l'église même, l'union nuptiale par un baiser.

LA REINE. — Eh bien, là où il va, laissez-moi y aller aussi.

RICHARD. — Pleurant ainsi tous deux ensemble, nous ne ferions qu'une seule douleur. Pleure pour moi en France, je pleurerai ici pour toi : il vaut mieux être loin l'un de l'autre, que réunis pour n'être jamais plus heureux [1]. Va, compte tes pas par tes soupirs, et moi les miens par mes gémissements.

LA REINE. — Ainsi le chemin plus long fournira les plus longues plaintes.

RICHARD. — Je pousserai deux gémissements à chaque pas puisque mon chemin est court, et je l'allongerai par le poids que j'ai sur le cœur. Allons, allons, ne faisons pas plus longtemps la cour à la douleur, puisqu'une fois qu'on l'a épousée la douleur dure si longtemps. Qu'un baiser nous ferme la bouche, et séparons-nous en silence. (*Ils s'embrassent.*) Dans ce baiser je te donne mon cœur, et je prends le tien.

LA REINE. — Rends-moi le mien : c'est un triste rôle que de prendre ton cœur pour le tuer. (*Ils s'embrassent encore une fois.*) Maintenant que j'ai repris le mien, va-t'en ; que je puisse m'efforcer de le tuer d'un seul gémissement.

RICHARD. — Nous jouons avec le malheur dans ces tendres délais. Encore une fois, adieu : que la douleur dise le reste.

(Ils sortent.)

SCÈNE II

La scène est toujours à Londres. — Un appartement dans le palais du duc d'York.

Entrent YORK ET LA DUCHESSE D'YORK.

LA DUCHESSE D'YORK. — Milord, vous m'aviez promis de m'achever le récit de l'entrée de nos deux cousins dans

---

[1] *Be never the near*, n'avoir rien gagné, n'être jamais plus près de ce qu'on désire.

Londres, lorsque vos larmes vous ont forcé de l'interrompre.

YORK. — Où en suis-je resté?

LA DUCHESSE D'YORK. — A ce triste moment où des mains brutales et insolentes jetaient, du haut des fenêtres, de la poussière et des ordures sur la tête du roi Richard.

YORK. — Alors, comme je vous l'ai dit, le duc, le grand Bolingbroke, monté sur un bouillant et fougueux coursier qui semblait connaître son ambitieux maître, poursuivait sa marche à pas lents et majestueux, tandis que toutes les voix criaient : « Dieu te garde, Bolingbroke! » Vous auriez cru que les fenêtres parlaient, tant s'y pressaient les figures de tout âge, jeunes et vieilles, pour lancer à travers les ouvertures d'avides regards sur le visage de Bolingbroke : on eût dit que toutes les murailles, chargées d'images peintes, répétaient à la fois : « Jésus te conserve! sois le bienvenu, Bolingbroke! » tandis que lui, se tournant de côté et d'autre, la tête découverte et courbée plus bas que le cou de son fier coursier, leur disait : « Je vous remercie, mes compatriotes. » Et faisant toujours ainsi, il continuait sa marche.

LA DUCHESSE D'YORK. — Hélas! et le pauvre Richard, que faisait-il alors?

YORK. — Comme dans un théâtre, lorsqu'un acteur favori vient de quitter la scène, les yeux des spectateurs se portent négligemment sur celui qui lui succède, tenant son bavardage pour ennuyeux; ainsi, et avec plus de mépris encore, les yeux du peuple s'arrêtaient d'un air d'aversion sur Richard. Pas un seul n'a crié : Dieu le sauve! Pas une voix joyeuse ne lui a souhaité la bienvenue; mais on répandait la poussière sur sa tête sacrée; et lui la secouait avec une tristesse si douce, une expression si combattue entre les pleurs et le sourire, gages de sa douleur et de sa patience; que si Dieu, pour quelque grand dessein, n'avait pas endurci les cœurs des hommes, ils auraient été forcés de s'attendrir, et la barbarie elle-même eût eu compassion de lui. Mais le ciel a mis la main à ces événements; tranquilles et satisfaits, nous nous soumettrons à sa haute volonté. Notre foi de sujet est maintenant jurée à Bolingbroke, dont je reconnais pour toujours la puissance et les droits.

(Entre Aumerle.)

LA DUCHESSE D'YORK. — Voici mon fils Aumerle.

YORK. — Il fut Aumerle jadis, mais il a perdu ce titre pour avoir été l'ami de Richard ; et il faut désormais, madame, que vous l'appeliez Rutland. Je suis caution, devant le parlement, de sa fidélité et de sa ferme loyauté envers le nouveau roi.

LA DUCHESSE D'YORK. — Sois le bienvenu, mon fils. Quelles sont les violettes parsemées maintenant sur le sein verdoyant du nouveau printemps ?

AUMERLE. — Madame, je l'ignore et ne m'en embarrasse guère : Dieu sait qu'il m'est indifférent d'en être ou de n'en pas être.

YORK. — A la bonne heure ; mais comportez-vous bien dans cette saison nouvelle, de peur d'être moissonné avant le temps de la maturité. Que dit-on d'Oxford ? Les joutes et les fêtes continuent-elles ?

AUMERLE. — Oui, milord, à ce que j'ai ouï dire.

YORK. — Vous y serez, je le sais.

AUMERLE. — Si Dieu ne s'y oppose, c'est mon dessein.

YORK. — Quel est ce sceau qui pend de ton sein[1] ? — Eh quoi ! tu pâlis ? Laisse-moi voir cet écrit.

AUMERLE. — Milord, ce n'est rien.

YORK. — En ce cas, peu importe qu'on le voie. Je veux être satisfait : voyons cet écrit.

AUMERLE. — Je conjure Votre Grâce de m'excuser : c'est un écrit de peu d'importance, que j'ai quelque raison de tenir caché.

YORK. — Et moi, monsieur, que j'ai quelque raison de vouloir connaître. Je crains.... je crains....

LA DUCHESSE D'YORK. — Eh ! que pouvez-vous craindre ? Ce ne peut être que quelque engagement qu'il aura contracté pour ses parures le jour du triomphe.

YORK. — Quoi ! un engagement avec lui-même ? Com-

---

[1] L'usage était alors, comme on sait, d'apposer aux actes le sceau suspendu par une bande de parchemin.

ment aurait-il entre ses mains l'engagement qui le lie? Tu es folle, ma femme.—Jeune homme, fais-moi voir cet écrit.

AUMERLE.—Je vous en conjure, excusez-moi : je ne puis le montrer.

YORK.—Je veux être obéi; je veux le voir, te dis-je. (*Il lui arrache l'écrit et le lit.*)—Trahison! noire trahison! —Déloyal! traître! misérable!

LA DUCHESSE D'YORK.—Qu'est-ce que c'est, milord?

YORK.—Holà! quelqu'un ici. (*Entre un serviteur.*)— Qu'on selle mon cheval.—Le ciel lui fasse miséricorde! —Quelle trahison je découvre ici!

LA DUCHESSE D'YORK.—Comment? qu'est-ce, milord?

YORK.—Donnez-moi mes bottes, vous dis-je. Sellez mon cheval.—Oui, sur mon honneur, sur ma vie, sur ma foi, je vais dénoncer le scélérat!

LA DUCHESSE D'YORK.—Qu'il y a-t-il donc?

YORK.—Taisez-vous, folle que vous êtes.

LA DUCHESSE D'YORK.—Je ne me tairai point.—De quoi s'agit-il, mon fils?

AUMERLE.—Calmez-vous, ma bonne mère : de rien dont ne puisse répondre ma pauvre vie.

LA DUCHESSE D'YORK.—Ta vie en répondre!

(*Entre un valet apportant des bottes.*)

YORK.—Donne-moi mes bottes. Je veux aller trouver le roi.

LA DUCHESSE D'YORK.—Aumerle, frappe-le.—Pauvre enfant, tu es tout consterné. (*Au valet.*)—Loin d'ici, malheureux! ne reparais jamais en ma présence.

YORK.—Donne-moi mes bottes, te dis-je.

LA DUCHESSE D'YORK.—Quoi donc, York, que veux-tu faire? Quoi! tu ne cacheras pas la faute de ton propre sang? Avons-nous d'autres fils? pouvons-nous en espérer d'autres? le temps n'a-t-il pas épuisé la fécondité de mon sein? Et tu veux enlever à ma vieillesse mon aimable fils, et me dépouiller de l'heureux titre de mère! Ne te ressemble-t-il pas? n'est-il pas à toi?

YORK.—Femme faible et insensée, veux-tu donc celer cette noire conspiration? Ils sont là douze traîtres qui ont ici pris par serment et réciproquement signé l'engagement d'assassiner le roi à Oxford.

LA DUCHESSE D'YORK.—Il n'en sera pas : nous le garderons ici ; et alors comment pourra-t-il s'en mêler ?

YORK.—Laisse-moi, femme inconsidérée : fût-il vingt fois mon fils, je le dénoncerais.

LA DUCHESSE D'YORK.—Ah ! si tu avais poussé pour lui autant de gémissements que moi, tu serais plus pitoyable. Mais je sais maintenant ce que tu penses : tu soupçonnes que j'ai été infidèle à ta couche ; et qu'il est un bâtard au lieu d'être ton fils. Ah ! cher York, cher époux, n'aie pas cette pensée ; il te ressemble autant qu'homme puisse ressembler à un autre ; il ne me ressemble pas, ni à personne de ma famille, et pourtant je l'aime.

YORK.—Laisse-moi passer, femme indisciplinée.

(Il sort.)

LA DUCHESSE D'YORK.—Va après lui, Aumerle : monte son cheval ; pique, presse, arrive avant lui auprès du roi, et implore ta grâce avant qu'il t'accuse. Je ne tarderai pas à te suivre : quoique vieille, je ne doute pas que je ne puisse galoper aussi vite qu'York. Je ne me relèverai point de terre que Bolingbroke ne t'ait pardonné. Partons. Va-t'en.

(Ils sortent.)

SCÈNE III

La scène est à Windsor.—Un appartement dans le château.

Entrent BOLINGBROKE *en roi,* PERCY *et autres seigneurs.*

BOLINGBROKE. — Personne ne peut-il me donner des nouvelles de mon débauché de fils ? Il y a trois mois entiers que je ne l'ai vu. S'il est quelque fléau dont le ciel nous menace, c'est lui. Plût à Dieu, milords, qu'on pût le découvrir ! Faites chercher à Londres, dans toutes les tavernes ; car on dit qu'il les hante journellement avec des compagnons sans mœurs et sans frein, de ceux-là mêmes, dit-on, qui se tiennent dans des ruelles étroites, où ils battent notre garde et volent les passants! Et lui, jeune étourdi, jeune efféminé, il se fait un point d'honneur de soutenir cette bande dissolue!

PERCY. — Seigneur, il n'y a guère que deux jours que j'ai vu le prince, et je lui ai parlé des tournois qui se tiennent à Oxford.

BOLINGBROKE: — Et qu'a répondu ce galant?

PERCY. — Sa réponse fut qu'il irait dans un mauvais lieu[1], qu'il arracherait à la plus vile des créatures qui s'y trouveraient un de ses gants, qu'il le porterait comme une faveur, et qu'avec ce gage il désarçonnerait le plus robuste agresseur.

BOLINGBROKE. — Aussi dissolu que téméraire : et cependant, au travers de tout cela, j'entrevois quelques étincelles d'espérance qu'un âge plus mûr pourra peut-être développer heureusement. — Mais qui vient à nous?

(Entre Aumerle.)

AUMERLE. — Où est le roi?

BOLINGBROKE. — Que veut dire notre cousin avec cet air de trouble et d'effroi?

AUMERLE. — Que Dieu garde Votre Grâce! Je conjure Votre Majesté de m'accorder un moment d'entretien, seul avec Votre Grâce.

BOLINGBROKE, *aux lords*. — Retirez-vous, et laissez-nous seuls ici. (*Percy et les lords se retirent.*) — Que nous veut maintenant notre cousin?

AUMERLE, *s'agenouillant*. — Que mes genoux restent pour toujours attachés à la terre, et ma langue fixée dans ma bouche à mon palais, si vous ne me pardonnez avant que je me relève ou que je parle.

BOLINGBROKE. — La faute n'est-elle que dans l'intention, ou déjà commise? Dans le premier cas, quelque odieuse qu'elle puisse être, pour gagner ton amitié à l'avenir, je te pardonne.

AUMERLE. — Permettez-moi donc de tourner la clef, afin que personne n'entre jusqu'à ce que je vous aie tout dit.

[1] ..... *Unto the stews.*

BOLINGBROKE.—Fais ce que tu voudras.
(Aumerle ferme la porte.)

YORK, *en dehors*.—Prends garde, mon souverain; veille à ta sûreté; tu as un traître en ta présence.

BOLINGBROKE, *tirant son épée*.—Scélérat! je vais m'assurer de toi.

AUMERLE.—Retiens ta main vengeresse; tu n'as aucun sujet de craindre.

YORK, *en dehors*.—Ouvre la porte; prends garde, roi follement téméraire. Ne pourrai-je, au nom de mon attachement, accuser devant toi la trahison? Ouvre la porte, ou je vais la briser.
(Bolingbroke ouvre la porte.)
(Entre York.)

BOLINGBROKE.—Qu'y a-t-il, mon oncle? parlez. Reprenez haleine; dites-nous si le danger presse, afin que nous nous armions pour le repousser.

YORK.—Parcours cet écrit, et tu connaîtras la trahison que ma course rapide m'empêche de te développer.

AUMERLE.—Souviens-toi, en lisant, de ta parole donnée. Je suis repentant: ne lis plus mon nom dans cette liste; mon cœur n'est point complice de ma main.

YORK.—Traître, il l'était avant que ta main eût signé. —Roi, je l'ai arraché du sein de ce traître: c'est la crainte et non l'amour qui engendre son repentir. Oublie ta pitié pour lui, de peur que ta pitié ne devienne un serpent qui te percera le cœur.

BOLINGBROKE.—O conspiration odieuse, menaçante et audacieuse! O père loyal d'un fils perfide! O toi, source argentée, pure et immaculée, d'où ce ruisseau a pris son cours à travers des passages fangeux qui l'ont sali; comme le surcroît de ta bonté s'est en lui changé en méchanceté, de même cette bonté surabondante excusera la faute mortelle de ton coupable fils.

YORK.—Ainsi ma vertu servira d'entremetteur à ses vices[1]; il dépensera mon honneur à réparer sa honte, comme ces fils prodigues qui dépensent l'or amassé par

---

[1] *So shall my virtue be his vice's bawd.*

leurs pères. Pour que mon honneur vive, il faut que son déshonneur périsse ; ou bien son déshonneur va couvrir ma vie d'infamie. Tu me tues en lui permettant de vivre : si tu lui laisses le jour, le traître vit et tu mets à mort le sujet fidèle.

LA DUCHESSE D'YORK, *en dehors*. — De grâce, mon souverain, pour l'amour de Dieu, laisse-moi entrer.

BOLINGBROKE. — Quelle suppliante à la voix grêle pousse ces cris empressés ?

LA DUCHESSE D'YORK. — Une femme, ta tante, grand roi. C'est moi, écoute-moi, aie pitié de moi ; ouvre la porte : c'est une mendiante qui mendie sans avoir jamais mendié[1], moi qui ne demandai jamais.

BOLINGBROKE. — Voilà notre scène changée : nous passons d'une chose sérieuse à *la mendiante avec le roi*. — Mon dangereux cousin, faites entrer votre mère : je vois bien qu'elle vient intercéder pour votre odieux forfait.

YORK. — Si tu lui pardonnes, qui que ce soit qui te prie, ce pardon pourra faire germer d'autres crimes. Retranche ce membre corrompu, et tous les autres restent sains. Si tu l'épargnes, il corrompra tout le reste.

(Entre la duchesse d'York.)

LA DUCHESSE D'YORK. — O roi ! ne crois pas cet homme au cœur dur : celui qui ne s'aime pas lui-même ne peut aimer personne.

YORK. — Femme extravagante, que fais-tu ici ? Ton sein flétri veut-il une seconde fois nourrir un traître ?

LA DUCHESSE D'YORK. — Cher York, calmez-vous. — Mon gracieux souverain, écoutez-moi.

(Elle se met à genoux.)

BOLINGBROKE. — Levez-vous, ma bonne tante.

LA DUCHESSE D'YORK. — Non, pas encore, je t'en conjure :

---

[1] . *A beggar begs, that never begg'd before.*

C'est sur ce mot *beggar* que porte la plaisanterie de Bolingbroke. *Our scene is alter'd from a serious thing, And now chang'd to the Beggar and the king.*

The beggar était, comme on l'a déjà fait voir dans les notes de *Roméo et Juliette,* une ballade alors très-connue.

je resterai prosternée sur mes genoux, et jamais je ne reverrai le jour que voient les heureux, que tu ne m'aies rendue à la joie, que tu ne m'aies dit de me réjouir en pardonnant à Rutland, à mon coupable enfant.

AUMERLE, *se mettant à genoux.*—Je courbe les genoux pour m'unir aux prières de ma mère.

YORK, *se mettant à genoux.*—Et moi je courbe mes genoux fidèles pour prier contre tous les deux. Si tu accordes la moindre grâce, puisse-t-il t'en mal arriver!

LA DUCHESSE D'YORK.—Ah! croyez-vous qu'il parle sérieusement? Voyez son visage : ses yeux ne versent point de larmes, sa prière n'est qu'un jeu, ses paroles ne viennent que de sa bouche, les nôtres viennent du cœur : il ne vous prie que faiblement, et désire qu'on le refuse; mais nous, nous vous prions du cœur, de l'âme, de tout le reste : ses genoux fatigués se lèveraient avec joie, je le sais; et les nôtres resteront agenouillés jusqu'à ce qu'ils s'unissent à terre. Ses prières sont remplies d'une menteuse hypocrisie; les nôtres sont pleines d'un vrai zèle et d'une intégrité profonde. Nos prières surpassent les siennes : qu'elles obtiennent donc cette miséricorde due aux prières véritables.

BOLINGBROKE.—Ma bonne tante, levez-vous.

LA DUCHESSE D'YORK.—Ne me dis point *levez-vous*, mais d'abord *je pardonne;* et tu diras ensuite *levez-vous.* Ah! si j'avais été ta nourrice et chargée de t'apprendre à parler, *je pardonne* eût été pour toi le premier mot de la langue. Jamais je n'ai tant désiré entendre un mot. Roi, dis : *Je pardonne;* que la pitié t'enseigne à le prononcer. Le mot est court, mais moins court qu'il n'est doux : il n'en est point qui convienne mieux à la bouche des rois que : *je pardonne.*

YORK.—Parle-leur français, roi; dis-leur : *Pardonnez-moi*[1].

---

[1] *Speak in French, king; say*—pardonnez-moi.

Shakspeare en veut beaucoup au *pardonnez-moi.* Il paraît que de son temps l'usage continuel et abusif de cette expression était le signe caractéristique de l'affectation des manières fran-

LA DUCHESSE D'YORK. — Dois-tu enseigner au pardon à détruire le pardon ? Ah ! mon cruel mari, mon seigneur au cœur dur qui emploie ce mot contre lui-même, prononce le pardon commun qui est d'usage dans notre pays ; nous ne comprenons pas ce jargon français. Tes yeux commencent à parler ; que ta langue s'y joigne, ou bien place ton oreille dans ton cœur compatissant, afin qu'il entende le son pénétrant de nos plaintes et de nos prières, et que la pitié t'excite à proférer le pardon.

BOLINGBROKE. — Ma bonne tante, levez-vous.

LA DUCHESSE D'YORK. — Je ne demande point à me relever : la grâce que je sollicite, c'est que tu pardonnes.

BOLINGBROKE. — Je lui pardonne, comme je désire que Dieu me pardonne.

LA DUCHESSE D'YORK. — O heureuse victoire d'un genou suppliant ! Et pourtant je suis malade de crainte ; répète-le : prononcer deux fois le pardon, ce n'est pas pardonner deux fois, mais c'est fortifier un pardon.

BOLINGBROKE. — Je lui pardonne de tout mon cœur.

LA DUCHESSE D'YORK. — Tu es un dieu sur la terre.

BOLINGBROKE. — Mais pour notre loyal beau-frère et l'abbé, et tout le reste de cette bande de conspirateurs, la destruction va leur courir sur les talons. — Mon bon oncle, chargez-vous d'envoyer plusieurs détachements à Oxford, ou en quelque autre lieu que se trouvent ces traîtres : ils ne demeureront pas en ce monde, je le jure ; mais je les aurai si je sais une fois où ils sont. Mon oncle, adieu. — Et vous aussi, cousin, adieu. Votre mère a su prier pour vous ; devenez fidèle.

LA DUCHESSE D'YORK. — Viens, mon vieux fils, je prie Dieu de faire de toi un nouvel homme.

(Ils sortent.)

çaises. Mais la plaisanterie est ici d'autant plus mal placée, que cette manière de s'excuser n'a rien de particulier au français : *pardon me* est continuellement employé dans ce même sens par Shakspeare, pas plus loin que dans la scène précédente, où Aumerle refuse de donner à son père le papier qu'il lui demande.

SCÈNE IV

Entrent EXTON ET UN SERVITEUR.

EXTON.—N'as-tu pas remarqué ce que le roi a dit? « N'ai-je point un ami qui me délivre de cette crainte toujours vivante? » N'est-ce pas cela?

LE SERVITEUR.—Ce sont ses propres paroles.

EXTON.—« N'ai-je point un ami? » a-t-il dit. Il l'a répété deux fois, et les deux fois il a répété les deux choses ensemble, n'est-il pas vrai?

LE SERVITEUR.—Il est vrai.

EXTON.—Et en disant ces mots, il me regardait fixement, comme s'il voulait dire : « Je voudrais bien que tu fusses l'homme capable de délivrer mon âme de cette terreur, » voulant dire le roi qui est à Pomfret.—Viens, allons-y : je suis l'ami du roi, et je le débarrasserai de son ennemi.

(Ils sortent.)

SCÈNE V

Pomfret.—La prison du château.

RICHARD *seul*.

Je me suis occupé à étudier comment je pourrais comparer cette prison, où je vis, avec le monde; mais comme le monde est peuplé d'hommes, et qu'ici il n'y a pas une créature excepté moi, je ne puis y réussir.— Cependant il faut que j'en vienne à bout. Ma cervelle deviendra la femelle de mon âme; mon âme sera le père : à eux deux ils engendreront une génération d'idées sans cesse productives, et toutes ces idées peupleront ce petit monde, et le peupleront d'inconséquences, comme en est peuplé l'univers; car il n'est point de pensée qui se satisfasse. Dans la meilleure espèce de toutes, les pensées des choses divines, il se rencontre des embarras, et elles mettent la parole en opposition avec la parole ; comme : *venez à moi, petits* ; et ailleurs : *il est aussi difficile de venir qu'il l'est à un chameau d'enfiler l'entrée du trou d'une aiguille*[1]. Les pensées ambitieuses cherchent à combiner des prodiges invraisemblables, comme de parvenir, avec ces mauvais petits clous, à ouvrir un passage à travers les flancs pierreux de ce monde si dur, des murs rocailleux de ma prison ; et comme elles ne peuvent réussir, elles meurent de leur propre orgueil. Les pensées qui s'attachent au contentement flattent l'homme de cette considération qu'il n'est pas le premier esclave de la fortune, et qu'il ne sera pas le dernier ; comme ces misérables mendiants qui, assis dans les ceps, cherchent pour refuge contre la honte la pensée que d'autres s'y sont assis, et que bien d'autres encore s'y assiéront, et trouvent dans cette pensée une espèce d'aisance, portant ainsi leur opprobre sur le dos de ceux qui avant eux en ont subi un semblable. De cette manière je représente à moi seul bien des personnages dont aucun n'est content. Quelquefois je suis le roi ; et alors la trahison me fait souhaiter d'être un mendiant, et je me fais mendiant. Mais alors l'accablante indigence me persuade que j'étais mieux quand j'étais roi, et je redeviens roi. Mais peu à peu je viens à songer que je suis détrôné par Bolingbroke, et aussitôt je ne suis plus rien. Mais quoi que je sois, ni moi, ni aucun homme, n'étant qu'un homme, ne sera jamais satisfait de rien, jusqu'à ce qu'il soit soulagé en n'étant plus rien. (*On entend de la musique.*)—Est-ce de la musique que j'entends?—La, la.... en mesure.—Que la musique la plus mélodieuse est désagréable dès que la mesure est rompue et que les temps ne sont pas observés ! C'est la même chose dans la musique de la vie

---

[1] C'est ainsi qu'est rendu ce passage dans les anciennes versions des livres saints. Les versions modernes lisant χαμίλος au lieu de χάμηλος disent un *câble* au lieu d'*un chameau*, ce qui paraît beaucoup plus vraisemblable.

ACTE V, SCÈNE V.

humaine. Moi dont l'oreille est assez délicate pour reprendre une fausse mesure dans un instrument mal conduit, je n'ai pas eu assez d'oreille pour m'apercevoir que la mesure qui devait entretenir l'accord entre ma puissance et mon temps était rompue : j'abusais du temps, et à présent le temps abuse de moi, car il a fait de moi l'horloge qui marque les heures : mes pensées sont les minutes, et avec des soupirs elles frappent l'heure devant mes yeux, montre extérieure à laquelle mon doigt, comme l'aiguille d'un cadran, pointe toujours en essuyant leurs larmes : et maintenant, monsieur, le son qui m'apprend quelle heure il est n'est autre que celui de mes bruyants gémissements lorsqu'ils frappent sur mon cœur, qui est la cloche. Ainsi, les soupirs, les larmes et les gémissements marquent les minutes, les temps et les heures : mais mon temps s'enfuit rapidement dans la joie orgueilleuse de Bolingbroke; tandis que je suis debout ici comme un insensé, son jacquemard d'horloge [1].—Cette musique me rend furieux; qu'elle cesse. Si quelquefois elle rappela des fous à la raison, il me semble qu'en moi elle la ferait perdre à l'homme sage; et cependant béni soit le cœur qui m'en fait don ! car c'est une marque d'amitié; et de l'amitié pour Richard est un étrange joyau dans ce monde, où tous me haïssent.

(Entre un valet d'écurie.)

LE VALET.—Salut, royal prince.

RICHARD.—Je te remercie, mon noble pair; le meilleur marché de nous deux est de dix sous [2] trop cher.—Qui es-tu ? et comment es-tu entré ici, où n'entre jamais per-

---

[1] *Jack of the clock.* Jacquemard, espèce de figure en bois placée encore sur certaines anciennes horloges pour indiquer les heures.

[2] *Ten groats.* Le *groat* vaut quatre *pence*, c'est-à-dire huit sous ; ainsi, *ten groats* donneraient une valeur de *quatre francs*. Mais comme *groat* est aussi le mot dont on se sert pour exprimer une chose de peu de valeur, une extrêmement petite somme, à peu près comme nous employons le mot *liard*, on a cru conserver mieux l'esprit de cette phrase en traduisant *ten groats* par *dix sous*, qu'en exprimant leur valeur réelle.

sonne que ce mauvais chien qui m'apporte ma nourriture pour prolonger la vie du malheur ?

LE VALET.—J'étais un pauvre valet de tes écuries, roi, lorsque tu étais roi ; et voyageant vers York, j'ai, avec beaucoup de peine, obtenu à la fin la permission de revoir le visage de celui qui fut autrefois mon maître. Oh ! comme mon cœur a été navré lorsque j'ai vu dans les rues de Londres, le jour du couronnement, Bolingbroke monté sur ton cheval rouan Barbary, ce cheval que tu as monté si souvent, ce cheval que je pansais avec tant de soin !

RICHARD.—Il montait Barbary ! Dis-moi, mon ami, comment allait-il sous lui ?

LE VALET.—Avec tant de fierté qu'il semblait dédaigner la terre.

RICHARD.—Si fier de porter Bolingbroke ! Et cette rosse mangeait du pain dans ma main royale, et il était fier quand il sentait ma main le caresser ! Ne devait-il pas broncher ? ne devait-il pas tomber (puisqu'il faut que l'orgueil tombe tôt ou tard) et rompre le cou à l'orgueilleux qui usurpait ma place sur son dos ?—Pardonne-moi, mon cheval ; pourquoi te ferais-je des reproches, puisque tu as été créé pour être soumis à l'homme, et que tu es né pour porter ? Moi, qui n'ai pas été créé cheval, je porte mon fardeau comme un âne blessé de l'éperon et harassé par les caprices de Bolingbroke.

(Entre le geôlier avec un plat.)

LE GEÔLIER, *au valet.*—Allons, videz les lieux ; il n'y a pas à rester ici plus longtemps.

RICHARD.—Si tu m'aimes, il est temps que tu te retires.

LE VALET.—Ce que ma langue n'ose exprimer, mon cœur vous le dit.

(Il sort.)

LE GEÔLIER.—Seigneur, vous plaît-il de commencer ?

RICHARD.—Goûte le premier, suivant ta coutume.

LE GEÔLIER.—Seigneur, je n'ose : sir Pierce d'Exton, qui vient d'arriver de la part du roi, me commande le contraire.

RICHARD.—Le diable emporte Henri de Lancastre et toi! La patience est usée, et j'en suis las.
(Il frappe le geôlier.)

LE GEOLIER.—Au secours, au secours, au secours!
(Entrent Exton et plusieurs serviteurs armés.)

RICHARD.—Qu'est-ce que c'est? à qui en veut la mort dans cette brusque attaque?—Scélérat! (Il arrache à un soldat l'arme qu'il porte et le tue.) Ta propre main me cède l'instrument de ta mort.—Et toi, va remplir une autre place dans les enfers. (Il en tue encore un autre.—Alors Exton le frappe et le renverse.) La main sacrilége qui me poignarde brûlera dans des flammes qui ne s'éteindront jamais.—Exton, ta main féroce a souillé du sang de ton roi le royaume du roi.—Monte, monte, mon âme, ton trône est là-haut; tandis que ce corps charnel tombe sur la terre pour y mourir.
(Il meurt.)

EXTON.—Il était aussi plein de valeur que de sang royal : j'ai répandu l'un et l'autre.—Oh! plût au ciel que cette action fût innocente! Le démon, qui m'avait dit que je faisais bien, me dit à présent que cette action est inscrite dans l'enfer. Je veux aller porter ce roi mort au roi vivant.—Qu'on emporte les autres, et qu'on leur donne ici la sépulture.
(Ils sortent.)

SCÈNE VI

Windsor.—Un appartement dans le château.

Fanfares. — Entrent BOLINGBROKE ET YORK,
avec d'autres lords; suite.

BOLINGBROKE.—Mon cher oncle York, les dernières nouvelles que nous avons reçues sont que les rebelles ont brûlé notre ville de Chichester, dans le comté de Glocester; mais on ne nous dit pas s'ils ont été pris ou tués. (*Entre Northumberland.*)—Soyez le bienvenu, milord. Quelles nouvelles?

NORTHUMBERLAND. — D'abord, je souhaite toute sorte de bonheur à Votre Majesté sacrée ; ensuite les autres nouvelles sont, que j'ai envoyé à Londres la tête de Salisbury, de Spencer, de Blunt et de Kent. Vous trouverez dans cet écrit tous les détails sur la manière dont ils ont été pris.

(Il lui présente l'écrit.)

BOLINGBROKE, *après avoir lu*. — Nous te remercions, mon bon Percy, de tes services ; et nous ajouterons à ton mérite des récompenses dignes de toi.

(Entre Fitzwater.)

FITZWATER. — Seigneur, je viens d'envoyer d'Oxford à Londres les têtes de Brocas et de sir Bennet Seely, deux de ces dangereux et perfides conspirateurs qui cherchaient à Oxford ta funeste perte.

BOLINGBROKE. — Ces services, Fitzwater, ne seront pas oubliés. Ton mérite est grand, je le sais bien.

(Entre Percy amenant l'évêque de Carlisle.)

PERCY. — Le grand conspirateur, l'abbé de Westminster, accablé par sa conscience et par une noire mélancolie, a cédé son corps au tombeau. Mais voici l'évêque de Carlisle vivant, pour subir ton royal arrêt et la sentence due à son orgueil.

BOLINGBROKE. — Carlisle, voici votre arrêt : — Choisis quelque asile solitaire, plus grave que celui que tu occupes, et conserves-y la vie : si tu y vis tranquille, tu y mourras libre de toute persécution. Tu fus toujours mon ennemi, mais j'ai vu en toi de nobles étincelles d'honneur.

(Entre Exton suivi d'hommes portant un cercueil.)

EXTON. — Grand roi ! dans ce cercueil je t'offre tes craintes ensevelies. Ici gît sans vie le plus redoutable de tes plus grands ennemis, Richard de Bordeaux, apporté ici par moi.

BOLINGBROKE. — Exton, je ne te remercie pas. — Ta main fatale a commis une action qui retombera sur ma tête et sur cet illustre pays.

EXTON. — C'est d'après vos propres paroles, seigneur, que j'ai fait cette action.

BOLINGBROKE.—Ceux qui ont besoin du poison n'aiment pas pour cela le poison ; et je ne t'aime pas non plus. Bien que je l'aie souhaité mort, je hais l'assassin tout en l'aimant assassiné. Prends pour ta peine les remords de ta conscience ; mais n'espère ni une bonne parole, ni la faveur de ton prince. Va, comme Caïn, errer dans les ombres de la nuit, et ne montre jamais ta tête au jour, ni à la lumière.—Seigneurs, je proteste que mon âme est pleine de tristesse, qu'il faille ainsi m'arroser de sang pour me faire prospérer. Venez gémir avec moi sur ce que je déplore, et qu'on prenne à l'instant un deuil profond.—Je ferai un voyage à la terre sainte pour laver de ce sang ma main coupable. Suivez-moi à pas lents, et honorez ma tristesse en accompagnant de vos pleurs cette bière remplie avant le temps.

(Ils sortent.)

FIN DU CINQUIÈME ET DERNIER ACTE.

HENRI IV

TRAGÉDIE

PREMIÈRE PARTIE.

NOTICE

SUR LA PREMIÈRE PARTIE

DE HENRI IV

Les commentateurs donnent à ces deux pièces le titre de comédies ; et en effet, bien que le sujet appartienne à la tragédie, l'intention en est comique. Dans les tragédies de Shakspeare, le comique naît quelquefois spontanément de la situation des personnages introduits pour le service de l'action tragique : ici non-seulement une partie de l'action roule absolument sur des personnages de comédie ; mais encore la plupart de ceux que leur rang, les intérêts dont ils s'occupent et les dangers auxquels ils s'exposent pourraient élever à la dignité de personnages tragiques, sont présentés sous l'aspect qui appartient à la comédie, par le côté faible ou bizarre de leur nature. L'impétuosité presque puérile du bouillant Hotspur, la brutale originalité de son bon sens, cette humeur d'un soldat contre tout ce qui veut retenir un instant ses pensées hors du cercle des intérêts auxquels il a dévoué sa vie, donnent lieu à des scènes extrêmement piquantes. Le Gallois Glendower, glorieux, fanfaron, charlatan en même temps que brave, qui tient tête à Hotspur tant que celui-ci le menace ou le contrarie, mais qui cède et se retire aussitôt qu'une plaisanterie vient alarmer son amour-propre par la crainte du ridicule, est une conception vraiment comique. Il n'y a pas jusqu'aux trois ou quatre paroles que prononce Douglas qui n'aient aussi leur nuance de fanfaronnade. Aucun de ces trois courages ne s'exprime de même ; mais tout cède à celui de Hotspur, auquel la teinte comique qu'a reçue son caractère n'ôte rien de l'intérêt qu'il inspire. On s'attache à lui comme à l'Alceste du *Misanthrope*, à un grand caractère victime d'une qualité que l'impétuosité de son humeur et la préoccupation de ses propres idées ont tourné en défaut. On voit le brave Hotspur acceptant l'entreprise qu'on lui propose avant de la connaître, certain du succès dès qu'il est frappé de l'idée de l'action ; on le voit perdant successivement tous les appuis sur lesquels il avait compté, abandonné ou trahi par ceux qui l'ont entraîné dans le danger, et comme poussé par une sorte de fatalité vers l'abîme qu'il n'aperçoit qu'au moment où il n'est plus temps de reculer, et où il tombe en ne regrettant que sa gloire. C'est là sans doute une catastrophe tragique, et le fond de la première pièce, qui a pour sujet le premier pas de Henri V vers la gloire, en exigeait une de ce genre ; mais la peinture des égarements de la jeunesse du prince n'en forme pas moins la partie la plus importante de l'ouvrage, dont le caractère principal est Falstaff.

Falstaff est l'un des personnages les plus célèbres de la comédie anglaise. et peut-être aucun théâtre n'en offre-t-il un plus gai. Ce serait un spectacle assez triste que celui des emportements d'une jeunesse aussi désordonnée que celle de Henri V, dans des mœurs aussi rudes que celles de son temps, si, au milieu de cette grossière débauche, des habitudes et des prétentions d'un genre plus relevé ne venaient former un contraste et jouer un rôle d'autant plus amusant qu'il est déplacé. Il eût été fort moral, sans doute, de faire porter, sur le prince qui s'avilit, le ridicule de cette inconvenance ; mais quand Shakspeare n'eût pas été le poëte de la cour d'Angleterre, ni la vraisemblance ni l'art ne lui permettaient de dégrader un personnage tel que Henri V ; il a soin, au contraire, de lui conserver partout la hauteur de son caractère et la supériorité de sa position ; et Falstaff, destiné à nous amuser, n'est admis dans la pièce que pour le divertissement du prince.

Fait pour être un homme de bonne compagnie, Falstaff n'a pas encore renoncé à toutes ses prétentions en ce genre : il n'a point adopté la grossièreté des situations où le rabaissent ses vices ; il leur a tout livré, excepté son amour-propre ; il ne s'est point fait un mérite de sa crapule, il n'a point mis sa vanité dans les exploits d'un bandit : les manières et les qualités d'un gentilhomme, c'est encore à cela qu'il tiendrait s'il pouvait tenir à quelque chose ; c'est à cela qu'il prétendrait s'il lui était permis d'avoir, ou possible de soutenir une prétention. Du moins veut-il se donner le plaisir de les affecter toutes, dût ce plaisir lui valoir un affront ; sans y croire, sans espérer qu'on le croie, il faut à tout prix qu'il réjouisse ses oreilles de l'éloge de sa bravoure, presque de ses vertus. C'est là une de ses faiblesses, comme le goût du vin d'Espagne est une tentation à laquelle il ne lui est pas plus possible de résister, et la naïveté avec laquelle il cède, les embarras où elle le met, l'espèce d'imprudence hypocrite qui l'aide à s'en tirer, en font un personnage extraordinairement plaisant. Les jeux de mots, bien que fréquents dans cette pièce, y sont beaucoup moins nombreux que dans quelques autres drames d'un genre plus sérieux, et ils y sont infiniment mieux placés. Le mélange de subtilité, que Shakspeare devait à l'esprit de son temps, n'empêche pas que dans cette pièce, ainsi que dans celles où reparaît Falstaff, la gaieté ne soit peut-être plus franche et plus naturelle que dans aucun autre ouvrage du théâtre anglais.

La première partie de *Henri IV* parut, selon Malone, en 1597. Chalmers et Drake croient qu'elle fut écrite en 1596; mais leur opinion, à cet égard, ne s'appuie sur aucun témoignage sérieux. Ce qu'il y a de bien positif, c'est que cette pièce fut écrite avant 1598, car Meres la cite dans cette même année parmi les œuvres de Shakspeare.

HENRI IV

TRAGÉDIE

PREMIÈRE PARTIE.

PERSONNAGES

LE ROI HENRI IV.
HENRI, prince de Galles, } fils du
JEAN, prince de Lancastre,} roi.
LE COMTE DE WEST-\
 MORELAND, } partisans
SIR WALTER BLOUNT,} du roi.
THOMAS PERCY, comte de Worcester.
HENRI PERCY, comte de Northumberland.
HENRI PERCY, surnommé HOTSPUR, son fils.
EDMOND MORTIMER, comte de la Marche.
SCROOP, archevêque d'York.

ARCHIBALD, comte de Douglas.
OWEN GLENDOWER.
SIR RICHARD VERNON.
SIR JEAN FALSTAFF.
POINS.
GADSHILL.
PETO.
BARDOLPHE.
LADY PERCY, femme de Hotspur, sœur de Mortimer.
LADY MORTIMER, fille de Glendower, et femme de Mortimer.
QUICKLY, hôtesse d'une taverne à East-Cheap.

LORDS, OFFICIERS, SHÉRIF, CABARETIER, GARÇON DE CHAMBRE, GARÇONS DE CABARET, DEUX VOITURIERS, VOYAGEURS, SUITE.

La scène est en Angleterre.

ACTE PREMIER

SCÈNE I

Un appartement dans le palais.

Entrent LE ROI HENRI, WESTMORELAND, SIR WALTER BLOUNT, *et d'autres.*

LE ROI.—Ébranlés et épuisés par les soucis comme nous le sommes, tâchons de trouver un moment où la paix effrayée puisse reprendre haleine, et nous annoncer d'une voix entrecoupée les nouvelles luttes que nous devons aller soutenir sur de lointains rivages... Les abords[1] de cette terre altérée ne verront plus ses lèvres teintes du sang de ses propres enfants. La terre ne sillonnera plus son sein de tranchées, n'écrasera plus ses fleurs sous les pieds ferrés de coursiers ennemis. Ces yeux irrités qui naguère comme les météores d'un ciel orageux, tous d'une même nature, tous formés de la même substance, se venaient rencontrer dans le choc des partis livrés à la guerre intestine et dans la mêlée furieuse des massacres civils formeront maintenant des rangs unis et bien ordonnés, ils se dirigeront tous vers un même but, et ne combattront plus leurs connaissances, leurs parents, leurs alliés. Le tranchant de la guerre ne viendra plus comme un couteau mal rengainé couper son propre maître. Maintenant donc, mes amis, soldat du Christ, enrôlé sous sa croix sainte, pour laquelle nous nous sommes tous engagés à combattre, nous allons conduire jusqu'à son sépulcre une armée d'Anglais dont les bras furent formés dans le sein de leur mère pour aller poursuivre les païens sur les plaines saintes que foulèrent ses pieds divins, cloués, il y a

[1] *No more the thirsty entrance of this soil*
Shall daub her lips with her own children's blood.

Les commentateurs, à qui cette phrase a paru trop difficile à expliquer, ont supposé quelque corruption dans le texte et ont substitué le mot *Erinnys* au mot *entrance*, qu'on trouve dans les premières éditions. La correction ne paraît pas heureuse. Shakspeare, dans ses pièces tirées de l'histoire moderne, use rarement des images de l'ancienne mythologie, et celle-ci ne serait nullement en rapport avec le genre de poésie employé dans le reste du discours. Le mot *entrance*, au contraire, par une de ces extensions si familières à Shakspeare, et si naturelles dans une langue qui n'est point fixée, peut très-bien avoir été employé dans son sens naturel d'*entrée*, *abords*, *avenue*, et dans le sens de *bouche*; il est même probable que c'est cet avantage de présenter une double idée qui l'aura fait choisir au poëte. Les *abords* de l'Angleterre en étaient naturellement la partie la plus ensanglantée, soit par les invasions maritimes, soit par les incursions des Écossais et des Gallois qui se mêlaient presque toujours à ses troubles civils ; et la *bouche altérée de la terre teignant ses lèvres*, etc., est une métaphore suivie à la manière de Shakspeare, dont la grammaire est beaucoup plus vague que l'imagination. Les commentateurs ont presque toujours le tort de vouloir l'expliquer par la grammaire.

ACTE I, SCÈNE I.

quatorze cents ans, pour notre avantage, sur le bois amer de la croix. Mais ce projet existe depuis un an, et je n'ai pas besoin de vous le dire : cela sera, donc ce n'est pas encore aujourd'hui que nous nous rassemblons pour le départ. Maintenant, Westmoreland, mon cher cousin, rendez-moi compte de ce qui fut arrêté hier au soir dans notre conseil, pour hâter une expédition si chère.

WESTMORELAND.—Mon souverain, on discutait avec ardeur les moyens de l'exécuter promptement, et hier au soir seulement on avait arrêté plusieurs des dépenses qu'elle exige, lorsqu'à travers ces débats survint tout à coup un courrier de Galles, chargé de fâcheuses nouvelles. La pire de toutes c'est que le noble Mortimer, qui conduisait les gens du comte d'Hereford contre les troupes irrégulières et sauvages de Glendower, est tombé entre les mains féroces de ce Gallois. Mille de ses soldats ont été massacrés ; et les Galloises ont exercé sur leurs cadavres de telles horreurs, leur ont fait subir des mutilations si brutales, si infâmes, qu'on ne peut les redire ou les indiquer.

LE ROI.—Les nouvelles de ce combat auraient, à ce qu'il paraît, empêché de donner suite à l'affaire de la terre sainte.

WESTMORELAND.—Oui, mon gracieux seigneur, cette nouvelle jointe avec d'autres ; car il est venu du Nord des nouvelles plus pénibles et plus fâcheuses encore: et les voici. Le jour de l'exaltation de la Sainte-Croix, le vaillant Hotspur, ce jeune Henri Percy, et le brave Archambald, cet Écossais tout plein de valeur et de renommée, se sont livrés à Holmedon un sérieux et sanglant combat. Les nouvelles ne nous en sont parvenues que par le bruit de leur mousqueterie, et accompagnées seulement de conjectures ; car celui qui nous les a apportées est monté à cheval au moment où la lutte devenait le plus opiniâtre, totalement incertain sur l'issue qu'elle pourrait avoir.

LE ROI.—Un ami plein d'affection et d'habile fidélité, sir Walter Blount, arrive ici descendant de cheval et couvert des différentes espèces de poussières qu'il a traversées depuis Holmedon jusqu'à cette résidence; et il nous a apporté des nouvelles agréables et douces. Le comte de Douglas est défait. Sir Walter a vu dans les plaines d'Holmedon dix mille de ces hardis Écossais et vingt-deux chevaliers baignés dans leur sang. Au nombre des prisonniers d'Hotspur sont Mordake, comte de Fife, et fils aîné du vaincu Douglas[1], les comtes d'Athol, de Murray, d'Angus et de Menteith. Ne sont-ce pas là d'honorables dépouilles, une riche conquête? Eh, cousin, qu'en dites-vous?

WESTMORELAND.—Oui, certes, c'est une victoire dont pourrait se vanter un prince.

LE ROI.—Eh! vraiment c'est en ceci que tu m'affliges, et que tu me fais faire le péché d'envie contre Northumberland quand je le vois père d'un fils si désirable; d'un fils, le sujet éternel des discours de la louange, la tige la plus élancée du bocage, le favori, l'orgueil de la fortune caressante, tandis que moi, spectateur de sa gloire, je vois la débauche et le déshonneur souiller le front de mon jeune Henri. O plût au ciel qu'on pût prouver que quelque fée se glissant dans la nuit, a tiré pour les échanger nos enfants de leurs langes, et qu'elle a nommé le mien *Percy*, et le sien *Plantagenet!* Alors j'aurais son Henri et il aurait le mien.—Mais bannissons-le de ma pensée.—Que dites-vous, cousin, de l'orgueil de ce jeune Percy? Les prisonniers qu'il a faits dans cette rencontre, il prétend se les approprier, et il me fait dire que je n'en aurai pas d'autres que Mordake, comte de Fife.

WESTMORELAND.—Ce sont là les leçons de son oncle; j'y reconnais Worcester, toujours malveillant pour vous

[1] Mordake, comte de Fife, n'était pas fils de Douglas, mais d'Archambald, duc d'Albanie et régent du royaume d'Écosse; mais Shakspeare qui suivait sans y regarder de plus près, la version d'Hollinshed, avait été trompé par l'omission d'une virgule dans le texte du chroniqueur, à l'endroit où il fait emmener les prisonniers faits par Hotspur à la bataille d'Holmedon; *Mordake earl of Fife, son to the governor Archambald earl Douglas.* C'est l'omission de cette virgule après Archambald qui a fait l'erreur de Shakspeare.

dans toutes les occasions. C'est lui qui l'engage à se rengorger ainsi et à lever sa jeune crête contre la dignité de votre couronne.

LE ROI.—Mais je l'ai envoyé chercher pour m'en rendre raison, et c'est ce qui nous oblige à laisser quelque temps de côté nos saints projets sur Jérusalem. Cousin, mercredi prochain nous tiendrons notre conseil à Windsor : instruisez-en les lords, mais vous, revenez promptement vers nous ; car il reste plus de choses à dire et à faire, que la colère ne me permet en ce moment de vous l'expliquer.

WESTMORELAND.—Je vais, mon prince, exécuter vos ordres.

SCÈNE II

Un autre appartement dans le palais.

Entrent HENRI, *prince de Galles*, ET FALSTAFF.

FALSTAFF.—Dis donc, Hal[1], quelle heure est-il, mon garçon ?

HENRI.—Tu as l'esprit si fort épaissi à force de t'enivrer de vieux vin d'Espagne[2], de te déboutonner après souper, et de dormir sur les bancs des tavernes l'après-dîner, que tu ne sais plus demander ce que tu as véritablement envie de savoir. Que diable as-tu affaire à l'heure qu'il est ? A moins que les heures ne fussent des verres de vin d'Espagne, les minutes autant de chapons, à moins que nous n'eussions pour horloges la voix des appareilleuses,

---

[1] *Hal.* Diminutif de Henri.

[2] *Sack.* C'est un grand sujet de discussion que de savoir ce qu'était le *sack* du temps de Shakspeare, car il n'était pas du temps de Falstaff d'un usage aussi commun que l'a supposé le poëte. Il paraît constant que le *sack* était un vin d'Espagne ; l'usage d'y mettre du sucre donne lieu de croire que c'était un vin sec, comme le mot *sack* pourrait aussi le faire croire. C'était, selon toute apparence, du vin de Xérès ou de Pacaret ; quelques-uns pensent que le *sack* était un vin brûlé et sucré, une espèce de ratafia. Le *sack* des Anglais aujourd'hui est le vin des Canaries ; on l'appelait alors *sweet sack.*

pour cadrans les enseignes de tabagies, et que le bienfaisant soleil lui-même ne fût une belle et lascive courtisane en taffetas couleur de feu, je ne vois pas de motif à cette inutilité de venir demander l'heure qu'il est.

FALSTAFF.—Ma foi, Hal, vous entrez dans mon sens ; car nous autres coupeurs de bourses, nous nous laissons conduire par la lune et les sept étoiles, et non par Phœbus, *ce chevalier errant, blond* [1]. Et je t'en prie, mon cher lustig, dis-moi un peu, quand une fois tu seras roi...— Dieu conserve ta grâce (majesté, j'aurais dû dire, car de grâces tu n'en auras jamais)!...

HENRI.—Comment! pas du tout?

FALSTAFF.—Non, par ma foi, pas seulement autant qu'on en peut avoir à dire après un œuf ou du beurre [2].

HENRI.—Eh bien ! enfin donc? Au fait, au fait.

FALSTAFF.—Vraiment je veux donc te dire, mon cher lustig, quand tu seras roi, tu ne dois pas souffrir que nous autres gardes du corps de la nuit, soyons traités de voleurs qui attaquent la beauté du jour. Qu'on nous appelle, à la bonne heure, forestiers de Diane, gentilshommes des ténèbres, les mignons de la lune, et qu'on dise de nous que nous nous gouvernons bien, puisque nous sommes comme la mer, gouvernés par notre noble maîtresse la lune, sous la protection de laquelle nous exerçons... le vol.

HENRI.—Tu as raison, et ce que tu dis est vrai sous tous les rapports : car notre fortune à nous autres gens de la lune, a son flux et reflux comme la mer; de même que la mer, nous sommes gouvernés par la lune ; et pour preuve, une bourse résolûment enlevée le lundi soir sera dissolument vidée le mardi matin, gagnée en jurant, la *bourse ou la vie*, dépensée en criant, *apporte bouteille*. En

---

[1] *That wandering knight so fair.* Paroles tirées probablement de quelque ancienne ballade sur les aventures du *Chevalier du Soleil*.
[2] *Not so much as will serve to be prologue to an egg and butter.* Le nom de grâces se donne également en Angleterre au *benedicite* qui précède le repas et aux prières qui se disent à la fin. Shakspeare le prend ici dans le premier sens ; il a fallu, pour conserver le jeu de mots, y substituer le dernier.

cet instant, marée basse comme le pied de l'échelle, nous serons d'un moment à l'autre à flot aussi haut que le bras de la potence.

FALSTAFF.—Pardieu, tu dis bien vrai, mon garçon.— Et n'est-ce pas que mon hôtesse de la taverne est une agréable créature?

HENRI.—Douce comme le miel d'Hybla, mon vieux garnement [1]. Et n'est-il pas vrai aussi qu'un pourpoint de buffle est une agréable robe de chambre pour prison [2]?

FALSTAFF.—Quoi, quoi? Mauvais plaisant, fou que tu

---

[1] *My old lad of the castle.* Expression souvent employée par les anciens auteurs, et qui s'était probablement appliquée d'abord aux satellites du seigneur châtelain : elle fait ici allusion au premier nom de Falstaff, qui du moins à ce qu'il paraît, s'était d'abord appelé *Oldcastle.* Sir John Oldcastle avait été mis à mort sous Henri V, comme partisan des opinions de Wycleff, et soit hasard, soit haine religieuse, son nom était devenu sur le théâtre celui d'un personnage burlesque, d'un caractère tout opposé à celui qui fait les martyrs, et très-différent en effet, à ce qu'il paraît, de celui du véritable Oldcastle; c'est sous ce travestissement, et comme associé aux désordres de Henri, que paraît sir John Oldcastle dans une vieille pièce intitulée *les fameuses victoires d'Henri V, contenant la bataille d'Agincourt;* et toujours est-il certain que les écrivains jésuites avaient pris texte de cette tradition théâtrale pour charger de vices la mémoire du sectateur de Wicleff. Quoi qu'il en soit, Shakspeare, à ce qu'il paraîtrait, s'empara, selon son usage, du personnage déjà en possession du théâtre, et lui conserva d'abord son premier nom, ainsi qu'il a conservé ceux de *Ned* et de *Gadshill,* autres compagnons de Henri dans la vieille pièce de la bataille d'Agincourt. Mais ensuite, soit par respect pour la mémoire d'une victime du catholicisme, soit par égard pour la famille d'Oldcastle, Elisabeth demanda un changement de nom, et le vieux camarade du prince de Galles prit alors celui de Falstaff, en conservant tous les attributs d'Oldcastle, comme le gros ventre, la gourmandise, etc.

[2] *Is not a buff jerkin a most sweet robe of durance.* Il est difficile d'entendre le sens de cette plaisanterie, comme de toutes celles qui portent sur des usages familiers au temps où l'auteur écrivait, mais impossibles à retrouver plus tard. *Durance* signifie généralement *durée, souffrance,* et plus spécialement *prison* : il paraît aussi que le mot *durance* avait été donné à certaines étoffes ; le jeu de mots est clair entre ces deux derniers sens du mot *durance;* mais il n'est pas aussi aisé de comprendre le rôle que joue dans

es! qu'as-tu donc à me pincer, à m'épiloguer de cette manière? que diable ai-je affaire à ton pourpoint de buffle?

HENRI. — Et que diable ai-je affaire, moi, avec ton hôtesse de la taverne?

FALSTAFF. — Eh! mais tu l'as bien fait venir compter avec toi plus et plus d'une fois.

HENRI. — Et t'ai-je jamais fait venir toi, pour payer ta part?

FALSTAFF. — Non: oh! je te rendrai justice: tu as toujours tout payé là.

HENRI. — Là et ailleurs aussi, tant que mes fonds pouvaient s'étendre; et quand ils m'ont manqué, j'ai usé de mon crédit.

FALSTAFF. — Oh! pour cela oui, et si bien usé, que, s'il n'était pas si clair que tu es l'héritier présomptif.... — Mais dis-moi donc, je t'en prie, mon cher enfant, verra-t-on encore en Angleterre des gibets sur pied, quand tu seras roi? Et cette grotesque figure, la mère la Loi, avec son frein rouillé, pourra-t-elle toujours jouer de mauvais tours aux gens de cœur? Je t'en prie, quand tu seras roi, ne pends point les voleurs.

HENRI. — Non, ce sera toi.

FALSTAFF. — Moi, oh! bravo. Pardieu je serai un excellent juge.

HENRI. — Et voilà comme tu juges déjà mal; car je veux dire que c'est toi qui auras l'emploi de pendre les voleurs, et que tu deviendras ainsi un merveilleux bourreau.

FALSTAFF. — Fort bien, Hal, fort bien: je puis vous dire qu'en quelque façon ce métier-là s'accorderait avec mon humeur tout aussi bien que celui de faire ma cour.

---

la plaisanterie du prince le *pourpoint de buffle*, qui est cependant ce qui choque le plus Falstaff. Le pourpoint de buffle était l'habit des officiers du shérif: est-ce une manière de les désigner et de les rappeler à Falstaff, que ses méfaits exposent sans cesse à leur poursuite? C'était aussi l'habit militaire de la chevalerie. Est-ce une manière de désigner les chevaliers? sir John l'était.

HENRI.—Pour être revêtu de quelque emploi.

FALSTAFF.—Certainement pour être vêtu[1]. Le bourreau a une garde-robe qui n'est pas mince.—Je suis aussi triste qu'un vieux matou, ou qu'un ours emmuselé.

HENRI.—Ou qu'un lion décrépit, ou bien que le luth d'un amant.

FALSTAFF.—Oui, ou le bourdonnement d'une musette du comté de Lincoln.

HENRI.—Pourquoi pas comme un lièvre, ou comme les vapeurs de Moorditch[2]?

FALSTAFF.—Tu as toujours les comparaisons les plus désagréables, et tu es le comparatif en personne le plus maudit... aimable jeune prince!...—Mais, Hal, je t'en prie, ne me tourmente plus davantage de ces folies. Je voudrais de tout mon cœur que nous fussions toi et moi là où l'on achète une provision de bonne renommée. Un vieux lord du conseil m'a diablement bourré l'autre jour dans la rue à votre sujet, mon cher monsieur, mais je n'y ai pas fait attention ; et cependant il parlait fort sagement, mais je n'y ai pas pris garde, et pourtant il parlait sagement, et dans la rue encore.

HENRI.—Tu as bien fait : car la sagesse crie dans les rues, et personne n'y prend garde[3].

FALSTAFF.—Oh! tu as de damnables applications ; en vérité, tu serais capable de corrompre un saint.—Tu m'as fait bien du tort, Hal! Dieu te le pardonne ; mais avant de te connaître, Hal, je ne savais rien de rien ; et aujourd'hui, pour dire la vérité, je ne vaux rien de mieux que ce qu'il y a de pis. Il faut que je quitte cette vie-là, et je la quitterai ; si je ne le fais pas, dis que je

---

[1] LE PRINCE. *For obtaining of suits?*
    FALS.   *Yea, for obtaining of suits.*

Jeu de mots sur le mot *suits*, qui signifie une *requête* et un *vêtement complet*.

[2] *The melancholy of moor-ditch*. Moor-ditch était un fossé bourbeux qui environnait une partie des murs de Londres, et dont les exhalaisons occasionnaient, à ce qu'il paraît, une maladie appelée *the melancholy of moor-ditch*.

[3] Paroles de l'Écriture.

suis un misérable. Il n'y a pas un fils de roi dans la chrétienté pour qui je veuille me faire damner.

HENRI. — Jack, où irons-nous demain escamoter une bourse ?

FALSTAFF. — Où tu voudras, mon garçon ; je suis de la partie. Si je n'y vas pas, appelle-moi un misérable, et fais moi quelque affront.

HENRI. — Je vois que tu t'amendes bien. Tu passes de la prière au guet-apens.

(Poins paraît dans le fond du théâtre.)

FALSTAFF. — Que veux-tu, Hal, c'est ma vocation, mon ami ; et ce n'est pas péché pour un homme que de suivre sa vocation. — Poins ! Nous allons savoir tout à l'heure si Gadshill a lié une partie. Oh ! si les hommes étaient sauvés selon leur mérite, quel trou dans l'enfer serait assez chaud pour lui ? C'est peut-être le plus universel coquin qui ait jamais crié *arrête* à un honnête homme.

HENRI. — Bonjour, Ned[1].

POINS. — Bonjour, cher Hal. — Que dit M. Remords ? que dit sir Jean-vin-sucré ? Jack, comment le diable et toi vous arrangez-vous au sujet de ton âme, après la lui avoir vendue, le vendredi saint dernier, pour un verre de vin de Madère et une cuisse de chapon froid ?

HENRI. — Sir Jean ne s'en dédit pas ; il tiendra son marché avec le diable, car de sa vie encore il n'a fait mentir de proverbes. Il donnera au diable ce qui lui appartient.

POINS. — Eh bien, te voilà donc damné pour tenir ta parole au diable ?

HENRI. — Il l'aurait été aussi pour avoir friponné le diable.

POINS. — Mais, mes enfants, mes enfants, c'est demain qu'il faut se rendre dès quatre heures du matin chez Gadshill. Il y a des pèlerins qui s'en vont à Cantorbéry, chargés de riches offrandes, et des marchands qui chevauchent vers Londres avec des bourses bien grasses. J'ai des masques pour vous tous, et vous avez vos che-

---

[1] *Ned,* diminutif d'Edward.

ACTE I, SCÈNE II.

vaux ; Gadshill couche ce soir à Rochester ; j'ai commandé le souper pour cette nuit à Eastcheap. Il n'y a pas plus de danger là qu'à dormir dans vos lits. Si vous voulez venir, je vous garnis vos bourses de couronnes jusqu'au bord : si vous ne voulez pas, restez à la maison, et allez vous faire pendre.

FALSTAFF.—Ecoute, Edouard ; si je reste ici et n'y vais point, je vous ferai tous pendre pour y avoir été.

POINS.—En vérité, Côtelettes.

FALSTAFF.—Veux-tu en être, Hal ?

HENRI.—Qui ! moi, voler ! Moi, aller faire le brigand ? Non pas moi, sur ma foi !

FALSTAFF.—Tiens, tu n'as en toi rien d'un honnête homme, d'un homme de cœur, d'un bon camarade ; tu n'es pas sorti du sang royal ; tiens, si tu n'oses pas tenir pour dix schellings[1].

HENRI.—A la bonne heure, je ferai donc, une fois dans ma vie, un coup de tête.

FALSTAFF.—Voilà ce qui s'appelle parler.

HENRI.—Eh bien, arrive ce qui voudra, je garde la maison.

FALSTAFF.—Sur mon Dieu, s'il en est ainsi, je conspire quand tu seras roi.

HENRI.—Je ne m'en soucie guère.

POINS.—Sir John, je t'en prie, laisse-nous seuls un moment le prince et moi ; je lui donnerai de si bonnes raisons pour cette expédition, qu'il y viendra.

FALSTAFF.—A la bonne heure : puisses-tu avoir l'esprit de persuasion, et lui l'intelligence du profit ! afin que ce que tu diras puisse le toucher, et que ce qu'il entendra, il puisse le croire, et afin que le prince véritable puisse (par récréation) devenir un faux voleur ; car les pauvres abus de ce siècle ont bien besoin de protection. Adieu, vous me retrouverez à Eastcheap.

---

[1] *Thou camest not of the blood royal, if thou darest not stand for ten shillings.* Jeu de mots sur *royal* ou *reale*, qui signifiait aussi une monnaie de la valeur de dix schellings.

HENRI.—Adieu, printemps passé ; adieu, été de la Toussaint. *(Falstaff sort.)*

POINS.—Allons, mon bon, doux et gracieux seigneur, montez à cheval demain avec nous. J'ai une farce à jouer que je ne saurais arranger tout seul. Falstaff, Bardolph, Peto et Gadshill dévaliseront ces hommes que nous sommes à guetter. Ni vous, ni moi, n'y serons ; et quand ils auront leur butin, si entre vous et moi nous ne les volons pas à notre tour, je veux que vous m'abattiez la tête de dessus les épaules.

HENRI.—Mais comment ferons-nous pour nous séparer d'eux au moment du départ?

POINS.—Quoi ! nous ne partirons qu'avant ou après eux, et nous leur fixerons un rendez-vous, auquel nous serons les maîtres de manquer. Alors ils s'aventureront tout seuls à faire cet exploit, et ils ne l'auront pas plutôt accompli, que nous tomberons sur eux.

HENRI.—Oui, mais il est probable qu'ils nous reconnaîtront à nos chevaux, à nos habits, enfin à toutes sortes d'indices.

POINS.—Bah ! d'abord ils ne verront pas nos chevaux, je les attacherai dans le bois ; nous changerons de masques dès que nous les aurons quittés ; et de plus, mon cher, j'ai pour l'occasion, des fourreaux de bougran dont nous couvrirons nos vêtements qu'en effet ils connaissent.

HENRI.—Mais j'ai peur aussi qu'ils ne soient trop forte partie pour nous.

POINS.—Oh ! pour cela, il y en a deux dont je réponds comme des plus fieffés poltrons qui aient jamais tourné le dos ; et pour le troisième, s'il se bat plus longtemps que de raison, je renonce au métier des armes.—Le bon de cette plaisanterie sera d'entendre après les inconcevables mensonges que nous débitera ce gros coquin, lorsque nous nous retrouverons à souper : comme quoi il s'est battu avec une trentaine au moins, quelles parades il a faites, quels coups il a allongés, quels dangers il a courus ; notre divertissement sera de le mettre en défaut.

HENRI.—Eh bien, j'irai avec toi ; va nous préparer tout ce qui est nécessaire, et puis retrouve-toi ce soir à Eastcheap ; j'y souperai, adieu.

POINS.—Adieu, mon prince.

(Il sort.)

HENRI.—Je vous connais tous ; et veux bien pour un temps favoriser les caprices déréglés de votre oisiveté. En cela je continuerai à imiter le soleil qui permet quelquefois aux nuages impurs et contagieux de dérober sa beauté à l'univers, afin que lorsqu'il lui plaira de redevenir lui-même, le monde, après en avoir été privé, le voie avec plus d'admiration reparaître tout à coup à travers les noires et hideuses vapeurs qui avaient paru le suffoquer. Si l'année entière se passait en jours de congé, les jeux seraient bientôt aussi ennuyeux que le travail. Mais quand ils ne viennent que de temps à autre, ils reviennent toujours désirés ; rien ne plaît que ce qui n'arrive pas communément. Ainsi quand je rejetterai ces habitudes déréglées, et que je payerai la dette que je n'ai jamais reconnue, autant mes promesses auront été au-dessous de ma conduite, autant je tromperai l'attente des hommes ; et telle qu'un métal brillant sur un fond obscur, ma réforme, dont l'éclat sera rehaussé par mes fautes, paraîtra plus méritoire, et attirera plus de regards que le mérite qu'aucune tache ne fait ressortir. Ainsi je veux faillir de manière à me servir habilement de mes fautes, lorsque ensuite je regagnerai le temps perdu au moment où on y comptera le moins.

(Il sort.)

SCÈNE III

Autre appartement du palais.

Entrent LE ROI HENRI, NORTHUMBERLAND, WORCESTER, HOTSPUR, SIR W. BLOUNT *et autres personnages.*

LE ROI.—Mon sang a été trop calme et trop froid, de ne pas bouillir à cet indigne affront : c'est ainsi que vous avez pensé, et en conséquence vous foulez ma patience aux pieds. Mais soyez bien sûrs que désormais je serai ce que je suis par mon rang puissant et redoutable, plutôt que de me livrer à mon caractère, qui a été jusqu'ici coulant comme l'huile, doux comme un jeune duvet, et m'a fait perdre ainsi mes titres au respect que les âmes orgueilleuses ne rendent jamais qu'aux orgueilleux.

WORCESTER.—Notre maison, mon souverain, n'a guère mérité qu'on déployât sur elle la verge du pouvoir, de ce même pouvoir que nos propres mains ont aidé à devenir si imposant.

NORTHUMBERLAND.—Seigneur...

LE ROI.—Worcester, va-t'en : car je vois dans tes yeux l'audace de la désobéissance.—Oh! monsieur! votre maintien est trop arrogant, trop impérieux, et la majesté royale ne se laisserait pas plus longtemps insulter par le froncement de sourcils d'un serviteur. Vous avez toute liberté de vous retirer : quand nous aurons besoin de vos services et de vos conseils, nous vous ferons appeler. (*Worcester sort.*—*A Northumberland.*) Vous vouliez parler.

NORTHUMBERLAND.—Oui, mon bon seigneur : ces prisonniers, demandés au nom de Votre Altesse, et que Henri Percy a faits ici près de Holmedon, n'ont pas été, à ce qu'il assure, refusés d'une manière aussi positive qu'on l'a rapporté à Votre Majesté. C'est donc à l'envie, ou bien à une méprise, qu'on doit attribuer cette faute, et non pas à mon fils.

HOTSPUR.—Mon souverain, je n'ai point refusé de prisonniers; mais je me rappelle que, le combat fini, au moment où je me sentais desséché par les fureurs de l'action et l'excès de la fatigue; lorsque, faible et hors d'haleine, je m'appuyais sur mon épée, il vint à moi un certain lord, propre, élégamment paré, frais comme un marié, et le menton nouvellement fauché, offrant l'aspect d'un champ de chaume après la moisson; il était parfumé comme une lingère. Entre son pouce et l'index, il tenait une petite boîte de senteur que de temps en temps il portait et ôtait à son nez, qui en reniflait d'humeur, quand je m'approchai de lui[1]. Et en même temps il ne cessait de sourire et de babiller ; et comme les soldats passaient près de lui, emportant les corps morts, il les traitait d'impertinents coquins et de mal-appris, de venir apporter ainsi un sale et vilain cadavre entre le vent et sa grandeur. Il me questionna en termes arrangés et d'un ton de jolie femme : entre autres choses, il me demanda mes prisonniers au nom de Votre Majesté. Moi, dans ce moment, tout irrité, avec mes blessures refroidies, de me sentir ainsi harcelé par un perroquet, dans mon ressentiment et mon impatience, je lui répondis, sans y faire attention, je ne sais pas quoi... qu'il les aurait ou qu'il ne les aurait pas : car il me mettait en fureur quand il venait si sautillant, sentant si bon, me parler dans le langage d'une femme de chambre de cour, de canons, de tambours et de blessures ; me dire, Dieu sait à quel propos, qu'il n'y avait rien au monde de si admirable que le spermaceti pour des contusions internes... et que c'était grand'pitié qu'on allât déterrer, dans les entrailles de la terre innocente, ce traître de salpêtre qui a détruit lâchement plus d'un bon et robuste compagnon, et que sans ces détestables armes à feu il aurait été guerrier comme les autres. C'est, je vous le dis, mon prince, à ce plat bavardage, aux propos décousus qu'il me tenait, que je répondis indirectement ; et je vous en conjure, que son rapport ne soit pas regardé ici comme d'assez de valeur pour m'accuser, et venir se mettre entre mon attachement et votre haute Majesté.

BLOUNT.—En considérant les circonstances, mon bon seigneur, tout ce qu'Henri Percy aura dit à un pareil personnage, en pareil lieu, et dans un pareil moment, peut bien, avec tout ce qu'on vous a rapporté, périr dans un juste oubli, sans jamais être relevé pour

---

[1] *Who there with angry, When I next came there Took it in snuff.*

Take in snuff, répond à ce que nous appelons *se sentir monter la moutarde au nez*. Hotspur joue ici sur l'expression, et prétend que le nez du lord qui respirait cette odeur, *took it in snuff*, le prenait en guise de tabac ; ce qui veut dire aussi : le prenait avec colère, *angry*.

lui nuire, ou fonder aucun motif d'accusation ; ce qu'il a dit alors, il le désavoue maintenant.

LE ROI.—Mais cependant il refuse encore ses prisonniers, à moins que l'on n'accepte ses réserves, ses conditions, qui sont que nous payerons sur-le-champ, à nos frais, la rançon de son beau-frère, de l'extravagant Mortimer[1], qui, sur mon âme, a volontairement livré la vie des soldats qu'il a menés au combat contre cet indigne magicien et damné Glendower[2] dont la fille, à ce que nous apprenons, vient tout récemment d'épouser le comte des Marches[3]. Ainsi nous viderons nos coffres pour racheter un traître et le remettre dans le pays ; nous irons solder la trahison, et traiter avec la peur quand elle s'est perdue et livrée elle-même ! Non, qu'il périsse de faim sur les montagnes stériles ! Jamais je ne regarderai comme mon ami l'homme dont la voix me demandera de dépenser un penny pour délivrer et faire rentrer dans mes États le rebelle Mortimer.

HOTSPUR.—Le rebelle Mortimer ! C'est par les hasards seuls de la guerre, mon souverain, qu'il est tombé entre les mains de l'ennemi, et il suffit d'une seule langue

---

[1] Edmond Mortimer, comte des Marches, n'était pas le beau-frère, mais le neveu d'Hotspur, par la femme de celui-ci, sœur de Roger Mortimer, père d'Edmond. Dans la première scène du troisième acte, Mortimer, en parlant de lady Percy, femme d'Hotspur, l'appelle *sa tante*.

[2] Owen Glendower, ou Glindour Dew, du lieu de sa naissance (Glindourure, sur les bords de la Dee), était fils d'un gentilhomme du pays de Galles ; il avait d'abord étudié à Londres pour suivre la carrière du barreau ; mais n'ayant pu obtenir justice de lord Ruthwen, qui lui retenait les terres provenant de l'héritage de son père, il résolut de se la faire par les armes, ravagea les propriétés du lord, emmena ses bestiaux, tua ses vassaux, et finit par le faire prisonnier lui-même. Il parvint à une telle puissance qu'il se fit en 1402 couronner prince de Galles. Il fut mêlé à tous les troubles qui désolèrent le règne de Henri IV ; et, après des succès divers, mais qui le laissaient toujours sur pied et toujours redoutable, il fut enfin totalement défait et réduit à vivre dans les bois et dans les cavernes ; il y mourut de misère en 1420. Il était regardé comme magicien.

[3] Hollinsded et les autres chroniqueurs ont parlé de ce prétendu mariage.

pour faire parler en témoignage de cette vérité toutes ses blessures comme autant de bouches. Ces blessures qu'il a reçues en brave, lorsque sur les bords de la douce Severn, seul contre seul, fer contre fer, il a passé la meilleure partie d'une heure à faire échange de courage avec le puissant Glendower. Trois fois ils ont repris haleine, et trois fois, d'un mutuel accord, ils ont bu les eaux de la rapide Severn, qui, effrayée alors de leurs sanguinaires regards, a fui pleine de crainte à travers ses roseaux tremblants, et a caché sa tête ondoyante dans les profondeurs de son lit tout ensanglanté par ces valeureux combattants. Jamais une politique basse et corrompue ne colora ses œuvres de blessures si mortelles, et jamais le noble Mortimer n'eût pu en recevoir un si grand nombre, le tout volontairement. Qu'on ne le flétrisse donc pas du nom de rebelle.

LE ROI.—Tu le montres ce qu'il n'est pas, Percy, tu le montres ce qu'il n'est pas : jamais il ne s'est mesuré avec Glendower. Je te dis, moi, qu'il aurait aussi volontiers risqué de se trouver tête à tête avec le diable, qu'en face d'Owen Glendower. N'as-tu pas honte ? — Mais, jeune homme, que désormais je ne vous entende plus dire un mot de Mortimer. Envoyez-moi vos prisonniers par la voie la plus prompte, ou vous aurez de mes nouvelles d'une manière qui pourra vous déplaire.—Milord Northumberland, vous pouvez partir avec votre fils.— Envoyez-nous vos prisonniers, ou vous en entendrez parler.

(Sortent le roi, Blount et la suite.)

HOTSPUR.—Et quand le diable voudrait rugir ici pour les avoir, je ne les enverrai pas.—Je veux le suivre à l'instant, et le lui dire ; je veux soulager mon cœur, fût-ce au péril de ma tête.

NORTHUMBERLAND.—Quoi, tout ivre de colère?—Arrêtez et attendez un moment. Voici votre oncle.

(Entre Worcester.)

HOTSPUR.—Ne plus parler de Mortimer! mordieu! j'en parlerai. Et que mon âme n'ait jamais miséricorde si je ne me joins pas à lui! Oui, j'épuiserai en sa faveur toutes ces veines, je répandrai tout mon sang le plus précieux goutte à goutte sur la poussière, ou j'élèverai Mortimer, qu'on foule aux pieds, aussi haut que ce roi oublieux, cet ingrat et pervers Bolingbroke.

NORTHUMBERLAND, *à Worcester.*—Mon frère, le roi a fait perdre la raison à votre neveu.

WORCESTER.—Qui donc a allumé toute cette fureur depuis que je suis sorti?

HOTSPUR.—Il veut réellement avoir tous mes prisonniers, et lorsque je suis venu à lui reparler de la rançon du frère de ma femme, ses joues ont pâli, et il a tourné sur moi un œil de mort; il tremblait au seul nom de Mortimer.

WORCESTER.—Je ne puis le blâmer. Mortimer n'a-t-il pas été déclaré publiquement par Richard, qui aujourd'hui n'est plus, le plus proche du trône après lui?

NORTHUMBERLAND.—Rien n'est plus vrai; j'ai entendu la déclaration : ce fut lorsque notre malheureux roi (Dieu veuille nous pardonner nos torts envers lui!) partit pour son expédition d'Irlande; il y fut intercepté, et n'en revint que pour être déposé, et bientôt après assassiné.

WORCESTER.—Et à cause de cette mort, la voix générale de l'univers nous diffame et parle de nous avec opprobre.

HOTSPUR.—Mais, doucement, je vous en prie; le roi Richard a donc déclaré mon frère, Edmond Mortimer, l'héritier de la couronne?

NORTHUMBERLAND.—Il l'a déclaré; moi-même je l'ai entendu.

HOTSPUR.—Vraiment, je ne puis blâmer le roi, son cousin, de désirer qu'il meure de faim sur les montagnes stériles. Mais sera-t-il dit que vous, qui avez posé la couronne sur la tête de cet homme ingrat, et qui, pour son profit, portez la tache détestable d'un assassinat payé.... sera-t-il dit que vous subissiez patiemment un déluge de malédictions, en demeurant simplement des agents de meurtre, des instruments secondaires, les cordes, l'échelle, ou plutôt le bourreau....—Oh! pardonnez si je descends si bas pour vous montrer en quel rang et en quelle catégorie vous vous placez sous ce roi artificieux.—N'avez-vous pas de honte qu'on puisse raconter à nos temps, ou étaler un jour dans les chroniques, que des hommes de votre noblesse et de votre puissance se sont engagés tous deux dans une cause injuste (comme, Dieu vous le pardonne! vous l'avez fait tous deux), pour abattre Richard, cette douce et belle rose, et planter à sa place cette épine, ce chardon, ce Bolingbroke? Et pour comble d'opprobre, sera-t-il dit encore que vous aurez été joués, écartés, rejetés par celui pour qui vous vous êtes soumis à toutes ces ignominies? Non, il est temps encore de racheter vos honneurs perdus, et de vous rétablir dans l'estime de l'univers. Vengez-vous des insultants et dédaigneux mépris de ce roi orgueilleux, jour et nuit occupé des moyens de se débarrasser de sa dette envers vous; dût votre mort en être le sanglant payement.... je vous dis donc....

WORCESTER.—C'est assez, cousin, n'en dites pas davantage : à l'instant même je vais vous ouvrir un livre secret, où du rapide coup d'œil de la colère vous allez lire des projets profonds et dangereux, aussi pleins de périls et d'audace qu'il en faut pour traverser, sur une lance mal assurée, un torrent mugissant à grand bruit.

HOTSPUR.—Si l'on y tombe, bonsoir, il faut périr ou nager.—Étendez le danger du couchant à l'aurore, que l'honneur le traverse du nord au midi, et mettez-les aux prises.—Oh! le sang remue bien davantage à réveiller un lion qu'à lancer un lièvre.

NORTHUMBERLAND.—Voilà que l'idée de quelques grands exploits lui fait perdre toute patience.

HOTSPUR.—Par le ciel, il me semble que ce serait un saut facile que d'aller sur la face pâle de la lune enlever d'un coup la gloire brillante, ou de plonger dans les profondeurs de la mer, là où jamais la sonde n'a touché le sol, pour y ressaisir par les cheveux la gloire engloutie, en telle sorte que celui qui la retirerait de là pût posséder sans rival tous les honneurs qu'elle accorde;

mais ne me parlez pas d'une association de deux demi-visages.

worcester. — Le voilà qui embrasse un monde de fantômes, mais où ne se trouve pas la réalité dont il devrait s'occuper. — Cher cousin, donnez-moi un moment d'audience.

hotspur. — Ah ! je vous demande pardon.

worcester. — Ces nobles Écossais qui sont prisonniers....

hotspur. — Je les garderai tous. Par le ciel, il n'aura pas un seul Écossais de ceux-là. Non, lui fallût-il un Écossais pour sauver son âme, il ne l'aura pas. Par mon bras, je les garderai tous.

worcester. — Vous vous jetez de côté et d'autre, et vous ne prêtez pas la moindre attention à mes desseins. — Ces prisonniers, vous les garderez.

hotspur. — Oui, je les garderai, cela est positif. — Il a dit qu'il ne rachèterait pas Mortimer ! Il a défendu à ma langue de nommer Mortimer ! Mais je l'attraperai au moment où il sera endormi, et dans son oreille je crierai tout à coup : *Mortimer !* Quoi ! j'aurai un oiseau qui sera instruit à ne dire que Mortimer, et je le lui donnerai, pour tenir sa colère toujours en mouvement.

worcester. — Écoutez donc, cousin ; un mot.

hotspur. — Je fais ici le serment solennel de n'avoir d'autre étude que de chercher les moyens de vexer et de tourmenter sans cesse ce Bolingbroke. Et ce ferrailleur de tavernes, son prince de Galles.... n'était que j'ai dans l'idée que son père ne l'aime pas et serait bien aise qu'il lui arrivât quelque malheur, je voudrais qu'il s'empoisonnât avec un pot de bière.

worcester. — Adieu, cousin ; je vous parlerai lorsque vous serez mieux disposé à m'écouter.

northumberland. — Eh quoi, quelle mouche te pique et quel fou impatient es-tu donc de t'emporter ainsi dans des colères de femme, sans pouvoir prêter l'oreille à d'autres voix que la tienne ?

hotspur. — Tenez, voyez-vous, je suis fustigé, fouetté de verges, déchiré d'épines, piqué des fourmis quand

ACTE I, SCÈNE III.

j'entends parler de ce vil politique, de ce Bolingbroke. Du temps de Richard.... Comment appelez-vous cet endroit?... que le diable l'emporte!.... C'est dans le comté de Glocester.... là, au château du duc, de son imbécile d'oncle, son oncle d'York.... ce fut là que je fléchis pour la première fois le genou devant ce roi des sourires, ce Bolingbroke, au moment où vous reveniez avec lui de Ravenspurg.

NORTHUMBERLAND.—C'était au château de Berkley.

HOTSPUR.—Oui, c'est là même!.... Eh bien, quelle quantité de politesses sucrées me fit alors ce chien couchant! voyez,.... *quand sa fortune, encore au berceau, aurait grandi. Et.... mon aimable Henri Percy.... et, cher cousin...* Oh! que le diable emporte de pareils fourbes!—Dieu veuille me pardonner! Bon oncle, dites votre affaire, j'ai fini.

WORCESTER.—Non, si vous n'avez pas fini, continuez; nous attendrons votre loisir.

HOTSPUR.—J'ai fini, sur ma parole.

WORCESTER.—Allons, revenons encore une fois à vos prisonniers écossais. Rendez-leur la liberté sur-le-champ et sans rançon, et que le fils de Douglas soit votre seul agent pour lever une armée en Écosse. Ce qui, à raison de diverses causes que je vous expliquerai par cet écrit, sera, soyez-en certain, aisément accompli. (*A Northumberland.*) Vous, milord, tandis que votre fils sera employé, comme je viens de le dire, en Écosse, vous vous insinuerez adroitement dans le cœur de ce noble prélat, le meilleur de nos amis, l'archevêque.

NORTHUMBERLAND.—D'York, n'est-ce pas?

WORCESTER.—Lui-même, lui qui supporte avec peine la mort que son frère le lord Scroop a subie à Bristol. Je ne parle pas ici par conjectures; je ne dis pas ce que je pense qui pourrait être, mais ce que je sais qui est médité, conçu, déjà réduit en plan, et n'attend que les premiers regards de l'occasion propre à le faire éclore.

HOTSPUR.—Je pressens le tout. Sur ma vie, cela réussira.

NORTHUMBERLAND.—Toujours tu lâches la meute avant que la chasse soit ouverte.

OTSPUR.—Quoi? Il n'est pas possible que ce plan ne soit excellent. Et ensuite l'armée d'Écosse et d'York!.... Ah! elles se joindront à Mortimer.

WORCESTER.—C'est ce qui arrivera.

HOTSPUR.—Sur ma foi, c'est un projet merveilleusement imaginé.

WORCESTER.—Et nous n'avons pas peu de raisons de nous hâter. Il s'agit de sauver nos têtes en nous mettant à la tête d'une armée[1]; car nous aurions beau nous conduire aussi modestement que nous pourrions, le roi se croira toujours notre débiteur, et pensera que nous nous jugeons mal récompensés, jusqu'à ce qu'il ait trouvé moyen de nous payer complétement; et voyez déjà comme il commence à nous retrancher toute marque d'amitié.

HOTSPUR.—C'est un fait, c'est un fait. Nous serons vengés de lui.

WORCESTER. — Cousin, adieu.—N'avancez dans cette entreprise qu'autant que mes lettres vous indiqueront la route que vous avez à suivre. Quand l'occasion sera mûre, et elle va l'être incessamment, je me rendrai secrètement près de Glendower et du lord Mortimer; c'est là que vous et Douglas et toutes nos forces, d'après mes mesures, se trouveront à la fois heureusement réunies; et alors nos bras vigoureux seront chargés de nos fortunes, maintenant incertaines entre nos mains.

NORTHUMBERLAND.—Adieu, mon bon frère. Nous réussirons, j'en ai la confiance.

HOTSPUR.—Adieu, mon oncle. Oh! que les heures puissent amener promptement l'instant où les champs de bataille, les coups, les gémissements, applaudiront à nos jeux!

[1] *To save our heads by raising of a head*: *Head,* armée, corps de troupes.

FIN DU PREMIER ACTE.

ACTE DEUXIÈME

SCÈNE I

Rochester.—Une cour d'auberge.

Entre UN VOITURIER *avec une lanterne à la main.*

PREMIER VOITURIER.—Holà! ho! s'il n'est pas quatre heures du matin, je veux que le diable m'emporte. Le chariot paraît déjà au-dessus de la cheminée neuve, et notre cheval n'est pas encore chargé. Allons, garçon!

LE VALET D'ÉCURIE, *derrière le théâtre.*—On y va, on y va.

PREMIER VOITURIER.—Oh! je t'en prie, Thomas, bats-moi bien la selle de Cut, et mets un peu de bourre dans les pointes; car la pauvre rosse est écorchée sur les épaules que cela passe la permission.

(Entre un autre voiturier.)

SECOND VOITURIER.—Les pois et les fèves sont humides ici comme le diable, et voilà le moyen tout juste de donner des tranchées à ces pauvres rosses. Cette maison-ci est toute sens dessus dessous depuis que Robin le palefrenier est mort.

PREMIER VOITURIER.—Le pauvre garçon n'a pas eu un moment de joie depuis que les avoines ont augmenté de prix; ça lui a donné le coup de la mort.

SECOND VOITURIER.—Je crois que cette auberge-ci est pour les puces la plus infâme qu'il y ait sur la route de Londres. J'en suis piqueté comme une tanche.

PREMIER VOITURIER.—Comme une tanche? Par la messe; je ne crois pas que roi dans la chrétienté puisse être mieux mordu que je ne l'ai été depuis le premier chant du coq.

SECOND VOITURIER.—Je le crois bien, ils ne vous donnent jamais de pot ; cela fait qu'on lâche l'eau dans la cheminée, et les puces s'engendrent dans vos chambres par fourmilières.

PREMIER VOITURIER.—Allons, garçon, allons donc, dépêche, et puisses-tu être pendu, allons donc !

SECOND VOITURIER.—J'ai un jambon et deux balles de gingembre à rendre à Londres aussi loin que Charing-Cross.

PREMIER VOITURIER.—Ventrebleu ! j'ai là des dindons, dans mon panier, qui meurent presque de faim. Holà, garçon ! que la peste te crève ! N'as-tu donc pas des yeux dans la tête ? Es-tu sourd ? Que je sois un coquin, s'il n'est pas vrai que j'aurais autant de plaisir à te fendre la caboche qu'à boire un verre de vin. Viens donc te faire pendre ; n'as-tu pas de conscience ?

(Entre Gadshill.)

GADSHILL.—Bonjour, voiturier. Quelle heure est-il ?

PREMIER VOITURIER.—Je crois qu'il est deux heures.

GADSHILL.—Je t'en prie, prête-moi ta lanterne pour aller voir mon cheval dans l'écurie.

PREMIER VOITURIER.—Doucement, je vous en prie ; nous savons, ma foi, un tour qui en vaut deux comme celui-là.

GADSHILL, *au second voiturier.*—Je t'en prie, prête-moi la tienne.

SECOND VOITURIER.—Ha ! et quand cela, dis-moi donc ! Prête-moi ta lanterne, dit-il ; par ma foi, je te verrai bien pendre auparavant.

GADSHILL.—Voituriers, à quelle heure comptez-vous arriver à Londres ?

SECOND VOITURIER.—Assez tôt pour nous coucher à la chandelle, je t'assure. Allons, voisin Mugs, il nous faut aller réveiller ces messieurs ; ils viendront de compagnie ; car ils sont bien chargés.

(Les voituriers s'en vont.)

GADSHILL.—Hé ! holà, garçon !

LE GARÇON, *derrière le théâtre.*—Prêt à la main, dit le filou.

GADSHILL.—C'est comme qui dirait : Prêt à la main, dit le garçon, car tu ne diffères pas plus d'un coupeur de bourses que celui qui dirige ne diffère de celui qui travaille. C'est toi qui arranges le complot.

LE GARÇON.—Bonjour, monsieur Gadshill ; c'est toujours ce que je vous ai dit hier au soir. Nous avons ici un certain franc tenancier des bruyères de Kent, qui a apporté avec lui trois cents marcs d'or. Je l'ai entendu moi-même le dire à souper à une personne de sa compagnie, à une espèce d'inspecteur qui a aussi beaucoup de bagage ; Dieu sait ce que c'est. Ils sont déjà levés et demandent des œufs et du beurre ; ils vont partir tout à l'heure.

GADSHILL.—Mon garçon, s'ils ne rencontrent pas les clercs de Saint-Nicolas [1], je te donne ce cou que voilà.

LE GARÇON.—Non ; je n'en veux point : garde-le, je t'en prie, pour le bourreau, car je sais que tu honores saint Nicolas aussi sincèrement qu'un coquin le peut faire.

GADSHILL.—Que viens-tu me chanter avec ton bourreau ? Si jamais je suis pendu, nous serons une grosse paire de pendus ; car si on me pend, le vieux sir Jean sera pendu avec moi, et tu sais bien qu'il n'est pas étique.—Bah ! il y a encore d'autres Troyens [2] qui, pour le seul plaisir de se divertir, veulent bien se prêter à faire honneur à la profession : des gens qui, si on venait à mettre le nez dans nos affaires, se chargeraient, pour leur propre réputation, de tout arranger. Ce n'est pas avec de la canaille de voleurs à pied, de ces estafiers à vous arrêter pour six sous, et ces crânes à moustaches, la trogne rougie de bière, que je suis associé ; mais c'est avec de la noblesse, des gens tranquilles, des bourgmestres, de grands propriétaires, gens qui peuvent sou-

---

[1] *Saint Nicholas' clerks*, les clercs ou les chevaliers de Saint-Nicolas était le nom que se donnaient les voleurs ; Nicolas, ou *Old Nick* était, en termes d'argot, le nom du diable.

[2] *Troyens, Corinthiens*, noms d'argot pour les libertins.

tenir la gageure, plus prêts à frapper qu'à parler, plus prêts à parler qu'à boire, plus prêts à boire qu'à prier ; et cependant je mens, car ils ne font autre chose que de prier leur sainte, qui est la bourse du public ; la prier ? non, c'est plutôt la piller, car ils sont toujours à lui courir sus pour en garnir leurs bottes[1]. Nous volons comme dans un château, tête levée ; nous savons la recette de la poudre de fougère ; nous marchons invisibles[2].

LE GARÇON.—Quoi ! c'est la bourse du public qui garnit leurs bottes ? les garantiront-elles mieux de l'eau dans les mauvais chemins ?

GADSHILL.—Oui, oui, car la justice s'est chargée de les cirer.

LE GARÇON.—Sur ma foi, je crois que c'est plutôt à la nuit que vous êtes redevables de marcher invisibles, qu'à la poudre de fougère.

GADSHILL.—Donne-moi la main ; tiens, tu auras part à notre butin comme je suis un homme, vrai.

LE GARÇON.—Oh ! non, promettez-la-moi plutôt comme vous êtes un fourbe de voleur.

GADSHILL.—Laisse donc, est-ce que *homo* n'est pas le vrai nom de tous les hommes. Dis au valet de faire sortir mon cheval de l'écurie ; adieu, maroufle crotté.

(Ils sortent.)

SCÈNE II

Le grand chemin près de Gadshill.

Entrent LE PRINCE HENRI *avec* POINS, BARDOLPH ET PETO *à quelque distance.*

POINS. — Allons, cachez-moi, cachez-moi. Je viens

---

[1] *Make her their boots* (font d'elle leur butin). Le jeu de mots roule sur *boots*, butin, et *boots*, bottes : il a fallu, pour le conserver, s'écarter un peu du sens littéral.

[2] Gadshill, sur la route de Kent, était un lieu renommé pour la quantité de vols qui s'y commettaient. Shakspeare en a donné le nom à celui de ses personnages qui paraît être en possession d'exploiter le poste.

d'emmener le cheval de Falstaff, et il est là de colère à crever comme un velours gommé.

HENRI.—Serre-toi contre moi.

(Entre Falstaff.)

FALSTAFF.—Poins! Poins! Que le diable emporte Poins!

HENRI.—Paix, maudit sac à lard : quel vacarme fais-tu donc là?

FALSTAFF.—Hal, où est Poins?

HENRI.—Il est monté jusqu'au haut de la colline; je vais te l'aller chercher.

(Il feint d'y aller.)

FALSTAFF.—Il faut que je sois maudit pour toujours voler en compagnie de ce filou-là. Le scélérat a emmené mon cheval et l'a attaché je ne sais où. Si j'avance seulement sur mes jambes de quatre pieds carrés je vais perdre haleine. Allons, je ne doute plus que malgré tout je ne meure de ma belle mort, si j'échappe la corde pour avoir tué ce fripon-là. Il y a vingt-deux ans que je jure tous les jours et à toutes les heures, de renoncer à sa compagnie, et cependant je suis ensorcelé à ne pouvoir le quitter ; oui, je veux être pendu, si le scélérat ne m'a pas donné quelques drogues qui me forcent à l'aimer, cela ne peut être autrement, j'aurai pris quelque drogue. Poins! Hal!—Peste soit de vous deux.—Bardolph! Peto! —Je mourrai plutôt de faim que de faire un pas de plus pour voler. S'il n'est pas vrai que j'aimerais autant devenir honnête homme et quitter ces drôles-là, que de boire un verre de vin, je veux être le plus fieffé maraud qui ait jamais mâché avec une dent. Huit toises de chemin raboteux sont autant pour moi que soixante et dix milles; et ces scélérats au cœur de pierre le savent bien ! C'est une malédiction quand les voleurs ne savent pas se garder fidélité les uns aux autres. (On siffle, il répond.) La peste vous crève tous tant que vous êtes; donnez-moi mon cheval et allez vous faire pendre.

HENRI.—Tais-toi, grosse bedaine ; couche-toi là, colle ton oreille à la terre et écoute si tu n'entends pas le trot de quelques voyageurs qui s'approchent.

FALSTAFF.—Avez-vous ici des leviers pour me relever

quand je serai par terre? Ventrebleu! je ne charrierais pas une autre fois ma pauvre viande si loin à pied pour tout l'or qui est dans le trésor de ton père. Que diable prétends-tu en me tenant de la sorte le bec dans l'eau?

HENRI.—Tu ne sais pas ce que tu dis; on ne te tient pas le bec dans l'eau, mais le pied à terre[1].

FALSTAFF.—Je t'en prie, mon bon prince Hal, aide-moi à ravoir mon cheval, mon cher fils de roi.

HENRI.—Laissez-moi donc tranquille, maraud. Suis-je votre palefrenier?

FALSTAFF.—Va-t'en te pendre, toi, avec ta jarretière d'héritier présomptif[2]. Va, si je suis pris, je te chargerai pour la peine.—Si je ne fais pas faire sur vous tous des ballades qu'on chantera sur les airs du coin, je veux qu'un verre de vin d'Espagne me serve de poison. Quand on pousse la plaisanterie si loin, et à pied encore, je la déteste.

(Entre Gadshill.)

GADSHILL.—Arrête là.

FALSTAFF.—Aussi fais-je, dont bien me fâche.

POINS.—Oh! c'est notre chien d'arrêt; je reconnais sa voix.

(Entre Bardolph.)

BARDOLPH.—Quelles nouvelles?

GADSHILL.—Enveloppez-vous, enveloppez-vous; vite, mettez vos masques: voilà l'argent du roi qui descend la montagne et qui va au trésor royal.

FALSTAFF.—Tu en as menti, maraud; il va à la taverne du roi.

GADSHILL.—Il y en a assez pour nous remonter tous tant que nous sommes.

FALSTAFF.—A la potence.

---

1 FALSTAFF.   *What a plague mean ye, to colt me thus?*
    LE PRINCE.   *Thou liest, thou art not colted, thou art uncolted.*
To colt signifie berner, jouer; *to uncolt*, désarçonner. Il a fallu s'écarter du sens pour en conserver un à la plaisanterie du prince, qui n'existe en anglais que par le jeu de mots.

2 *Il peut se pendre avec ses jarretières,* expression proverbiale en anglais, pour désigner un coquin.

HENRI.—Vous quatre, vous les attaquerez dans la petite ruelle. Ned, Poins et moi, nous allons nous placer plus bas ; s'ils vous échappent, alors ils tomberont dans nos mains.

PETO.—Mais combien sont-ils ?

GADSHILL.—Environ huit ou dix.

FALSTAFF.—Morbleu ! ne sera-ce pas eux qui nous voleront ?

HENRI.—Quoi ! si poltron que cela, sir Jean de la Panse ?

FALSTAFF.—A la vérité, je ne suis pas Jean de Gaunt [1], votre grand-père ; mais je ne suis pas poltron non plus, Hal.

HENRI.—On le verra à l'épreuve.

POINS.—Ami Jack, ton cheval est derrière la haie ; quand tu le voudras, tu le trouveras là ; adieu, et tiens ferme.

FALSTAFF.—A présent, je n'ai plus le cœur de le tuer, quand je devrais être pendu.

HENRI.—Ned, où sont nos déguisements ?

POINS.—Ici tout près : écartons-nous.

FALSTAFF.—Maintenant, mes maîtres, c'est au plus heureux à se faire sa part : chacun à sa besogne.

(Entrent les voyageurs.)

LES VOYAGEURS.—Allons, voisin ; le garçon conduira nos chevaux en descendant la colline, et nous irons à pied quelque temps pour nous dégourdir les jambes.

LES VOLEURS.—Arrête !

LES VOYAGEURS.—Jésus, ayez pitié de nous !

FALSTAFF.—Frappez, jetez-les sur le carreau, coupez la gorge à ces coquins-là. Ah ! infâmes fils de chenilles, maudits mangeurs de jambons ! Ils nous détestent, mes enfants ; terrassez-les ; dépouillez-les de leur toison.

LES VOYAGEURS.—Oh ! nous sommes ruinés, perdus sans ressource, nous et tout ce que nous avons.

FALSTAFF.—Le diable soit de vous, gros coquins ; vous, ruinés ! non, gros balourds. Je voudrais bien que tout

---

[1] *John of gaunt* : on se rappelle que *gaunt* veut dire *maigre*.

votre argent fût ici. Allons, pièces de lard, marchons. Comment, drôles, ne faut-il pas que les jeunes gens vivent? Vous êtes grands jurés, n'est-ce pas? Nous allons vous faire jurer, sur ma foi.

(Sortent Falstaff et autres, chassant les voyageurs devant eux.)

(Rentrent le prince Henri et Poins.)

HENRI.—Ce sont les voleurs qui ont lié les honnêtes gens : à présent, si nous pouvions à nous deux voler les voleurs et nous en aller ensuite joyeusement à Londres, il y aurait matière à se divertir pour une semaine, de quoi rire un mois, et plaisanter à tout jamais.

POINS.—Tenez-vous coi, je les entends venir.

(Rentrent les voleurs.)

FALSTAFF.—Allons, mes maîtres, faisons le partage, et puis remontons à cheval avant qu'il soit jour.—Si le prince et Poins ne sont pas deux fieffés poltrons, il n'y a pas de justice dans le monde. Non, il n'y a pas plus de cœur dans ce Poins que dans un canard sauvage.

HENRI, *accourant sur eux.*—Votre argent!

POINS.—Scélérats!

(Tandis qu'ils sont à partager, le prince et Poins fondent sur eux. Falstaff, après un coup ou deux, se sauve ainsi que tous les autres, laissant tout leur butin derrière eux.)

HENRI.—Nous n'avons pas eu grand'peine à l'avoir. Allons, gai, à cheval; les voleurs sont dispersés et si saisis de frayeur, qu'ils n'osent pas même se rapprocher l'un de l'autre : chacun prend son camarade pour un officier de justice. Allons, partons, cher Ned. Falstaff sue à mourir, et en marchant il engraisse ce mauvais sol. Si cela n'était pas si plaisant, j'aurais pitié de lui.

POINS.—Comme il hurlait, le coquin.

(Ils sortent.)

SCÈNE III

Warkworth. Un appartement du château.

HOTSPUR *entre lisant une lettre.*

HOTSPUR, *lisant.*—*Quant à moi, milord, je serais bien satisfait de m'y trouver, par l'affection que je porte à votre maison.*—Il serait satisfait? Quoi?... Et pourquoi n'y est-il donc pas? *par l'affection qu'il porte à notre maison.* Il montre bien en ceci qu'il aime mieux sa grange que notre maison.—Voyons, continuons. *L'entreprise que vous tentez est dangereuse.* Vraiment, cela est certain ; mais il est dangereux aussi de prendre froid, de dormir, de boire ; mais je vous dis, mon imbécile lord, que dans cette épine, le danger, nous cueillerons cette fleur, la sûreté.—*L'entreprise que vous tentez est dangereuse; les amis que vous avez nommés ne sont pas sûrs; les circonstances même ne sont pas favorables, et tout l'ensemble de votre projet n'est pas assez fortement conçu pour contre-balancer la force d'un si puissant adversaire.* C'est là votre réponse? c'est là votre réponse? eh bien! je vous réplique, moi, que vous êtes un poltron comme une mauvaise biche, et que vous mentez. Quel imbécile est-ce là? Par le ciel! notre projet est le projet le mieux conçu qui ait jamais été formé. Nos amis sont fidèles et constants. C'est un projet admirable! Ce sont de bons amis, et dont on peut tout attendre: un excellent projet et de bons amis!—Quel coquin au cœur glacé est-ce donc là! Comment, lorsque monseigneur d'York approuve le projet et toute la conduite de l'entreprise?—Mordieu, si ce gredin-là était maintenant sous ma main, je lui casserais la tête avec l'éventail de sa femme.—Mon père n'en est-il pas, mon oncle et moi? Edmond Mortimer, monseigneur d'York et Owen Glendower? N'y a-t-il pas encore les Douglas? N'ai-je pas leurs lettres à tous où ils me promettent de me joindre armés le neuf du mois prochain? Et quelques-uns d'eux n'y sont-ils pas déjà rendus d'avance? Qu'est-ce que c'est donc que ce gredin de païen-là, ce renégat? Oui, vous allez voir que, dans la sincérité de sa poltronnerie et la lâcheté de son cœur, il ira trouver le roi et lui découvrir tous nos desseins. Oh! que ne puis-je me partager et m'assommer de coups pour avoir imaginé de proposer à ce plat de lait écrémé une si honorable entreprise! Qu'il aille se faire pendre; il peut tout déclarer au roi s'il lui plaît : nous sommes préparés. Je partirai cette nuit. (*Entre lady Percy.*) Eh bien, Kate[1], il faut que je vous quitte dans deux heures.

LADY PERCY.—O mon cher lord, pourquoi demeurez-vous ainsi seul? Par quelle offense ai-je mérité d'être, depuis quinze jours, une épouse bannie de la couche de mon Henri? Dis-moi, mon bien-aimé, quelle est la cause qui t'ôte l'appétit, les plaisirs et ton précieux sommeil? Pourquoi tiens-tu tes yeux attachés à la terre? Pourquoi tressailles-tu si souvent lorsque tu es assis seul? Pourquoi la fraîcheur de ton teint s'est-elle flétrie? Pourquoi abandonnes-tu ce qui m'appartient et les droits que j'ai sur toi, à la rêverie aux yeux ternes et à la détestable mélancolie? Pendant tes légers sommeils je veillais auprès de toi, et je t'entendais murmurer des projets de guerre terrible, prononcer des termes de manége à ton coursier bondissant, lui crier : *Courage! au champ de bataille!* et tu parlais de sorties et de retraites, de tranchées, de tentes, de palissades, de forts, de parapets, de canons, de couleuvrines, de rançon de prisonniers, de soldats tués et de tout ce qui appartient à un combat opiniâtre; et ton esprit avait tellement guerroyé au dedans de toi et t'avait si fort agité dans ton sommeil, que j'ai vu sur ton front des gouttes de sueur semblables aux bulles d'eau qui s'élèvent sur un ruisseau dont l'eau

---

[1] La femme d'Hotspur s'appelait non pas Catherine, mais Elisabeth, dont Bett est le diminutif. On pourrait penser qu'à cause de *Queen Bett*, Shakspeare n'aurait pas voulu exposer ce nom aux familiarités un peu brutales de Hotspur, si Holinshed qu'il suit constamment ne donnait à lady Percy le nom d'Éléonore.

vient d'être troublée; d'étranges mouvements se sont fait apercevoir sur ton visage, comme d'un homme qui retient son souffle dans une grande et soudaine précipitation. Oh! ce sont là des présages de malheur. Mon époux est occupé de quelque important projet; et il faut que je le sache... ou bien il ne m'aime pas.

HOTSPUR.—Hé, holà! Guillaume est-il parti avec le paquet?

(Entre un domestique.)

LE DOMESTIQUE.—Oui, milord, il y a plus d'une heure.

HOTSPUR.—Butler a-t-il amené ces chevaux de chez le shérif?

LE DOMESTIQUE.—Il vient d'en amener un il n'y a qu'un moment.

HOTSPUR.—Quel cheval? Un cheval rouan, épi mûr, n'est-ce pas?

LE DOMESTIQUE.—C'est cela même, milord.

HOTSPUR.—Ce cheval sera mon trône. C'est bon, et je vais y monter tout à l'heure. — *O espérance*[1]!—Dis à Butler de le conduire dans le parc.

(Le domestique.)

LADY PERCY.—Mais écoutez-moi, milord.

HOTSPUR.—Que dis-tu, ma femme?

LADY PERCY.—Qui vous entraîne loin de moi?

HOTSPUR.—Mon cheval, cher amour, mon cheval.

LADY PERCY.—Allons, finissez, singe à la tête folle. Une belette n'est pas si capricieuse que vous. Sur mon honneur, je saurai ce qui vous occupe, Henri, je le saurai. Je crains que mon frère Mortimer ne se mette en mouvement pour soutenir ses droits, et qu'il n'ait envoyé vers vous pour vous demander d'appuyer son entreprise; mais si vous allez....

HOTSPUR.—Si loin à pied, je serai las, ma chère.

---

[1] *Espérance* ou *Esperanza* était la devise de la famille Percy. C'est à présent, et depuis assez longtemps: *Espérance en Dieu*, en français. On aperçoit encore sur la grande porte du château d'Alnwick, appartenant aux ducs de Northumberland, ces mots aussi en français: *Espérance me conforte*.

LADY PERCY. — Allons, allons, perroquet[1], répondez sans détour à la question que je vous fais. Je te casserai le petit doigt, Henri, si tu ne me dis pas les choses comme elles sont.

HOTSPUR. — Lâchez-moi, lâchez-moi; trêve de badinage : l'amour?.... Je ne t'aime point; je ne pense pas à toi, Kate. Ce n'est point ici un monde où l'on puisse s'amuser à la poupée, et jouer des lèvres. Il faut que nous ayons le nez sanglant et la tête fracassée, et que nous rendions la pareille[2]. — De par le diable, mon cheval! — Eh bien! que dis-tu, Kate? que me veux-tu?

LADY PERCY. — Vous ne m'aimez pas? est-ce bien vrai que vous ne m'aimez pas? Eh bien! ne m'aimez point; car si vous ne m'aimez point, je ne m'aimerai plus moi-même. Quoi, vous ne m'aimez pas? Ah! dites-moi, parlez-vous sérieusement, ou non?

HOTSPUR. — Allons, veux-tu me voir monter à cheval? Lorsque je serai assis sur la selle, je te jurerai que je t'aime infiniment.... Mais écoutez, Kate, je ne prétends pas que désormais vous me questionniez sur le lieu où je vais, ni que vous raisonniez là-dessus. Je vais où il faut que j'aille, et pour finir, il faut que je vous quitte ce soir, ma douce Kate. Je sais que vous êtes une femme sensée, mais enfin pas plus que ne peut l'être la femme de Henri Percy. Vous êtes constante, mais cependant vous êtes une femme : quant au secret, je ne crois pas qu'il y en ait une plus discrète, car je suis parfaitement convaincu que tu ne révéleras pas ce que tu ne sais pas; et voilà jusqu'où ira ma confiance en toi, ma douce Kate.

LADY PERCY. — Comment, jusque-là?

HOTSPUR. — Pas un pouce plus loin. Mais écoutez-moi, Kate : où je vais, vous irez aussi. Je pars aujourd'hui, et vous demain; êtes-vous satisfaite, Kate?

LADY PERCY. — Il le faut bien, par force.

---

[1] *Paroquito*, perroquet.

[2] *We must have bloody noses, and cracked crowns and pass them current too.*

Jeu de mots sur *crown*, crâne, et *crown*, monnaie; *and pass them current too* (et que nous les passions dans le commerce).

SCÈNE IV

East cheap. Une chambre dans la taverne de la *Tête-de-Sanglier*.

Entrent LE PRINCE HENRI ET POINS.

HENRI. — Ned, je t'en prie, sors de cette sale chambre, et viens m'aider à rire un peu.

POINS. — Où étais-tu donc, Hal?

HENRI. — Avec trois ou quatre lourdauds, au milieu de soixante ou quatre-vingts tonneaux. Je me suis encanaillé à fond. Me voilà, mon cher confrère, à vendre et à dépendre d'un trio de garçons de cave, et je peux les appeler tous par leurs noms de baptême, comme Tom, Dick, François; ils jurent déjà sur leur paradis que, quoique je ne sois encore que le prince de Galles, je suis cependant le roi de la courtoisie; ils me disent tout platement que je ne fais pas le gros dos comme Falstaff, mais que je suis un vrai Corinthien, une bonne pâte d'homme, un bon enfant; et que, quand je serai roi d'Angleterre, j'aurai à mes ordres tous les bons garçons d'Eastcheap. Ils appellent boire dur, *se teindre en écarlate*; et quand vous prenez haleine en buvant, ils crient, hem! et vous recommandent de vider tout. Enfin, j'ai si bien profité en un quart d'heure de temps, que me voilà en état, pour la vie, de boire avec le premier chaudronnier, et dans son argot. Tiens, Ned, je t'assure que tu as perdu beaucoup de gloire à ne t'être pas trouvé avec moi dans cette rencontre-là. Mais, mon doux ami Ned, et pour adoucir encore plus ton nom de Ned, je te fais présent de ce sou de sucre que vient de me taper dans la main un sous-garçon, un drôle qui n'a jamais dé sa vie su dire d'autre anglais que *huit schellings et six sous, et fort à votre service, monsieur*, en y ajoutant le cri en fausset : *On y va, on y va, monsieur ; marquez une pinte de muscat*[1] *dans la demi-lune*[2], ou quelque autre

---

[1] Bastard. Il paraît que le *bastard* était une espèce de muscat.
[2] *On the half moon.* Nom d'une des salles de l'auberge, la *demi-lune*, la *grenade*.

chose de semblable. A présent, Ned, pour tuer le temps, en attendant que Falstaff arrive, va te poster dans quelque chambre voisine, tandis que je questionnerai mon benêt de garçon de cave pour savoir dans quel dessein il m'a donné ce sucre ; et toi, ne cesse point d'appeler *François*, afin qu'il ne puisse rien trouver autre chose à me dire que : *On y va, on y va*. Mets-toi là un peu de côté, je te dirai comment il faut faire.

POINS.—François !

HENRI.—En perfection.

POINS.—François !

(Poins sort.)

(Entre François.)

FRANÇOIS.—On y va, monsieur, on y va.—Ralph, aie l'œil dans la grenade.

HENRI.—Écoute ici, François.

FRANÇOIS.—Milord....

HENRI.—Combien as-tu encore de temps à servir, François ?

FRANÇOIS.—Par ma foi, cinq ans, et encore autant à....

POINS, *derrière le théâtre*.—François !

FRANÇOIS.—On y va, monsieur, on y va.

HENRI.—Cinq ans ! par Notre-Dame, c'est être engagé pour longtemps à faire tinter les pots.—Mais, François, aurais-tu bien le courage de lâcher le pied à ton engagement, de lui montrer les talons et de te sauver ?

FRANÇOIS.—Oh ! Dieu ! milord, je ferai serment sur tous les livres d'Angleterre que j'aurais bien le cœur de....

POINS, *derrière le théâtre*.—François !

FRANÇOIS.—On y va, monsieur, on y va.

HENRI.—Quel âge as-tu, François ?

FRANÇOIS.—Attendez.... à la Saint-Michel qui vient, j'aurai....

POINS, *derrière le théâtre*.—François !

FRANÇOIS.—On y va, monsieur.—Je vous en prie, milord, attendez-moi un petit moment.

HENRI.—Oui, mais écoute donc, François ; ce sucre que tu m'as donné, il y en avait pour un sou, n'est-ce pas ?

ACTE I, SCÈNE IV.

FRANÇOIS.—Oh Dieu! milord, je voudrais qu'il y en eût eu pour deux.

HENRI. — Je te donnerai pour cela mille guinées : demande-les-moi quand tu voudras, et tu les auras.

POINS, *derrière le théâtre.*—François!

FRANÇOIS.—On y va : tout à l'heure.

HENRI.—Tout à l'heure, François? Non pas, François, mais demain, François : ou bien, François, jeudi prochain, ou, François, quand tu voudras ; mais, François:...

FRANÇOIS. — Milord?

HENRI.—Veux-tu voler ce pourpoint de cuir à boutons de cristal, cheveux en rond, agate au doigt, bas bruns, jarretières de flanelle, voix douce, panse d'Espagnol[1]?

FRANÇOIS.—Oh Dieu, milord, que voulez-vous donc dire?

HENRI.—Eh bien donc, votre bâtard brun est votre boisson ordinaire ; car voyez-vous, François, votre veste de toile blanche se salira. En Barbarie, l'ami, cela ne saurait revenir à tant.

FRANÇOIS.—Quoi, monsieur?

POINS, *derrière le théâtre.*—François!

HENRI.—Veux-tu courir, maraud. N'entends-tu pas comme on t'appelle? (*Dans ce moment ils l'appellent tous deux de toutes leurs forces.*) François! François!

(Le garçon demeure dans une immobilité stupide, ne sachant de quel côté aller d'abord.)

(Entre le cabaretier.)

LE CABARETIER.—Comment, tu ne te remues pas plus que cela, et tu t'entends appeler de la sorte? Va voir là dedans ce que l'on demande. (*François sort.*) Milord, le vieux sir Jean est à la porte avec une demi-douzaine d'autres : les laisserai-je entrer?

---

[1] C'est, à ce qu'il paraît, la description du costume du maître de la taverne. Le prince cherche à troubler l'imagination de François, de sorte qu'entre les étranges propositions qu'il lui fait, et les étranges discours qu'il lui tient, celui-ci ne sache où donner de la tête.

HENRI. — Faites-les attendre un moment, et puis vous leur ouvrirez la porte. (*Le cabaretier sort.*) Poins !

POINS, *entrant*. — On y va, on y va.

HENRI. — Ami, Falstaff et les autres voleurs sont à la porte. Serons-nous bien gais ?

POINS. — Gais comme pinsons, mon enfant. Mais, dites-moi donc, à quel bon tour vous a servi votre plaisanterie du garçon de cave ? qu'est-il sorti de là, je vous prie ?

HENRI. — Que je suis à présent propre à toutes les farces qui aient jamais fait figure de farce depuis les vieux jours du bonhomme Adam, jusqu'à la naissance de celui que nous commençons à l'heure présente de minuit. (*François rentre avec du vin.*) Quelle heure est-il, François ?

FRANÇOIS. — On y va, monsieur, on y va.

HENRI. — Que ce drôle-là possède moins de mots qu'un perroquet, et qu'il soit cependant fils d'une femme ! Toute sa science se borne à monter et descendre, et son éloquence à la somme totale d'un écot. Je ne suis pas encore du caractère de Percy, chaud éperon [1] du Nord, lui qui vous tue quelque six ou sept douzaines d'Écossais à un déjeuner, ensuite se lave les mains, et dit à sa femme : « Oh ! que je hais cette vie oisive ! J'ai besoin « de m'occuper. — Oh ! mon cher Henri, dit-elle, com- « bien en as-tu tué aujourd'hui ? — Donnez à boire à mon « cheval rouan moucheté, » dit-il. Et puis répond une heure après : « Environ quatorze, une bagatelle, une « bagatelle. » Je t'en prie, fais venir Falstaff ; je ferai Percy, et ce damné paquet de lard fera la dame de Mortimer, sa femme, *Rivo* [2], dit l'ivrogne. L'entendez-vous ? Faites entrer ces larges côtes, faites entrer ce pain de suif.

(Entrent Falstaff, Gadshill, Bardolph et Peto.)

POINS. — Sois le bienvenu, Jack ; où as-tu donc été ?

---

[1] *The Hot-spur of the North.* Il a bien fallu traduire ici le nom d'Hotspur pour conserver un sens à la phrase.

[2] *Rivo* était, à ce qu'il paraît, le cri des buveurs pour s'exciter.

FALSTAFF.—Malédiction sur tous les poltrons ; oui, et vengeance avec ; oui, par ma foi, et *amen!* Donne-moi un verre d'Espagne, garçon.—Plutôt que de continuer de mener cette vie-là, je vais me mettre à remmailler des bas, à les raccommoder et aussi à les ressemeler. Malédiction sur tous les poltrons ! Donne-moi un verre d'Espagne, drôle. N'y a-t-il plus de vertu sur terre ?

(Il boit.)

HENRI.—N'as-tu jamais vu Titan caresser de ses rayons un pain de beurre, autre Titan au cœur tendre qui se fondait d'amour aux douceurs du soleil[1] ? Si tu l'as vu, eh bien, regarde-moi cette pièce.

FALSTAFF.—Misérable ! il y a de la chaux aussi dans ce vin... Il n'y a que de la coquinerie à trouver dans un mauvais sujet : et malgré cela, un poltron est pire cent fois qu'un verre de vin d'Espagne frelaté. Infâme poltron !—Va ton chemin, vieux sir Jean, meurs quand tu voudras ; si le courage, le vrai courage n'est pas perdu sur la face de la terre, je veux être un hareng saur. Il n'y a pas en Angleterre trois honnêtes gens ayant échappé à la potence, et l'un de ces trois est gros et se fait vieux : Dieu veuille avoir pitié de nous ! Le monde est corrompu, je vous dis. Oui, je voudrais être tisserand[2], je saurais chanter des psaumes et toutes sortes de chansons. Malédiction sur tous les poltrons, c'est là que j'en reviens toujours.

---

[1] *At the sweet tale of the sun.* Les premières éditions portent *sun*. Les commentateurs ne croyant pouvoir expliquer la phrase de cette manière y ont substitué *son*, ce qui me paraît infiniment moins clair, bien qu'ils aient cherché à expliquer leur correction par les souvenirs de l'histoire de Phaéton. Ce second Titan (nom que Shakspeare donne communément au soleil) est selon toute apparence le pain de beurre dont la figure ronde et jaune, et peut-être ornée d'une empreinte de soleil, explique parfaitement les plaisanteries du prince. On a donc suivi l'ancien texte *sun*, au lieu de suivre celui qu'y ont substitué les nouveaux éditeurs.

[2] Les tisserands avaient l'habitude de chanter en travaillant. On verra Hotspur faire une pareille allusion aux tailleurs, connus pour avoir la même habitude.

HENRI. —Hé, sac à laine, que marmottez-vous là entre vos dents?

FALSTAFF.—Cela un fils de roi! Si je ne te chasse pas hors de ton royaume avec une épée de bois, et si je ne mène pas tous tes sujets devant toi comme un troupeau d'oies sauvages, je ne veux plus porter de barbe au menton. Vous, prince de Galles?

HENRI.—Comment, vieille boule¹, de quoi s'agit-il donc?

FALSTAFF.—N'êtes-vous pas un poltron? Répondez-moi à cela, et Poins aussi que voilà.

POINS.—Mordieu, grosse bedaine, si vous m'appelez encore poltron, je te poignarde.

FALSTAFF.—Moi, t'appeler poltron? Je te verrais damner plutôt que de t'appeler poltron ; mais je donnerais bien mille guinées pour savoir courir aussi bien que toi. Vous avez les épaules assez droites, aussi ne vous embarrassez-vous guère si on vous voit le dos : est-ce là ce que vous appelez épauler vos amis? Que le diable emporte de pareils épauleurs! Parlez-moi de gens qui me feront face.—Un verre de vin : que je sois un coquin si j'ai bu d'aujourd'hui.

HENRI.—Misérable! tes lèvres sont encore humides du dernier verre que tu as avalé.

FALSTAFF.—C'est tout un. Malédiction sur tous les poltrons, je ne dis que cela.

HENRI.—De quoi s'agit-il donc?

FALSTAFF.—De quoi s'agit-il! Quatre de nous qui sommes ici avons pris ce matin mille guinées.

HENRI.—Où sont-elles, Jack, où sont-elles?

FALSTAFF.—Où elles sont? reprises sur nous, voilà ce qu'elles sont. Il nous en est tombé une centaine sur le corps à nous quatre malheureux.

HENRI.—Comment, une centaine, mon cher?

FALSTAFF.—Je veux être un coquin si je n'ai pas ferraillé à bras raccourci pendant deux heures d'horloge contre une douzaine. C'est un miracle que j'en sois réchappé;

---

¹ *Whoreson, roundman.*

j'ai reçu huit coups d'épée au travers de mon pourpoint, quatre dans mes chausses ; mon bouclier est percé d'outre en outre, mon épée hachée comme une scie, *ecce signum*. Je n'ai jamais mieux fait depuis que j'ai âge d'homme ; cela n'a servi de rien. Malédiction sur tous les poltrons !—Demandez-leur plutôt. S'ils vous disent plus ou moins que la vérité, ce sont des traîtres, des enfants de ténèbres.

HENRI.—Parlez, messieurs ; comment cela s'est-il passé ?

GADSHILL.—Nous quatre sommes tombés sur une douzaine ou environ.

FALSTAFF.—Seize au moins, milord.

GADSHILL.—Et les avons garrottés.

PETO.—Non, non, ils n'ont pas été garrottés.

FALSTAFF.—Que dis-tu, maraud ? Ils ont été tous garrottés sans exception d'un seul, ou je suis un Juif, un Juif hébreu.

GADSHILL.—Comme nous étions à partager, six ou sept nouveaux-venus nous sont tombés sur le corps.

FALSTAFF.—Et alors ils ont détaché les autres qui sont venus encore.

HENRI.—Comment, est-ce que vous vous êtes battus tous ?

FALSTAFF.—Tous ? Je ne sais ce que vous entendez par tous ; mais si je ne me suis pas battu avec une cinquantaine, je ne suis qu'une botte de radis ! S'il n'y en avait pas cinquante-deux ou cinquante-trois sur le pauvre vieux Jack, je ne suis pas une créature à deux pieds.

POINS.—Je prie le ciel que vous n'en ayez pas tué quelques-uns.

FALSTAFF.—Oh ! cette prière vient trop tard. J'en ai poivré deux ; oui, je suis sûr d'en avoir bien payé deux, deux coquins en habits de bougran. Je te dis la chose comme elle est, Hal ; si je te mens, crache-moi au visage, appelle-moi cheval. Tu connais bien ma vieille manière de me mettre en garde ? Je me tenais de là, et la pointe de mon épée comme cela : quatre coquins en bougran fondent sur moi.

HENRI. — Comment quatre ? Tu ne disais que deux tout à l'heure.

FALSTAFF. — Quatre, Hal. J'ai toujours dit quatre.

POINS. — Oui, oui, il a dit quatre.

FALSTAFF. — Ces quatre-là se sont présentés de front, et ils fonçaient principalement sur moi ; je ne m'en suis pas embarrassé d'abord. Je vous ai rassemblé leurs sept pointes dans mon bouclier, comme cela.

HENRI. — Sept ! Comment, il n'y en avait que quatre tout à l'heure.

FALSTAFF. — En bougran, vous dis-je.

POINS. — Oui, quatre en habit de bougran.

FALSTAFF. — Sept, vous dis-je, par cette épée, ou je suis un coquin.

HENRI. — Je t'en prie, laisse-le aller son train, nous en aurons encore davantage tout à l'heure.

FALSTAFF. — M'entends-tu, Hal ?

HENRI. — Oh ! que oui, je comprends bien aussi, Jack.

FALSTAFF. — N'y manque pas, car cela vaut la peine d'être écouté. Ces neuf en bougran, comme je te le disais donc..

HENRI. — En voilà déjà deux de plus.

FALSTAFF. — Quand ils virent leurs pointes raccourcies de cette façon....

POINS. — Ils se trouvèrent alors des courtes-pointes[1].

FALSTAFF. — Ils commencèrent à reculer ; mais je les suivis de près et vous les accostai corps à corps, et en un clin d'œil, je fis le compte à sept des onze.

HENRI. — O prodige ! onze hommes en bougran sortis de deux !

FALSTAFF. — Mais le diable a voulu que trois maudits

---

[1] FALSTAFF.   *Their points being broken...*
POINS.   *Down fell their hose.*

Points signifie également *pointe d'épée* et *aiguillettes*. Ainsi le sens littéral de la plaisanterie est :

FALSTAFF.   Leurs pointes (aiguillettes) étant brisées...
POINS.   Leurs chausses tombèrent à terre.

Il a fallu trouver quelque jeu de mots à substituer à celui-là, impossible à faire passer en français.

coquins en vert de Kendal[1] soient venus me prendre par derrière; ils ont foncé sur moi, car il faisait si noir, Henri, que tu n'aurais pas pu voir ta main.

HENRI.—Ces menteries sont comme le père qui les engendre, aussi grosses qu'une montagne, bien visibles, bien palpables. Quoi, triple sans cervelle, tête à perruque, bâtard, sale et gras magasin de suif.

FALSTAFF.—Comment, es-tu fou? es-tu fou? Est-ce que la vérité n'est pas la vérité?

HENRI.—Quoi! comment est-il possible que tu aies distingué que ces hommes étaient en vert de Kendal, puisqu'il faisait si noir que tu ne pouvais pas voir ta main? Allons, rends-nous raison de cela; qu'as-tu à dire?

POINS.—Allons, il faut nous expliquer cela, Jack, il faut nous dire vos raisons.

FALSTAFF.—Comment? de force! Non; me donnassiez-vous l'estrapade, ou toutes les tortures du monde, je ne vous le dirais pas par force. Vous donner une raison par force? Quand les raisons seraient aussi communes que des mûres de haies, on ne me ferait pas donner à un homme une raison par force, à moi!

HENRI.—Je ne veux pas avoir plus longtemps son péché sur la conscience. Cet effronté poltron, bon seulement à écraser les lits, à éreinter les chevaux; cette énorme montagne de chair...

FALSTAFF.—Laisse-nous tranquilles, figure étique, peau d'anguille, langue de bœuf séchée, longue perche, morue sèche: oh! que n'ai-je assez d'haleine pour nombrer tout ce qui te ressemble! toi, aune de tailleur, fourreau d'épée, étui d'arc, sonde de commis de barrière...

HENRI.—Allons, courage, reprends haleine, et puis recommence de plus belle; et quand tu seras bien épuisé

---

[1] Kendal est une ville du comté de Westmoreland, où l'on fabrique une grande quantité d'étoffes pour vêtements. Le vert de Kendal était la couleur que choisissaient d'ordinaire les brigands, espérant ainsi être moins aperçus à travers les feuilles. Le fameux Robin Hood et ses gens portèrent du vert de Kendal tant qu'ils vécurent dans les bois.

en basses comparaisons, laisse-moi te dire seulement ces deux mots....

POINS. — Écoute bien, Jack.

HENRI. — Nous deux, nous vous avons vus vous quatre tomber sur quatre, les garrotter et vous emparer de ce qu'ils avaient. Or, remarquez bien à présent comment un récit tout simple va vous confondre. Alors nous deux que voilà, sommes tombés sur vous quatre, et d'un seul mot nous vous avons, à votre barbe, enlevé votre prise, et nous l'avons, qui plus est, et nous sommes en état de vous la faire voir dans la maison ; et vous, Falstaff, en criant miséricorde, vous avez sauvé votre bedaine, et très-lestement, et très-adroitement, toujours courant, toujours hurlant, aussi bien que je l'aie jamais entendu faire à un jeune taureau. — Ne faut-il pas que tu sois un grand misérable, pour avoir taillardé ton épée exprès comme tu l'as fait, et puis nous venir conter que c'était en te battant? Quel subterfuge, quel stratagème, quelle échappatoire peux-tu trouver à présent, pour te dérober à ta honte visible et manifeste?

POINS. — Allons, dis-nous donc, Jack, quelle invention nouvelle te tirera de là ?

FALSTAFF. — Pardieu, je vous ai reconnus comme celui qui vous a faits. Eh ! voyons donc un peu, mes maîtres, ne vouliez-vous pas que j'allasse tuer l'héritier présomptif ? Était-ce à moi à tenir tête à mon prince légitime ? Vraiment, vous savez bien que je suis brave comme Hercule. Mais voyez l'instinct, le lion ne toucherait pas au prince légitime[1]. L'instinct est une belle chose ; j'ai été poltron par instinct : je n'en aurai que meilleure opinion de moi et de toi tant que je vivrai ; de moi, comme d'un lion courageux, et de toi, comme du prince légitime. Mais après tout, mes enfants, je suis pardieu bien aise que vous ayez l'argent. Hôtesse, jetez les portes, veillez cette nuit, vous prierez demain. Pour vous, gaillards, bons garçons, bons enfants, cœurs d'or, que tous les titres qui reviennent aux bons compagnons vous

---

[1] Opinion consacrée dans plusieurs ballades.

soient donnés. Eh bien! nous divertirons-nous bien ce soir? Ferons-nous une comédie impromptu?

HENRI.—Va comme il est dit: le sujet sera, *sauve qui peut*.

FALSTAFF.—Ah! ne parlons plus de cela, Hal, par amitié pour moi.

(Entre l'hôtesse.)

L'HOTESSE.—Milord le prince.

HENRI.—Eh bien, milady l'hôtesse, qu'as-tu à me dire?

L'HOTESSE.—Vraiment, milord, il y a à la porte un noble de la cour qui demande à vous parler; il dit qu'il vient de la part de votre père.

HENRI.—Donnez-lui ce qu'il faut pour en faire un homme royal, et renvoyez-le à ma mère [1].

FALSTAFF.—Quelle espèce d'homme est-ce?

L'HOTESSE.—C'est un vieillard.

FALSTAFF.—Que fait la gravité d'un vieillard hors de son lit à minuit? Irai-je lui donner sa réponse?

HENRI.—Oh! oui, je t'en prie; va, Jack.

FALSTAFF.—Eh bien, ma foi, je m'en vais lui donner son paquet.

(Il sort.)

HENRI.—Oh çà! mes braves, par Notre-Dame, vous vous êtes bien battus; et vous aussi, Peto, et vous aussi, Bardolph. Vous êtes aussi des lions, vous vous êtes sauvés par instinct; vous ne voudriez pas mettre la main sur le prince légitime. Oh! non, fi donc!

BARDOLPH.—Ma foi, je me suis sauvé, moi, quand j'ai vu les autres se sauver.

HENRI.—Oh çà! dites-moi à présent, sans plaisanterie, comment se fait-il que l'épée de Falstaff soit si ébréchée?

PETO.—Pardieu, il l'a ébréchée avec son poignard, et a

---

[1] La *royale* valait 10 schellings; la *noble*, 6 schellings 8 deniers. *Royal* et *real* se prononçant à peu près de même, Henri veut qu'on ajoute au *noble* ce qu'il faut pour en faire un *royal* ou *real man* (un homme réel), et qu'on l'envoie à sa mère.

dit que sur son honneur il n'y avait plus de bonne foi en Angleterre, s'il ne parvenait pas à vous persuader que cela s'était fait dans le combat; et il nous a engagés à faire comme lui.

BARDOLPH.—Oui, comme encore de nous frotter le nez avec de l'herbe tranchante, pour le faire saigner et en barbouiller nos habits, et jurer que c'était du sang d'honnêtes gens. Je puis bien dire que j'ai fait ce que je n'avais pas fait depuis sept ans; car je rougis d'entendre parler seulement de ses monstrueuses inventions.

HENRI.—Oh! misérable, tu dérobas un verre de vin d'Espagne il y a dix-huit ans et tu fus pris sur le fait, et depuis ce temps-là tu as toujours rougi *ex tempore*. Tu avais pour toi le fer et la flamme, et cependant tu t'es sauvé! Dis-moi quel était ton instinct pour cela?

BARDOLPH.—Milord, voyez-vous ces météores? apercevez-vous ces feux?

HENRI.—Oui.

BARDOLPH.—Que croyez-vous que cela annonce?

HENRI.—Un foie chaud et une froide bourse.

BARDOLPH.—Rage et fureur, milord, à le bien prendre.

HENRI.—Non, si on te prend bien, la corde. (*Rentre Falstaff.*) Voilà notre maigre Jack qui revient; voilà notre squelette décharné. Eh bien, ma douce créature rembourrée de coton, combien y a-t-il que tu n'as vu ton genou?

FALSTAFF.—Mon genou? A ton âge, Henri, je n'avais pas la taille aussi grosse que la serre d'un aigle. Je me serais glissé dans la bague d'un alderman. Ah! ne me parlez pas de vivre dans les soupirs et les chagrins; cela vous gonfle un homme comme un ballon.—Il y a de maudites nouvelles par le monde: sir Jean Bracy venait ici de la part de votre père; il faut que vous vous rendiez à la cour dès le matin. Ce maudit fou du Nord, Percy, et cet autre Gallois qui a donné la bastonnade à Amaimon et a fait cocu Lucifer, qui a forcé le diable de se jurer son vassal sur la croix d'une pique galloise, comment le nommez-vous?

POINS.—Oh! Glendower.

FALSTAFF.—Oui, Owen, Owen ; c'est lui-même et son gendre Mortimer, et le vieux Northumberland, et cet Écossais, le plus leste de tous les Écossais, Douglas, qui monte au galop de son cheval une montagne en ligne perpendiculaire.

HENRI.—Celui qui en courant à toute bride tue un moineau au vol d'un coup de pistolet.

FALSTAFF.—Précisément, vous l'avez touché.

HENRI.—Mieux qu'il n'a jamais touché le moineau.

FALSTAFF.—Tenez, ce drôle-là a du sang dans les veines, il ne se sauvera pas.

HENRI.—Et quel autre drôle es-tu donc, toi, de le louer si fort pour savoir bien courir ?

FALSTAFF.—A cheval, coucou ; mais à pied, il ne bougera jamais d'un seul pas.

HENRI.—Si fait, Jack, par instinct.

FALSTAFF.—Ah ! j'en conviens, par instinct. Eh bien, il est donc là aussi avec un certain Mordake, et encore un millier de bonnets bleus. Worcester s'est sauvé secrètement cette nuit. La barbe de ton père a blanchi de toutes ces nouvelles-là. On peut acheter des terres à présent à aussi bon marché que du maquereau moisi.

HENRI.—Ainsi donc, si le mois de juin est chaud, et que cette bouffée de guerre se prolonge, il est probable que nous aurons les filles [1], comme les clous de fer à cheval, au cent.

FALSTAFF.—Par la messe ! mon garçon, tu dis vrai ; il y a apparence que le commerce ira bien pour nous de ce côté-là ! Mais dis-moi donc, Hal, n'as-tu pas horriblement peur ? A toi qui es l'héritier présomptif, aurait-on pu te trouver dans le monde trois autres ennemis de la sorte de ce démon de Douglas, ce salpêtre de Percy, et ce satan de Glendower ? N'as-tu pas horriblement peur ? N'as-tu pas le frisson dans le sang ?

HENRI.—Pas un brin, sur ma foi. Il me faudrait pour cela un peu de ton instinct.

FALSTAFF.—Oh ! tu seras horriblement grondé demain,

---

[1] *Maiden heaas.*

quand tu te présenteras devant ton père. Allons, par amitié pour moi, prépare une réponse.

HENRI. — Voyons, mets-toi à la place de mon père, et examine-moi sur les particularités de ma vie.

FALSTAFF. — Veux-tu? Volontiers. Cette chaise sera mon trône, ce poignard mon sceptre, et ce coussin ma couronne.

HENRI. — On prendrait ton trône pour un escabeau, ton sceptre d'or pour un poignard de plomb, et ta précieuse et riche couronne pour la triste tonsure d'une tête chauve.

FALSTAFF. — C'est bien; mais pour peu qu'il te reste une étincelle de la grâce, tu vas être ému. — Donnez-moi un verre de vin d'Espagne, afin que cela me fasse paraître les yeux rouges, et qu'on puisse croire que j'ai pleuré; car il faut que je parle en homme transporté de douleur, et je veux le faire sur le ton du roi Cambyse.

HENRI. — Fort bien! Voilà ma révérence.

FALSTAFF. — Et voici mon discours. — Écartez-vous, seigneurs.

L'HOTESSE. — Voilà une excellente scène, en vérité!

FALSTAFF, *à l'hôtesse*. — Ne pleurez pas, charmante reine; car c'est en vain que coulent vos larmes

L'HOTESSE. — Oh! voyez donc ce père, comme il soutient bien son rôle!

FALSTAFF. — Pour l'amour de Dieu, lords, emmenez ma triste épouse, car les pleurs obstruent les écluses de ses yeux.

L'HOTESSE. — Oh! à merveille! Il fait aussi bien qu'aucune de ces canailles d'acteurs que j'aie jamais vus.

FALSTAFF. — Paix là, bonne dame Pinte; paix, chauffe-cervelle. — Henri, je m'étonne non-seulement de la manière dont tu passes ton temps, mais encore de la compagnie que tu fréquentes; car bien que la camomille pousse d'autant plus vite qu'elle est plus foulée aux pieds, cependant la jeunesse est d'autant plus vite usée que plus on la gaspille. Je te crus mon fils en partie sur la parole de ta mère, et en partie d'après ma propre opinion; mais surtout un maudit trait que tu as dans les

ACTE II, SCÈNE IV.

yeux, et ta sotte manière de laisser tomber la lèvre inférieure, m'en sont une bonne garantie. Si donc tu es mon fils, voilà le point. Pourquoi, étant mon fils, te fais-tu ainsi montrer au doigt? Le brillant soleil des cieux [1] doit-il faire l'école buissonnière, et aller se nourrir de mûres sauvages? Ce n'est pas là une question à faire. Un fils d'Angleterre doit-il devenir un filou, un coupeur de bourses? Voilà la question.—Il y a une chose, Henri, dont tu as souvent entendu parler, et que beaucoup de gens de notre pays connaissent sous le nom de poix; cette poix, suivant le rapport des anciens auteurs, est une chose qui se lie : il en est de même de la compagnie que tu fréquentes. Car, Henri, dans ce moment je ne parle pas dans le vin, mais dans les pleurs; ni dans la joie, mais dans la colère; ni en paroles seulement, mais par mes gémissements; et cependant tu as un homme de bien que j'ai souvent remarqué dans ta compagnie, mais je ne sais pas son nom.

HENRI.—Quelle sorte d'homme est-ce, sous le bon plaisir de Votre Majesté?

FALSTAFF.—C'est un homme de bonne mine, ma foi, et de corpulence, qui a l'air gai, l'œil gracieux et un port des plus nobles. Je crois qu'il peut avoir quelque cinquante ans, ou, par Notre-Dame, tirant vers soixante.... Je me le rappelle maintenant; son nom est Falstaff. Si cet homme était un débauché, il me tromperait bien, car, Henri, je vois la vertu dans ses yeux. Si donc l'arbre peut se connaître par le fruit, comme le fruit par l'arbre, alors je le déclare hautement, il y a de la vertu dans ce Falstaff; conserve-le et bannis tout le reste. Or, dis-moi à présent, méchant vaurien, dis-moi, qu'es-tu devenu depuis un mois?

HENRI.—Est-ce là parler en roi?—Prends ma place; je vais faire le rôle de mon père.

FALSTAFF.—Quoi! me déposséder?—Si tu le fais la

---

[1] *The blessed sun of heaven.*
Il y a probablement là un jeu de mots entre *sun* (soleil) et *son* (fils).

moitié aussi gravement, aussi majestueusement, en paroles et en matière, pends-moi par les talons comme un lapin écorché.

HENRI.—A la bonne heure : je me mets là.

FALSTAFF.—Et moi ici. Jugez, messieurs.

HENRI.—Oh çà ! Henri, d'où venez-vous ?

FALSTAFF.—Mon noble seigneur, d'Eastcheap.

HENRI. Les plaintes que j'entends faire de toi sont bien graves.

FALSTAFF.—Ventrebleu ! seigneur, elles sont fausses. —Oh ! je vous en ferai voir long pour un jeune prince.

HENRI.—Quoi ! tu jures, enfant pervers ? A dater de ce jour, ne lève jamais les yeux sur moi ; je te retire avec colère mes bonnes grâces. Il y a un démon qui te hante sous la figure d'un gros vieux corps d'homme, une espèce de tonneau est ton compagnon. Pourquoi fais-tu ta société de ce magasin d'humeurs, de ce coffre à mangeaille, de cette créature animale, de cette loupe d'hydropisie, de cette énorme tonne de vin d'Espagne, de cette valise de tripes, de ce bœuf gras[1] rôti le pudding dans le ventre, de ce doyen du vice, de cette iniquité en cheveux gris, de ce père pendard, de cette vieille frivolité ? A quoi est-il bon ? à goûter le vin d'Espagne et à le boire. Que le voit-on faire avec grâce et propreté ? rien autre chose que couper un chapon et le manger. Quelle science a-t-il ? pas d'autre que la ruse. En quoi rusé ? en coquinerie seulement. En quoi coquin ? en tout. En quoi honnête ? en rien.

FALSTAFF.—Je voudrais que Votre Altesse n'allât pas plus vite que je ne peux la suivre. Que veut-elle dire en ceci ?

HENRI.—Ce scélérat abominable, corrupteur de jeunesse, ce Falstaff, ce vieux satan à barbe grise.

FALSTAFF.—Seigneur, je connais l'homme.

HENRI.—Je le sais bien que tu le connais.

---

[1] *Manningtree ox*. Manningtree, dans le comté d'Essex, est célèbre par la richesse de ses pâturages. Il y avait, à ce qu'il paraît, des occasions où le bœuf de Manningtree jouait le rôle de notre bœuf gras.

FALSTAFF.—Mais de dire que je connais plus de mal en lui qu'en moi-même, ce serait dire plus que je ne sais. Qu'il soit vieux (et je l'en plains bien), ses cheveux blancs en font foi ; mais qu'il soit (sauf votre révérence) un suborneur de filles, c'est ce que je nie absolument. Si le vin d'Espagne sucré est une offense, Dieu veuille avoir pitié des pécheurs ! Si c'est un crime d'être vieux et gai, je connais plus d'un vieux cabaretier de damné. Si pour être gras l'on est haïssable, alors les vaches maigres de Pharaon sont dignes d'être aimées. Non, mon bon seigneur, bannis Peto, bannis Bardolph, bannis Poins ; mais pour l'aimable Jack Falstaff, le bon Jack Falstaff, l'honnête Jack Falstaff, le vaillant Jack Falstaff, et d'autant plus vaillant qu'il est le vieux Jack Falstaff, ne le bannis point de la société de ton Henri, non, ne le bannis point de la société de ton Henri. Si tu bannis le gros Jack, autant bannir le reste de l'univers.

HENRI.—Je le bannis ; je le veux.

(On frappe. Sortent l'hôtesse, François et Bardolph.)
(Bardolph rentre en courant.)

BARDOLPH.—Oh ! milord, milord, le shérif est à la porte avec la plus monstrueuse garde...

FALSTAFF.—Va-t'en, drôle !—Achevez la pièce ; j'ai bien des choses à dire en faveur de ce Falstaff.

(L'hôtesse rentre précipitamment.)

L'HOTESSE.—O Jésus ! mon prince, mon prince !

FALSTAFF.—Allons, allons, le diable monté à cheval sur un chalumeau ? De quoi s'agit-il ?

L'HOTESSE.—Le shérif et toute la garde sont à la porte ; ils viennent pour faire la visite de la maison. Les laisserai-je entrer ?

FALSTAFF.—Entends-tu, Hal ? Ne prends donc pas une bonne pièce d'or pour une fausse. Tu es foncièrement fou, sans qu'il y paraisse.

HENRI.—Et toi, naturellement poltron, sans instinct.

FALSTAFF.—Je renie votre *major* [1].—Si vous voulez

---

[1] *I deny your major.*
Jeu de mots entre *major*, majeur, et *mayor*, le principal officier de toute corporation, dont le shérif n'est que le second.

renier aussi le shérif, soit, sinon laissez-le entrer. Si je ne fais pas autant qu'un autre homme à la charrette, la peste soit de mon éducation; et j'espère bien aussi, au moyen de la corde, être aussi vite étranglé qu'un autre.

HENRI.—Va te cacher derrière la tapisserie.—Vous autres, montez là-haut. A présent, mes maîtres, un visage honnête et une bonne conscience.

FALSTAFF.—J'ai vu le temps que j'avais l'un et l'autre; mais ce temps-là est passé : c'est pourquoi je vais me cacher.

(*Tous sortent excepté Henri et Poins.*)

HENRI.—Faites entrer le shérif. (*Entrent le shérif et un voiturier.*) Eh bien, monsieur le shérif, que me voulez-vous ?

LE SHÉRIF.—D'abord, monseigneur, veuillez me pardonner. La clameur publique et toutes les apparences accusent quelques hommes qui sont dans cette maison.

HENRI.—Quels hommes?

LE SHÉRIF.—Il y en a un bien connu, mon gracieux seigneur, un homme gros et gras.

LE VOITURIER.—Oh! gras comme beurre.

HENRI.—L'homme que vous désignez, je vous assure, n'est point ici; car, moi qui vous parle, je lui ai donné une commission à faire à l'heure qu'il est. Mais, shérif, je te donne ma parole que d'ici à demain l'heure du dîner, je l'enverrai pour te répondre, à toi ou à qui il appartiendra, sur tout ce dont il pourra être accusé. Ainsi, permettez que je vous prie à présent de vous retirer.

LE SHÉRIF.—C'est ce que je vais faire, mon prince. Voilà deux honnêtes gens qui dans ce vol ont perdu trois cents marcs.

HENRI.—Cela peut être. S'il a volé ces hommes-là, il en sera responsable. Ainsi, adieu.

LE SHÉRIF.—Bonsoir, mon noble seigneur.

HENRI.—Je crois que c'est bonjour, n'est-ce pas ?

LE SHÉRIF.—En effet, mon prince, je crois qu'il peut être deux heures du matin.

(*Le shérif et le voiturier s'en vont.*)

HENRI. — Ce graisseux coquin est aussi connu que le dôme de Saint-Paul : appelez-le.

POINS. — Falstaff ! — Il dort profondément derrière la tapisserie et ronfle comme un cheval.

HENRI. — Écoutez avec quel effort il tire sa respiration. — Fouillez dans ses poches. — (*Poins fouille dans ses poches.*) Eh bien, qu'as-tu trouvé ?

POINS. — Rien que des papiers, milord.

HENRI. — Voyons un peu ce que c'est. Lis-les.

POINS. — Item, un chapon. . . . . . 2 sh. 2 d.
Item, sauce. 0   4
Item, vin d'Espagne. 5   8
Item, anchois et vin d'Espagne après souper. 5   8
Item, pain, un demi-penny. . . . 0   1

HENRI. — O l'infâme ! rien qu'un demi-penny de pain pour cette odieuse quantité de vin d'Espagne ! Garde soigneusement le reste ; nous lirons cela plus à loisir : laissons-le là dormir jusqu'au jour. J'irai à la cour dans la matinée. — Il nous faudra tous partir pour la guerre, et j'aurai soin de te procurer quelque poste honorable. Quant à ce gros maraud, je le ferai placer dans l'infanterie, une marche d'un quart de mille le tuera. Je ferai rendre l'argent volé avec usure. — Viens me trouver de bonne heure dans la matinée. Et sur ce, bonjour, Poins.

POINS. — Bonjour, mon bon seigneur.

(Ils partent.)

FIN DU DEUXIÈME ACTE.

ACTE TROISIÈME

SCÈNE I

A Bangor.—La maison de l'archidiacre.

Entrent HOTSPUR, WORCESTER, MORTIMER
ET GLENDOWER.

MORTIMER.—Ces promesses sont belles : nos partisans sont sûrs, et notre début présente les plus belles espérances.

HOTSPUR.—Lord Mortimer,—et vous, cousin Glendower, voulez-vous que nous nous asseyions?—et vous aussi, mon oncle Worcester.—Malédiction ! j'ai oublié la carte.

GLENDOWER.—Non : la voici. Assieds-toi, cousin Percy, assieds-toi, mon bon cousin Hotspur : toutes les fois que Lancaster parle de vous sous ce nom, son visage pâlit ; et poussant un soupir, il vous souhaite le ciel.

HOTSPUR.—Et à vous l'enfer, toutes les fois qu'il entend prononcer le nom d'Owen Glendower.

GLENDOWER.—Je ne peux l'en blâmer : lors de ma naissance, le front du firmament se remplit de figures enflammées et de signaux brûlants, et à l'instant où je vins au monde, les immenses fondements de la terre tremblèrent comme un poltron.

HOTSPUR.—Eh bon ! ne fussiez-vous jamais né, la chatte de votre mère eût-elle simplement fait ses chats, le globe n'en aurait pas moins tremblé dans ce moment-là.

GLENDOWER.—Je vous dis que la terre trembla quand je naquis.

HOTSPUR.—Et je dis, moi, que si vous supposez que ce soit de peur de vous, la terre et moi nous ne nous ressemblons guère.

GLENDOWER.—Le ciel était tout en feu, et la terre a tremblé.

HOTSPUR.—Eh bien, la terre aura tremblé de voir le ciel en feu, et non pas de terreur de votre naissance. Souvent la nature malade lance d'étranges éruptions; souvent la terre en travail est pressée et tourmentée d'une sorte de colique causée par les vents désordonnés que renferment ses entrailles. En s'efforçant de sortir, ils secouent cette vieille bonne dame de terre, et jettent à bas les clochers et les tours couvertes de mousse. Sans doute qu'à votre naissance notre grand'mère la terre, souffrant de cette incommodité, se sera agitée de douleur.

GLENDOWER.—Cousin, il est bien des hommes de qui je ne souffre pas ces sortes de contradictions.—Permettez-moi de vous répéter encore qu'à ma naissance le front des cieux s'est couvert de figures enflammées, que les chèvres sont descendues des montagnes, et que les grands troupeaux ont épouvanté les plaines de leurs étranges clameurs. Tous ces signes m'ont annoncé comme un être extraordinaire, et tous les événements de ma vie démontrent que je ne suis pas dans la classe des hommes vulgaires. Quel homme parmi les vivants, de tous ceux qu'enferme la mer qui gronde autour des rivages de l'Angleterre, de l'Ecosse et des terres de Galles, peut se vanter de m'avoir jamais appelé son élève, ou de m'avoir enseigné à lire? Trouvez-moi un simple fils de femme qui puisse me suivre dans les pénibles sentiers de la science, ou m'accompagner dans la recherche de ses profonds secrets?

HOTSPUR.—Je crois bien qu'il n'est point d'homme qui parle mieux le gallois.—Je vais dîner.

MORTIMER.—Finissez, cousin Percy; vous le rendrez fou.

GLENDOWER.—Je puis appeler les esprits du fond de l'abîme.

HOTSPUR.—Et moi aussi je le peux, et il n'y a pas un homme qui ne le puisse; mais viendront-ils quand vous les appellerez?

GLENDOWER.—Et je puis vous apprendre, cousin, à commander au diable.

HOTSPUR.—Et moi, cousin, je puis vous apprendre à faire honte au diable en disant la vérité; dites la vérité, et vous ferez honte au diable [1]. Si vous avez le pouvoir de l'évoquer, faites-le venir ici, et je jure bien que j'aurai le pouvoir, moi, de le faire enfuir de honte. Oh! tant que vous vivrez, dites la vérité, et vous ferez honte au diable.

MORTIMER.—Allons, allons, finissons tous ces inutiles bavardages.

GLENDOWER.—Trois fois Henri Bolingbroke a levé une armée pour m'attaquer, et trois fois je vous l'ai renvoyé des rives de la Wye et de la sablonneuse Severn sans avoir pu porter une seule botte [2], et battu des orages.

HOTSPUR.—Sans bottes et par le mauvais temps encore! Comment diable aura-t-il fait pour ne pas gagner la fièvre?

GLENDOWER.—Allons, voici la carte. Ferons-nous par tiers, comme nous en sommes convenus, le partage de nos droits?

MORTIMER.—L'archidiacre a déjà tracé avec une parfaite égalité les limites des trois parts. L'Angleterre, depuis la Trent et la Severn jusqu'ici, au sud et à l'est, m'est assignée pour mon lot. Toute la partie de l'ouest, et le pays de Galles au delà des rives de la Severn et toutes les terres fertiles comprises entre ces limites, sont à Owen Glendower. Et à vous, cher cousin, tout le reste vers le nord, à partir de la Trent. Déjà nos trois traités de partage sont dressés. Après les avoir mutuellement

---

[1] *Tell truth and shame the devil.* Proverbe.

[2] *Have I sent him*
Bootless home, and weather beaten back
Home without boots!
Jeu de mots entre *boot*, butin, et *boot*, botte.

scellés, opération qui peut être terminée ce soir, demain, cousin Percy, vous et moi et le bon Worcester, nous partirons ensemble pour aller rejoindre votre père, et les troupes écossaises, au rendez-vous qui nous est donné à Shrewsbury. Mon père Glendower n'est pas prêt encore, et nous n'aurons pas besoin de son secours d'ici à quatorze jours.—(A Glendower.) Dans cet intervalle, vous aurez eu le temps de rassembler vos vassaux, vos amis et les gentilshommes de votre voisinage.

GLENDOWER.—Je vous aurai rejoints avant ce temps, milords, et vos dames viendront sous mon escorte. Il faut en ce moment leur échapper adroitement et sans leur dire adieu; car il y aurait un déluge de répandu quand vos femmes et vous auriez à vous dire adieu.

HOTSPUR.—Il me semble que ma portion au nord, depuis Burton jusqu'ici, n'égale pas les vôtres en étendue. Voyez comme cette rivière vient par ici me faire un crochet dans mes terres et m'en couper les meilleures, une énorme demi-lune, un angle prodigieux. Je veux que le courant soit coupé en cet endroit. Les ondes claires et argentées de la Trent couleront ici dans un nouveau canal uni et droit; elle ne serpentera plus dans ce profond détour pour me venir voler un si riche coin de terre.

GLENDOWER.—Elle ne serpentera plus? Elle serpentera, il le faut bien. Vous voyez que c'est là son cours.

MORTIMER.—Oui, mais remarquez donc comme elle continue et revient sur moi de l'autre côté pour vous élargir de même, me retranchant sur ce point là tout autant qu'elle vous ôte sur l'autre.

WORCESTER.—Sans doute, mais vous pouvez, sans qu'il en coûte fort cher, couper ici la rivière; et en regagnant du côté du nord cette pointe de terre, la faire ainsi couler tout droit et sans détours.

HOTSPUR.—Je veux qu'il en soit ainsi; cela ne coûtera pas cher.

GLENDOWER.—Et moi, je ne veux pas qu'on change son cours.

HOTSPUR.—Vous ne le voulez pas?

GLENDOWER.—Non, et vous ne le ferez pas.

HOTSPUR.—Qui me dira non?

GLENDOWER.—Qui? ce sera moi.

HOTSPUR.—Tâchez donc que je ne l'entende pas. Parlez gallois.

GLENDOWER.—Je sais parler anglais, milord, et tout aussi bien que vous; car j'ai été élevé à la cour d'Angleterre, et très-jeune encore j'ai arrangé pour la harpe, et très-agréablement, une quantité de chansons anglaises, et j'ai su ajouter à la langue d'utiles ornements, mérite qu'on n'a jamais remarqué en vous.

HOTSPUR.—Vraiment, je m'en félicite de tout mon cœur. J'aimerais mieux être chat et crier miaou, que d'être un de vos ouvriers en vers de ballades. J'aimerais mieux entendre grincer un chandelier de cuivre ou une roue mal graissée gratter son essieu; cela m'agacerait moins les dents, beaucoup moins que tous ces diminutifs de poésie : elles ressemblent à l'allure forcée d'un poulain qu'on dresse.

GLENDOWER.—Allons, on vous changera le cours de la Trent.

HOTSPUR.—Oh! je ne m'en embarrasse guère. J'en donnerai, quand on voudra, trois fois autant à l'ami de qui j'aurai à me louer; mais en fait de marché, voilà comme je suis, je chicanerais sur la neuvième partie d'un cheveu. Les articles sont-ils dressés? Partons-nous?

GLENDOWER.—La lune est belle; vous pouvez partir la nuit. Je vais presser le rédacteur pendant ce temps, et vous, préparez vos femmes à votre départ.—Je crains que ma fille n'en perde la raison, tant elle aime passionnément son cher Mortimer!

(Il sort.)

MORTIMER.—Fi, cousin Percy! pouvez-vous contrarier ainsi mon père.

HOTSPUR.—Je ne peux m'en empêcher. Il me met quelquefois en colère quand il vient me parler de la taupe et de la fourmi, de l'enchanteur Merlin et de ses prophéties, et d'un dragon, et d'un poisson sans nageoires, d'un griffon aux ailes rognées, d'un corbeau dans la mue, d'un lion couchant, d'un chat dansant, et de tout ce ramas de folies qui me mettent hors de sens, je vous le dis de bonne foi. La nuit dernière il m'a tenu au moins neuf heures entières à faire l'énumération des noms des diables qu'il a pour laquais. Je lui disais : *Hom,* et *fort bien, continuez;* mais je n'en ai pas écouté un mot. Oh! il est aussi ennuyeux qu'un cheval éreinté, ou une femme qui gronde; pis qu'une maison où il fume. — Oui, j'aimerais mieux vivre de fromage et d'ail, dans un moulin bien loin, que de faire bonne chère dans quelque maison de plaisance que ce fût de toute la chrétienté, s'il fallait l'avoir là à me parler.

MORTIMER. — Croyez-moi, c'est un digne gentilhomme, extrêmement instruit, et qui possède de singuliers secrets; vaillant comme un lion, merveilleusement affable, et aussi généreux que les mines de l'Inde. Voulez-vous que je vous dise, cousin? il fait le plus grand cas de votre caractère, et il fait même violence à sa nature pour fléchir lorsque vous contrariez ses idées; oui, je vous le proteste. Je vous garantis qu'il n'est pas d'homme sous le ciel qui eût pu le provoquer comme vous avez fait, sans s'exposer au châtiment et au danger. Mais ne recommencez pas souvent, je vous en supplie.

WORCESTER. — En vérité, milord, vous vous obstinez beaucoup trop à la contradiction; depuis que vous êtes arrivé, vous en avez assez fait pour pousser sa patience à bout. Il faut absolument, milord, que vous appreniez à vous corriger de ce défaut. Quelquefois il annonce de la grandeur, du courage, du feu, et voilà le plus grand éloge qu'on en puisse faire. Mais souvent il décèle une opiniâtreté furieuse, un défaut d'éducation, un manque d'empire sur soi-même, de l'orgueil, de la hauteur, de la présomption et du dédain; et le moindre de ces vices, dès qu'un gentilhomme en est possédé, lui fait perdre les cœurs, et laisse derrière soi une souillure qui ternit l'éclat de ses autres qualités, et leur dérobe les louanges qu'elles méritent.

HOTSPUR. — Fort bien, me voici à l'école! Que vos

bonnes manières vous fassent prospérer !—Je vois venir nos femmes, faisons nos adieux.

(Rentrent Glendower avec lady Mortimer, et lady Percy.)

MORTIMER.—Voilà ce qui me dépite et m'impatiente à mourir. Ma femme ne sait pas dire un mot d'anglais, ni moi un mot de gallois.

GLENDOWER.—Ma fille pleure, elle ne veut point se séparer de vous ; elle veut aussi se faire soldat et aller à la guerre.

MORTIMER.—Mon bon père, dites-lui qu'elle et ma tante Percy nous suivront de près sous votre escorte.

(Glendower parle à sa fille en gallois, et elle lui répond dans le même langage.)

GLENDOWER.—Elle se désespère. C'est une petite créature entêtée et volontaire, sur qui la persuasion ne peut rien.

(Lady Mortimer parle a son époux en gallois.)

MORTIMER.—J'entends tes regards : pour ce joli gallois qui tombe de ces yeux gonflés de larmes, j'y suis parfaitement habile ; et si la honte ne me retenait pas, je te répondrais dans le même langage. (*Lady Mortimer parle.*) Oui, je comprends tes baisers et toi les miens, et c'est un dialogue tout en sentiment. — Mais je te promets, ma bien-aimée, de ne pas perdre un instant jusqu'à ce que j'aie appris ta langue ; car dans ta bouche le gallois a autant de douceur que les airs les mieux composés chantés par une belle reine, sous un berceau d'été, avec les plus ravissantes modulations et l'accompagnement de son luth.

GLENDOWER.—Si vous vous attendrissez, elle perdra la raison.

(Lady Mortimer parle encore.)

MORTIMER.—Oh ! je suis parfaitement ignorant de ceci.

GLENDOWER.—Elle vous invite à vous coucher sur les joncs voluptueux, et à reposer votre tête chérie sur ses genoux ; elle vous chantera l'air que vous aimez, et fera régner sur vos paupières le dieu du sommeil qui charmera vos sens par un doux assoupissement, et vous fera passer de la veille au sommeil par un aussi doux changement que celui qui sépare le jour de la nuit, une heure avant que le céleste attelage commence à l'orient sa course dorée.

MORTIMER.—Je veux bien de tout mon cœur m'asseoir et l'entendre chanter. Pendant ce temps-là, à ce que je présume, notre traité sera rédigé.

GLENDOWER.—Allons, asseyez-vous. Les musiciens qui vont jouer des instruments volent dans les airs à mille lieues de vous, et cependant ils vont à l'instant être en ces lieux : asseyez-vous et soyez attentifs.

HOTSPUR.—Viens, Kate : tu sais aussi admirablement te coucher. Allons, vite, vite, que je puisse reposer ma tête sur tes genoux.

LADY PERCY.—Laisse-moi tranquille, oison sans cervelle.

(Glendower prononce quelques mots en gallois, et l'on entend des instruments.)

HOTSPUR.—Oh! je commence à m'apercevoir que le diable entend le gallois; cela ne m'étonne pas, il est si capricieux. Par Notre-Dame, il est bon musicien!

LADY PERCY.—Vous devriez être musicien des pieds à la tête, car vous n'êtes gouverné que par vos caprices. Allons, tenez-vous tranquille, mauvais sujet, et écoutez cette lady chanter en gallois.

HOTSPUR.—J'aimerais beaucoup mieux entendre *Lady*, ma chienne, hurler en irlandais.

LADY PERCY.—Veux-tu avoir la tête cassée?

HOTSPUR.—Non.

LADY PERCY.—Tiens-toi donc tranquille.

HOTSPUR.—Ni l'un ni l'autre : je suis comme les femmes.

LADY PERCY.—Va, Dieu te conduise.

HOTSPUR.—Au lit de la Galloise?

LADY PERCY.—Que dis-tu là?

HOTSPUR.—Paix! Elle chante. (*Lady Mortimer chante une chanson galloise.*) Allons, Kate, je veux que vous me chantiez aussi votre chanson.

LADY PERCY.—Non, par ma foi.

HOTSPUR.—Non, par ma foi! Mon cœur, vous jurez comme la femme d'un confiseur. Non, par ma foi, et aussi vrai que je vis, et comme je veux que Dieu me pardonne, et aussi sûr qu'il fait jour ; vos serments sont d'une étoffe si mince, si légère ! On dirait que vous n'êtes jamais sortie des faubourgs de Londres. Jure-moi, Kate, en lady, comme tu en es une, avec un bon serment qui emplisse la bouche ; et laisse-moi ton par ma foi et ces protestations de pain d'épice aux garnitures de velours[1] et aux citadins endimanchés. Allons, chante.

LADY PERCY.—Je ne veux pas chanter.

HOTSPUR.—C'est pourtant le plus court chemin pour devenir tailleur, ou siffleur de rouges-gorges. Si nos articles sont copiés, je veux partir d'ici avant deux heures ; amis, venez quand vous voudrez.

(Il sort.)

GLENDOWER.—Allons, allons, lord Mortimer ; vous êtes aussi lent que l'impétueux Percy est impatient de partir. Pendant tout ceci, on achève de mettre les articles au net : nous n'avons plus qu'à les sceller, et ensuite, à cheval sans délai.

MORTIMER.—De tout mon cœur.

(Ils sortent.)

SCÈNE II

Londres.—Un appartement du palais.

Entrent LE ROI HENRI, LE PRINCE DE GALLES
et des Lords.

LE ROI.—Milords, veuillez vous retirer ; nous avons, le prince de Galles et moi, à causer ensemble : mais ne vous éloignez pas ; dans un moment nous aurons besoin de vous. *(Les lords sortent.)* Je ne sais pas si Dieu, pour quelque offense que j'aurai commise, a, dans ses secrets jugements, arrêté qu'il ferait sortir de mon propre sang

---

[1] *Velvet guards.* Les femmes des gros bourgeois de la Cité portaient, dans leurs jours de parure, des robes garnies de bandes de velours.

l'instrument de sa vengeance et le châtiment qu'il me destine; mais tu me fais croire, par la manière dont tu vis, que tu es spécialement marqué pour être le ministre de son ardente colère, et la verge dont il punira mes égarements. Autrement, réponds-moi, se ferait-il que des penchants si déréglés, des goûts si abjects, une conduite si déplorable, si nulle, si licencieuse, des passions si basses, de si misérables plaisirs, une société aussi grossière que celle dans laquelle tu es entré et comme enraciné, puissent s'associer à la noblesse de ton sang, et te paraître dignes du cœur d'un prince?

HENRI. — Avec le bon plaisir de Votre Majesté, je voudrais pouvoir me justifier de toutes mes fautes aussi complétement que je suis certain de me laver d'un grand nombre d'autres dont on m'a chargé. Du moins, laissez-moi vous demander en compensation de tant de récits mensongers, que l'oreille du pouvoir est forcée d'entendre de la bouche de ces parasites souriants, de ces vils marchands de nouvelles, laissez-moi vous demander qu'une soumission sincère m'obtienne le pardon des véritables irrégularités où s'est à tort laissé égarer ma jeunesse.

LE ROI. — Dieu te pardonne! — Mais laisse-moi encore, Henri, m'étonner de tes inclinations qui prennent un vol tout à fait opposé à celui de tes ancêtres. Tu as honteusement perdu ta place au conseil, et c'est ton jeune frère qui la remplit aujourd'hui; tu as aliéné de toi les cœurs de presque toute la cour et de tous les princes de mon sang; tu as détruit l'attente et les espérances que l'on avait fondées sur toi, et il n'est pas d'homme qui, dans son âme, ne prédise ta chute. Si j'avais été aussi prodigue de ma présence, que je me fusse si fréquemment prostitué aux regards des hommes, et usé à si vil prix dans les sociétés vulgaires, l'opinion publique qui m'a conduit au trône serait restée fidèle à celui qui en était possesseur, et m'aurait laissé dans un exil sans honneur, confondu parmi la foule, sans distinction et sans éclat. Mais, parce que je me montrais rarement, je ne pouvais faire un pas que, semblable à une comète, je n'excitasse l'admiration; que les pères ne dissent à leurs enfants : *C'est lui* ; d'autres demandaient : *Où est-il? lequel est Bolingbroke?* Et alors j'enlevais au ciel tous les hommages, me parant d'une telle modestie que j'arrachais à tous les cœurs le serment de fidélité, à toutes les bouches des cris et des acclamations, en la présence du roi couronné lui-même. Ainsi j'ai conservé la fraîcheur et la nouveauté de ma personne ; comme une robe pontificale, ma présence a toujours excité l'admiration. Aussi l'apparition de ma grandeur, rare, mais somptueuse, prenait l'apparence d'une fête que sa rareté rendait solennelle. Le roi, toujours en l'air, courait de droite et de gauche autour de mauvais bouffons, d'une bande d'esprits légers comme de la paille, promptement allumés et promptement consumés. Il jouait ainsi la dignité, et compromettait la grandeur royale avec de sots baladins, laissant profaner son auguste nom par leurs sarcasmes, livrant sa personne, au détriment de sa renommée, en butte aux railleries d'une troupe d'enfants moqueurs, et servant de plastron aux quolibets du premier venu de ces ridicules imberbes. On le voyait en société avec le peuple des rues. Il s'était vendu à la popularité, et chaque jour en proie aux regards de la multitude, il les rassasia du miel de sa présence, et commença à changer en dégoût le charme des choses douces, dont il suffit d'user un peu plus qu'un peu pour en avoir beaucoup trop. Aussi lorsqu'il avait l'occasion de se montrer, de même que le coucou au mois de juin, on l'entendait, on ne le regardait plus, on le voyait avec des yeux qui, fatigués et blasés par un spectacle continuel, ne lui accordaient aucun de ces regards attentifs et pleins de surprise qu'attire, semblable au soleil, la majesté suprême lorsqu'elle brille rarement aux yeux de ses admirateurs. Au contraire les paupières appesanties se baissaient à sa vue, fermées par le sommeil, et lui présentaient cet aspect nébuleux qu'offrent les peuples à l'objet de leur inimitié ; tant ils étaient gorgés, rassasiés, surchargés de sa présence ! Et tu es, Henri, précisément dans le même cas. Tu as perdu par cette communication banale le privilège de ton rang élevé ; tous les yeux sont las de ta présence trop pro-

ACTE III, SCÈNE II.

diguée.... excepté les miens, qui ont désiré de te voir encore, et se sentent malgré moi, à ta vue, obscurcis par les larmes d'une folle tendresse.

HENRI.—Mon trois fois gracieux seigneur, je serai dorénavant plus semblable à moi-même.

LE ROI.—Par l'univers, tel tu es en ce jour, tel était Richard lorsque, revenant de France, je débarquai à Ravensburg, et tel que j'étais alors, tel est aujourd'hui Percy. Et par mon sceptre, par le salut de mon âme, Percy a dans le pays un pouvoir plus respectable que toi, l'ombre du successeur au trône. Car, sans droit à la couronne, sans la moindre apparence de droit, il remplit nos campagnes de guerriers armés. Il affronte la gueule menaçante du lion, et quoiqu'il ne doive pas plus aux années que toi, il conduit aux combats sanglants et aux coups meurtriers de vieux lords et de vénérables prélats. Quel honneur immortel ne s'est-il pas acquis contre le fameux Douglas dont les hauts faits, les rapides incursions, et la grande renommée dans les armes, enlèvent à tous les guerriers la première place, et le titre suprême de premier capitaine du siècle dans tous les royaumes qui reconnaissent le Christ? Eh bien! trois fois cet Hotspur, ce Mars au maillot, ce héros encore enfant, a battu le grand Douglas et fait échouer ses entreprises; il l'a fait une fois prisonnier, lui a rendu la liberté et s'en est fait un ami pour emboucher aujourd'hui la trompe retentissante du défi et ébranler la paix et la sûreté de notre trône. Que dis-tu de cela? Percy, Northumberland, monseigneur l'archevêque d'York, Douglas, Mortimer, s'unissent contre nous, et déjà sont en armes.... Mais pourquoi t'informé-je de ces nouvelles? pourquoi, Henri, te parlé-je de mes ennemis à toi qui es mon plus proche comme mon plus cher[1] ennemi? Il n'est pas impossible que, subjugué par la crainte, entraîné par la bassesse de tes inclinations, ou par une suite de mécontentements, tu ne combattes bientôt contre moi à la solde de Percy,

---

[1] *Dearest*; c'est ici à la fois et le plus aimé et celui qui coûte le plus cher.

rampant à ses pieds, le saluant lorsqu'il fronce le sourcil, et pour montrer à quel point tu es dégénéré.

HENRI.—Ne le croyez pas; vous ne verrez rien de semblable; et que le ciel pardonne à ceux qui m'ont fait perdre à ce point l'estime de Votre Majesté! C'est par la tête de Percy que je veux tout racheter; et à la fin de quelque glorieuse journée, j'oserai vous dire que je suis votre fils, lorsque je me présenterai à vous, entièrement couvert d'une sanglante parure, et le visage caché sous un masque de sang. Ce sang une fois lavé, avec lui s'effacera ma honte, et ce jour sera le jour même, en quelque temps qu'il arrive, où ce jeune fils de la gloire et de la renommée, ce vaillant Hotspur, ce chevalier loué de tous, et votre Henri, auquel on ne songe pas, viendront à se mesurer ensemble. Les honneurs qui reposent sur son casque vont tous devenir le but de mes efforts; plût au ciel qu'ils fussent en grand nombre, et sur ma tête toutes mes hontes redoublées! Un temps viendra où je forcerai ce jouvenceau du nord à changer ses glorieuses actions contre mes indignités. Mon bon seigneur, Percy n'est que mon facteur; il amasse pour moi des faits glorieux, et je lui en ferai rendre un compte si rigoureux, qu'il faudra qu'il me cède tous ses honneurs jusqu'au dernier; oui, jusqu'au plus léger des mérites qui auront honoré sa vie, ou j'en arracherai le compte de son cœur. Voilà ce que je promets ici sur le nom de Dieu; et, s'il permet que je l'exécute, je conjure Votre Majesté que cet exploit serve à expier ma jeunesse et à guérir les cruelles blessures de mon intempérance. Si je n'y parviens pas, la vie en finissant rompt tous les engagements, et je mourrai cent mille fois avant de violer la moindre parcelle de ce serment.

LE ROI.—Dans ce serment est renfermée la mort de cent mille rebelles. Tu auras de l'emploi dans cette guerre et un commandement en chef. (*Entre Blount.*) Qu'est-ce donc, brave Blount? tes regards annoncent un homme bien pressé.

BLOUNT.—Comme les affaires dont je viens vous parler.

Le lord Mortimer d'Écosse [1] fait savoir que Douglas et les rebelles d'Angleterre se sont joints le onze de ce mois à Shrewsbury. S'ils se tiennent mutuellement toutes leurs promesses, ils formeront le parti le plus puissant et le plus formidable qui ait jamais attaqué un État.

LE ROI. — Le comte de Westmoreland s'est mis en marche aujourd'hui : mon fils, le lord Jean de Lancastre, est avec lui ; car cet avis date déjà de cinq jours. Tu partiras, Henri, mercredi prochain. Jeudi nous nous mettrons en campagne ; notre rendez-vous est Bridgenorth ; vous, Henri, vous marcherez par la province de Glocester, et, à ce compte, tout bien calculé, toutes nos troupes doivent être réunies à Bridgenorth dans douze jours environ. Nous avons bien des affaires sur les bras : séparons-nous. La supériorité d'un ennemi se nourrit et profite du moindre délai.

SCÈNE III

Une chambre dans la taverne de la Tête-de-Sanglier.

Entrent FALSTAFF ET BARDOLPH.

FALSTAFF. — Bardolph, ne suis-je pas indignement maigri depuis cette dernière affaire ? Ne trouves-tu pas que je suis déchu, que je viens à rien ? Vois, la peau me pend de tous côtés comme la robe de chambre d'une vieille lady. Je suis flétri, ridé, comme une vieille poire de messire-jean. Allons, il faut faire pénitence, et cela tout à l'heure, pendant qu'il me reste encore un peu de force ; car bientôt je n'aurai plus de cœur, et alors la force me manquera pour me repentir. Si je n'ai pas ou-

---

[1] Il n'y avait point de lord Mortimer d'Écosse, mais un comte des Marches d'Écosse, comme lord Mortimer était comte des Marches d'Angleterre ; c'est ce qui a fait confusion pour Shakspeare.

blié comment est fait le dedans d'une église, je veux être sec comme un grain de moutarde et maigre comme le cheval d'un brasseur. Oui, le dedans d'une église.—La compagnie, la mauvaise compagnie a fait ma perte.

BARDOLPH.—Sir Jean, vous êtes si chagrin que vous ne pouvez vivre longtemps.

FALSTAFF.—Eh! voilà ce que c'est : allons, chante-moi quelque chanson bien grasse, égaye-moi. Je vivais aussi vertueusement qu'il le faut à un galant homme ; j'étais en vérité assez vertueux : je jurais peu, je ne jouais pas aux dés plus de sept fois par semaine ; je n'allais pas en mauvais lieux plus d'une fois dans le quart... d'heure : je rendais l'argent que j'empruntais..... oui, trois ou quatre fois cela m'est arrivé ; je vivais bien et j'étais bien réglé ; et à présent je vis sans règle et hors de toute mesure.

BARDOLPH.—Vraiment, vous êtes si gras, sir Jean, que vous ne pouvez pas manquer d'être hors de toute mesure, hors de toute mesure raisonnable, sir Jean.

FALSTAFF.—Corrige ta figure et je corrigerai ma vie. C'est toi qui es notre amiral ; tu portes la lanterne de poupe, mais c'est dans ton nez ; tu es le chevalier de la lampe ardente.

BARDOLPH.—Eh quoi, sir Jean, ma figure ne vous fait aucun mal.

FALSTAFF.—Non, par ma foi, j'en fais aussi bon usage que bien des gens font d'une tête de mort, ou d'un *memento mori*. Je ne vois jamais ta face que je ne pense tout de suite au feu d'enfer, et au mauvais riche qui vivait dans la pourpre ; car il est là dans sa robe qui brûle, qui brûle ; si tu étais en aucune façon adonné à la vertu, je jurerais par ta figure ; mon serment serait par ce feu : mais tu es tout à fait abandonné, et n'était le feu que tu as dans la figure, tu serais absolument un enfant de ténèbres. Quand tu courus au haut de Gadshill, au milieu de la nuit, pour attraper mon cheval, si je ne t'ai pas pris pour un *ignis fatuus*, ou une boule de feu follet, je conviendrai que l'argent n'est plus bon à rien. Oh! tu es une illumination perpétuelle, un éternel feu de joie ; tu m'as

ACTE III, SCÈNE III.

épargné plus de mille marcs en torches et en flambeaux lorsque nous roulions ensemble, la nuit, de taverne en taverne ; mais aussi pour le vin d'Espagne que tu m'as bu, je me serais fourni le luminaire, et aussi bon que peut le vendre le meilleur épicier de l'Europe. Il y a plus de trente-deux ans que j'entretiens le feu de ta salamandre ; daigne le ciel m'en récompenser !

BARDOLPH.—Parbleu ! je voudrais que vous eussiez ma figure dans le ventre.

FALSTAFF.—Miséricorde ! Je serais bien sûr d'avoir le feu aux entrailles. (*Entre l'hôtesse.*) Eh bien, ma poule, ma chère caquet-bon-bec, avez-vous su qui est-ce qui a vidé mes poches?

L'HOTESSE.—Comment, sir Jean ! à quoi pensez-vous, sir Jean? Est-ce que vous croyez que j'ai des filous dans ma maison ? j'ai cherché, je me suis informée et mon mari aussi, de tous nos gens, hommes, garçons, domestiques, les uns après les autres : jamais de la vie il ne s'est encore perdu un poil dans ma maison.

FALSTAFF.—Vous mentez, l'hôtesse ; car Bardolph y a été rasé et y a perdu beaucoup de poils ; et moi je ferai serment que mes poches y ont été vidées ; allez, allez. Vous êtes une vraie femelle, allez......

L'HOTESSE.—Qui moi ! attends, attends, on ne m'a encore jamais appelée ainsi chez moi.

FALSTAFF.—Allez, allez, je vous connais bien.

L'HOTESSE.—Non, sir Jean ; vous ne me connaissez pas, sir Jean. Je vous connais bien, moi, sir Jean : vous me devez de l'argent, sir Jean ; et aujourd'hui vous me cherchez querelle pour m'en frustrer. C'est moi qui vous ai acheté une douzaine de chemises pour mettre à votre dos.

FALSTAFF.—De la toile à canevas, d'abominable toile à canevas ; j'en ai fait présent à des boulangères, et elles en ont fait des tamis.

L'HOTESSE.—Là, comme je suis une honnête femme, c'était une toile de Hollande à huit schellings l'aune. Mais vous me devez encore de l'argent outre cela, sir Jean, pour votre pension d'ordinaire ; les boissons de surplus, et, d'argent prêté, vingt-quatre guinées.

FALSTAFF.—En voilà un qui a eu sa bonne part; qu'il vous paye.

L'HOTESSE.—Lui? Hélas! il est pauvre, il n'a rien.

FALSTAFF.—Comment! pauvre? Voyez sa figure. Qu'appelez-vous donc riche? Il n'a qu'à monnayer son nez ou ses joues.—Je ne payerai pas un denier. Est-ce que vous me prenez pour un nigaud? Comment, je ne serai pas libre de prendre mes aises dans mon auberge, sans être exposé à avoir mes poches dévalisées? J'ai perdu un cachet en bague de mon grand-père, qui vaut quarante marcs.

L'HOTESSE.—Oh! Jésus! j'ai entendu le prince lui dire, je ne sais combien de fois, que cette bague n'était que du cuivre.

FALSTAFF.—Comment? Le prince est un drôle et un écornifleur, que je sanglerais comme un chien, s'il était ici, et qu'il osât dire cela. (*Entrent le prince Henri et Poins au pas de marche; Falstaff va à leur rencontre, jouant du fifre sur son bâton.*) Eh bien, mon garçon? Est-ce que le vent souffle par là, tout de bon? Faut-il que nous marchions tous?

BARDOLPH.—Oui, deux à deux, à la façon de Newgate.

L'HOTESSE.—Milord, je vous en prie, écoutez-moi.

HENRI.—Qu'est-ce que tu dis, madame Quickly? Comment se porte ton mari? Je l'aime bien, c'est un brave homme.

L'HOTESSE.—Mon bon prince, écoutez-moi.

FALSTAFF.—Je t'en prie, laisse-la et écoute-moi.

HENRI.—Qu'est-ce que tu dis, Jack?

FALSTAFF.—La nuit dernière je me suis endormi derrière la tapisserie, et on m'a vidé mes poches. Cette maison est devenue un mauvais lieu, on y vole dans les poches.

HENRI.—Qu'as-tu perdu, Jack?

FALSTAFF.— Tu m'en croiras si tu veux, Hal, j'ai perdu trois ou quatre obligations de quarante guinées chacune, et un cachet en bague de mon grand-père.

HENRI.—Quelque drogue, de la somme de huit pence.

L'HOTESSE.—C'est ce que je lui disais, milord, et j'ai

ajouté que j'avais entendu Votre Grâce le dire plus d'une fois. Et, milord, il parle de vous comme un mal embouché qu'il est; il a dit qu'il vous cinglerait de coups.

HENRI.—Comment? il n'a pas dit cela.

L'HOTESSE.—Je n'ai ni foi, ni vérité, et je ne suis pas femme s'il ne l'a pas dit.

FALSTAFF.—Il n'y a pas plus de foi en toi que dans un pruneau cuit [1], pas plus de vérité que dans un renard en peinture; et quant à ta qualité de femme, Marianne la pucelle [2] serait auprès de toi propre à faire la femme d'un alderman. Va, chose, va.

L'HOTESSE.—Quelle chose? dis, quelle chose?

FALSTAFF.—Quelle chose! Mais une chose sur laquelle on peut dire grand merci [3].

L'HOTESSE.—Je ne suis pas une chose sur laquelle on puisse dire grand merci, je suis bien aise de te le dire; je suis la femme d'un honnête homme; et, sauf la chevalerie, tu es un drôle de m'appeler comme cela.

FALSTAFF.—Et toi, sauf la qualité de femme, tu es un animal brute de dire autrement.

L'HOTESSE.—Dis donc, quel animal, drôle, dis donc?

FALSTAFF.—Quel animal? Pardieu! une loutre.

HENRI.—Une loutre, sir Jean? pourquoi une loutre?

FALSTAFF.—Pourquoi? parce qu'elle n'est ni chair ni poisson; on ne sait comment ni par où la prendre.

---

[1] Un plat de pruneaux cuits était le mets d'usage, et presque l'enseigne d'un mauvais lieu.

[2] *Maid Marian*. Ce fut, selon les anciennes ballades, le nom que prit Mathilde, fille de lord Fitzwater, pour suivre dans les bois son amant, le comte d'Huntington qui, proscrit et poursuivi, s'y était réfugié, et y vécut longtemps de brigandage sous le nom de Robin Hood. *Maid Marian* était le personnage obligé d'une danse de bateleurs qui s'exécutait particulièrement le 1er mai. Elle y était représentée par un homme habillé en femme; c'est sur cette circonstance que porte la plaisanterie de Falstaff.

[3] *A thing to thank God on.*
Une chose dont il faut remercier Dieu, c'est-à-dire, selon nos locutions, une chose qui nous vient de Dieu et grâce, sans qu'il en coûte rien; et aussi *une chose qui sert à remercier Dieu dessus*. La plaisanterie ne se pouvait rendre qu'à peu près.

L'HOTESSE.—Tu es un menteur quand tu dis cela ; tu sais bien, et il n'y a pas un homme au monde qui ne sache bien par où me prendre, entends-tu, drôle ?

HENRI.—Tu as raison, hôtesse, et c'est là une insigne calomnie.

L'HOTESSE.—Il en fait autant de vous, monseigneur ; il disait l'autre jour que vous lui deviez mille guinées.

HENRI.—Comment, coquin, est-ce que je te dois mille guinées ?

FALSTAFF.—Mille guinées ? Hal, un million. L'amitié vaut un million, et tu me dois ton amitié.

L'HOTESSE.—Il a fait plus, monseigneur ; il vous a traité de drôle, et il a dit qu'il vous cinglerait de coups.

FALSTAFF.—L'ai-je dit, Bardolph ?

BARDOLPH.—En vérité, sir Jean, vous l'avez dit.

FALSTAFF.—Oui, s'il disait que ma bague était de cuivre.

HENRI.—Je dis qu'elle est de cuivre ; oses-tu tenir ta parole à présent ?

FALSTAFF.—Mon Dieu ! Hal, tu sais bien que comme homme je n'ai pas peur de toi ; mais comme prince, je te crains autant que je craindrais le rugissement du lionceau.

HENRI.—Et pourquoi pas comme le lion même ?

FALSTAFF.—C'est le roi en personne qu'on doit craindre comme le lion. Et crois-tu, en conscience, que je te craigne comme je craindrais ton père ? Ma foi, si cela est vrai, je veux que ma ceinture casse.

HENRI.—Oh ! si cela arrivait, comme ton ventre tomberait sur tes genoux ! Mais, maraud, il n'y a pas dans ta maudite panse la moindre place pour la foi, la vérité, l'honneur ; elle n'est remplie que de tripes et de boyaux. Accuser une honnête femme d'avoir vidé tes poches ! Mais toi, fils de catin, impudent, boursouflé coquin, s'il y a autre chose dans tes poches que des cartes de cabaret, des *memento* de mauvais lieux, et la valeur d'un malheureux sou de sucre candi pour t'allonger l'haleine ; et s'il te peut revenir autre chose à empocher que des injures, je suis un misérable : et cependant, monsieur

ACTE III, SCÈNE III.

tiendra tête, il ne souffrira pas qu'on lui manque. N'as-tu pas de honte?

FALSTAFF.—Écoute, Hal, tu sais bien que dans l'état d'innocence Adam a failli : et que peut donc faire le pauvre Jack Falstaff dans ce siècle corrompu? Tu vois bien qu'il y a plus de chair chez moi que dans un autre, par conséquent plus de fragilité.—Enfin vous avouez donc que vous avez retourné mes poches?

HENRI.—L'histoire le dit.

FALSTAFF.—Hôtesse, je te pardonne : va préparer le déjeuner ; aime ton mari, veille sur tes domestiques, et chéris tes hôtes; tu me trouveras traitable autant que de raison ; tu le vois, je suis apaisé.—Allons, paix !—Je t'en prie, décampe. (*L'hôtesse sort.*) A présent, Hal, revenons aux nouvelles de la cour... Et l'affaire du vol, mon enfant, qu'est-ce que cela est devenu?

HENRI.—Oh ! mon cher Roastbeef, il faut que je te serve encore de bon ange. L'argent est rendu.

FALSTAFF.—Oh ! mais je n'aime point du tout cette restitution ; c'est faire double travail.

HENRI.—Je suis bien avec mon père, je puis faire tout ce que je veux.

FALSTAFF.—Vole-moi donc le trésor royal ; c'est la première chose à faire, et sans te donner la peine de te laver les mains.

BARDOLPH.—Faites cela, milord.

HENRI.—Je t'ai procuré à toi, Jack, une place dans l'infanterie.

FALSTAFF.—J'aurais mieux aimé que ce fût dans la cavalerie.—Où trouverai-je quelqu'un qui ait la main bonne pour voler? il me faudrait absolument un bon voleur de vingt à vingt-deux ans : je suis diablement dégarni de tout. Enfin, n'importe ; Dieu soit loué, ces rebelles ne s'en prennent qu'aux honnêtes gens; je les en estime et honore.

HENRI.—Bardolph!

BARDOLPH.—Prince !

HENRI.—Va-t'en porter cette lettre au lord Jean de Lancastre, mon frère Jean ; celle-ci, à milord de Westmoreland. Allons, Poins, à cheval ; car nous avons encore, toi et moi, trente milles à faire avant dîner. Jack, viens me trouver demain au temple, à deux heures après dîner : là tu sauras quelle est ta place, et tu recevras les instructions et de l'argent. La terre brûle, Percy est au faîte de sa gloire ; il faut qu'eux ou nous descendions de beaucoup.

(Sortent le prince, Poins et Bardolph.)

FALSTAFF.—Courtes paroles, braves gens.—Hôtesse, mon déjeuner, allons. Oh! que cette taverne n'est-elle le tambour de ma compagnie !

(Il sort.)

FIN DU TROISIÈME ACTE.

ACTE QUATRIÈME

SCÈNE I

Le camp des rebelles près de Shrewsbury.

Entrent HOTSPUR, WORCESTER, DOUGLAS.

HOTSPUR.—Très-bien parlé, mon noble Écossais. Si la vérité dans ce siècle poli n'était pas prise pour la flatteri on pourrait dire de Douglas qu'il n'est point de notre temps un guerrier dont le nom parcoure aussi généralement l'univers. Par le ciel, il m'est impossible de flatter : je dédaigne le doucereux langage des courtisans ; mais il n'est point d'homme qui occupe une plus belle place que vous dans mon cœur et mon amitié. Oui, sommez-moi de ma parole, éprouvez-moi, milord.

DOUGLAS.—Tu es roi de l'honneur.—Il n'est point sur la terre d'homme si puissant que je ne sois prêt à lui tenir tête.

HOTSPUR.—N'y manquez pas, tout sera au mieux.—(*Entre un messager.*) Quelles lettres as-tu là ?—(*A Douglas.*) Je ne sais que vous remercier.

LE MESSAGER.—Ces lettres viennent de votre père.

HOTSPUR.—Des lettres de lui ! Pourquoi ne vient-il pas lui-même ?

LE MESSAGER.—Il ne peut venir, milord ; il est dangereusement malade.

HOTSPUR.—Morbleu ! comment a-t-il le loisir d'être malade, au moment de se battre ?—Qui conduit ses troupes ? Sous le commandement de qui nous arrivent-elles ?

LE MESSAGER.—Ses lettres pourront vous le dire, milord, et non pas moi.

WORCESTER.—Je te prie, dis-moi, garde-t-il le lit?

LE MESSAGER.—Il le gardait depuis quatre jours quand je suis parti; et au moment où je l'ai quitté, ses médecins craignaient beaucoup pour sa vie.

WORCESTER.—J'aurais voulu voir nos affaires dans un état sûr et solide avant que la maladie vînt le visiter. Jamais sa santé ne fut d'un plus grand prix qu'aujourd'hui.

HOTSPUR.—Malade en ce moment! en ce moment au lit! Cette maladie attaque la partie vitale de notre entreprise; elle est contagieuse pour nous, et même pour notre camp.—Il me mande ici: « Qu'une maladie interne.... que ses amis ne peuvent être rassemblés sitôt par la voie des messages; et qu'il n'a pas cru prudent de livrer de si loin à d'autres âmes que la sienne un secret si important et si dangereux. » Cependant il nous donne un conseil hardi : c'est qu'avec le petit nombre de troupes que nous avons réunies nous marchions en avant, afin de sonder les dispositions de la fortune pour nous : « car, écrit-il, il n'est plus temps de se décourager, attendu que le roi est sûrement instruit de tous nos desseins. » Qu'en dites-vous?

WORCESTER.—La maladie de votre père nous mutile tout à fait.

HOTSPUR.—C'est une des plus dangereuses. C'est un membre de moins.... et cependant, tout bien examiné, non. Le tort que nous fait son absence nous paraît plus considérable qu'il ne le sera en effet. Serait-il à propos de risquer sur un coup de dé la somme réunie de toutes nos forces? de placer une si riche fortune sur les chances périlleuses d'une heure incertaine? Cela ne vaudrait rien, car dans cette heure unique nous attaquerions le fond et l'essentiel de nos espérances, le dernier terme de nos ressources et de notre fortune.

DOUGLAS.—Il est certain que cela ne pourrait être autrement, au lieu qu'à présent il nous reste une sorte de survivance agréable sur l'avenir. Nous pouvons dépenser hardiment dans l'espérance des ressources futures ; cela nous donne le point d'appui d'une retraite.

HOTSPUR.—Oui, un rendez-vous, un asile où nous réfugier, s'il arrive que le diable et le malheur regardent de travers cette première fleur [1] de nos affaires.

WORCESTER.—Cependant j'aurais voulu que votre père pût se rendre ici. La nature et l'apparence de notre entreprise ne souffrent point de division. Il y a des gens qui, ignorant la cause de son absence, y verront le désaveu de notre conduite, et croiront que c'est sa prudence et sa fidélité au roi qui ont retenu le comte et l'ont empêché de se joindre à nous. Et jugez combien une pareille idée peut changer le cours d'une faction timide, et faire douter de notre cause ; car vous n'ignorez pas que nous devons soutenir les apparences de notre force hors de la portée d'un examen trop rigoureux, et boucher tous les jours la plus légère ouverture par laquelle l'œil de la raison pourrait nous épier. Cette absence de votre père ouvre le rideau qui dévoile aux ignorants un genre de craintes auxquelles ils n'avaient pas songé.

HOTSPUR.—Vous allez trop loin. Voici plutôt comment je considérerais son absence. Elle rehausse l'opinion qu'on a de nous, et, présentant notre entreprise sous un aspect plus audacieux, lui donne un lustre qu'elle n'aurait pas si le comte était avec nous ; car lorsque, seuls et sans secours, on nous verra former un parti assez puissant pour tenir tête à tout le royaume, on devra penser qu'avec son aide nous sommes en état de le bouleverser complètement.—Tout est bien encore ; nous avons tous nos membres sains et entiers.

DOUGLAS.—Autant que nous pouvons le souhaiter. On n'entend point prononcer en Écosse un tel mot que le mot de crainte.

(Entre sir Richard Vernon.)

HOTSPUR.—Mon cousin Vernon ? Vous êtes le bienvenu, sur mon âme !

VERNON.—Plût au ciel, milord, que mes nouvelles mé-

---

[1] *The maidenhead.*

ritassent d'être aussi bien accueillies. Le comte de Westmoreland, fort de sept mille hommes, se dirige vers ces lieux : le prince Jean est avec lui.

HOTSPUR.—Je ne vois point de mal à cela. Qu'y a-t-il de plus ?

VERNON.—De plus, j'ai appris que le roi en personne marche, ou se dispose à marcher très-promptement contre nous avec des préparatifs et des forces redoutables.

HOTSPUR.—Il sera bien reçu aussi. Où est son fils, le prince de Galles, cet étourdi au pied léger, et ses camarades qui ont jeté de côté le monde et ses affaires, en lui disant de passer son chemin ?

VERNON.—Tous équipés, tous en armes, tous plumes en l'air comme des autruches battant l'air de leurs ailes, comme des aigles qui viennent de se baigner ; tout brillants de leurs armures dorées comme des images de saints ; pleins de vie comme le mois de mai, et resplendissants comme le soleil au milieu de l'été ; gais comme de jeunes chevreaux, bouillants comme de jeunes taureaux. J'ai vu le jeune Henri, la visière levée, les cuisses couvertes de ses cuissards, armé en vrai guerrier, s'élever de la terre comme Mercure sur ses ailes, et ferme sur sa selle, voltigeant avec autant d'aisance qu'un ange qui serait descendu des nuages pour manier et manéger un fougueux Pégase, et charmer les hommes par la noblesse de son équitation.

HOTSPUR.—Assez, assez ; ces éloges sont pis que le soleil de mars pour donner la fièvre. Qu'ils viennent, qu'ils arrivent parés pour le sacrifice, et nous les offrirons tout fumants et tout sanglants à la vierge aux yeux enflammés qui préside à la guerre fumante. Mars vêtu de fer s'assiéra sur son autel, dans le sang jusqu'aux oreilles. Je suis sur les charbons tant que je sais cette riche conquête si près, et encore pas à nous.—Allons, laissez-moi prendre mon cheval, qui va me porter comme la foudre contre le sein du prince de Galles. Nous nous rencontrerons Henri contre Henri, et son cheval contre le mien, pour ne jamais nous séparer que l'un des deux ne tombe mort. Oh ! que Glendower n'est-il arrivé !

VERNON.—J'ai encore d'autres nouvelles. J'ai appris, en traversant le comté de Worcester, qu'il ne pouvait se rendre ici avec son corps de troupes, comme il l'a promis, le quatorzième jour.

DOUGLAS.—Voilà la plus fâcheuse de toutes les nouvelles que j'aie entendues.

WORCESTER.—Oui, sur ma foi, elle a un son qui glace le cœur.

HOTSPUR.—A combien peut monter toute l'armée du roi?

VERNON.—A trente mille hommes.

HOTSPUR.—Fussent-ils quarante mille, sans mon père et Glendower, les troupes que nous avons peuvent suffire pour cette grande journée. Allons, hâtons-nous d'en faire la revue. Le jour fatal est proche : mourons tous s'il le faut, et mourons gaiement.

DOUGLAS.—Ne parlez pas de mourir : je suis d'ici à six mois préservé de toute crainte de la mort et de ses coups.

SCÈNE II

Un grand chemin près de Coventry.

Entrent FALSTAFF ET BARDOLPH.

FALSTAFF.—Bardolph, va-t'en toujours devant à Coventry; emplis-moi une bouteille de vin d'Espagne : nos soldats traverseront la ville, et nous gagnerons Sutton-colfied ce soir.

BARDOLPH.—Voulez-vous me donner de l'argent, mon capitaine?

FALSTAFF.—Va toujours, va toujours.

BARDOLPH.—Cette bouteille vaut un angelot.

FALSTAFF.—Si elle te vaut cela, prends-le pour ta peine; si elle t'en fait vingt, prends tout. Je suis là pour répondre de la manière dont tu auras battu monnaie. Ordonne à mon lieutenant Peto de me joindre à la sortie de la ville.

BARDOLPH. — Je n'y manquerai pas, capitaine; adieu.
(Il sort.)

FALSTAFF.—Si mes soldats ne me font pas rougir de honte, je veux n'être qu'un hareng sec. J'ai diablement abusé de la presse du roi. J'ai pris, en échange de cent cinquante soldats, trois cent et quelques guinées. Je ne presse que de bons bourgeois, des fils de propriétaires; je m'enquiers de tous les jeunes garçons fiancés, de ceux qui ont déjà eu deux bans de publiés; je me suis procuré toute une partie de poltrons aux pieds chauds, qui aimeraient mieux entendre le diable qu'un coup de tambour, gens qui ont plus de peur du bruit d'une couleuvrine qu'un daim ou un canard sauvage déjà blessés. Je ne presse que de ces mangeurs de rôties beurrées qui n'ont de cœur au ventre que pas plus gros qu'une tête d'épingle; et ils ont racheté leur congé : de sorte qu'à présent toute ma troupe consiste en porte-étendards, caporaux, lieutenants, gens d'armes, misérables aussi déguenillés qu'on nous représente Lazare sur la toile quand des chiens gloutons lui léchaient ses plaies; d'autres qui n'ont jamais servi; quelques-uns réformés comme incapables de servir; des cadets de cadets, des garçons de cabaret qui se sont sauvés de chez leurs maîtres, des aubergistes banqueroutiers : tous ces cancres d'un monde tranquille et d'une longue paix, cent fois plus piteusement accoutrés qu'un vieux étendard délabré. Voilà les hommes que j'ai pour remplacer ceux qui ont acheté leur congé; si bien que l'on s'imaginerait que j'ai là cent cinquante enfants prodigues en haillons arrivant de garder les pourceaux et de vivre de restes et de pelures. Un écervelé que j'ai rencontré en chemin, m'a dit que je venais de rafler toutes les potences et de presser tous les cimetières; on n'a jamais vu de pareils épouvantails. Je ne traverserai pas Coventry avec eux; voilà ce qu'il y a de bien sûr. Par-dessus le marché, ces gredins-là marchent les jambes écartées, comme s'ils y avaient des fers; et en effet, j'ai tiré la plupart d'entre eux des prisons. Il n'y a qu'une chemise et demie dans toute ma compagnie; et la demi-chemise encore est faite dé deux serviettes bâties ensemble et jetées sur les épaules comme le pourpoint d'un héraut, sans manches; et la chemise entière, pour dire la vérité, a été volée à mon hôte de Saint-Albans, ou à l'aubergiste au nez rouge de Daintry. Mais cela n'y fait rien, ils trouveront bientôt du linge en suffisance sur les haies.

(Entrent le prince Henri et Westmoreland.)

HENRI.—Eh bien, Jack le boursouflé? eh bien, mon gros matelas? Holà, matelas de chair.

FALSTAFF.—Comment, c'est toi, Hal; c'est toi, drôle de corps; que diable fais-tu donc dans la province de Warwick?—Mon cher milord Westmoreland, je vous demande pardon, mais je vous croyais déjà à Shrewsbury.

WESTMORELAND.—Ma foi, sir Jean, il serait plus que temps que j'y fusse, et vous aussi; mais mes troupes y sont déjà arrivées; je vous assure que le roi nous y attend : il faut que nous partions tous ce soir.

FALSTAFF.—Bah! n'ayez pas peur de moi : je suis aussi vigilant qu'un chat qui veut voler de la crème.

HENRI.—Voler de la crème? je le crois, car à force d'en voler tu t'es fait de beurre. Mais dis donc, Jack, à qui sont ces gens qui viennent là-bas?

FALSTAFF.—A moi, Hal, à moi.

HENRI.—De ma vie je n'ai vu de si pitoyables coquins.

FALSTAFF.—Bah, bah! ils sont assez bons pour être jetés à bas. Chair à poudre! chair à poudre! Cela remplira une fosse tout aussi bien que de meilleurs soldats! Mon cher, ce sont des hommes mortels, des hommes mortels.

WESTMORELAND.—Oui; mais, sir Jean, il me semble qu'ils sont cruellement pauvres et décharnés, l'air par trop mendiants.

FALSTAFF.—Ma foi, quant à leur pauvreté.... je ne sais pas où ils l'ont prise; et pour leur maigreur.... je suis bien sûr qu'ils n'ont pas pris cela de moi.

HENRI.—Non, j'en ferais bien serment; à moins qu'on n'appelle maigreur trois doigts de lard sur les côtes. Mais, mon garçon, dépêche-toi; Percy est déjà en campagne.

FALSTAFF.—Comment, est-ce que le roi est déjà campé?
WESTMORELAND.—Oui, sir Jean, je crains que nous ne nous soyons arrêtés trop longtemps.
FALSTAFF.—Eh bien! la fin d'une bataille, et le commencement d'un repas, c'est ce qu'il faut à un soldat de mauvaise volonté, et à un convive de bon appétit.

SCÈNE III

Le camp des rebelles près de Shrewsbury.

Entrent HOTSPUR, WORCESTER, DOUGLAS
ET VERNON.

HOTSPUR.—Nous lui livrerons combat ce soir.
WORCESTER.—Cela ne se peut pas.
DOUGLAS.—Alors vous lui abandonnez l'avantage?
VERNON.—Pas du tout.
HOTSPUR.—Comment pouvez-vous dire cela? N'attend-il pas un renfort?
VERNON.—Et nous aussi.
HOTSPUR.—Le sien est sûr, et le nôtre est douteux.
WORCESTER.—Cher cousin, écoutez la prudence. N'attaquons pas ce soir.
VERNON.—Ne le faites pas, milord.
DOUGLAS.—Votre conseil n'est pas bon : c'est la peur et le défaut de cœur qui vous font parler.
VERNON.—Ne m'insultez pas, Douglas. Sur ma vie (et je le soutiendrai aux dépens de ma vie) si une fois mon honneur bien entendu m'ordonne de marcher en avant, j'écoute aussi peu les conseils de la lâche peur que vous, milord, ou quelque autre Écossais qui soit au monde : on verra demain dans la bataille qui de nous a peur.
DOUGLAS.—Oui, ou plutôt ce soir.
VERNON.—Comme il vous plaira.
HOTSPUR.—Ce soir, dis-je.
VERNON.—Allons : cela n'est pas possible. Je suis très-étonné que des chefs aussi expérimentés que vous ne

prévoient pas combien d'obstacles nous forcent à retarder notre expédition. Ce détachement de cavalerie de mon cousin Vernon n'est pas encore arrivé : celui de votre oncle Worcester n'est arrivé que d'aujourd'hui, et en ce moment toute leur fierté, tout leur feu est assoupi ; leur courage est dompté et abattu par l'excès de la fatigue, et il n'y a pas un de ces chevaux qui vaille la moitié de ce qu'il vaut ordinairement.

HOSTPUR.—La cavalerie de l'ennemi est aussi pour la plupart fatiguée de la route et tout abattue. La meilleure partie de la nôtre est fraiche et reposée.

WORCESTER.—L'armée du roi est plus nombreuse que la nôtre : au nom de Dieu, cousin, attendons que nos renforts soient arrivés.

(Les trompettes sonnent un pourparler.)
(Entre sir Walter Blount.)

BLOUNT.—Je viens chargé d'offres gracieuses de la part du roi, si vous voulez m'entendre avec les égards dûs à mon message.

HOTSPUR.—Soyez le bienvenu, sir Walter Blount. Et plût au ciel que vous fussiez de notre parti ! Il est quelques-uns de nous qui vous aiment tendrement, et ceux-là mêmes s'affligent de votre grand mérite et de votre bonne renommée, voyant que vous n'êtes pas des nôtres et que vous paraissez devant nous comme ennemi.

BLOUNT.—Et que le ciel me préserve d'être autre chose, tant et si longtemps que, sortis des bornes du devoir et des règles de la fidélité, vous marcherez révoltés contre la majesté sacrée de votre roi ! Mais faisons notre message.—Le roi m'envoie savoir la nature de vos griefs ; pour quelle cause, au sein de la paix publique, vous entamez témérairement les hostilités, donnant à son royaume soumis l'exemple d'une criminelle audace. Si le roi a méconnu en quelque chose votre mérite et vos services, qu'il confesse être nombreux, il vous somme d'articuler vos plaintes, et sans aucun retard vos vœux seront satisfaits avec usure, et vous recevrez un pardon absolu pour vous et pour ceux que vos suggestions ont égarés.

HOTSPUR.—Le roi a bien de la bonté : et nous savons de reste que le roi sait fort bien en quel temps il faut promettre et en quel temps il faut payer. Mon père, mon oncle et moi, nous lui avons donné cette couronne qu'il porte. Sa suite n'était pas en tout composée de vingt-six personnes; pauvre en considération parmi les hommes, malheureux, abaissé, il n'était rien qu'un proscrit oublié, se glissant furtivement dans sa patrie, lorsque mon père l'accueillit sur le rivage et l'entendit protester avec serment, à la face du ciel, qu'il ne revenait que pour être duc de Lancastre, pour réclamer la remise de son héritage, et pour faire sa paix qu'il sollicitait avec les larmes de l'innocence et les expressions de l'attachement. Mon père, touché de compassion et par bonté de cœur, lui promit son assistance et lui a tenu parole. Alors, dès que les lords et les barons du royaume surent que Northumberland lui prêtait son appui, grands et petits vinrent le trouver tête nue et genou en terre ; ils l'abordèrent en foule dans les bourgs, les cités, les villages ; ils le suivaient sur les ponts, se plaçaient sur son passage dans les sentiers, venaient lui offrir leurs dons, lui prêtaient leurs serments, lui donnaient leurs héritiers, le suivaient comme des pages attachés à ses pas, en troupes brillantes et dorées : et aussitôt (tant la grandeur se connaît promptement elle-même !) il fait un pas plus haut que le degré où il avait juré à mon père de s'arrêter, lorsqu'il se sentait le sang appauvri sur les rivages stériles de Ravenspurg ; il prend sur lui de réformer certains édits, certains décrets à la vérité trop rigoureux et trop onéreux à la communauté ; il crie contre les abus ; il feint de gémir sur les maux de sa patrie, et à la faveur de ce masque, de ce beau semblant de justice, il gagne les cœurs de tous ceux qu'il voulait surprendre. Il va plus loin : il fait sauter les têtes de tous les favoris que le roi absent avait laissés pour le remplacer dans le royaume, tandis qu'il était occupé en personne aux guerres d'Irlande.

BLOUNT.—Eh mais, je ne suis pas venu pour entendre tout cela.

HOTSPUR.—Je viens au fait.—Peu de temps après, il déposa le roi, et puis bientôt il lui ôta la vie; et immédiatement après chargea l'État d'impôts universels. Bien pis encore, il a souffert que son parent, le comte des Marches (qui, si chaque homme était à sa place et dans ses droits, serait son roi légitime) demeurât prisonnier dans la province de Galles, pour y être oublié sans rançon. Il m'a disgracié, moi, au milieu de mes heureuses victoires; il a cherché par ses artifices à me faire tomber dans le piége; il a exclu mon oncle du conseil; il a congédié avec fureur mon père de sa cour; il a violé serment sur serment, commis injustice sur injustice. A la fin, en nous repoussant, il nous a contraints de chercher notre sûreté dans la force de cette armée, et aussi d'examiner un peu son titre que nous trouvons trop équivoque pour durer longtemps.

BLOUNT.—Rendrai-je cette réponse au roi?

HOTSPUR.—Non pas de cette manière, sir Walter; nous allons nous consulter pendant quelque temps. Retournez auprès du roi; qu'il engage quelque garantie qui assure le retour, et demain matin de bonne heure, mon oncle lui portera nos intentions : j'ai dit; adieu.

BLOUNT.—Je désire que vous acceptiez les offres de sa clémence et de son amitié.

HOTSPUR.—Il se peut que nous les acceptions.

BLOUNT.—Dieu veuille qu'il en soit ainsi.

(Ils sortent.)

SCÈNE IV

York.—Un appartement dans la maison de l'archevêque.

Entrent L'ARCHEVÊQUE D'YORK ET UN GENTILHOMME.

L'ARCHEVÊQUE D'YORK.—Faites diligence, mon bon sir Michel : prenez des ailes pour porter rapidement cette lettre scellée de mon cachet au lord Maréchal, celle-ci à mon cousin Scroop, et toutes les autres aux personnes auxquelles elles sont adressées. Si vous saviez combien leur contenu est important, vous vous hâteriez.

LE GENTILHOMME.—Mon bon seigneur, je devine ce qu'elles renferment.

L'ARCHEVÊQUE D'YORK.—C'est assez probable. Demain, mon cher sir Michel, est un jour où la fortune de dix mille hommes doit être mise à l'épreuve; car demain, mon cher, à Shrewsbury, ainsi que j'en ai reçu la nouvelle certaine, le roi, à la tête d'une armée nombreuse et promptement formée, doit se rencontrer avec le lord Henri; et je crains, sir Michel, que par suite de la maladie de Northumberland, dont le corps de troupes était le plus considérable, et aussi à cause de l'absence d'Owen Glendower, sur lequel ils comptaient comme sur un appui vigoureux, et qui ne s'y est pas rendu, arrêté par des prédictions, je crains que l'armée de Percy ne soit trop faible pour soutenir déjà un combat avec le roi.

LE GENTILHOMME.—Eh quoi! mon bon seigneur, vous n'avez rien à craindre. Il a avec lui le lord Douglas et le lord Mortimer.

L'ARCHEVÊQUE D'YORK.—Non, Mortimer n'y est pas.

LE GENTILHOMME.—Mais du moins il y a Mordake, Vernon, lord Henry Percy et milord Worcester, et une troupe de braves guerriers et de nobles gentilshommes.

L'ARCHEVÊQUE D'YORK.—Cela est vrai; mais de son côté le roi a rassemblé la plus belle élite de tout le royaume. —Le prince de Galles, le lord Jean de Lancastre, le noble Westmoreland, et le belliqueux Blount, et beaucoup d'autres braves rivaux, et une foule de guerriers de nom et distingués dans les armes.

LE GENTILHOMME.—Ne doutez pas, milord, qu'ils ne trouvent à qui parler.

L'ARCHEVÊQUE D'YORK.—Je l'espère, et cependant il est impossible de n'avoir pas des craintes: et pour prévenir les plus grands malheurs, sir Michel, faites diligence; car si lord Percy ne réussit pas, le roi, avant de licencier son armée, se propose de nous visiter.—Il a été instruit de notre confédération, et la prudence veut qu'on prenne ses mesures pour se fortifier contre ses desseins. Ainsi hâtez-vous. Il faut que j'aille encore écrire à d'autres amis.—Adieu, sir Michel.

(Ils sortent de différents côtés.

FIN DU QUATRIÈME ACTE.

ACTE CINQUIÈME

SCÈNE I

Le camp du roi près de Shrewsbury.

Entrent LE ROI HENRI, LE PRINCE HENRI, LE PRINCE JEAN DE LANCASTRE, SIR WALTER BLOUNT et SIR JEAN FALSTAFF.

LE ROI.—Comme le soleil commence à se montrer sanglant au-dessus de cette montagne boisée! Le jour pâlit en le voyant si troublé.

HENRI.—Le vent du midi faisant fonction de trompette nous annonce ses desseins, et par de sourds mugissements à travers les feuillages prédit la tempête et un jour orageux.

LE ROI.—Qu'ils sympathisent donc avec les vaincus; rien ne paraît sombre aux vainqueurs. (*Entrent Worcester et Vernon.*) C'est vous, milord Worcester? Il ne convient guère que nous nous rencontrions ici en de pareils termes. Vous avez trompé notre confiance; vous nous avez forcés de dépouiller les commodes vêtements de la paix, pour froisser d'un dur acier nos membres vieillis. Cela n'est pas bien, milord, cela n'est pas bien. Que répondez-vous? Voulez-vous dénouer le nœud féroce d'une guerre abhorrée de tous, et rentrer dans cette sphère d'obéissance où vous brilliez d'un éclat pur et naturel? Voulez-vous cesser de ressembler à un météore exhalé dans les airs, prodige terrible et présage des calamités annoncées aux temps à venir?

WORCESTER.—Écoutez-moi, mon souverain.—Pour ce qui me regarde, je serais sans doute satisfait de couler les restes pesants de ma vie à travers des heures paisibles ; car je vous proteste que je n'ai point cherché le jour de cette rupture.

LE ROI.—Vous ne l'avez pas cherché ? comment donc est-il arrivé ?

FALSTAFF.—La révolte s'est rencontrée sur son chemin, et voilà comme il l'a trouvée.

HENRI.—Tais-toi, pudding ; tais-toi.

WORCESTER.—Il a plu à Votre Majesté de détourner de moi et de toute notre maison les regards de sa faveur ; et cependant je dois vous faire ressouvenir, milord, que nous fûmes les premiers et les plus chers de vos amis. Je brisai le bâton de mon office pour vous, sous le règne de Richard, je voyageai jour et nuit pour vous rencontrer sur votre route et vous baiser la main, dans un temps, où, à en juger par votre situation et par l'opinion publique, vous n'étiez ni aussi puissant ni aussi fortuné que moi. C'est moi, mon frère et son fils, qui vous avons ramené dans votre patrie, affrontant hardiment tous les périls de l'événement. Vous nous jurâtes alors, et vous nous avez fait ce serment à Doncaster, que vous ne méditiez aucun dessein contre l'État ; que vous ne revendiquiez rien de plus que les droits qui vous étaient récemment échus ; la résidence de Gaunt, le duché de Lancastre. Sur la foi de ce serment, nous avons juré de vous venir en aide. Mais en peu de temps, la pluie de la fortune inonda votre tête, et le flot de la puissance se précipita vers vous, en partie par notre secours, en partie par l'absence du roi et les injustices de sa folle jeunesse, en partie par les outrages que vous paraissiez avoir essuyés, et enfin grâce aux vents contraires qui retinrent si longtemps Richard dans sa malheureuse guerre d'Irlande, que toute l'Angleterre l'a réputé mort.—Tellement qu'à la faveur de cette nuée d'heureux avantages, vous fûtes bientôt en situation de vous faire prier de saisir dans votre main le sceptre de l'autorité souveraine ; vous oubliâtes le serment que vous nous aviez fait à Doncaster. Élevé par nos soins, vous nous avez traités comme cet oiseau ingrat, le coucou, traite le passereau ; vous avez envahi notre

ACTE V, SCÈNE I.

nid. Votre grandeur, par les aliments que nous lui avions fournis, a acquis une telle dimension que notre amour n'osait plus s'offrir à votre vue, dans la crainte de nous exposer à être engloutis. Nous avons été forcés, par l'intérêt de notre sûreté, à fuir, d'une aile légère, loin de votre présence, et à lever ces troupes, qui nous suivent, et à la tête desquelles nous ne marchons contre vous qu'armés des motifs que vous nous avez vous-même fournis par vos mauvais traitements, par une conduite menaçante, et par la violation de la foi et de tous les serments que vous avez faits au début de votre entreprise.

LE ROI.—Oui, ce sont là les griefs que vous avez rédigés par articles, que vous avez proclamés aux croix des marchés, lus dans les églises, pour parer le manteau de la révolte de quelques belles couleurs, propres à séduire les yeux des esprits inquiets et volages, et de ceux qui, mécontents de leur misère, écoutent la bouche béante et en remuant les épaules les nouvelles de toute innovation turbulente. Jamais révolte n'a manqué de ces enluminures pour en revêtir sa cause, ni de cette canaille factieuse, affamée de trouble et de ces désordres où tout se mêle et se confond.

HENRI.—Plus d'une âme dans nos deux armées payera cher cette rencontre, si une fois elles en viennent aux mains. Dites à votre neveu que le prince de Galles se joint à l'univers pour louer Henry Percy. Sur mes espérances, je ne crois pas (sauf cette dernière entreprise) qu'il existe un plus valeureux gentilhomme, un brave plus actif, un jeune homme plus fier, plus entreprenant et plus intrépide, plus capable d'honorer notre temps par des faits glorieux. Quant à moi, je l'avouerai à ma honte, jusqu'à présent j'ai mal observé les lois de la chevalerie; et j'entends dire qu'il pense ainsi de moi : cependant en présence de Sa Majesté mon père, je déclare consentir à ce qu'il prenne sur moi l'avantage que lui donnent son grand renom et l'estime en laquelle il est, et pour épargner le sang des deux côtés, je veux tenter la fortune avec lui dans un combat singulier.

LE ROI.—Et nous, prince de Galles, nous osons te laisser courir ce risque, malgré la foule des motifs qui s'y opposent.—Non, cher Worcester, non. Nous aimons notre peuple ; nous aimons ceux même qui se sont égarés dans le parti de votre cousin ; et s'ils veulent accepter l'offre de leur pardon, eux, lui et vous, et tous tant que vous êtes, redeviendrez mes amis, et je serai le vôtre. Dites le ainsi à votre cousin et rapportez-moi sa réponse et ses intentions.—Mais s'il s'obstine à ne pas céder, le châtiment et une sévère correction marchent sur nos pas, et feront leur office.—Allez, ne nous fatiguez point en ce moment d'une réponse. Voilà quelles sont nos offres ; que votre décision soit prudente.

(Sortent Worcester et Vernon.)

HENRI.—Elles ne seront pas acceptées, sur ma vie. Le Douglas et Hotspur ensemble se croiraient en état de faire tête à l'univers entier armé contre eux.

LE ROI.—Eh bien, que chaque chef aille à son poste : car sur leur réponse, nous les attaquons : et que Dieu nous seconde, comme notre cause est juste !

(Sortent le roi, Blount et le prince Jean.)

FALSTAFF.—Hal, si dans la bataille tu me vois tombé par terre, enjambe comme cela par-dessus mon corps, c'est un acte d'amitié.

HENRI.—Il n'y a qu'un colosse qui puisse te donner cette marque d'amitié.—Allons, dis tes prières et bonsoir.

FALSTAFF.—Je voudrais que ce fût l'heure d'aller se mettre au lit, Hal, et tout serait bien.

HENRI.—Quoi, ne dois-tu pas à Dieu une mort ?

(Il sort.)

FALSTAFF.—Elle n'est pas due encore : je serais bien fâché de la payer avant le terme. Qu'ai-je besoin d'être si pressé d'aller au-devant de qui ne m'appelle pas ? Allons, n'importe, c'est l'honneur qui me pousse pour aller en avant.—Oui ; fort bien, mais si l'honneur va en chemin me pousser à terre, qu'en sera-t-il ? L'honneur peut-il me remettre une jambe ? non. Un bras ? non. M'ôter la douleur d'une blessure ? non. L'honneur n'entend donc rien en chirurgie ? non. Qu'est-ce que c'est que l'honneur? un mot. Et qu'est-ce que ce mot, l'honneur? ce qu'est l'honneur : du vent. Un joli appoint vraiment! et à qui profite-t-il? Celui qui mourut mercredi, le sent-il? non. L'entend-il? non. L'honneur est donc une chose insensible? oui, pour les morts. Mais ne saurait-il vivre avec les vivants? non. Pourquoi? c'est que la médisance ne le souffrira jamais. A ce compte, je ne veux point d'honneur, l'honneur est un pur écusson funèbre : et ainsi finit mon catéchisme.

(Il sort.)

SCÈNE II

Le camp de Hotspur.

Entrent WORCESTER, VERNON.

WORCESTER. — Oh! non : il ne faut pas, sir Richard, que mon neveu sache les généreuses offres du roi.

VERNON. — Il vaudrait mieux qu'il en fût instruit.

WORCESTER. — S'il les connait, nous sommes tous perdus. Il n'est pas possible, non, il ne se peut pas que le roi tienne sa parole de nous aimer. Nous lui serons toujours suspects ; et il trouvera dans d'autres fautes l'occasion de nous punir de cette révolte. Le soupçon tiendra cent yeux ouverts sur nous; car on se fie à la trahison comme au renard qui a beau être apprivoisé, caressé, bien enfermé, et qui conserve toujours les penchants sauvages de sa race. Quel que soit notre maintien, triste ou joyeux, on prendra note de nos regards pour les interpréter à mal ; et nous vivrons comme le bœuf dans l'étable, d'autant plus près de notre mort que nous serons mieux traités. Pour mon neveu, on pourra peut-être oublier sa faute. Il a pour lui l'excuse de la jeunesse, de l'ardeur du sang, et le privilége du nom qu'il a adopté, cet éperon brûlant[1] conduit par une cervelle

---

1 *A hare brained Hotspur, govern'd by a spleen.*

de lièvre et une humeur capricieuse. Toutes ses fautes reposent sur ma tête, et sur celle de son père. Nous l'avons élevé : s'il a de mauvaises qualités, c'est de nous qu'il les a prises; et comme étant la source de tout, nous payerons pour tous. Ainsi, cher cousin, que Henri ne sache pas, à quelque prix que ce soit, les offres du roi.

VERNON.—Dites-lui ce que vous voudrez, je le confirmerai. Voici votre cousin.

(Entrent Hotspur et Douglas suivis d'officiers et soldats.)

HOTSPUR, *à ses officiers.*—Mon oncle est de retour?—Renvoyez milord Westmoreland. — Quelles nouvelles, mon oncle?

WORCESTER.—Le roi va vous livrer bataille à l'heure même.

DOUGLAS.—Envoyez-lui un défi par le lord Westmoreland.

HOTSPUR.—Lord Douglas, allez le charger de ce message.

DOUGLAS.—Oui, j'y vais et de grand cœur.

(Il sort.)

WORCESTER.—Le roi n'a pas l'air de vouloir faire grâce.

HOTSPUR.—L'auriez-vous demandée? Dieu nous en préserve!

WORCESTER.—Je lui ai parlé avec douceur de nos griefs, du serment qu'il a violé, et pour raccommoder les choses il jure aujourd'hui qu'on lui manque de foi, et ses armes hautaines nous feront, dit-il, porter le châtiment de ce nom odieux.

(Rentre Douglas.)

DOUGLAS.—Aux armes! messieurs, aux armes! Car je viens de lancer un audacieux défi à la face du roi Henri. Westmoreland, qui était en otage, va le lui porter, et il ne peut manquer de nous l'amener promptement.

WORCESTER. — Le prince de Galles s'est avancé devant le roi, et il vous a défié, mon neveu, à un combat singulier.

HOTSPUR.—Oh! plût à Dieu que la querelle reposât sur nos deux têtes, qu'Henri Monmouth et moi nous fussions les seuls à perdre le souffle aujourd'hui.—Dites-moi, dites-moi : de quel air m'a-t-il provoqué? y entrait-il du mépris?

VERNON.—Non, sur mon âme. Je n'ai de ma vie entendu prononcer un défi avec plus de modestie, si ce n'est lorsqu'un frère appelle son frère à jouter avec lui et à s'essayer aux armes. Il vous a rendu tous les égards qu'on peut rendre à un homme; il a d'une voix généreuse fait éclater vos mérites et parlé de vos exploits comme le ferait une chronique, vous élevant toujours au-dessus de son éloge, et dédaignant l'éloge comparé à ce qui vous est dû; et ce qui est digne d'un prince, il a parlé de lui-même en rougissant; et il s'est reproché sa jeunesse indolente, avec tant de grâce, qu'il semblait exercer en ce moment le double emploi d'enseigner et d'apprendre. Là il s'est arrêté. Mais qu'il me soit permis d'annoncer à l'univers que, s'il survit aux dangers de cette journée, l'Angleterre n'a jamais possédé d'espérance si belle, si mal reconnue à travers les étourderies de la jeunesse.

HOTSPUR.—Cousin, je crois vraiment que tu t'es amouraché de ses folies : jamais je n'ai entendu parler d'un prince qu'on ait laissé en liberté faire autant d'extravagances.—Mais qu'il soit ce qu'il voudra, avant la nuit, je l'étreindrai si fort dans les bras d'un soldat qu'il tremblera sous mes caresses.—Aux armes! aux armes! hâtons-nous.—Compagnons, soldats, amis, représentez-vous par vous-mêmes ce que vous avez à faire aujourd'hui, mieux que je ne pourrais essayer de vous l'apprendre pour enflammer votre courage, moi qui possède si peu le don de la parole.

(Entre un messager.)

LE MESSAGER.—Milord, voici des lettres pour vous.

HOTSPUR.—Je n'ai pas le temps de les lire à présent.—Messieurs, la vie est bien courte; si courte qu'elle soit, passée sans honneur elle serait trop longue, dût-elle, marchant sur l'aiguille du cadran, finir toujours en arrivant au terme de l'heure. Si nous vivons, nous vivrons pour marcher sur la tête des rois : si nous mourons, il est beau de mourir quand des princes meurent avec nous! et quand à nos consciences, les armes sont légitimes, quand la cause qui les fait prendre est juste.

(Entre un autre messager.)

LE MESSAGER.—Préparez-vous, milord; le roi s'avance à grands pas.

HOTSPUR.—Je le remercie de venir interrompre ma harangue; car je ne suis pas fort pour le discours. Seulement ce mot : que chacun fasse de son mieux. Moi, je tire ici une épée dont je veux teindre le fer dans le meilleur sang que pourront me faire rencontrer les hasards de ce jour périlleux. Maintenant, espérance! Percy! et marchons. Faites retentir tous vos bruyants instruments de guerre, et au son de cette musique embrassons-nous tous; car je gagerais le ciel contre la terre qu'il y en aura quelques-uns de nous qui ne se feront plus une pareille amitié.

(Les trompettes sonnent; ils s'embrassent et sortent.)

SCÈNE III

Une plaine près de Shrewsbury.

Troupes qui passent et repassent, escarmouches, signal de la bataille. Ensuite paraissent DOUGLAS ET BLOUNT.

BLOUNT.—Quel est ton nom, à toi, qui croises ainsi mes pas dans la mêlée? Quel honneur cherches-tu à remporter sur moi?

DOUGLAS.—Apprends que mon nom est Douglas; et tu me vois sans relâche attaché à tes pas parce qu'on m'a dit que tu étais roi.

BLOUNT.—On t'a dit la vérité.

DOUGLAS.—Le lord Stafford a payé cher aujourd'hui ta ressemblance. Car à ta place, roi Henri, il a péri par cette épée. Il t'en arrivera autant si tu ne te rends pas mon prisonnier.

BLOUNT.—Je ne suis pas né de ceux qui se rendent,

présomptueux Écossais, et tu trouveras un roi qui vengera la mort de Stafford.
(Ils combattent. Blount est tué.)
(Entre Hotspur.)

HOTSPUR.—O Douglas! si tu avais ainsi combattu près d'Holmedon, je n'aurais jamais triomphé d'un Écossais.

DOUGLAS.—Tout est fini : la victoire est à nous. Là gît le roi sans vie.

HOTSPUR.—Où?

DOUGLAS.—Ici.

HOTSPUR.—Cet homme, Douglas? Non ; je connais bien ses traits. C'était un brave chevalier : son nom était Blount, complétement équipé comme le roi lui-même.

DOUGLAS, *à Blount*.— Tu n'emmènes avec ton âme qu'un imbécile, où qu'elle aille. C'est acheter trop cher un titre emprunté. Pourquoi m'as-tu dit que tu étais le roi?

HOTSPUR.—Le roi a plusieurs guerriers qui marchent revêtus de ses habits.

DOUGLAS.—Eh bien, par mon épée! je tuerai tous ses habits ; je ferai main-basse sur toute sa garde-robe, pièce à pièce, jusqu'à ce que je rencontre le roi.

HOTSPUR.—Allons, poursuivons ; nos soldats se battent bien.

(Ils sortent.)
(Autres alarmes. Entre Falstaff.)

FALSTAFF.—Je savais bien à Londres comment échapper sans débourser [1], mais ici j'ai toujours peur qu'on ne me fasse payer malgré moi ; on ne tient pas de compte ouvert ici ; quand on vous le donne c'est sur la caboche. Doucement.... Qui es-tu? sir Walter Blount.—Allons, vous aurez de l'honneur, et qu'on me dise que ce n'est pas là une sottise.—Je coule comme du plomb fondu, et je pèse de même. Dieu veuille me conduire hors d'ici sans mes autres charges de plomb [2] ; je n'ai pas besoin

---

[1] *Though I could 'scape shot-free at London, I fear the shot here.* Shot signifie *coup de feu*, et le *compte de l'hôte*. Il a fallu s'écarter du sens littéral pour faire passer cette plaisanterie en français.

[2] *God keep lead out of me.* Jeu de mots sur *lead*, conduire, et *lead*, plomb.

qu'on ajoute un poids à celui de mes boyaux. J'ai conduit mes pauvres diables en lieu où ils ont été poivrés ; des trois cent cinquante, je n'en ai plus que trois en vie, et bons pour le reste de leurs jours à demander l'aumône à la porte d'une ville.—Mais qui vient à moi ?

(Entre le prince Henri.)

HENRI.—Quoi ! tu restes là à rien faire ici ? Prête-moi ton épée. Plusieurs nobles sont là étendus roides et immobiles sous les pieds des chevaux de notre insolent ennemi, et leur mort n'est pas encore vengée. Je t'en prie, prête-moi ton épée.

FALSTAFF.—O Hal ! je t'en prie, donne-moi le temps de respirer.—Grégoire le Turc[1] n'a jamais accompli des faits d'armes pareils à ceux que j'ai exécutés aujourd'hui. J'ai donné à Percy son compte. Il est en sûreté.

HENRI.—Très en sûreté, effectivement, et tout vivant pour te tuer. Je te prie, prête-moi ton épée.

FALSTAFF.—Non, de par Dieu, Hal, si Percy est en vie, tu n'auras pas mon épée : mais prends mon pistolet si tu veux.

HENRI.—Donne-le-moi ; quoi, est-il dans son étui ?

FALSTAFF.—Oui, Hal, il brûle, il brûle : voilà de quoi mettre une ville en feu[2].

HENRI, *tirant une bouteille de vin d'Espagne.*—Comment, est-ce là le temps de s'amuser à plaisanter ?

(Il lui jette la bouteille à la tête et sort.)

FALSTAFF.—Si Percy est en vie, je le transperce.—S'il se trouve dans mon chemin, s'entend : car autrement si je vas me placer de bon gré sur le sien, je veux bien qu'il me mette en carbonnade. Je n'aime point du tout cet honneur grimaçant que s'est acquis là sir Walter. Donnez-moi une vie : si je puis la conserver, je n'y manquerai pas ; sinon, l'honneur vient sans qu'on y pense, et tout finit là.

---

[1]. Grégoire VII.
[2] *There's that will sack a city.*
On n'a pu conserver le jeu de mots.

SCÈNE IV.

Une autre partie du champ de bataille. Alarmes. Mouvements de combattants qui entrent et sortent.

Entrent LE ROI, LE PRINCE HENRI, LE PRINCE JEAN ET WESTMORELAND.

LE ROI.—Je t'en prie, Henri, retire-toi, tu perds trop de sang.—Lord Jean de Lancastre, allez avec lui.

LANCASTRE.—Non pas, monseigneur, jusqu'à ce que je perde aussi mon sang.

HENRI.—Je supplie Votre Majesté de continuer à tenir le champ de bataille; de peur que votre retraite ne décourage vos amis.

LE ROI.—C'est ce que je vais faire.—Milord de Westmoreland, conduisez le prince à sa tente.

HENRI.—Me conduire, milord? Je n'ai pas besoin de votre secours; et Dieu empêche qu'une misérable égratignure chasse le prince de Galles d'un pareil champ de bataille, où l'on foule aux pieds tant de nobles baignés dans leur sang, et où les armes des rebelles triomphent dans le carnage.

LANCASTRE.—Nous parlons trop.—Venez, cousin Westmoreland; c'est de ce côté qu'est notre devoir; au nom de Dieu, venez.

(Le prince Jean et Westmoreland sortent.)

HENRI.—Par le ciel! tu m'as trompé, Lancastre; je ne te croyais pas doué d'un si grand courage: auparavant je t'aimais comme un frère; mais à présent tu m'es précieux comme mon âme.

LE ROI.—Je l'ai vu de son épée tenir Percy en respect, avec une vigueur de contenance, telle que je ne l'avais pas encore rencontrée dans un si jeune guerrier.

HENRI.—Oh! cet enfant-là nous donne du cœur à tous.

(Il sort.)

(Entre Douglas.)

DOUGLAS.—Encore un autre roi! Ils repoussent comme les têtes de l'hydre.—Je suis Douglas, fatal à tous ceux qui portent sur eux les couleurs que je te vois.—Qui es-tu, toi qui contrefais ici la personne d'un roi?

LE ROI.—Le roi lui-même; et affligé jusqu'au fond du cœur, Douglas, de ce que tu as, jusqu'à présent, trouvé tant de fois son ombre et non pas lui-même. J'ai deux jeunes fils qui cherchent Percy et toi sur le champ de bataille; mais puisque le hasard t'amène si heureusement à moi, nous nous essayerons ensemble; songe à te défendre.

DOUGLAS.—Je crains que tu ne sois encore une contrefaçon, et cependant, je l'avoue, tu te conduis en roi: mais tu es à moi, sois-en sûr, qui que tu sois; et voici qui va te soumettre.

(Ils combattent. Le roi est en danger lorsque le prince Henri arrive.)

HENRI.—Lève la tête, vil Écossais, ou tu m'as l'air de ne la relever jamais. Les âmes du vaillant Sherley, de Stafford, de Blount, animent mon bras; c'est le prince de Galles qui te menace, et qui ne promet jamais que ce qu'il compte payer. (Ils combattent. Douglas prend la fuite.) Allons, seigneur! Comment se trouve Votre Majesté? Sir Nicolas Gawsey a envoyé demander du secours, et Clifton aussi. Je vais joindre Clifton sans délai.

LE ROI.—Arrête et respire un moment. Tu viens de regagner mon estime que tu avais perdue: tu as montré que tu faisais quelque cas de ma vie, en me tirant si loyalement de péril.

HENRI.—O ciel! ils m'ont aussi fait trop d'injure, ceux qui ont jamais pu dire que j'aspirais à votre mort. S'il en eût été ainsi, je pouvais ne pas détourner de vous le bras arrogant de Douglas; il aurait tranché votre vie aussi promptement qu'auraient pu le faire tous les poisons du monde, et il eût sauvé à votre fils la peine d'une perfidie.

LE ROI.—Va soutenir Clifton; moi, je vais au secours de sir Nicolas Gawsey.

(Le roi sort.)

(Entre Hotspur.)

ACTE V, SCÈNE IV.

HOTSPUR.—Si je ne me trompe pas, tu es Henri Monmouth.

HENRI.—Tu me parles comme si je voulais renier mon nom.

HOTSPUR.—Le mien est Henry Percy.

HENRI.—Eh bien, je vois donc un vaillant rebelle de ce nom-là. Je suis le prince de Galles; et n'espère pas, Percy, partager plus longtemps aucune gloire avec moi. Deux astres ne peuvent se mouvoir dans la même sphère; et une seule Angleterre ne peut subir à la fois le double règne de Henri Percy et du prince de Galles.

HOTSPUR.—C'est aussi ce qui ne lui arrivera pas; car l'heure est venue d'en finir d'un de nous deux; et plût au ciel que ton nom fût dans les armes aussi grand que le mien!

HENRI.—Je le rendrai plus grand avant que nous nous séparions. Tous ces honneurs qui fleurissent sur ton panache, je vais les moissonner et en faire une guirlande pour ceindre mon front.

HOTSPUR.—Je ne puis endurer plus longtemps tes vanteries.

(Ils combattent.)

(Entre Falstaff.)

FALSTAFF.—Bravo, Hal! donne ferme, Hal!... Oh! vous ne trouverez pas ici un jeu d'enfant; je puis vous en répondre.

(Entre Douglas; il se bat avec Falstaff qui tombe comme s'il était mort. Douglas sort. Hotspur est blessé et tombe.)

HOTSPUR.—O Henri! tu m'as ravi ma jeunesse : mais j'endure plus volontiers la perte d'une vie fragile que ces titres glorieux que tu as conquis sur moi : ils blessent ma pensée plus douloureusement que ton épée n'a blessé mon corps.—Mais après tout, la pensée est esclave de la vie, et la vie est le jouet du temps, et le temps lui-même, dont l'empire s'étend sur l'univers, doit un jour s'arrêter. Oh! Je pourrais prédire dans l'avenir.... si la pesante et froide main de la mort ne glaçait déjà ma langue.—Non, Percy, tu n'es que poussière, et une pâture pour....

(Il meurt.)

HENRI.—Pour les vers, brave Percy! Adieu, noble cœur! Ambition mal tissue, comme te voilà resserrée! Quand ce corps renfermait une âme, un royaume n'était pas assez vaste pour elle : maintenant, deux pas de la terre la plus vile sont un espace suffisant.—Cette terre qui te porte mort ne porte point en vie un aussi intrépide gentilhomme que toi.—Si tu étais encore sensible aux éloges, je ne te montrerais pas une si tendre affection.—Que ma main officieuse voile ta face mutilée! Je me saurai même bon gré, en ta considération, de te rendre ces devoirs d'une amitié généreuse. Adieu, emporte avec toi ton éloge dans les cieux : que ton ignominie dorme avec toi dans ta tombe, mais ne soit point rappelée dans ton épitaphe. (*Il aperçoit Falstaff étendu par terre.*) Quoi, c'est toi, mon vieux camarade! Cette énorme masse de chair n'a-t-elle donc pu garder un peu de vie? Pauvre Jack, adieu donc. J'aurais même su me passer d'un homme valant mieux que toi.—Ta perte me laisserait un large vide, si j'étais fort amoureux de folies.— La mort n'a pas frappé aujourd'hui de chair si grasse, quoiqu'elle en ait immolé de beaucoup plus chères[1] dans cette sanglante mêlée. Je veux te faire ouvrir tantôt : en attendant, reste ici dans le sang à côté du noble Percy.

(Il sort.)

FALSTAFF, *se levant lentement.* — M'ouvrir! Oh! si tu me fais ouvrir aujourd'hui, je vous permets aussi de me saler et de me manger demain. Sangbleu! il était grand temps de contrefaire le mort, ou ce colérique ferrailleur d'Écossais m'aurait acquitté de tout, écot et impôts. Contrefaire? J'en ai menti; je n'ai rien contrefait : c'est mourir qui est contrefaire; car il ne fait plus que contrefaire l'homme, celui qui n'a plus la vie d'un homme. Mais contrefaire le mort, lorsque par ce moyen-là on vit, ce n'est point contrefaire. C'est bien la véritable et la

---

[1] *Death has not struck so fat a deer to day,*
Though many dearer.

Jeu de mots entre *deer,* daim, et *dear,* cher. Il a fallu, pour le conserver, substituer *chair* à *daim.*

parfaite image de la vie. La meilleure portion de la valeur, c'est la prudence; et c'est par cette portion précieuse que j'ai sauvé ma vie.—Morbleu, je suis encore effrayé de ce salpêtre de Percy, tout mort qu'il est.—Mais s'il n'était aussi qu'un mort contrefait, et qu'il allât se relever, j'aurais peur que ce ne fût une meilleure contrefaçon que la mienne; je veux donc assurer son affaire. Oui, et puis je jurerai que je l'ai tué. Quoi! n'aurait-il pas pu se relever aussi bien que moi?. Il n'y a que des yeux qui pussent me démentir, et personne ne me voit.... C'est pourquoi, mon ami (*il donne un coup d'épée à Percy*), encore cette blessure de plus dans la cuisse, et vous allez venir avec moi.

(Il charge Hotspur sur son dos.)
(Rentrent le prince Henri et le prince Jean de Lancastre.)

HENRI.—Allons, mon frère, tu as bravement étrenné ton épée vierge encore.

LANCASTRE.—Mais doucement: qui voyons-nous là? Ne m'avez-vous pas dit que ce gros corps était mort?

HENRI.—Oui, je vous l'ai dit, et je l'ai vu mort, sans respiration, et sanglant sur la poussière.—Es-tu vivant ou n'es-tu qu'une illusion qui se joue de nos yeux? Je te prie, parle-nous. Nous n'en croirons pas nos yeux sans le témoignage de nos oreilles.—Tu n'es pas ce que tu parais.

FALSTAFF.—Non, cela est certain. Je ne suis pas un homme double, mais si je ne suis pas Jean Falstaff, je ne suis qu'un Jean. (*Jetant le corps de Percy à terre.*) Voilà Percy: si votre père veut me donner quelque récompense honorable, à la bonne heure: sinon, qu'il tue lui-même le premier Percy qui viendra l'attaquer. Je m'attends à être fait duc ou comte; c'est ce dont je puis vous assurer.

HENRI.—Comment? C'est moi-même qui ai tué Percy; et toi, je t'ai vu mort.

FALSTAFF.—Toi? mon Dieu, mon Dieu, comme ce monde est adonné au mensonge.—Je conviens avec vous que j'étais par terre, et sans haleine, et lui aussi. Mais nous nous sommes relevés tous deux au même instant, et nous nous sommes battus pendant une grande heure, sonnée à l'horloge de Shrewsbury. Si l'on veut m'en croire, à la bonne heure; sinon, le péché en demeurera à la charge de ceux qui devraient récompenser la valeur; je veux mourir si ce n'est pas moi qui lui ai porté cette blessure que vous lui voyez à la cuisse. Si l'homme était encore en vie et qu'il osât me démentir, je lui ferais avaler un pied de mon épée.

LANCASTRE.—C'est bien là le conte le plus étrange que j'aie jamais entendu.

HENRI.—C'est que c'est bien, mon frère, le plus étrange compagnon…. Allons, porte avec honneur ton fardeau sur ton dos. Pour moi, si un mensonge peut t'être bon à quelque chose, je te promets de le dorer des plus belles paroles que je puisse trouver. (*On sonne la retraite.*) Les trompettes sonnent la retraite : la journée est à nous. Venez, mon frère : allons jusqu'au bout du champ de bataille et voyons lesquels de nos amis sont morts, et lesquels survivent.

(Sortent le prince Henri et le prince Jean.)

FALSTAFF.—Je vais les suivre, comme on dit, pour la récompense ; que celui qui me récompensera soit récompensé du ciel!—Si je deviens plus grand, je deviendrai moindre, car je me purgerai. Je quitterai le vin d'Espagne, et je vivrai proprement et honnêtement comme un noble doit vivre.

(Il sort emportant le corps d'Hotspur.)

SCÈNE V

Une autre partie du champ de bataille.

Les trompettes sonnent. Entrent LE ROI HENRI, LE PRINCE HENRI, LE PRINCE JEAN, WESTMORELAND *et d'autres, avec* WORCESTER ET VERNON, *prisonniers.*

LE ROI.—C'est ainsi que la révolte trouve toujours son châtiment! Malveillant Worcester! ne vous avons-nous pas offert à tous votre grâce, votre pardon, dans des termes pleins d'amitié? devais-tu tourner nos offres en sens contraire, et abuser de la mission dont t'avait chargé ton neveu! trois chevaliers de notre armée que cette journée a vus périr, un noble comte et bien d'autres encore seraient en vie à cette heure, si, comme le dirait un chrétien, tu avais loyalement travaillé à rétablir entre nos armées une haute concorde.

WORCESTER.—Ce que j'ai fait, ma propre sûreté m'a forcé de le faire; et je supporterai patiemment mon sort, puisqu'il m'accable sans que je puisse l'éviter.

LE ROI.—Conduisez Worcester à la mort, et Vernon aussi. Quant aux autres coupables, nous y réfléchirons. (*Les gardes emmènent Worcester et Vernon.*) Quel est l'état du champ de bataille?

HENRI.—Quand l'illustre Écossais, le lord Douglas, a vu que la fortune du combat l'abandonnait entièrement, le noble Percy mort et toutes ses troupes atteintes de la peur, il a fui avec le reste de son armée, et, tombant du haut d'une colline, il s'est tellement fracassé, que ceux qui le poursuivaient l'ont pris. Douglas est dans ma tente; et je conjure Votre Majesté de me permettre de disposer de lui.

LE ROI.—De tout mon cœur.

HENRI.—Ce sera donc vous, mon frère Jean de Lancastre, qui remplirez cet honorable office de générosité. Allez trouvez Douglas, et rendez-lui la faculté d'aller où il lui plaira, libre et sans rançon. Sa valeur, qui s'est signalée aujourd'hui sur nos casques, nous apprend comment se doivent encourager de si hauts faits, même au sein de nos ennemis.

LE ROI.—Voici ce qui nous reste à faire.—C'est de diviser notre armée. Vous, mon fils Jean, et vous, cousin Westmoreland, vous marcherez vers York avec la plus grande diligence, pour aller à la rencontre de Northumberland et du prélat Scroop, qui, suivant ce que nous apprenons, sont en armes, et dans une grande activité. Moi et vous, mon fils Henri, nous marcherons vers la province de Galles, pour combattre Glendower et le comte des Marches.—Encore une défaite pareille à cette journée, et la rébellion perdra toute sa force dans ce royaume. Et puisque l'affaire va si bien, ne prenons point de repos que nous n'ayons reconquis tout ce qui nous appartient.

(Ils sortent.)

FIN DU CINQUIÈME ET DERNIER ACTE.

TABLE DES MATIÈRES

DU TOME SIXIÈME.

LE MARCHAND DE VENISE.

Notice.. 3
LE MARCHAND DE VENISE, pièce en cinq actes....... 7

LES JOYEUSES BOURGEOISES DE WINDSOR.

Notice.. 95
LES JOYEUSES BOURGEOISES DE WINDSOR, comédie. 99

LE ROI JEAN.

Notice.. 199
LE ROI JEAN, tragédie................................... 205

LA VIE ET LA MORT DU ROI RICHARD II.

Notice.. 291
LA VIE ET LA MORT DU ROI RICHARD II, tragédie... 297

HENRI IV (Ire Partie).

Notice.. 93
HENRI IV, tragédie...................................... 307

FIN DU TOME SIXIÈME.

Librairie Académique DIDIER et Ce, quai des Augustins, 35, Paris.

ŒUVRES DE M. GUIZOT
Édition format in-8°.

HISTOIRE DE LA RÉVOLUTION D'ANGLETERRE, depuis l'avénement de Charles Ier jusqu'au rétablissement des Stuart (1625-1660). 6 volumes in-8, en trois parties.   42 »

— **HISTOIRE DE CHARLES Ier**, depuis son avénement jusqu'à sa mort (1625-1649), précédée d'un *Discours sur la Révol. d'Angleterre*. 6e éd. 2 vol. in-8.   14 »

— **HISTOIRE DE LA RÉPUBLIQUE D'ANGLETERRE ET DE CROMWELL** (1649-1658). Nouvelle édition. 2 vol. in-8.   14 »

— **HISTOIRE DU PROTECTORAT DE RICHARD CROMWELL** et du **RÉTABLISSEMENT DES STUART** (1659-1660). 2 vol. in-8.   14 »

MONK. CHUTE DE LA RÉPUBLIQUE, etc.; étude historique. Nouvelle édit. 1 vol. in-8, avec portrait.   5 »

PORTRAITS POLITIQUES des hommes des divers partis : *Parlementaires, Cavaliers Républicains, Niveleurs* ; études historiques. 1 vol. in-8.   5 »

SIR ROBERT PEEL. Étude d'histoire contemporaine, augmentée de documents inédits 1 vol. in-8.   7 »

ESSAIS SUR L'HISTOIRE DE FRANCE, etc. 9e édit. 1 vol. in-8.   6 »

HISTOIRE DE LA CIVILISATION EN EUROPE ET EN FRANCE, depuis la chute de l'Empire Romain, etc. 6e édit. 5 vol. in-8.   30 »

— **HISTOIRE DE LA CIVILISATION EN EUROPE**, depuis la chute de l'Empire romain jusqu'à la Révolution française. 6e édit. 1 vol. in-8, portrait.   6 »

— **HISTOIRE DE LA CIVILISATION EN FRANCE**. 6e édit. 4 vol. in-8.   24 »

HISTOIRE DES ORIGINES DU GOUVERNEMENT REPRÉSENTATIF et *des Institutions politiques de l'Europe*, depuis la chute de l'Empire romain jusqu'au XIVe siècle. (*Cours* de 1820 à 1822.) Nouv. édit. 2 vol. in-8.   10 »

CORNEILLE ET SON TEMPS. Étude littéraire, suivie d'un *Essai sur Chapelain, Rotrou*, et *Scarron*, etc. 1 vol. in-8.   5 »

SHAKSPEARE ET SON TEMPS. Étude littéraire, comprenant : *la vie de Shakspeare* et les *Notices historiques et critiques de ses pièces*, etc. 1 vol. in-8.   5 »

MÉDITATIONS ET ÉTUDES MORALES sur *la Religion, la Philosophie, l'Education*, etc. Nouvelle édition. 1 vol. in-8.   6 »

ÉTUDES SUR LES BEAUX-ARTS en général. *De l'état des beaux-arts en France et du Salon de 1810. — Description des tableaux du Musée du Louvre*, etc. Nouvelle édi 1 vol. in-8.   6 »

DISCOURS ACADÉMIQUES ET LITTÉRAIRES. 1 vol. in-8.   6 »

ABAILARD ET HÉLOISE. Essai historique par M. et Mme Guizot, suivi des *Lettres d'Abailard et d'Héloïse*, traduites en français par M. Oddoul. Nouv. édit., revue et corrigée. 1 vol. in-8.   6 »

HISTOIRE DE WASHINGTON *et de la fondation de la République des Etats-Unis*, par M. Cornelis de Witt, précédée d'une *Etude historique* sur Washington, par M. Guizot. Nouvelle édit. 1 fort vol. in-8, avec carte et portrait.   7 »

DICTIONNAIRE UNIVERSEL DES SYNONYMES DE LA LANGUE FRANÇAISE. 5e édition, revue et considérablement augmentée. 2 parties en 1 vol. gr. in-8.   13 »

GRÉGOIRE DE TOURS ET FRÉDÉGAIRE. — *Histoire des Francs*, suivie de la *Chronique de Frédégaire*, traduction de M. Guizot, entièrement revue. Nouv. édit. complétée et augmentée de la *Géographie de Grégoire de Tours*, par Alfred Jacobs. 2 vol. in-8, avec une carte de la Gaule.   14 »

ŒUVRES COMPLÈTES DE SHAKSPEARE, trad. de M. Guizot, entièrement revue, accomp. d'une Étude sur Shakspeare, de notices et de notes. 8 vol. in-8.   40 »

MÉNANDRE. Étude historique et littéraire sur la Comédie et la Société grecques, par M. Guillaume Guizot. Ouvrage couronné par l'Académie française en 1853. 1 vol. in-8, avec portrait.   7 »

Paris. — Imprimé chez Bonaventure et Ducessois, 55, quai des Augustins.

www.ingramcontent.com/pod-product-compliance
Lightning Source LLC
Chambersburg PA
CBHW050602230426
43670CB00009B/1231